JANE HAWKING

A TEORIA De TUDO

A EXTRAORDINÁRIA HISTÓRIA DE JANE E STEPHEN HAWKING

O LIVRO QUE
INSPIROU O FILME

A MENTE DELE MUDOU O NOSSO MUNDO.
O AMOR DELA MUDOU O MUNDO DELE.

Tradução:
Sandra Martha Dolinsky e Júlio de Andrade Filho

ÚNICA editora

Gerente Editorial
Rosely Boschini

Editora
Marília Chaves

Editora de Produção Editorial
Rosângela de Araujo Pinheiro Barbosa

Assistente Editorial
Carolina Pereira da Rocha

Controle de Produção
Fábio Esteves

Tradução
Sandra Martha Dolinsky e
Júlio de Andrade Filho

Projeto gráfico e diagramação
Triall Composição Editorial

Revisão
Vero Verbo Serviços Editoriais

Adaptação de Capa
Ronaldo Alves

Impressão
Gráfica Assahi

Única é um selo da Editora Gente.

Travelling to Infinity: My Life with Stephen é uma versão revista (com material novo) de *Music to Move the Stars*, publicado pela primeira vez por Macmillan em 1999.
Travelling to Infinity: My Life with Stephen foi publicado por Alma Books Limited em 2007.

Rua Wisard, 305, sala 53
São Paulo, SP – CEP 05434-080

Telefone: (11) 3670-2500

Site: http://www.editoragente.com.br

E-mail: gente@editoragente.com.br

Dados Internacionais de Catalogação na Publicação (CIP)
(Câmara Brasileira do Livro, SP, Brasil)

Hawking, Jane

A teoria de tudo : a extraordinária história de Jane e Stephen Hawking / Jane Hawking ; tradução Sandra Martha Dolinsky e Júlio de Andrade Filho. – São Paulo: Única Editora, 2014. 15ª tiragem.

Título original: Travelling to infinity

ISBN 978-85-67028-51-4

1. Conjugês de físicos 2. Físicos – Grã-Bretanha – Biografia I. Título.

14-10205 CDD-530.092

Índice para catálogo sistemático:
1. Físicos: Biografia 530.092

Para minha família.

La parole humaine est comme un chaudron fêlé où nous battons des mélodies à faire danser les ours quand on voudrait attendrir les étoiles.

– Gustave Flaubert

"A palavra humana é como um caldeirão rachado, no qual batemos melodias próprias para fazer dançar os ursos, quando desejaríamos enternecer as estrelas."

SUMÁRIO

PRIMEIRA PARTE

SEGUNDA PARTE

TERCEIRA PARTE

QUARTA PARTE

Primeira parte

1

ASAS PARA VOAR

A HISTÓRIA DA MINHA VIDA COM STEPHEN HAWKING COMEÇOU NO VERÃO DE 1962, embora, possivelmente, tenha iniciado dez anos ou mais antes disso, e sem que eu percebesse. Quando entrei no primeiro ano no colégio St. Albans, aos sete anos, nos primeiros anos da década de 1950, houve, por um curto período, um menino com cabelos caídos na testa e castanho-dourados que costumava se sentar colado à parede na sala de aula ao lado. A escola aceitava meninos, incluindo meu irmão, Christopher, no departamento de juniores, mas eu só via aquele garoto de cabelos caídos na testa nas ocasiões em que, na ausência de nosso professor, nós do primeiro ano éramos espremidos na mesma sala de aula com as crianças mais velhas. Nunca conversamos, mas tenho certeza de que essa primeira lembrança é confiável, porque Stephen foi aluno daquela escola por determinado tempo naquela época, antes de ir para uma escola preparatória a alguns quilômetros de distância dali.

As irmãs de Stephen eram mais reconhecíveis, porque ficaram na escola por mais tempo. Apenas dezoito meses mais nova que Stephen, Mary, a mais velha das duas meninas, era uma figura excêntrica e facilmente distinguível – cheinha, sempre despenteada, distraída e dada a atividades solitárias. Seu grande trunfo, uma pele translúcida, era mascarado por óculos de lentes grossas e pouco lisonjeiros. Philippa, cinco anos mais nova que Stephen, era uma garota de olhar vivo, nervosa e excitável, de tranças curtas e com rosto redondo e rosado. A escola exigia conformidade rígida tanto acadêmica quanto disciplinarmente, e os alunos, como todas as crianças em idade escolar em todos os lugares do mundo, podiam ser cruelmente intolerantes no que diz respeito à individualidade. Seria ótimo ter um Rolls Royce e uma casa no campo, mas se, como eu, seu meio de transporte fosse um Standard 10 pré-guerra, ou coisa pior, como o antigo táxi londrino dos Hawking, então você seria objeto de diversão ou vítima de desprezo compassivo. As crianças dos Hawking costumavam se deitar no chão de seu táxi para evitar ser vistas pelos colegas. Infelizmente, não havia espaço no chão do Standard 10 para tal ação evasiva. As meninas Hawking saíram da escola antes de iniciar o ensino fundamental 2.

A mãe deles havia sido uma figura familiar durante longo tempo. Pequena e magra, e vestida com um casaco de pele, ela costumava ficar próxima da faixa de segurança perto da minha escola, à espera do filho mais novo, Edward, que chegava de ônibus vindo da escola preparatória no interior. Meu irmão também foi para essa mesma instituição depois da pré-escola no colégio St. Albans: a escola se chamava Aylesford House, e lá os meninos usavam rosa – blazers e bonés cor-de-rosa. Em todos os outros aspectos, aquele era um paraíso para os meninos pequenos, em especial para aqueles não dotados de inclinação acadêmica. Jogos, camping e shows da turma, nos quais meu pai sempre tocava piano, pareciam ser as principais atividades. Charmoso e de boa aparência, Edward, com oito anos, estava tendo um pouco de dificuldade com sua família adotiva quando me encontrei com os Hawking pela primeira vez – possivelmente por causa do hábito de trazer seu material de leitura para a mesa de jantar, ignorando quaisquer não leitores ávidos que estivessem presentes.

Uma amiga minha da escola, Diana King, vivenciara esse hábito Hawking em particular – e pode ter sido por isso que, quando ouviu, algum tempo depois, sobre meu noivado com Stephen, ela exclamou: "Oh, Jane! Você está se metendo em uma família muito, muito louca!". Foi Diana quem primeiro me mostrou Stephen naquele verão de 1962, quando, após as provas, ela, minha melhor amiga Gillian e eu estávamos curtindo aquele período de êxtase de poucas atividades escolares antes do fim do ano letivo. Graças à posição do meu pai como alto funcionário do governo, eu já havia feito algumas incursões no mundo adulto que iam além da escola, das lições de casa e das provas – um jantar na Câmara dos Comuns e, em um dia quente e ensolarado, uma festa no jardim do Palácio de Buckingham. Diana e Gillian estavam saindo da escola naquele verão, enquanto eu ficaria como monitora-chefe para o período do outono, quando então faria minha inscrição para a entrada na universidade. Naquela tarde de sexta-feira, recolhemos as malas e, ajeitando nossos chapéus de palha, decidimos passear na cidade para tomar um chá. Mal tínhamos caminhado cem metros, quando vimos algo estranho do outro lado da rua: lá, caminhando de modo incerto em sentido contrário, estava um homem jovem, com andar desajeitado, cabeça baixa, o rosto protegido do mundo sob uma indisciplinada cabeleira castanha e lisa. Imerso nos próprios pensamentos, ele não olhou nem para a direita nem para a esquerda, nem percebeu o grupo de alunas do outro lado da rua. Era um fenômeno excêntrico para aquelas monótonas e puritanas garotas do St. Albans. Gillian e eu ficamos observando o rapaz de modo insensível e com espanto, mas Diana permaneceu impassível.

– Esse é o Stephen Hawking. Saí com ele uma vez – anunciou às amigas boquiabertas.

– Não, você não fez isso! – rimos as duas, incrédulas.

– Fiz, sim. Ele é estranho, mas muito inteligente. É amigo de Basil [irmão dela]. Ele me levou ao teatro uma vez e depois estive em sua casa. Ele vai nesses protestos de "Proíbam as Bombas".

Levantando as sobrancelhas, continuamos nosso caminho até a cidade, mas não consegui desfrutar mais do passeio, porque, sem ser capaz de explicar exatamente o motivo, me senti desconfortável com o jovem que acabara de ver. Talvez houvesse algo sobre sua excentricidade que me fascinara, tendo em vista minha existência bastante convencional. Talvez eu tivesse alguma estranha premonição de que o veria de novo. Fosse o que fosse, aquela cena em si ficou profundamente gravada na minha mente.

As férias naquele verão foram um sonho para uma adolescente à beira da independência, embora pudessem muito bem ter sido um pesadelo para os pais, uma vez que o meu destino, uma escola de verão na Espanha, fosse em 1962 tão remoto, misterioso e repleto de perigos como o Nepal é para os adolescentes de hoje. Com toda a confiança dos meus dezoito anos, eu tinha certeza de que poderia me cuidar sozinha, e estava certa. O curso foi bem organizado, e nós, estudantes, fomos alojados em grupos, em casas particulares. Nos fins de semana, éramos todos levados em passeios guiados por todos os pontos turísticos mais importantes – fomos a Pamplona, onde os touros correm pelas ruas; fomos assistir à única tourada que já vi, brutal e violenta, mas espetacular e cativante; e depois fomos até Loyola, o lar de Santo Inácio, autor de uma oração que eu e todos os outros alunos em St. Albans tínhamos aprendido e incutido em nossa alma pela constante repetição:

"Ensina-nos, Senhor, a servir-te como mereces:
A dar sem contar o preço,
A lutar sem contar as feridas" (...)

Em contrapartida, passávamos nossas tardes na praia e à noite íamos até o cais visitar bares e restaurantes, participando de festas e bailes, ouvindo as bandas estridentes e ficando maravilhados com os fogos de artifício. Fora do limitado círculo de St. Albans, fiz novos amigos muito rápido, principalmente entre os outros adolescentes que estavam no mesmo curso, e, com eles, naquela gloriosa atmosfera exótica da Espanha, pude experimentar o gosto da independência de um adulto, longe de casa, da família e da disciplina ridícula da minha escola.

Na volta para a Inglaterra, fui levada quase imediatamente pelos meus pais, que, aliviados com meu retorno em segurança, tinham planejado alguns dias em família nos Países Baixos e em Luxemburgo. Essa foi mais uma experiência de ampliação de horizontes, um dos feriados prolongados no qual meu pai havia se especializado e que viria a nos proporcionar durante muitos anos, desde minha primeira viagem para a Bretanha aos dez anos de idade. Graças ao seu entusiasmo, nós nos vimos na vanguarda do movimento turístico, viajando centenas de quilômetros ao longo de sinuosas estradas rurais por uma Europa em processo de emergir do trauma da guerra, visitando cidades, catedrais e museus, e que meus pais também estavam descobrindo pela primeira vez. Foi uma combinação tipicamente inspirada de educação através da arte e da história, e com a satisfação das coisas boas da vida – vinho, boa comida e sol de verão – tudo misturado aos memoriais de guerra e às campinas do cemitério em Flandres.

De volta à escola no outono, aquelas experiências do verão arraigaram em mim uma sensação sem precedentes de autoconfiança. Enquanto eu emergia de minha crisálida, a escola fornecia apenas o reflexo lívido de consciência e da autoconfiança que eu adquirira durante as viagens. Usando como inspiração as novas formas de sátira que eu via pela televisão, eu, a monitora-chefe da escola, inventei um desfile de moda para divertir o sexto ano, com a diferença de que todas as peças tinham sido confeccionadas com base em itens estranhamente adaptados do uniforme escolar. A disciplina ruiu quando toda a escola queria entrar no palco pela escada lateral fora do salão, e a senhorita Meiklejohn (também conhecida como Mick), a atarracada diretora castigada pelo tempo e de cujo rosnado terrivelmente masculino dependia o bom funcionamento do colégio, estava pela primeira vez reduzida à apoplexia, incapaz de se fazer ouvir em meio à balbúrdia. Em desespero, ela recorreu ao megafone – que, em geral, só era usado para dar avisos nas competições esportivas, na mostra de animais de estimação e para controlar aquela fila indiana interminável que tínhamos de formar ao marchar por todas as ruas secundárias de St. Albans, para os serviços religiosos que aconteciam antigamente uma vez por ano na Abadia.

No outono de 1962, aquele ano letivo, havia muito tempo, não deveria tratar de preparar um desfile de moda ou de qualquer outra coisa. Deveria ter sido dedicado a me preparar para entrar na universidade. Infelizmente, não fui bem-sucedida em termos acadêmicos. Por mais que adorássemos o presidente Kennedy, a crise dos mísseis cubanos em outubro daquele ano teve o dom de abalar fortemente a sensação de segurança de minha geração e destruiu de verdade nossas esperanças em relação ao futuro. Com as superpotências jogando perigosamente com nossa vida, não era de todo certo que fôssemos ter um futuro com o qual nos preocupar. Enquanto orávamos pela paz sob a supervisão do reitor, lembrei-me de uma previsão feita pelo marechal de campo Marshall Montgomery, no final dos anos 1950, de que haveria uma guerra nuclear em uma década. Todos, jovens e velhos, sabiam que teríamos apenas quatro minutos de aviso antes de um ataque nuclear, o que significaria o fim abrupto de toda a civilização. O comentário de minha mãe, com a calma e a sensatez de sempre, sobre a perspectiva de uma terceira guerra mundial em sua vida foi de que seria muito melhor ser obliterada de tudo e de todos que ter de suportar a agonia de ver o marido e o filho ser recrutados para a guerra da qual eles nunca mais voltariam.

Além da ameaça poderosa do cenário internacional, senti que tinha me queimado com os exames de nível A e que faltava o entusiasmo pelo trabalho na faculdade depois de provar a liberdade em minhas férias de verão. Aquele assunto sério de entrar em uma universidade só me trouxe humilhação quando nem Oxford nem Cambridge expressaram qualquer interesse em mim. E tudo se mostrou ainda mais doloroso porque meu pai acalentara a esperança de que eu conseguiria um lugar em Cambridge desde que eu tinha cerca de seis anos. Consciente de meu senso de fracasso, a senhorita Gent, a diretora, esforçou-se de maneira supersimpática em dizer que não havia nenhuma vergonha em não conseguir uma vaga na Universidade de Cambridge, porque vários dos homens naquela universidade eram muito inferiores intelectualmente em relação às mulheres que tiveram sua inscrição recusada por falta de lugares. Naqueles dias, a relação era de cerca de dez homens para uma mulher em Oxford e Cambridge. A diretora então recomendou aceitar a oferta de uma entrevista em Westfield College, em Londres, um colégio feminino nos moldes da faculdade Girton, a primeira a aceitar mulheres no país e que ficava em Hampstead, a alguma distância do restante da universidade. Assim, num dia frio e úmido de dezembro, saí de St. Albans para a viagem de vinte e cinco quilômetros até Hampstead.

O dia foi um desastre tão grande que foi um alívio no fim dele eu poder estar no ônibus de volta para casa novamente, percorrendo o mesmo caminho sombrio, cinza e cheio de neve da viagem de ida. Depois do desconfortável exercício no Departamento de Espanhol de blefar o tempo todo durante uma entrevista que parecia ser cem por cento voltada a T.S. Eliot, sobre quem eu virtualmente sabia quase nada, fui enviada para me juntar à fila fora da sala da diretora. Quando chegou a minha vez, ela trouxe o estilo de um ex-funcionário público à entrevista, mal olhando para cima de seus papéis em seus óculos de aros de tartaruga. Sentindo-me extremamente agitada e confusa pelo fiasco da entrevista anterior, decidi que era melhor fazê-la me notar, ainda que, no processo, isso pudesse arruinar minhas chances. Assim, quando com a voz entediada, seca, ela perguntou:

– E por que você colocou o espanhol em vez do francês como seu idioma principal?

Respondi com a voz igualmente entediada, seca:

– Porque a Espanha é mais quente que a França.

Seus papéis caíram das mãos, e ela, de fato, olhou para cima.

Para meu espanto, eles me ofereceram um lugar em Westfield, mas, por volta do Natal, muito do otimismo e entusiasmo que eu descobrira na Espanha desvanecera.

Quando Diana me convidou para uma festa de Ano-Novo que ela e o irmão estavam dando em 1º de janeiro de 1963, fui bem vestida em uma roupa de seda verde-escuro – sintética, é claro –, com o cabelo preso atrás em um coque extravagante, interiormente tímida e muito insegura. Lá, meio deslocado, encostado na parede em um canto de costas para a luz, gesticulando os dedos longos e finos enquanto falava, o cabelo caindo no rosto por cima dos óculos, e vestindo um paletó preto de veludo empoeirado e uma gravata-borboleta vermelha, estava Stephen Hawking, o jovem que eu vira andando de forma desengonçada na rua, no verão.

Separado de outros grupos, ele estava conversando com um amigo de Oxford, explicando que havia começado uma pesquisa em Cosmologia em Cambridge – não, como ele esperava, sob os auspícios de Fred Hoyle, o popular cientista da televisão, mas com Dennis Sciama, dono de um sobrenome incomum. A princípio, Stephen pensara que o nome pouco comum do seu supervisor fosse *Skeearma*, mas na chegada em Cambridge ele descobrira que a pronúncia correta devia ser *Sharma*. Admitiu ainda ter recebido com certo alívio, no verão anterior, quando eu estava cursando o nível A, a notícia de que ganhara o grau de primeira classe em Oxford. Esse havia sido o feliz resultado de um exame oral realizado pelos examinadores perplexos para decidir se ao candidato singularmente inepto, cujos trabalhos também revelavam flashes de brilhantismo, deveria ser dado o grau de primeira classe, o de segunda classe ou sem honras, este último equivalente ao fracasso. Ele calmamente informou aos examinadores que, se lhe dessem o grau de primeira classe, iria para Cambridge fazer doutorado, dando-lhes a oportunidade da introdução de um cavalo de Troia no campus rival, ao passo que se lhe dessem o de segunda classe (o que também lhe permitiria fazer pesquisas) ficaria em Oxford. A banca de examinadores preferiu escolher a segurança e deu-lhe primeira classe.

Stephen passou a explicar à plateia de dois, o amigo de Oxford e eu, de que maneira também tomara medidas para jogar no seguro, percebendo que era extremamente improvável que ele receberia essa honraria em Oxford, tendo em vista o pouco trabalho que fizera. Ele nunca tinha ido a uma palestra – que não era uma coisa que estaria predisposto a fazer –, e a história lendária de que rasgara um trabalho em pedacinhos e o arremessara no cesto de lixo de seu tutor ao abandonar um seminário era verdade... Temendo suas chances na Academia, Stephen fizera sua inscrição para se juntar ao serviço público e fora aprovado nos estágios preliminares de seleção para trabalhar em um escritório no interior nos fins de semana. Portanto, estava pronto para prestar o concurso logo após os exames finais. Certa manhã, ele acordou tarde, como de costume, com alguma coisa martelando em sua cabeça que havia algo que deveria estar fazendo naquele dia, além da tarefa corriqueira de ouvir *O Anel dos Nibelungos*, de Wagner. Como ele não costumava manter um diário, porque confiava tudo na memória, não teve como descobrir o que o incomodava até algumas horas depois, quando ficou claro que aquele era o dia das provas do concurso para o funcionalismo público...

Eu ouvia entre fascinada e divertida, atraída pelo senso de humor e pela personalidade independente daquele personagem incomum. Suas histórias eram muito atraentes de ouvir, em especial pela forma de quase sufocar a si mesmo com as risadas geradas pelas piadas que contava, muitas delas contra ele próprio. Claramente aqui estava alguém que, igual a mim, tinha a tendência de tropeçar ao longo da vida e ainda assim conseguir enxergar o lado engraçado das situações. Alguém que, como eu mesma, era bastante tímido, mas não avesso a expressar suas opiniões; alguém que, ao contrário de mim, tinha a autoestima desenvolvida e o descaramento de transmiti-la. Quando a festa estava chegando ao fim, trocamos nomes e endereços, mas eu não o esperava ver de novo, exceto, talvez, casualmente de passagem. O cabelo solto na testa e a gravata-borboleta eram uma fachada, uma declaração de independência da mente, e, no futuro, eu poderia me dar ao luxo de ignorá-los, como Diana fizera, em vez de abrir a boca com espanto se me deparasse com ele de novo na rua.

2

NO PALCO

Apenas alguns dias depois, chegou um cartão de Stephen convidando-me para uma festa no dia 8 de janeiro. Estava escrito numa caligrafia burilada que eu invejava, mas, apesar dos meus laboriosos esforços, nunca dominara. Consultei Diana, que também recebera um convite. Ela disse que a festa era para comemorar o aniversário de vinte e um anos de Stephen – uma informação que não constava no convite –, e ela prometeu vir me pegar. Foi difícil escolher um presente para alguém que eu tinha acabado de conhecer, por isso comprei um vale-presente que poderia ser trocado por um disco.

A casa na Hillside Road, em St. Albans, era um monumento à poupança e à economia. Não que isso fosse incomum naqueles dias, porque na era do pós-guerra fomos todos educados para tratar o dinheiro com respeito, para buscar as melhores pechinchas e evitar o desperdício. Construída nos primeiros anos do século XX, a casa 14 na Hillside Road, uma construção enorme de três andares de tijolos vermelhos, tinha certo encanto, uma vez que fora totalmente preservada em seu estado original, sem interferência das tendências modernizadoras, como aquecimento central ou carpetes colocados de parede a parede. A natureza, os elementos e uma família de quatro filhos tinham todos deixado suas marcas na fachada gasta que se escondia por trás de uma sebe indisciplinada. Uma trepadeira balançava na varanda decrépita de vidro, e grande parte do vidro colorido nos painéis superiores da porta da frente estava faltando. Embora nenhuma resposta imediata tenha vindo depois de apertar a campainha, a porta foi finalmente aberta pela mesma pessoa que costumava esperar o filho enrolada em um casaco de pele perto da faixa de pedestres. Ela me foi apresentada como sendo Isobel Hawking, a mãe de Stephen. Estava acompanhada por um garotinho encantador, com cabelo escuro e encaracolado e olhos azuis brilhantes. Atrás deles, uma única lâmpada iluminava um longo corredor de azulejos amarelos e decorado com móveis pesados – incluindo um relógio de pêndulo – e o papel de parede original William-Morris, então escurecido.

Ao mesmo tempo que os diferentes membros da família começaram a aparecer pela porta da sala de estar para cumprimentar os recém-chegados, descobri que conhecia todos eles: a mãe de Stephen era bem conhecida por causa de suas vigílias perto da faixa de pedestres; o irmão mais novo, Edward, era, evidentemente, o menino pequeno que usava o bonezinho rosa da escola; as irmãs, Mary e Philippa, eram conhecidas da minha escola, e aquele homem alto e distinto de cabelos brancos, o patriarca da família, Frank Hawking, tinha vindo uma vez recolher um enxame de abelhas em nosso quintal. Meu irmão Chris e eu tínhamos vontade de assistir a cena, mas, para nossa decepção, ele nos enxotou com seu ar taciturno e mal-humorado. Além de ser o único apicultor da cidade, Frank Hawking também deve ter sido uma das poucas pessoas em St. Albans a possuir um par de esquis. No inverno, ele costumava esquiar descendo o morro atrás de nossa casa a caminho do campo de golfe, onde costumávamos fazer piquenique e colher jacintos na primavera e no verão e brincar de tobogã em latas de estanho no inverno. Aquilo era como a montagem de um quebra-cabeça: todas essas pessoas eram, individualmente, muito familiares a mim, mas eu nunca tinha percebido que havia uma relação entre elas. De fato, havia mais um membro dessa família que reconheci: ela se alojava no próprio quarto autossuficiente no sótão, mas descia para juntar-se aos outros em ocasiões de reuniões familiares como essa. Agnes Walker, a avó escocesa de Stephen, era uma figura bem conhecida em St. Albans por causa de seu talento ao piano que era exibido publicamente uma vez por mês, quando ela unia forças na Câmara Municipal com Molly Du Cane, nossa líder atlética e entusiasta de danças folclóricas.

A dança e o tênis tinham sido praticamente minhas únicas atividades sociais durante a adolescência. Por intermédio delas, conseguira fazer um grupo de amigos de ambos os sexos vindos de várias escolas e de origens diferentes. Fora do colégio, fazíamos tudo e íamos a todos os lugares juntos – café aos sábados de manhã, tênis à noite e reuniões sociais no clube de tênis no verão, aulas de dança de salão e danças folclóricas no inverno. O fato de que nossas mães também compareciam às reuniões noturnas de dança, com muitos idosos de St. Albans, não nos deixava envergonhados. Ficávamos separados e dançávamos em nosso canto, bem fora do caminho da geração mais velha. Romances floresciam ocasionalmente, dando origem a muita fofoca e a algumas brigas, e então desapareciam tão rápido quanto haviam surgido. Estávamos em um grupo descontraído e amigável de adolescentes, que levavam uma vida mais simples que nossas contrapartes modernas, e a atmosfera nos bailes dos quais participávamos era despreocupada e saudável, inspirada por Molly Du Cane e seu contagiante entusiasmo por sua arte. Com a rabeca no ombro, ela chamava as danças com autoridade, enquanto a avó de Stephen, encurvando sua corpulência sobre o piano de cauda, aplicava os dedos ágeis nas teclas, sem permitir uma vez sequer que os cachos cuidadosamente apoiados na testa ficassem desfeitos.

Sua figura augusta se voltaria para avaliar os dançarinos com o olhar curiosamente impassível. Ela, é claro, desceu para cumprimentar os convidados da festa de aniversário de vinte e um anos de Stephen.

O grupo consistia de uma mistura de amigos e parentes. Alguns eram dos dias em Oxford, mas a maioria era formada por contemporâneos ou quase contemporâneos do colégio St. Albans e contribuiu para o sucesso dessa escola nos exames de Oxbridge de 1959. Aos dezessete anos, Stephen era mais jovem que seu grupo de colegas na escola e, consequentemente, jovem demais para entrar na universidade naquele outono, em especial porque muitos dos companheiros universitários não eram apenas um ano mais velhos que ele, mas muitos anos, porque todos tinham chegado até Oxford depois de prestarem o serviço militar obrigatório, que mais tarde fora abolido. Depois Stephen admitiu que não conseguiu tirar o melhor proveito de Oxford por causa da diferença de idade entre ele e os companheiros de graduação.

Por certo ele manteve laços mais estreitos com os amigos da escola que com quaisquer conhecidos de Oxford. Além de Basil King, irmão de Diana, eu os conhecia apenas pela reputação de nova elite da sociedade de St. Albans. Eles eram considerados os aventureiros intelectuais da nossa geração, apaixonadamente dedicados a uma rejeição crítica de cada banalidade, ao ridículo de cada comentário banal ou clichê, à afirmação de sua independência de pensamento e à exploração dos confins da mente. Nosso jornal local, *The Herts Advertiser*, alardeara o sucesso da escola quatro anos antes, exibindo o nome e o rosto deles em suas páginas. Enquanto eu estava prestes a embarcar em meus anos de estudos, a vida estudantil desses rapazes já ficara para trás. Eles eram, naturalmente, muito diferentes de meus amigos, e eu, uma garota brilhante, mas tão comum quanto outras de dezoito anos de idade, senti-me intimidada. Ninguém naquela multidão passaria a noite em um baile de danças folclóricas. Dolorosamente consciente da minha falta de sofisticação, acomodei-me em um canto, o mais perto possível da lareira, com Edward no meu colo, e fiquei ouvindo a conversa, sem tentar participar. Algumas pessoas estavam sentadas, outras ficaram encostadas nas paredes daquela enorme e fria sala de jantar, onde a única fonte de calor vinha de um forno. A conversa era entrecortada e consistia principalmente de piadas, nenhuma delas nem de perto tão intelectual quanto eu esperava. A única parte de que me lembro da conversa não era bem uma piada, mas um enigma, sobre um homem em Nova York que queria chegar ao quinquagésimo andar de um edifício, mas só pegou o elevador até o quadragésimo sexto. Por quê? Porque não era alto o suficiente para alcançar o botão do quinquagésimo andar...

Isso foi algum tempo antes de eu ver ou ouvir falar de Stephen outra vez. Eu estava muito ocupada em Londres fazendo um curso de Secretariado em um tipo revolucionário de taquigrafia que usava o alfabeto em vez dos hieróglifos e omitia todas as vogais. No início eu acompanhava meu pai até a estação em uma corrida para pegar o trem das oito todas as manhãs, até que descobri que não era obrigada a estar na escola, na Oxford Street, tão cedo assim. Podia viajar até lá em um ritmo mais lento que meu pai dedicado e trabalhador, então caminhava até a estação para pegar o trem das nove e encontrava um público completamente diferente daquele que via mais cedo, composto de chefes de família de meia-idade em ternos escuros e com ar apressado se amontoando nos vagões. Era raro o dia em que eu não encontrava nenhum conhecido, sem pressa e vestido casualmente, quer voltando para a faculdade depois de um fim de semana em casa, quer indo a Londres para uma entrevista. Este costumava ser um início bem-vindo para o dia, porque de resto, além de uma pequena pausa para o almoço, eu ficava confinada à sala de aula, cercada pelo barulho de máquinas de escrever antigas e pelas conversas de ex-debutantes que tinham como principal distinção o número de vezes que haviam sido convidadas para recepções no Palácio de Buckingham, no Palácio de Kensington ou na Clarence House.

Aquela forma revolucionária de taquigrafia era fácil o bastante para se acostumar, mas a datilografia era um pesadelo. Eu podia entender o sentido da taquigrafia, porque isso seria útil para tomar notas na universidade, mas a datilografia era cansativa ao extremo, e eu me sentia sem esperança em me tornar hábil na atividade, ainda lutando para alcançar quarenta palavras por minuto, quando o restante da turma terminara o curso e dominava todas as habilidades adicionais da arte do Secretariado. Na realidade, a taquigrafia seria de valor a curto prazo, enquanto as habilidades de digitação provariam ser úteis vezes sem conta.

Nos fins de semana, eu podia esquecer os horrores da datilografia e sair com as amigas. Em uma manhã de sábado, em fevereiro, encontrei-me com Diana, que agora era estudante de Enfermagem no Hospital St. Thomas, e com Elizabeth Chant, outra amiga de escola que estava estudando para se tornar professora primária, em nosso refúgio favorito, o café na Greens, a única loja de departamentos em St. Albans. Trocamos ideias sobre os cursos que estávamos fazendo e, em seguida, começamos a falar sobre nossos amigos e conhecidos. De repente, Diana perguntou:

– Vocês já ouviram falar sobre Stephen?

– Oh, sim – respondeu Elizabeth. – É horrível, não é?

Percebi que elas estavam falando sobre Stephen Hawking.

– Do que vocês estão falando? – perguntei. – Não ouvi nada...

– Bem, aparentemente ele esteve no hospital por duas semanas, em Bart, eu acho, porque foi onde o pai estudou e onde Mary está estudando – explicou Diana. – Ele vivia tropeçando e mal conseguia amarrar os sapatos – ela fez uma pausa. – Fizeram um monte de exames horríveis e descobriram que ele está sofrendo de uma terrível e paralisante doença incurável. É um pouco como a esclerose múltipla, mas não é esclerose múltipla, e acham que ele só vai viver, provavelmente, mais alguns poucos anos.

Fiquei atordoada. Eu mal conhecia Stephen e, apesar de toda a excentricidade, gostava dele. Nós dois parecíamos tímidos na presença de outros, mas tínhamos confiança em nós mesmos. Era impensável que alguém apenas poucos anos mais velho que eu poderia estar enfrentando a perspectiva da própria morte. A morte não era um conceito que desempenhasse nenhum papel em nossa existência. Ainda éramos jovens demais para sermos imortais.

– E como ele está? – perguntei, agitada com aquela notícia.

– Basil tem ido visitá-lo – continuou Diana – e diz que ele está muito deprimido: os exames são realmente desagradáveis, e um rapaz de St. Albans que estava na cama oposta morreu no outro dia – ela suspirou. – Stephen insistiu em ficar na enfermaria, por causa de seus princípios socialistas, e não quis um quarto particular como seus pais desejavam.

– E eles sabem a causa dessa doença? – perguntei mecanicamente.

– Não – respondeu Diana. – Acham que ele pode ter sido vacinado contra varíola com uma agulha não esterilizada, quando visitou a Pérsia alguns anos atrás, e isso teria injetado um vírus em sua coluna, mas eles realmente não sabem; isso tudo é apenas especulação.

Fui para casa em silêncio, pensando em Stephen. Minha mãe percebeu minha preocupação. Ela não o conhecia, mas sabia dele e também que eu gostava dele. Eu tomara a precaução de alertá-la de que Stephen era muito excêntrico, no caso de ela encontrá-lo um dia sem aviso prévio. Com a certeza razoável de sua fé profunda, que a sustentara ao longo da guerra, da doença terminal do amado pai e de todas as crises de depressão do meu pai, ela disse calmamente:

– Por que você não reza por ele? Isso pode ajudar.

Fiquei surpresa, portanto, quando, uma semana depois, enquanto eu estava à espera do trem das nove, Stephen veio bamboleando, descendo a plataforma de embarque e carregando uma mala de lona marrom. Parecia perfeitamente alegre e feliz em me ver. Sua aparência era mais convencional e, na verdade, um pouco mais atraente que nas ocasiões anteriores: as características da antiga imagem que ele havia, sem dúvida, cultivado em Oxford – a gravata-borboleta, o casaco preto de veludo, até mesmo o cabelo comprido –, tudo isso dera lugar a uma gravata vermelha, uma capa de chuva bege e um cabelo mais curto e mais arrumado. Nossos dois encontros anteriores haviam acontecido à noite, sob uma luz mais suave: a luz do dia revelou com predominância seu sorriso largo e vencedor e seus límpidos olhos cinzentos. Por trás dos óculos de coruja havia algo sobre o conjunto de suas características que me atraiu, me lembrando, talvez inconscientemente, do meu herói de

Norfolk, lorde Nelson.* Sentamo-nos juntos no trem para Londres conversando alegremente, embora mal tenhamos tocado na questão de sua doença. Mencionei como lamentei ao saber de sua permanência no hospital depois que ele torceu o nariz e não disse nada. Stephen se comportou de forma tão convincente, como se tudo estivesse bem, que senti que teria sido cruel ter insistido ainda mais no assunto. Ele estava indo de volta para Cambridge, anunciou, e quando nos aproximávamos de St. Pancras informou que voltaria para casa muitas vezes nos fins de semana. Será que eu gostaria de ir ao teatro com ele algum dia? É claro que eu disse que sim.

Nós nos encontramos uma noite de sexta-feira em um restaurante italiano no Soho, o que por si só teria sido uma noite suficientemente extravagante. No entanto, Stephen também tinha ingressos para o teatro, e o jantar teve de ser concluído de maneira apressada e um tanto constrangedora, para que pudéssemos descer o rio até o Old Vic a tempo de assistir à exibição de *Volpone*. Chegando ao teatro às pressas, só tivemos tempo de atirar nossos pertences sob nossos lugares na parte dos fundos da plateia, quando a peça começou. Meus pais eram frequentadores assíduos de teatro, então eu tivera a oportunidade de assistir a outra grande peça de Jonson, *The Alchemist*, e gostei muito. *Volpone* era tão divertida quanto, e logo eu estava totalmente absorvida nas intrigas da velha raposa que queria testar a sinceridade de seus herdeiros, mas cujos planos sempre acabavam muito mal.

Exultantes com a peça, ficamos discutindo isso depois no ponto de ônibus. Um mendigo se aproximou e perguntou educadamente a Stephen se ele tinha algum trocado. Stephen procurou no bolso e exclamou constrangido:

– Sinto muito, acho que não tenho mais nada!

O mendigo sorriu e olhou para mim.

– Está tudo bem, chefe – disse ele, piscando na minha direção –, eu entendo.

Naquele momento, o ônibus chegou e subimos. Quando nos sentamos, Stephen virou-se para mim se desculpando:

– Sinto muito – disse ele –, mas não tenho dinheiro nem para a passagem. Você pode me emprestar?

Sentindo-me culpada sobre quanto ele devia ter gastado em nossa noitada, fiquei muito feliz em ajudar. O cobrador se aproximou e pairava sobre nós, enquanto eu procurava a carteira verde no fundo da bolsa. Meu constrangimento igualou-se ao de Stephen, quando descobri que tinha sumido. Saltamos do ônibus no próximo semáforo e corremos todo o caminho de volta ao Old Vic. A entrada principal para o teatro fora fechada, mas Stephen empurrou a porta do lado que dava para o palco. Estava aberta, bem como a passagem do lado de dentro. Nos aventuramos

* Lorde Nelson foi um oficial da Marinha Real Britânica que ficou conhecido por sua capacidade de inspirar e motivar seus homens. (N.E.)

com cuidado, mas não havia ninguém à vista. Diretamente no final da passagem, encontramo-nos no palco deserto, mas ainda bem iluminado. Apavorados, avançamos por ele na ponta dos pés e descemos as escadas até a plateia às escuras. Sem demorar muito, e para nosso alívio, encontramos a carteira de couro verde sob o banco em que eu estava sentada. No momento em que estávamos voltando para o palco, as luzes se apagaram, e lá estávamos nós na escuridão total.

– Pegue a minha mão – disse Stephen com autoridade.

Segurei a mão dele e minha respiração em admiração silenciosa quando ele me levou de volta para os degraus, até o palco, e saiu para o corredor. Felizmente, a porta do palco ainda estava aberta, e assim que chegamos à rua caímos na gargalhada. Tínhamos estado no palco do Old Vic!

— 3 —

A CARRUAGEM REAL

ALGUMAS SEMANAS DEPOIS DO EPISÓDIO NO OLD VIC, AO MESMO TEMPO QUE O CURSO de datilografia estava oficialmente chegando ao fim, minha mãe me encontrou animada em meu retorno para casa, uma noite, acenando com uma mensagem de Stephen, que telefonou para me convidar para um baile em Cambridge. A perspectiva era tentadora. Nos últimos anos do ensino médio, uma menina fora convidada para um desses bailes em Cambridge, e o restante de nós ficou verde de inveja, sorvendo cada detalhe daquela ocasião de gala que mais parecia algo saído dos contos de fadas. Agora, inacreditavelmente, minha vez chegara. Quando Stephen telefonou para confirmar o convite, aceitei com prazer. O problema de escolher o que vestir logo foi resolvido quando encontrei um vestido de seda branco e azul-marinho em uma loja perto da escola de datilografia, em Oxford Street, que estava justamente dentro de minhas posses.

Esse baile de gala em comemoração ao final do ano letivo, que deveria ocorrer em maio, mas que com a típica contradição de Cambridge ocorreria em junho, ainda estava distante alguns meses. Nesse meio-tempo, eu precisava começar a reabastecer minha poupança, esgotados pela compra do vestido, para minhas viagens ao redor Espanha mais tarde, no verão, por isso me inscrevi em uma agência de emprego temporário em St. Albans. Meu primeiro trabalho foi de meio período às quintas-feiras e o dia inteiro às sextas, no Banco de Westminster, em Hatfield, no qual o gerente da agência, senhor Abercrombie, um homem gentil e paciente, era amigo do meu pai. Primeiro, fui direcionada para a central telefônica, mas, sem noção do que fazer, entrei em pânico com as luzes piscando freneticamente à minha frente e puxei alguns fios no painel enquanto tentava, desesperada, empurrar outros nos buracos vazios. O que consegui foi cortar todas as chamadas externas e conectar os telefones de pessoas que estavam sentadas umas em frente às outras. Depois disso, consegui aprender aos poucos uma variedade de trabalhos temporários, enquanto a primavera avançava em direção ao início do verão e a noite do grande baile de gala se aproximava.

Quando Stephen chegou em uma tarde quente no início de junho para me levar a Cambridge, fiquei chocada com a piora de sua condição física desde aquela noite em que escapamos do Old Vic e duvidei de que ele estivesse de fato forte o bastante para dirigir o carro do pai, um enorme e antigo Ford Zephyr. Construído como um tanque de guerra, o carro tinha, aparentemente, atravessado alguns rios na Caxemira, quando a família – menos Stephen, que ficara na escola na Inglaterra – viveu na Índia por alguns anos. Eu temia que aquele veículo pudesse ser rápido demais para o atual motorista, uma figura leve, frágil, que mancava bastante e parecia usar o volante para içar-se para cima, para ver sobre painel de instrumentos. Apresentei Stephen a minha mãe. Ela não demonstrou nenhum sinal de surpresa ou de alarme e acenou para nós quando fomos embora como se fosse a fada madrinha enviando-me ao baile com o príncipe encantado que dirigia a carruagem real.

A viagem foi terrível. Ficou claro que Stephen era o mesmo tipo de motorista que o pai, que dirigia rápida e furiosamente, fazendo ultrapassagens em subidas e curvas – dizia-se até que ele guiara em uma via de mão dupla, na contramão. Acabando com qualquer tentativa de conversa, o vento rugia pelas janelas abertas enquanto acelerávamos passando os campos e as árvores de Hertfordshire e alcançando a paisagem exposta de Cambridgeshire.

Eu mal ousava olhar para a estrada à frente, enquanto Stephen, em contrapartida, parecia estar olhando para tudo, exceto para a estrada. Era provável que ele sentia que poderia se dar ao luxo de viver perigosamente, desde que o destino lhe infligira um golpe tão cruel. Este, porém, era um fato que muito pouco poderia me tranquilizar, então comecei a jurar, em segredo, que voltaria para casa de trem. E estava em definitivo começando a ter dúvidas sobre essa suposta experiência de conto de fadas de um baile de gala de formatura em Cambridge.

Desafiando todas as estatísticas de acidentes rodoviários, conseguimos chegar inteiros ao alojamento de Stephen, em uma casa dos anos 1930 situada em um jardim repleto de sombras, onde outros foliões estavam ocupados com preparativos de última hora. Quando já trocara de roupa no quarto reservado a mim no andar de cima pela governanta, fui apresentada aos companheiros residentes de Stephen e estudantes de pesquisa, cujas atitudes aparentemente contraditórias em relação a ele me deixaram perplexa. Eles conversavam com Stephen em seus termos intelectuais, às vezes cáusticos e sarcásticos, às vezes esmagadoramente críticos, mas sempre bem-humorados. Em termos mais pessoais, no entanto, tratavam-no com uma consideração gentil que era quase amorosa. Achei difícil conciliar esses dois extremos de comportamento, porque estava acostumada a manter coerência entre atitudes e abordagem, e fiquei perplexa com essas pessoas que bancavam, com tamanha confiança, o advogado do diabo, discutindo ferozmente com alguém – esse era Stephen – em um minuto e no minuto seguinte não apenas o tratando como se nada tivesse acontecido, mas atendendo com muito carinho às suas necessidades pessoais, como se sua palavra fosse o seu comando. Eu não aprendera a distinguir a razão da emoção, o intelecto do coração. Em minha inocência, tinha algumas duras lições a aprender. Essa inocência, pelos padrões de Cambridge, era chata e previsível.

Nós todos saímos para jantar em um restaurante no primeiro andar na esquina da King's Parade. De onde eu estava sentada, olhei para fora observando os pináculos e as torres do King's College, a capela e a portaria, as silhuetas obscurecidas contra aquele vasto e luminoso panorama de um pôr do sol na Ânglia Oriental. Isso, por si só, já era mágico o suficiente. Voltamos para casa para alguns ajustes de última hora antes de sairmos para a caminhada de dez minutos atravessando os espaços de um verde insípido atrás dos antigos pátios do Trinity Hall, a faculdade de Stephen.

Ele insistiu em levar seu gravador e sua coleção de fitas para a faculdade, para instalar no quarto de um amigo, que fora colocado à nossa disposição quando precisássemos de uma pausa nas festividades, mas ele não conseguia carregar isso sozinho.

– Ora, vamos lá – resmungou um de seus amigos com benevolência. – Suponho que terei de levá-los para você. – E foi o que ele fez.

Relativamente pequeno, algo despretensioso e longe da agitação, Trinity Hall consiste de uma coleção heterogênea de edifícios – alguns muito velhos, de construção vitoriana, e outros mais modernos – que abrangem gramados, canteiros de flores e um terraço com vista para o rio. Nós nos aproximamos da faculdade vindos do outro lado da Câmara e paramos por um instante no arco de uma ponte nova que, Stephen me explicou muito sério, fora construída em memória de um estudante, Timothy Morgan, que morreu tragicamente em 1960, tendo acabado de completar seu projeto para ela. Olhando a partir daquela ponte, fomos agraciados com um espetáculo de conto de fadas: lembrei-me da casa de campo misteriosa em um dos meus romances franceses favoritos, *Le Grand Meaulnes*, de Alain-Fournier, em que o herói, Augustin Meaulnes, vagueia por um casarão todo iluminado nas profundezas escuras do campo e, por ser um observador atento, vê-se arrastado nos folguedos, pela música e pela dança, sem nunca saber muito bem o que esperar. Aqui no Trinity Hall, fitas estavam balançando no ar da noite, o gramado que levava até o rio estava decorado com luzes cintilantes, assim como a magnífica faia no centro, e os casais já estavam dançando em um tablado elevado sob a árvore. Na marquise na parte superior do gramado, fui apresentada a mais amigos de Stephen, e, juntos, fizemos um caminho mais curto para nosso estoque de champanhe, que estava sendo servida em uma banheira, e depois fomos ao bufê e checar os vários entretenimentos: no Hall absolutamente lotado, onde, em um palco distante, um cabaré inaudível estava ocorrendo e depois a um salão ornado com muita elegância, com painéis onde um quarteto de cordas estava tentando competir com a banda jamaicana que tocava no gramado lá fora, e então a um canto da Velha Biblioteca, onde castanhas estavam sendo servidas de um braseiro. Nossos companheiros tinham se afastado, deixando-nos sentados no terraço à beira do rio observando os dançarinos se contorcer ao ritmo hipnótico da banda jamaicana.

– Me desculpe, eu não danço – comentou Stephen.

– Tudo bem, não tem importância – menti.

Dançar não estava totalmente fora de questão, no entanto, porque mais tarde, depois de mais uma visita ao bufê e mais champanhe, descobrimos uma banda de jazz afastada, em uma adega. O lugar estava escuro, mesmo com algumas luzes azuladas estranhas. Os homens eram invisíveis, exceto pelas abotoaduras e pela frente das camisas brancas que brilhavam com uma luminosidade roxa, enquanto as meninas quase não podiam ser vistas. Fiquei fascinada. Stephen explicou que as luzes estavam pegando o elemento fluorescente contido no sabão em pó, razão pela qual as camisas dos homens eram tão visíveis, mas não os vestidos novos das garotas, porque ainda não tinham entrado em contato com sabão em pó ou detergentes, então não apareciam com a mesma luz fantasmagórica. Na escuridão do recinto subterrâneo, convenci Stephen a dançar. Balançamos suavemente para trás e para a frente, rindo dos padrões de dança da luz roxa, até que, para nossa decepção, a banda fez as malas e foi embora.

Nas primeiras horas da manhã, as outras faculdades que tinham conduzido tradicionalmente seus grandes bailes abriram as portas a todos. Enquanto o dia amanhecia, cambaleamos pela Trinity Street até o Trinity College, onde, em um conjunto amplo de quartos, a namorada extremamente bem organizada e madura de alguém estava preparando o café da manhã, mas eu apenas afundei em uma poltrona e adormeci. Alguma pessoa amável deve ter me conduzido meio sonâmbula de volta para a casa na Adams Road, onde dormi confortavelmente até a metade da manhã.

O programa do dia para os parceiros do baile fora planejado com a eficiência de um guia turístico moderno, com a diferença de que era muito mais estimulante. Além das pesquisas na graduação em Química, os amigos de Stephen, Nick Hughes e Tom Wesley, estavam muito envolvidos, como editores, na produção de um guia para os edifícios do pós-guerra de Cambridge, *Cambridge New Architecture*, que era para ser publicado em 1964. Stephen compartilhava desse mesmo interesse e atuava como consultor no projeto por meio período. Portanto, estavam todos muito ansiosos para mostrar os objetos de suas deliberações para qualquer um que se mostrasse interessado. Por mais que esses edifícios sejam vistos hoje em dia com ceticismo, nos anos 1960 eram todos motivo de grande emoção, aquela emoção assertiva do desenvolvimento e da expansão do pós-guerra, sem preocupação com a preservação de imóveis antigos, bosques ou árvores que pudessem inibir a nova onda de estradas, edifícios e o desenvolvimento das universidades. A conservação ainda não era uma preocupação popular.

Com zelo e fervor digno dos pioneiros, nossos guias destacaram para nós, as convidadas ignorantes e impressionáveis, as características de uma seleção de novos locais que tivessem ficado prontos recentemente ou que ainda estivessem em construção. Entre eles foram incluídos o desenvolvimento do Sidgwick Site e o Churchill College – o memorial a Sir Winston, cuja preocupação com a falta de cientistas e tecnólogos no país levou à fundação da faculdade em 1958. Também fomos levados para Harvey Court, que deixou até mesmo os contribuintes do *Cambridge New Architecture* sem palavras. Eles descreveram isso como "uma experiência que pode, algumas vezes, intimidar seus ocupantes no que se refere ao padrão que a vida impõe", acrescentando em sua defesa: "E é a mais corajosa tentativa de Cambridge de encontrar alguma nova solução para os problemas da residência universitária". Eu nem sabia que, uns doze anos mais tarde, estaria vivendo próxima dessa experiência particular na vida moderna. Por fim, como um aceno à tradição, nós, os visitantes de universidades menos ricamente dotadas, fomos autorizados a dar uma espiada rápida dentro da King's College Chapel.

Após o almoço, todos saímos para um passeio de barco, e então a questão da viagem de volta apareceu.

– Acho que seria melhor se eu fosse de trem – sugeri hesitantemente a Stephen, mas ele não quis ouvir. Ansiosa para não ofendê-lo, assumi mais uma vez meu lugar no banco do passageiro do temido Zephyr. A viagem de volta foi tão aterrorizante quanto a de ida, e no momento em que chegamos a St. Albans decidi que, por mais que apreciasse esses bailes de gala de formatura, eu não pretendia nunca mais me sujeitar de novo a esse tipo de passeio. Minha mãe estava no jardim da frente quando paramos diante do portão. Eu disse, lacônica, "obrigada e adeus" a Stephen e, sem olhar para trás, marchei em direção à casa. Minha mãe me seguiu e me repreendeu severamente:

– Você não está pretendendo dispensar aquele pobre jovem sem nem mesmo oferecer a ele uma xícara de chá, está? – disse ela, chocada com a minha indiferença.

Suas palavras perfuraram a minha consciência. Corri para fora da casa, para tentar pegar Stephen. Ele ainda estava lá, estacionado perto do portão, tentando ligar o carro. Aos poucos, o carro começou a rolar para trás, para baixo da colina íngreme, porque ele liberara o freio antes de o motor ligar. Ele puxou o freio e, com entusiasmo, veio tomar o chá, sentado comigo ao sol na porta do jardim. Enquanto relatamos animadamente os eventos do baile para minha mãe, ele se mostrava atencioso e encantador. Decidi que gostava dele de verdade e que poderia perdoar sua loucura na estrada desde que não tivesse de experimentar isso com muita frequência.

— 4 —

VERDADES OCULTAS

ALGUMAS SEMANAS MAIS TARDE, A FAMÍLIA RECEBEU UMA INTEGRANTE TEMPORÁRIA, quando meus pais responderam a uma chamada para alojar estudantes franceses adolescentes, e começamos a cuidar de uma garota de dezesseis anos, cuja melhor amiga, por uma dessas estranhas coincidências, estava hospedada com os Hawking. Em um sábado de junho, pouco depois do baile de gala, Isobel Hawking convidou as duas meninas francesas e eu para acompanhá-la a uma visita a Cambridge. Para meu alívio, ela dirigia com sensatez, conversava de maneira intelectual e jovialmente concentrada e trouxe um piquenique esplêndido – "um lanche frio", como ela chamou –, que comemos na varanda do quarto de Stephen, no piso térreo da casa em Adams Road. Assim, eu e minha família fomos levados a um contato mais próximo com os Hawking, e, quando Stephen voltou a St. Albans para um fim de semana, meus pais o convidaram para jantar. Trataram-no com hospitalidade impecável, de modo exteriormente imperturbável por sua aparência. Ele voltara às velhas maneiras de Oxford. O cabelo liso estava mais comprido que nunca, e o paletó preto de veludo e a gravata-borboleta vermelha tornaram-se um uniforme, adotados para desafiar a própria conformidade que meus pais representavam. Eles, por sua vez, podem ter encontrado algum alívio pelo fato de que este seria nosso último encontro por algum tempo, uma vez que eu estava prestes a partir de novo para a Espanha.

Certa manhã, em julho de 1963, meu pai me levou para Gatwick, para um voo repleto de estudantes que deveria sair às nove da manhã e chegar em Madri à uma da tarde, mas a decolagem foi adiada enquanto alguns reparos eram realizados em um motor. Eu não estava nem um pouco preocupada com o atraso, nem pela necessidade de reparos, nem pelo fato de que, após a decolagem, a água – que, eventualmente, virava pingentes de gelo – pingava pelo teto da aeronave. Nem me mostrei preocupada com a descoberta de que o piloto e o copiloto estavam desfrutando alegremente de um copo de cerveja quando nós, estudantes, fomos convidados a visitar a cabine. Bill Lewis, um conhecido de nosso guia local, que iria me encontrar em Madri, estava muito mais ansioso.

– Achei que você estava vindo pelo Polo Norte! – brincou ele, quando, enfim, saí da Imigração às cinco da tarde.

Ele me levou para casa para conhecer sua esposa, que me assegurou oferecer uma recepção calorosa em seu apartamento todas as noites, a partir das seis em diante, e então ele me levou aos alojamentos que encontrara para mim. Pilar, a dona da casa, era uma senhora pequena, vivaz, de nariz pontudo e cabelos negros que vivia em um apartamento extraordinariamente grande e bem equipado, ao virar a esquina da rua em que os Lewis moravam. A outra hóspede de Pilar, Sylvia, também era inglesa e trabalhava na embaixada britânica. Sylvia não estava feliz com alguns dos amigos de Pilar, que apareciam todas as horas do dia e da noite, e quando ela me contou suas preocupações decidi acelerar meus planos de sair de Madri na primeira oportunidade, mas não antes de usufruir de cada momento precioso na capital e seus arredores, aproveitando para visitar o museu do Prado e fazer parte dos grupos nos ônibus de turismo que visitavam os palácios reais em Aranjuez e Escorial. É claro que também fui a Toledo, a cidade medieval no alto de uma rocha acima do rio Tejo, onde, no século XIII, judeus, árabes e cristãos haviam trabalhado em perfeita harmonia em busca de aprendizado, e onde, no século XVII, El Greco criou alguns de seus melhores quadros. Com um grupo de estudantes, fui em peregrinação para El Valle de los Caídos, supostamente o monumento aos mortos de ambos os lados da Guerra Civil, mas na verdade um local de sepultamento somente para os fascistas – incluindo o próprio Franco –, que foi construído por prisioneiros de guerra republicanos. Comecei a perceber que muitos dos pedintes mutilados nas ruas de Madri eram os trágicos remanescentes da Guerra Civil, que revelavam uma horrenda cicatriz que marcava a Espanha. Em meados do século XX, o país ainda exibia os contrastes perturbadores retratados por Goya nas pinturas e nos desenhos produzidos por ele no século XVIII e início do século XIX que eu vira no Museu do Prado.

De volta ao apartamento de Pilar, Sylvia e eu tínhamos a desconfortável sensação de que as coisas estavam chegando ao ponto de crise. Tínhamos nos recusado terminantemente a sair com ela à noite, e agora as panelas ficavam fazendo barulho na cozinha enquanto as refeições se tornaram uma questão de sorte. Sentindo-me um pouco culpada por deixar Sylvia em apuros, entrei em uma rota evasiva e parti em um trem com ar-condicionado para a segurança de Granada, onde me estabeleci para uma estada prolongada em um albergue de estudantes internacionais que abrigava uma multidão estimulante e imprevisível, em especial os espanhóis entre eles, cujas discussões variavam desde a política à poesia no espaço de uma única respiração. Para preservar minha sanidade, eu precisava às vezes escapar da intensidade de suas discussões, para vagar pelas ruas de Granada, no calor do dia, assistindo às crianças ciganas que brincavam na frente de suas cavernas, ou para passear ao redor do palácio mouro, o Alhambra, e dos jardins da Generalife, surpresa com a beleza extravagante do lugar.

Embalada pelo perfume das rosas e pelo rumor das fontes, eu me sentava sozinha por horas sob os arcos no pátio da Generalife e de lá ia olhar os muros altos que ocultavam a intricada rede cor de creme dos pátios interiores do Alhambra. Deslumbrante no sol, a cidade espalhava-se a meus pés, o reflexo quebrado apenas pelas altíssimas pontas verde-garrafa dos ciprestes e pelas manchas roxas e rosa de buganvílias que refletiam as paredes brancas. Uma bela cidade, mas também uma cidade muito cruel. Que outra cidade poderia alegar ter assassinado seu filho mais famoso? Foi em Granada, com a eclosão da Guerra Civil espanhola, que as forças franquistas rebeldes de direita abateram o maior poeta espanhol do século XX, Federico García Lorca, o poeta que, por intermédio da cor, do ritmo e da imaginação de seus versos havia me apresentado a Andaluzia muito antes de eu ter colocado meus pés em seu solo.

Durante esses longos períodos de contemplação solitária em um cenário de tal beleza dramaticamente assustadora, me vi afogada por ondas de solidão. No passado, eu conhecera momentos de abatimento extremo, sem ser capaz de identificar uma causa precisa. A razão para eles foi-se tornando aparente e suficientemente natural: eu desejava ter alguém com quem compartilhar minhas experiências. Além disso, percebi que a pessoa com quem eu mais queria compartilhá-las era Stephen. A relação anterior entre nós, por mais curta que fosse, contivera muita promessa de harmonia e compatibilidade. Por causa de sua doença, qualquer relação com ele seria, sem dúvida nenhuma, precária, de curta duração e, provavelmente, de partir o coração. Poderia eu ajudá-lo a realizar-se e a encontrar felicidade, ainda que breve? Duvidei de que estivesse à altura da tarefa, mas, quando confiei essas dúvidas aos amigos recém-descobertos de várias nacionalidades, eles me instaram a ir em frente. "Se ele precisa de você, você deve fazê-lo", disseram.

Lutando contra essa agitação interna, a forte atração pela aventura finalmente me arrancou da magia que me deixava aninhada em Granada e me colocou em um ônibus fedorento e quente, cheio de mercadores e seus produtos – a maioria ainda viva, batendo as asas e cacarejando –, que subia devagar as colinas para Málaga. Eu estava esperando na estação de ônibus pela conexão para La Línea, o último posto avançado espanhol antes de Gibraltar, quando um homem se aproximou de mim e perguntou se eu gostaria de treinar para ser dançarina espanhola. Para minha surpresa, ele explicou que eu tinha a aparência e o corpo perfeitos. Embora já fosse experiente em cortar as cantadas dos machos espanhóis, fiquei lisonjeada. Apesar de minhas dúvidas, o homem parecia estar falando a verdade. Não era nem insinuante nem pegajoso, mas bastante direto na abordagem. Entregou-me um cartão, em que constava o endereço do seu estúdio de dança. Eu estava pesando a oferta quando o ônibus para La Línea surgiu pesadamente e me arrastou para longe dessa tentação. Às vezes sinto uma leve pontada de arrependimento por causa daquele ônibus que quebrou todos os recordes de horário na Espanha ao chegar no horário. Quem sabe como teria sido minha história se ele tivesse aparecido alguns minutos atrasado?

De La Línea, atravessei a fronteira muito sólida entre Espanha e Gibraltar, uma barricada de grades de ferro verde com cerca de seis metros de altura, com um portão no posto da alfândega. Gibraltar, com todas as suas armadilhas incongruentes do colonialismo britânico, foi um trampolim conveniente para minha primeira e única viagem à África, a Tanger, para o meu primeiro encontro com os descendentes das pessoas que invadiram a Espanha em 711 e ficaram por lá por mais de setecentos anos – os árabes. Eu gostava deles. Eles me trataram, uma jovem inglesa viajando sozinha, com grande cortesia e, ao contrário dos espanhóis, que assediavam automaticamente qualquer passante feminina, não mostraram desrespeito. Eram um povo digno, orgulhoso de suas habilidades artísticas que eram exibidas em todos os lugares nos estandes de Casbá. Também eram gentis e hospitaleiros, curiosos para saber sobre a vida na Europa, conforme descobri ao longo de muitos copos de chá quente de hortelã doce, com o qual eles me agraciavam mesmo quando eu comprava o menor item em suas lojas.

Algumas panelas tinham voado em Madri durante minha ausência, de acordo com Sylvia. Pilar estava cada vez mais insatisfeita com o retorno que estava recebendo de suas hóspedes pagantes, tendo, sem dúvida, antecipado consideráveis bônus de um tipo ou de outro, de modo que tirou Sylvia de seu quarto, e agora ela estava dividindo o quarto comigo. Isso, concordamos, fora uma coisa boa, porque havia mais segurança assim, mas não era bom para Sylvia como perspectiva de longo prazo, uma vez que em breve eu estaria partindo e ela não poderia ficar sozinha naquela casa. Decidi me abster de contar a verdade ao casal Lewis sobre os alojamentos que eles tinham gentilmente encontrado para mim, uma vez que não queria parecer ingrata por sua ajuda ou hospitalidade, mas o tempo chegara para informar-lhes sobre os acontecimentos em *la casa de Pilar*. Sylvia veio comigo para o lanche das seis na casa dos Lewis e juntas contamos sobre a sucessão de visitantes repulsivos do sexo masculino que vinham ao apartamento, porque, ainda que em pequena escala, Pilar estava tocando uma casa desregrada e tinha a intenção de procurar graciosas garotas inglesas para alguns homens velhos e flácidos que ela conhecia. Contamos como eles tentaram nos pegar quando voltamos para casa à noite, em geral abrigando-se atrás da guarita do vigia noturno, que guardava as chaves das portas da frente de todos os apartamentos na rua e que apareceria com algumas palmas para abrir a porta principal. Falamos superficialmente sobre as travessuras que ocorriam a noite toda nos outros quartos do apartamento e sobre as mexidas sinistras no trinco da porta trancada do nosso quarto.

Enquanto Sylvia e eu narrávamos essas histórias ao público cativo de expatriados britânicos na minha última noite em Madri, a senhora Lewis balbuciou sobre seu gim-tônica enquanto os outros convidados sorriam divertidos. Imediatamente eles começaram a se movimentar para encontrar um novo alojamento para Sylvia, como uma questão de urgência. A maioria dos frequentadores da casa de Lewis, assim como Sylvia, trabalhava na embaixada britânica, embora ela não tivesse encontrado nenhum um deles antes daquela tarde. Eles eram divertidos, mas modestos, uma boa propaganda para o serviço diplomático que começava a acenar como sendo uma excitante perspectiva de carreira. Voltei para a Inglaterra no dia seguinte, triste por ter deixado para trás tantas experiências, tantos cenários, tantos sons, tantas amizades e tantas intrigas, mas deslumbrada com a variedade contrastante, talvez até mesmo conflitante, de possibilidades que estavam se abrindo diante de mim.

5

PRINCÍPIOS INCERTOS

Minhas tentativas de entrar em contato com Stephen quando retornei, da Espanha, foram inúteis. Segundo sua mãe, ele já voltara para Cambridge e não estava nada bem. Eu estava ocupada me preparando para sair de casa e embarcar em uma nova fase da minha vida em Londres, e, pelas semanas seguintes daquele outono, minha atenção foi totalmente absorvida enquanto me via arrastada na agitação social e acadêmica em Westfield, em particular, e em Londres, em geral. Concertos, teatros e balé eram todos de fácil acesso. Foi assim que estava viajando de metrô em Londres com um grupo de amigos quando vislumbramos as manchetes dos jornais que anunciavam o assassinato do presidente Kennedy. Foi nessa época, novembro de 1963, que tive notícias de Stephen de novo. Ele estava vindo para Londres, para tratamento dentário, e perguntou se eu gostaria de ir à ópera com ele. Essa me parecia uma perspectiva um tanto mais atraente que aquelas reuniões de calouros da universidade, que, apesar da Beatlemania, eram terríveis ocasiões, em que os meninos ficavam presos às paredes até a última dança. Embora eu adorasse música desde a infância, tivera pouco treinamento formal e fora à ópera apenas uma vez, com a escola, para uma apresentação de *As Bodas de Fígaro,* em Sadler's Wells. Minha única tentativa para aprender um instrumento, a flauta, fora abortada rapidamente aos treze anos, quando quebrei os dois braços tentando patinar no gelo, no lago congelado, no parque no Verulamium, local da cidade romana em que St. Albans foi fundada.

Em uma tarde de sexta-feira de novembro daquele ano, encontrei-me com Stephen na Harley Street, onde Russell Cole, seu tio australiano por casamento, tinha a clínica dentária. Ele estava caminhando de modo vacilante, balançando de um lado para o outro, tomando táxis para viagens de qualquer distância, o que os tornava uma necessidade cara. Curiosamente, ao mesmo tempo em que sua caminhada se tornava mais e mais instável, suas opiniões se tornaram mais fortes e desafiadoras. Em nosso caminho para visitar o Wallace Collection, que ficava bem perto de Harley Street, ele anunciou com bastante ênfase que não partilhava da adoração geral que transformava o presidente assassinado em herói. Em sua opinião, a forma como Kennedy lidou com a crise dos mísseis em Cuba só poderia ser descrita como temerária: ele trouxera o mundo à beira de uma guerra nuclear e fora ele, não os russos, que ameaçaram um confronto militar. Além do mais, Stephen declarou, era absurda a pretensão dos Estados Unidos de reivindicar uma vitória nessa crise, porque Kennedy concordara em retirar os mísseis americanos da Turquia para apaziguar Kruschev. Apesar da força com a qual ele defendia suas ideias e da dificuldade em andar, Stephen era infatigável; por isso, depois do Wallace Collection, fomos caminhando pela Regent Street em busca de um restaurante. Estávamos exatamente cruzando a Lower Regent Street, quando, no meio da rua, as luzes foram ficando verdes, ele tropeçou e caiu. Com a ajuda de um transeunte, eu o coloquei de pé e, em seguida, dei-lhe meu braço para se apoiar. Abalados, chamamos um táxi e fomos para Sadler's Wells.

A ópera para a qual Stephen tinha ingressos era *O Holandês Voador*. Foi magnífica, arrebatando-nos para longe com o poder de sua música e do drama de sua história lendária. O holandês, amaldiçoado a vagar pelos mares, através das tempestades e dos ventos, até que pudesse encontrar alguém que quisesse se sacrificar por amor a ele, era uma figura selvagem e assustadora, que lamentava o destino de seu navio açoitado pela tempestade. Senta, a mulher que se apaixonou por ele, era pura e inocente. Como a maioria dos sopranos de Wagner, no entanto, seu peso a mantinha muito firmemente ancorada, rodando no mesmo lugar. Sentindo que Stephen se identificava com o herói, comecei a compreender suas táticas demoníacas na direção. O carro do pai era o veículo para sua fúria contra a peça que o destino lhe pregara. Ele também estava voando para lá e para cá em busca de resgate – de uma maneira que só poderia ser descrita como imprudente.

Depois daquela noite, senti que precisava saber mais sobre a doença de Stephen. Fiz várias incursões a Londres procurando velhos conhecidos que se tornaram estudantes de Medicina e investigando os escritórios acanhados de várias instituições de caridade que tratavam de doenças neurológicas. Em todos os lugares, não achei nada. Talvez fosse melhor não saber. Fiquei imaginando: o destino de Stephen seria pior que a ameaça que pairava sobre todos nós? Vivíamos sob a sombra da nuvem nuclear, e nenhum de nós poderia contar com segurança que chegaríamos à velhice.

Na calmaria dos dias de inverno sombrios entre o Natal e o Ano-Novo, liguei para a casa dele em St. Albans. Stephen estava para partir para Londres, para ir à ópera com o pai e as irmãs. Entretanto, estava tão obviamente encantado por me ver que de pronto aceitei o convite espontâneo – para acompanhá-lo e a seu pai na semana seguinte a mais uma ópera, *O Cavaleiro da Rosa*, de Strauss. A ópera parecia ser um passatempo familiar bem estabelecido na casa dos Hawking, enquanto eu, recém-chegada, ainda estava avaliando essa forma de arte híbrida. Embora, sem dúvida, a ópera pudesse exercer um poder emocional tremendo pela combinação de música e teatro, também poderia parecer ridícula se, por um mero segundo, a concentração do espectador se perdesse. Durante o ano seguinte, Stephen parecia ter acesso a uma fonte inesgotável de ingressos para a ópera e estava sempre indo a Londres para me levar ao Covent Garden ou Sadler's Wells. Certa vez, aventurei-me a sugerir que eu preferiria ir ao balé, uma vez que este fora minha paixão desde os quatro anos, mas essa sugestão foi anulada com fulminante desprezo. Balé era um desperdício de tempo, e a música, trivial, não valia o esforço de escutar, ele disse. Reprimida, então me abstive de contar a Stephen quando consegui ingressos para *Romeu e Julieta*, de Tchaikovsky, com Fonteyn e Nureyev, por intermédio do grêmio estudantil. Fomos um grupo de meninas e nos sentamos nos assentos baratos, bem no fundo e no alto do anfiteatro do Covent Garden, muito acima do Grand Circle em que os Hawking geralmente ficavam. Esse espetáculo foi sublime, e isso me deixou profundamente emocionada.

Stephen ainda estava vindo a Londres com frequência para alguns seminários ou consultas odontológicas, e, cada vez mais, me vi viajando para Cambridge para visitá-lo aos sábados ou domingos. Essas visitas, embora urgentemente aguardadas, muitas vezes se revelaram decepcionantes para nós dois. A tarifa – dez xelins – fez um grande rombo na minha mesada de dez libras por mês, e o curso do amor não corria nada bem. Não era preciso muita inteligência para perceber que Stephen não podia contemplar a ideia de embarcar em uma relação estável de longo prazo, por causa do prognóstico sombrio de sua doença. Uma aventura rápida era, bem provável, tudo o que ele conseguia imaginar, o que, por sua vez, não era aquilo que eu – na minha inocência e no clima puritano do início dos anos 1960, quando o medo de uma gravidez indesejada era uma potente restrição – ousava imaginar. Essas perspectivas opostas levavam a tamanha tensão entre nós que muitas vezes voltei para Londres em lágrimas, e Stephen provavelmente sentia que a minha presença estava esfregando sal na ferida de seu trauma. Ele falava pouquíssimo sobre suas emoções e se recusava a falar sobre sua doença. Por medo de machucá-lo, tentei intuir seus sentimentos, sem forçá-lo a expressá-los, estabelecendo assim, inconscientemente, uma tradição de não comunicação que se tornaria intolerável com o passar do tempo. Encontrei-o mais uma vez na Harley Street, mais tarde naquele inverno, depois de uma consulta com o odontologista.

– E como foi? – perguntei.

Stephen fez uma careta.

– Ele me disse para não me preocupar em voltar, porque não há nada que possa fazer – respondeu.

Em Westfield, Margaret Smithson, minha companheira de quarto, veio comigo para as reuniões da União Cristã, onde eu esperava obter alguns *insights* de apoio para uma situação que estava se tornando cada vez mais confusa à medida que eu ficava mais envolvida. Assim como seus pais, Stephen não hesitava em se declarar ateu, apesar da profunda formação metodista dos avós de Yorkshire. Era compreensível que, como cosmólogo que estuda as leis que governavam o Universo, ele não pudesse permitir que seus cálculos fossem atrapalhados por uma confessada crença na existência de um Deus criador, para além da confusão que sua doença deveria estar gerando em sua mente. Fiquei bastante feliz por fugir do tédio das idas dominicais regulares à igreja, mas não estava disposta a abandonar minhas crenças por completo. Mesmo assim, possivelmente pela influência de minha mãe, eu estava convencida de que tinha de haver mais no céu e na terra do que havia na fria e impessoal filosofia de Stephen. Embora nessa fase eu me sentisse completamente enfeitiçada, atraída por seus olhos claros cinza-azulados e pelo largo sorriso de covinhas, resisti a seu ateísmo. Por instinto, eu sabia que não poderia me permitir sucumbir a essa influência negativa; que não poderia oferecer consolo nem conforto e esperança para a condição humana. O que o ateísmo faria seria destruir a nós dois. Eu precisava agarrar-me a qualquer fio de esperança que pudesse encontrar e manter a fé suficiente por nós dois se houvesse algo de bom em nossa triste condição.

As reuniões na União Cristã não tinham muito público, e logo vinham cada vez menos pessoas. O tópico para discussão naquele período era a natureza da graça divina, mas muito rapidamente pareceu que os líderes do grupo, incluindo o jovem capelão, cujo nome foi traduzido de maneira irreverente como reverendo P. Souper, estavam convictos da opinião de que apenas cristãos praticantes batizados poderiam receber a graça divina, a salvação ou qualquer outro nome que quisessem lhe dar, e só eles tinham o direito e as qualificações para entrar no Reino dos Céus. Margaret e eu ficamos tão indignadas que fomos embora compilando listas de todos os entes queridos, boas pessoas, amigos e parentes que não preenchiam todos os pré-requisitos corretos e mantivemos nossas longas discussões sobre esses assuntos, que continuaram durante as férias, quando fui para Yorkshire para ficar com ela e sua família.

Hoje em dia, estudantes de idiomas costumam passar um ano inteiro no exterior. Nos anos 1960, era um luxo até mesmo ser capaz de passar alguns meses no país de sua língua-alvo. Nós, alunos de Westfield, fomos de trem ou navio no fim de abril para passar o verão fazendo um curso predeterminado na Universidade de Valência. Chegamos lá para descobrir que não existia aquele curso e que tudo o que a universidade poderia nos oferecer eram algumas aulas em espanhol sobre Shakespeare. Nossa única obrigação seria retirar nossos certificados de participação no fim do curso, quer tivéssemos ou não frequentado as aulas. Assistimos apenas a uma aula, que fez uma paródia de *Macbeth*, e decidimos que aquilo já era o suficiente. Minha vida toda estudara Shakespeare na escola e não podia suportar a ideia de ter uma dose suplementar em espanhol. Meus companheiros concordaram, então, depois disso, fomos à praia em vez de ir às aulas.

Apenas duas semanas depois, porém, os outros ainda foram para à praia, mas fui forçada a ficar em casa, confinada ao meu quarto, no apartamento no sétimo andar, com uma dor de cabeça insuportável que no começo pensei que fosse insolação, mas que evoluiu para um caso grave de catapora. Eu já estava me sentindo miseravelmente infeliz. Com muita saudade de Stephen: qualquer comunicação por telefone estava fora de cogitação naqueles dias, e ele não escreveu para mim, embora eu tivesse lhe enviado muitas cartas. O único consolo foi conferido pelos meus amigos de Westfield, cujas visitas me mantinham em contato com o mundo exterior, e com a minha senhoria, Doña Pilar de Ubeda, e sua filha de meia-idade, Maribel, que eram a bondade em pessoa. Enquanto aos poucos comecei a recuperar as forças, vagava pela cozinha, onde Doña Pilar me deu aulas de culinária espanhola, algo muito mais útil que estudar Shakespeare em espanhol. Ela me ensinou a descascar uma laranja ordenadamente em partes, a fazer gaspacho e *paella*, e me levou para fazer compras com ela. Felizmente, com o rosto todo manchado e na presença de uma matrona tão augusta, fui poupada das abordagens dos homens que descansavam em torno de todas as ruas. De volta ao apartamento, eu me sentava no sofá da sala de estar e ficava escutando sem parar os dois discos que comprara: a *Sétima Sinfonia*, de Beethoven, e trechos de *Tristão e Isolda*, de Wagner. Este último me reduziu a um estado doloroso de desgosto. Por fim, o momento tão desejado veio. Partindo de trem para Barcelona na primeira etapa da viagem de volta, fiquei contente por deixar Valência para trás: apesar da suculência das laranjas e do perfume onipresente dos pomares de frutas cítricas, a cidade deixou o gosto desagradável (de assédio sexual constante e amargura) de um regime repressivo que não pensava duas vezes antes de jogar estudantes na prisão e retirar as páginas censuradas de edições importadas do *The Times*.

Meus pais trouxeram Stephen para me encontrar, e o momento inicial do reencontro foi feliz, mas de curta duração. Logo percebi que, na minha ausência, ele mudara: sua condição física não se alterara significativamente, com exceção de que agora ele andava sempre com uma bengala, mas sua personalidade fora ofuscada por uma depressão profunda que se revelou em um cinismo negro e sólido, somado a longas horas de ópera wagneriana tocadas no volume máximo. Ele estava ainda mais conciso e pouco comunicativo, aparentemente tão absorvido em si mesmo, que, quando se ofereceu para me ensinar a jogar críquete no gramado do Trinity Hall, por exemplo, pareceu se esquecer de que eu estava lá. Jogando longe a bengala, que se tornara seu apêndice constante, ele deu instruções bruscas enquanto eu mirava minha bola no primeiro arco, errando. Então ele pegou seu malho e, empurrando minha bola por todo o percurso, alcançou o poste final antes mesmo que eu fizesse a segunda rodada. Fiquei boquiaberta, impressionada e perturbada ao mesmo tempo. Esta fora realmente uma proeza impressionante, na qual ele pouco se preocupou em ocultar sua hostilidade e sua frustração, como se estivesse tentando me impedir de continuar essa associação com ele. Era tarde demais. Eu já estava tão envolvida com Stephen que não havia nenhuma maneira fácil ou óbvia de cair fora.

Foi doloroso, mas talvez benéfico, que estivéssemos prestes a ser separados de novo: Stephen estava pronto para partir para a Alemanha com a irmã, Philippa, em uma peregrinação ao santuário de Wagner, o Festspielhaus em Bayreuth, com ingressos para o *Anel de Nibelungo* completo. Daí viajariam de trem por trás da Cortina de Ferro até Praga. Enquanto isso, eu devia acompanhar meu pai em uma conferência governamental internacional em Dijon, onde ficaria com uma família local, um casal de idosos com uma filha altamente sofisticada, de vinte e cinco anos, que tinha um emprego e um namorado. No entanto, eu não estava sem diversão por completo, porque a conferência do meu pai, depois de um ou dois dias de palestras e sessões de estudo, gerou o próprio entretenimento, o qual tive o privilégio de poder compartilhar. Como estávamos em Bourgogne, que girava em torno dos vinhedos, o famoso *Clos* da região, ali começou mais uma etapa, sem dúvida nenhuma uma das mais agradáveis da minha educação – o cultivo de um criterioso paladar, no decurso do qual fui apresentada, de forma agradável, aos grandes nomes e aos grandes buquês de Bourgogne, Nuits-Saint-Georges, Côtes de Beaune, Clos de Vougeot. A publicidade para Nuits-Saint-Georges despertou minha curiosidade inocente: tentadoramente, aquele vinho aveludado e profundo dizia-se assemelhar a "*la nuit des noces, douce et caressante...*"*

De Dijon fomos de carro para o aeroporto de Genebra para nos encontrar com minha mãe e depois passar alguns dias em nosso retiro favorito, no alto da Bernese Oberland, em Hohfluh, uma pequena aldeia no topo do Brenner Pass com vista para o vale do Aare, em Meiringen, desfrutando assim da paisagem mais fascinante. Antes de sairmos da Suíça para a Itália, papai nos levou para Lucerna, cidade medieval à beira do lago, e nos mostrou a sequência de pinturas da Dança da Morte nas vigas do telhado de uma das pontes de madeira que atravessava o rio. Ele ressaltou a figura vestida de branco da Morte selecionando sua vítima e capturando-a em um abraço mortal e, em seguida, girando-a cada vez mais depressa para sua condenação.

A Itália era arrebatadora, uma festa para a mente e os sentidos. Arte, história, música, luz e cor nos encontraram e nos perseguiram em todos os lugares nos quais fomos – Como, Florença, San Gimignano, Pisa, Siena, Verona, Pádua –, em uma exibição vertiginosa de exuberância floreada. Uma noite em Florença, após um dia na presença de Michelangelo, Botticelli, Bellini e Leonardo da Vinci, minha mãe e eu

* Em tradução livre, "a noite de núpcias, suave e carinhosa...". (N.E.)

estávamos reclinadas para fora da janela do hotel, com vista sobre o rio Arno para o Palácio Pitti, ao qual fomos para assistir a um concerto. Foi então que, em um momento expansivo, ela me confidenciou suas razões para ter se casado com meu pai no início da guerra. Se ele fosse ferido, disse ela, queria ser capaz de cuidar dele sozinha. Essa observação foi presciente porque, apenas alguns dias depois, quando chegamos ao nosso hotel em Veneza, o Hotel Della Salute, em um canal isolado atrás da igreja de mesmo nome, o gerente entregou um cartão-postal endereçado a mim. Era uma vista do castelo em Salzburgo e vinha de Stephen.

Fiquei muito feliz. Stephen poderia realmente estar pensando em mim do mesmo modo que eu estivera pensando nele? Esse cartão me deu motivos para ousar esperar que ele estivesse ansioso para me ver no fim do verão. O postal vinha estranhamente cheio de novidades. Ele chegara em Salzburgo para o final do Festival, que foi um contraste com Bayreuth. A Tchecoslováquia fora maravilhosa e extremamente barata, uma boa propaganda para o comunismo. Ele não mencionou que uma queda feia em um trem na Alemanha o privou dos dentes da frente e que muitas horas de meticuloso trabalho odontológico de seu tio na Harley Street seriam necessárias para substituí-los. No calor do romance, ainda que conduzido a distância, Veneza, seus canais, a lagoa, os palácios, as igrejas, as galerias e as ilhas, tudo isso se tornou ainda mais gloriosamente cintilante. E, ainda assim, impaciente para a possível abertura de um novo capítulo na minha vida, não fiquei triste em partir e voltar para a Suíça. Da Basileia iríamos voar para casa com o carro a bordo de um avião, em um ataque bem justificado de extravagância após muitos milhares de quilômetros que meu pai dirigira sozinho por todo o continente ao longo dos anos.

Stephen ficou contente em me ver em meu retorno. Intuitivamente, comecei a perceber que ele passara a ver nosso relacionamento de forma mais positiva e, talvez, decidira que nem tudo estava perdido, que o futuro não precisava ser tão negro como seus piores temores haviam pintado. De volta a Cambridge, em um sábado à noite úmido e escuro, ele sussurrou-me, hesitante, um pedido de casamento. Aquele momento transformou nossa vida e enviou todos os meus pensamentos de seguir carreira no serviço diplomático ao esquecimento.

6

PANO DE FUNDO

UMA VEZ QUE ESSA IMPORTANTE DECISÃO FOI TOMADA, TUDO COMEÇOU A SE ENCAIXAR E ir para o devido lugar, e, se não fosse automaticamente, era acrescentada uma boa dose de determinação e esforço para conseguir isso. Foi nas ondas da euforia que navegamos o ano seguinte. Quaisquer que fossem os receios de meus amigos e da família sobre o estado de saúde de Stephen, eles o mantiveram para si mesmos, e os únicos comentários que ouvi foram sobre a maneira excêntrica de ser da família Hawking.

Esses comentários não me preocuparam muito, porque eu gostava dos Hawking e via suas excentricidades com respeitoso fascínio. Eles me deram as boas-vindas e já me tratavam como membro da família. Podem ter economizado em bens materiais, preferindo o tradicional ao ultramoderno, e por certo assumiram o compromisso de se esquentar à medida que as pessoas que sentiam frio lhes diziam bruscamente que seguissem o exemplo de Frank Hawking de usar mais roupa, por exemplo um roupão, mesmo durante o dia. Além disso, como eu já descobrira, havia áreas da casa que poderiam ser descritas com muita clareza, de forma caridosa, como estando em mau estado. No entanto, nada disso foi novo para mim. Apenas indicava que nesta casa havia um conjunto de prioridades que não era muito diferente daquelas das quais eu estava acostumada. Meus pais passaram por vários momentos de apuros. Não éramos ricos e muitas vezes precisávamos nos contentar com os consertos das coisas, porque muito da renda do meu pai foi destinada para nossa educação e também para aquelas maravilhosas férias de verão. Não tínhamos aquecimento central em casa, e eu me acostumara a sentar perto do fogo, com o rosto e os dedos já queimando, enquanto uma onda de frio deslizava pelo meu pescoço. À noite, quando ia para a cama, descansava os pés na bolsa de água quente, com o pleno conhecimento de que pequenas bolhas seriam o preço desse singelo conforto na manhã seguinte, quando um requintado jardim de neve se apresentasse com suas folhas opacas e samambaias geladas que cobririam as janelas como se fossem venezianas. Se nossa casa era um pouco mais legal que a dos Hawking, era primeiro porque a nossa era menor e, segundo, porque meu pai desistira de todas as pretensões de quaisquer proezas do tipo "o-senhor-faz-tudo". E isso por outra boa razão, tendo em vista que suas tentativas comuns de fazer algum reparo saíam muito pior que o esperado, como, por exemplo, o teto que veio abaixo em sua cabeça e outras experiências de decoração de interiores, como pinturas, quando normalmente ele aspergia tinta em tudo, menos no que deveria mesmo ser pintado. Então se descobriu que era mais barato – a longo prazo – pagar profissionais para fazer esses trabalhos ocasionais.

Em raras ocasiões, em momentos em que eu estava presente, os membros da família Hawking confirmaram a história de que tinham o hábito de levar livros para a mesa. As refeições eram eventos, quase sempre, bem sociáveis e calmamente presididos pela mãe de Stephen, que mantinha o rosto sereno em meio às frequentes explosões de temperamento do marido. Embora ele pudesse ser rude e exigente, Frank Hawking não tinha um coração duro. Seus rompantes eram dirigidos, em geral, às inadequações crassas de algum objeto inanimado, como, por exemplo, uma faca cega ou um copo que derramara algo, um garfo que tivesse caído, mas nunca com pessoas do círculo familiar. De fato, ele lidava com os acessos de raiva na hora de dormir do jovem Edward, como se fosse um modelo de paciência e tolerância. Quanto a Stephen, aparentemente não estava mais sujeito a seus humores negros e selvagens do passado, e sua natureza mais calma e filosófica indicava um estilo de vida mais pacífico.

Previsivelmente, a conversa na hora das refeições era focada no plano intelectual, que variava entre questões políticas e internacionais. Como Philippa fora para Oxford para estudar chinês, a Revolução Cultural foi um tema mais presente. Eu sabia pouco sobre história ou política oriental, então achei oportuno manter a calma em vez de trair minha ignorância. Espanha e França pareciam algo provinciano e sem glamour em comparação ao Oriente, e ninguém manifestou qualquer interesse nisso e em suas culturas como um todo. Os Hawking, de qualquer modo, sabiam tudo o que era preciso saber sobre a França, levando em consideração que Isobel tinha parentes franceses. Igualmente, sabiam tudo o que era necessário saber sobre a Espanha, também levando em conta que ela e as crianças tinham passado três meses vivendo em estreita proximidade com a casa de Robert Graves em Deià, no inverno de 1950, quando Frank estava bem longe, na África, envolvido em pesquisas sobre medicina tropical. Beryl Graves era amiga de Isobel, de seus dias em Oxford, e Robert Graves era considerado um ícone na família.

Assim que a mesa era limpa, a geração mais nova se preparava para um jogo de tabuleiro. Um dos jogadores mais fanáticos desde a primeira infância, Stephen tinha, com o amigo John McClenahan, inventado um jogo dinástico longo e complicado, constituído de árvores genealógicas, aristocracia, vastas áreas, bispados para os filhos mais novos e punições de morte. Infelizmente, este jogo não foi preservado, por isso o que sobrou foram outros jogos como detetive, palavras cruzadas e, vez ou outra, um jogo chinês notoriamente difícil, Mahjong, com peças de marfim esculpidas com delicadeza. Eu não apenas fora exposta à amostra de proeza de Stephen no críquete, mas também vivi uma experiência semelhante quando ele se ofereceu para me ensinar a jogar xadrez. Entretanto, quando se tratava de *Scrabble*, eu não precisava de mentor; sentia-me confiante de ser razoavelmente competente nesse jogo de palavras e ainda bem pequena aprendi essa arte inventiva por intermédio da minha tia-avó, Effie, no período em que vivemos em sua casa na região norte de Londres.

Se não houvesse quórum para jogos de tabuleiro, Stephen e eu nos sentávamos perto do fogo, depois do jantar, enquanto sua mãe nos alegrava com episódios da história da família. Eu gostava de ouvi-la e admirava a mulher como um modelo a ser seguido. Formada em Oxford e, antes do casamento, tendo trabalhado como fiscal de imposto de renda, ela era inteligente e espirituosa, embora totalmente dedicada à família, e parecia não ter ambição própria. Na época, estava ensinando História em um internato particular de meninas em St. Albans, onde suas consideráveis qualidades intelectuais foram definitivamente subestimadas. Com um confuso desprendimento, ela tomou para si a tarefa de me apresentar o próprio passado e o da família Hawking. Como segunda filha de sete, ela nasceu em Glasgow, onde o pai, filho de um rico fabricante de caldeiras, era médico. Embora a família tenha se mudado de barco para Plymouth, quando ainda era muito menina, ela mantinha vívidas as memórias da austera casa do avô em Glasgow, onde as orações familiares no salão, com a participação de todos os membros do entorno doméstico, constituía a única forma de diversão. Por parte de mãe, ela assumia uma descendência de John Law de Lauriston, que após o declínio da França no século XVII partiu para a Louisiana. Na narração multifacetada, brigas de família de formas variadas e abrangentes vinham à tona, e na maioria das vezes o motivo dos desentendimentos era dinheiro, por isso parecia que deserdar um membro da família das heranças era considerado um meio automático e bastante aceitável de expressar o profundo e puritano desagrado da família.

A família do pai de Stephen era temente a Deus, e eles se dedicavam à agricultura em Yorkshire. Sua alegação em relação à distinção veio por intermédio de um antepassado, no início do século XIX, que ocupara a posição de administrador do duque de Devonshire. Em reconhecimento a essa posição elevada, eles construíram uma casa considerável em Boroughbridge, em Yorkshire, e a denominaram Chatsworth. A fortuna da família passou por muitos percalços e oscilou desde então, pois, no século XX, os empreendimentos e os investimentos agrícolas do avô de Stephen o levaram à ruína financeira, e foi deixada à avó a missão de resgatar a família de cinco filhos – quatro meninos e uma menina – da penúria. Isso a levou a abrir uma escola em casa. O sucesso, por assim dizer, se deu graças à sua força de caráter. Dinheiro, riqueza, sua criação e as perdas eram elementos de destaque na narrativa das histórias de Isobel, mesclados com sua forte tendência de julgar os demais pela inteligência em vez de pela integridade ou bondade. Charme e encanto eram considerados falha grave de caráter, e aqueles infelizes o suficiente que os possuíam pagariam o preço de sua mais profunda desconfiança.

Como sua mãe era uma em uma família de sete e seu pai um em uma família de cinco, naturalmente Stephen tinha toda uma legião de primos de primeiro e segundo graus. Meus pais, em contrapartida, eram ambos filhos únicos, logo eu não tinha primos de primeiro grau, e tudo o que possuía em termos de família eram alguns primos de segundo grau, um na Austrália e o restante na zona rural de Norfolk. Portanto, isso foi um grande choque para mim: conhecer tantas pessoas que não só estavam intimamente relacionadas por grau de parentesco, mas que também possuíam notáveis semelhanças físicas. Do lado materno de Stephen, as características eram a maçã do rosto saliente, os olhos azuis próximos e os cabelos castanhos ondulados; do lado paterno, todos os parentes tinham rosto alongado e queixo forte. Enquanto apenas meu irmão possuía ligeira semelhança comigo, aqui todos os trinta e três primos se pareciam, dependendo do lado da família a que pertenciam e quais tinham alguma ligação próxima com Stephen.

Embora muitos dos parentes vivessem no exterior e o divórcio se tornara moda entre eles, conheci muitos deles, seus amigos, seus maridos, suas esposas e até mesmo seus ex-cônjuges durante um curso sucessivo de festas familiares que aconteceram no inverno. Eles me tratavam de maneira aberta e amigável, então comecei a perceber qual poderia ser a vantagem de viver em meio a uma grande rede familiar: a perda da individualidade pela aparência era compensada pela sensação de segurança que uma rede desse tipo poderia gerar. A novidade desse sentimento de fazer parte de uma família grande foi emocionante. Em comparação, meu círculo familiar imediato – pais, irmão, uma avó e duas tias-avós – parecia um pouco limitado.

Havia, no entanto, uma dos Hawking que notoriamente não possuía a autossuficiência do restante da família. Ao saber do nosso noivado, a tia Muriel de Stephen anunciou, conforme a própria disse: "Eu tinha de vir de Yorkshire só para ver com que tipo de menina Stephen se casaria". Muriel era a única irmã de Frank Hawking. Era o membro mais tímido da família, que ficara em casa para cuidar dos pais idosos, apesar de ser uma talentosa musicista. Agora na casa dos sessenta anos, Muriel demonstrava as marcas de frustração em seu triste e caído rosto largo, com suaves olhos castanhos. Era devotada ao irmão Frank e a seu filho mais velho, além de ser respeitosamente admiradora das qualidades intelectuais da família, embora ela mesma não compartilhasse disso. Sua maneira de falar, um tanto embasada demais no mundo doméstico era, muitas vezes, ignorada pelos outros membros da família;

no entanto, Stephen, que na equivalência metodista seria seu afilhado, sempre a tratou com tolerância bem-humorada. Com frequência eu ia me sentar ao lado dela para conversar, assim como por vezes também escapava para o sótão da avó Walker, só para fugir da atmosfera intelectual competitiva que acontecia na sala de jantar.

Stephen podia ser altamente crítico com aqueles que não fossem seus parentes mais próximos. Com a autoconfiança restaurada, sentia prazer em trazer suas habilidades de Oxford em qualquer conversa, definindo de modo deliberado que seu propósito ali era chocar com suas declarações provocantes. Seu comentário de que Norwich era uma catedral bem comum perturbava minha educada avó, quando o levei para ficar ali por um fim de semana. Ele considerava que meus amigos eram vítimas fáceis e não tinha pudor em monopolizar a conversa nas festas com suas opiniões controversas, muitas vezes dominando o cenário social com argumentos veementes e tenazes.

Comigo, ele diria que as flores artificiais eram preferíveis às naturais e que Brahms, meu compositor favorito, era de segunda classe, porque era pobre como maestro orquestrador. Rachmaninov era bom apenas para compor músicas que iriam direto para o lixo, e Tchaikovsky era, em essência, um compositor de música de balé. Até esse momento, meu conhecimento sobre compositores era embrionário; tudo o que eu sabia sobre Rachmaninov e Tchaikovsky era que sua música tinha o poder de mexer comigo profundamente, e eu não tinha ideia de nada sobre as orquestrações de Brahms. Foi apenas depois que descobri, para o meu silencioso divertimento, que, apesar de Wagner ter desprezado Brahms, o sentimento era mútuo.

Enquanto eu aplaudia quando Stephen se recusava a participar de conversas fiadas, ficava nervosa quando ciente de que sua arrogância era de mau gosto e que isso estava colocando em perigo a possibilidade de eu perder meus amigos, senão minhas relações. Houve uma fase em que temia até que ele comprometesse minhas chances de uma futura atividade acadêmica. Para o bem dele, eu estava disposta a abandonar, para o bem dele, todas as minhas esperanças de uma carreira no Ministério das Relações Exteriores, mas descontente em permitir que ele destruísse uma oportunidade que eu pudesse ter em algum tipo de pesquisa acadêmica. Quando o levei para conhecer meu orientador, Alan Deyermond, que naquele momento estava me encorajando a pensar seriamente em fazer meu doutorado em Literatura Medieval, Stephen se superou. Acenando com sua taça de xerez, como se a opinião que estava emitindo fosse tão óbvia que só um tolo poderia discordar, ele se deliciava com a oportunidade de dizer a Alan Deyermond e a todos os meus contemporâneos que o estudo de Literatura Medieval era tão útil quanto estudar os seixos em uma praia. Felizmente, como Alan Deyermond também era formado em Oxford, aceitou o desafio com gosto e deu a Stephen um concorrente à altura. O debate foi inconclusivo, e ambos os lados se separaram em termos extremamente amigáveis.

Quando protestei a caminho de casa no carro, Stephen deu de ombros e disse: "Você não deve encarar isso para o lado pessoal".

A convicção de Stephen de que seus argumentos intelectuais nunca deveriam ser considerados como algo pessoal foi testada durante esse mesmo ano. O professor Fred Hoyle, que indeferiu o pedido de pesquisa de pós-graduação de Stephen, era na época pioneiro no uso da televisão para popularizar a ciência com grande efeito positivo. Ele se tornou um nome famoso, e seu sucesso foi o que lhe permitiu exercer pressão sobre o governo para lhe conceder o próprio Instituto de Astronomia em Cambridge. Era uma conclusão evidente a de que, se suas exigências não fossem atendidas, ele – assim como muitos outros cientistas britânicos – se juntaria à fuga de cérebros para os Estados Unidos. O homem tinha poder e popularidade, e suas teorias recentes foram avidamente acompanhadas pela imprensa, em especial aquelas que ele estava desenvolvendo com o estudante e pesquisador Jayant Narlikar, cujo escritório ficava perto do escritório de Stephen no velho Cavendish em Cambridge.

Antes da publicação, o mais recente trabalho de Hoyle, que expunha outros aspectos da teoria do Universo em estado estacionário, que ele desenvolvera com Hermann Bondi e Thomas Gold, foi apresentado em um distinto encontro de cientistas da Royal Society. Em seguida, o fórum de perguntas foi aberto, coisa que, nessas ocasiões, eram bastante respeitosas. Stephen estava presente e esperou sua hora. Por fim, a mão levantada foi notada pelo presidente. Ele, pesquisador iniciante e que ainda não tinha nenhuma pesquisa acadêmica para seu crédito, lutou para ficar de pé e começou a falar para Hoyle e seus estudantes, bem como para o restante da plateia, que seus cálculos na apresentação estavam errados. O público ficou atordoado, e Hoyle se sentiu afrontado com tamanho desaforo.

– Como você sabe? – perguntou ele, tendo certeza de que os motivos de Stephen para desafiar sua nova pesquisa poderiam ser facilmente refutados. Ele não esperava a resposta de Stephen.

– Fiz os cálculos – respondeu ele, depois acrescentou: – de cabeça.

Como resultado dessa intervenção, Stephen começou a ser notado nos círculos científicos e assim encontrou o tema para sua dissertação de doutorado: as propriedades dos universos em expansão. As relações entre ele e Fred Hoyle, no entanto, nunca avançaram após o incidente.

Apesar das discussões e dos debates – científicos, impessoais ou não –, tudo o que fizemos no decorrer daquele ano acadêmico contribuiu para um propósito comum: nosso futuro casamento, para o qual fora estipulada uma data em julho de 1965. Como de algum modo era certo que eu deveria ser autorizada a permanecer em Westfield como estudante casada, minha prioridade era ganhar o consentimento das autoridades universitárias. Sem isso, o casamento teria de ser adiado por mais um ano, porque nós dois sabíamos que a promessa que meu pai exigira de nós no noivado – de concluir a faculdade – não era para ser levada com leviandade. Uma vez que um ano era muito tempo para uma doença como a de Stephen, como seu pai me lembrava com insistência, sua sobrevivência para esse período não podia ser garantida. Essa verdade intragável foi um fator que eu deveria ter em mente o tempo todo, sempre que olhasse para o futuro. Agora, cabia a mim convencer o professor John Varey, chefe do Departamento de Espanhol, e a senhora Matthews, a diretora, de que a situação era urgente. A resposta do professor Varey, quando timidamente toquei no assunto, foi que a situação era irregular, mas que, se a diretora desse a sua bênção, ele não se oporia.

Como meu anterior – e único – encontro com a senhora Matthews aconteceu na entrevista em 1962, eu não estava esperançosa de um resultado favorável. No horário determinado por sua secretária, seis da tarde, em um anoitecer no fim do outono de 1964, bati com a mão trêmula no feltro verde da porta que separava seu apartamento em Regency da área administrativa da universidade. Evidentemente, a senhora Matthews percebeu meu nervosismo no momento em que entrei pela porta. Ela mandou que eu me sentasse, acendeu um cigarro e o segurou em uma das mãos e um copo de xerez na outra.

– Qual é o problema? – ela começou dizendo ao mesmo tempo em que franzia a testa e me olhava direto nos olhos com preocupação ansiosa. – Não se preocupe, não vou comer você.

Respirei fundo e fiz o meu melhor para explicar minha relação com Stephen, sua doença, o prognóstico e nossos planos para aproveitar ao máximo o tempo que fora deixado para nós. Ela não tirou os olhos de cima de mim e traiu muito pouco a emoção. Depois de ouvir minha história sem interrupção, foi direto ao ponto.

– Bem, é claro, se você se casar, vai ter de viver fora da universidade. Entende isso, não é?

Meu coração pulou ligeiramente, consciente de que ela não vetara nossos planos de imediato, e eu era capaz de acenar a cabeça com confiança, porque já fizera minha lição de casa nesse aspecto.

– Sim, sei disso – respondi. – Descobri que existe um quarto disponível em uma casa particular em Platt's Lane.

– Bem, então tudo bem – respondeu a senhora Matthews, olhando fixamente para as brasas na grelha da lareira. – Vá em frente e aproveite ao máximo a oportunidade que você tem.

Ela fez uma pausa e, em seguida, mudou o tom de voz para um de distração pouco comum a ela, confidenciando que havia estado em situação similar. O próprio marido estivera bastante debilitado. Ela estava bem consciente de como era importante fazer o que eu sabia ser certo. Igualmente, concordou com a postura do meu pai de que eu precisava terminar meu curso. E me avisou de que o futuro que me esperava não era nada fácil. Ela prometeu me ajudar da maneira que pudesse – a mais significativa transmitir sua concordância ao professor Varey.

Superado aquele grande obstáculo, tudo o que restava era organizar as acomodações em Platt's Lane, o que foi feito facilmente. A senhora Dunham, dona da casa, concordou de imediato em deixar o quarto do sótão no terceiro andar para mim, e tanto ela quanto o marido provaram ser proprietários hospitaleiros e pacientes. "Pacientes" porque nenhuma vez sequer se queixaram do meu monopólio do seu telefone na sala de estudo lá embaixo. Stephen criara uma maneira de me telefonar a um custo de quatro pences, o valor de uma chamada local, via todas as conexões intermediárias entre Cambridge e Londres: isso significava que não havia limite de tempo em nossas conversas todas as noites. Além do prazer frenético da comunicação diária e das juras de amor, discutimos muito sobre como planejaríamos nosso futuro. A doença assumiu proporções menos irritantes como pano de fundo quando falávamos sobre as perspectivas de emprego, moradia, regime de casamento e nossa primeira viagem aos Estados Unidos, para um curso de verão na Universidade Cornell, em Nova York, que estava prevista para apenas dez dias após o casamento.

7
EM BOA FÉ

AGORA QUE MEUS PROBLEMAS IMEDIATOS FORAM RESOLVIDOS DE UMA SÓ VEZ, EU ESTAVA confiante de que em meu último ano eu pudesse terminar minha licenciatura em Londres indo e vindo semanalmente de Cambridge, em especial porque as pesquisas sociais da época sugeriam que alunos de graduação casados conseguiam produzir melhores resultados do que os alunos solteiros e frustrados. Meu pai generosamente continuou a pagar minha mesada para ajudar a cobrir as tarifas ferroviárias, mas a responsabilidade de conseguir um emprego e uma renda para nos sustentar recaíam em Stephen. Ele, por sua vez, estava levando sua pesquisa a sério, percebendo que deveria ter uma parte substancial de trabalho documentada, se não publicada, para capacitá-lo a se candidatar a uma bolsa de pesquisa. Para esse fim, ele começou a expandir as ideias que tinham causado tanto rebuliço na palestra de Hoyle, na Royal Society. Ele também havia descoberto, a título de compensação por seus esforços, que seu trabalho era, na verdade, agradável.

Consequentemente, foi com mais do que apenas a alegre expectativa de um jovem noivo que aguarda a chegada de sua amada que ele me recebeu em seus aposentos, agora por conveniência no prédio principal de Trinity Hall, em uma manhã fria em fevereiro de 1965: ele estava de fato esperando que eu fosse colocar minhas habilidades de secretariado em uso, datilografando um pedido de emprego para ele. O olhar horrorizado de consternação que se espalhou pelo seu rosto quando entrei em seu quarto, com meu braço esquerdo sob meu casaco em uma armação de gesso, frustrou todas as minhas esperanças da menor exibição de simpatia. Eu não estava querendo nada mais do que isso, porque as circunstâncias em que a fratura havia ocorrido tinham sido muito embaraçosas para confessar por telefone.

A verdade é que as reuniões dos alunos em Westfield haviam melhorado muito com a chegada, no ano anterior, de estudantes do sexo masculino à faculdade e com a eleição de um comitê mais dinâmico no Centro Acadêmico. Agora tínhamos bandas apropriadas para tocar os sucessos recentes, os Beatles e o twist. Eu amava dançar twist, e uma festa no meio da semana havia provocado em mim um surto de twist inocente com o namorado de alguém. O piso estava muito encerado, meus saltos escorregaram no assoalho e eu caí no chão, bem sobre a minha mão esquerda estendida. A dor lancinante indicou obviamente que eu tinha quebrado o pulso, desta vez por dançar o twist em vez de estar esquiando.

Ainda abatida por essa terrível experiência, de início não compreendi as razões para o horror no rosto de Stephen – não, até que ele apontou para a máquina de escrever emprestada e a pilha de papel branco intocada disposta ordenadamente sobre a mesa. Com pesar, ele explicou que estava esperando por mim para datilografar seu pedido de uma bolsa de pesquisa em Gonville e Caius College, que teria de ser apresentado no início da semana seguinte. Sentindo-me culpada por causa do twist, comecei a trabalhar preenchendo o pedido de bolsa usando minha mão direita intacta. O exercício tomou todo o fim de semana.

Ter passado a noite no quarto de Stephen era impensável. Em mais de uma ocasião, de acordo com Stephen, o bedel Sam e seu olho de águia – que também era o guardião da moral na faculdade – poderia ter notado um lenço ou um cardigã meu descuidadamente deixado pendurado no encosto de uma cadeira no estúdio de Stephen. Farejando o cheiro de escândalo e uma presa fácil – pois Sam não era amigo das jovens visitantes – ele colocava a cabeça pela porta da sala de Stephen logo de manhã, esperando me pegar apertada ilicitamente na cama estreita de solteiro de Stephen. Contudo, suas expectativas de um escândalo suculento que pudesse denunciar às autoridades da universidade eram constantemente desapontadas, porque muitos dos amigos de Stephen, mais bem acomodados, ofereciam-me regularmente sua hospitalidade nos fins de semana. Muitos desses amigos agora tinham casas e carros e estavam, portanto, no processo de produzir descendentes, o que, para a nossa geração, era a esperada progressão de eventos. A nossa foi a última geração para quem os principais objetivos eram claros: os ideais do amor romântico, casamento, casa e família. A diferença para mim e Stephen era que sabíamos que tínhamos apenas um curto período de tempo para que pudéssemos alcançar esses objetivos.

Contra todas as probabilidades, a inscrição foi efetivamente entregue na data, e Stephen então esperou ser chamado para uma entrevista. Não foi, contudo, algo tão simples assim. Ainda com a força do reconhecimento de sua notável intervenção durante a conferência de Hoyle, Stephen tinha abordado o professor Hermann Bondi no final de um dos seminários quinzenais regulares no King's College, de Londres, para perguntar se ele agiria como um árbitro para aquela inscrição de bolsa de estudos. Como Hermann Bondi era vizinho em Hampshire da tia Loraine de Stephen, e de seu marido Rus, o dentista da Harley Street, uma carta formal não parecia necessária. Algumas semanas mais tarde, no entanto, Stephen recebeu uma mensagem embaraçosa vinda do Gonville e Caius College. Em resposta ao pedido da faculdade para uma referência a Stephen Hawking, o professor Bondi respondeu dizendo que não conhecia nenhum candidato com esse nome. Dadas as circunstâncias e a natureza informal da abordagem de Stephen para com ele, talvez fosse compreensível o professor ter se esquecido. A situação foi corrigida pela apressada sucessão de telefonemas, e assim Stephen foi convocado para uma entrevista, na qual teve bastante espaço para impressionar os membros da comissão com seus poderes intelectuais de argumentação, ainda mais levando em conta que nenhum deles era cosmólogo, apesar de serem eminentes em outras disciplinas.

A novidade da admissão de um cosmólogo em seu meio deve ter agradado ao Comitê de Bolsas de Estudo, ao passo que para nós o aparecimento do nome de Stephen na lista de bolsas de estudo foi causa de alegria e motivo para celebração. Tudo estava funcionando exatamente como tínhamos a ousadia de esperar, e a data para nosso casamento poderia ser marcada, conforme o previsto, em meados de julho. Alheios ao sombrio prognóstico médico e extasiados com a felicidade do amor e a promessa de sucesso, mergulhamos naquele verão em uma série de outras celebrações, com apenas um pequeno grupo de nuvens traquinas se acumulando no horizonte, como minhas provas do segundo ano, a questão dos alojamentos e o mal até então desconhecido do imposto de renda.

Para nossa indignação, um vento frio incomum da realidade hostil soprou uma dessas pequenas nuvens muito rapidamente pelo nosso caminho, conseguindo amortecer temporariamente nossa euforia. Encorajado pelo sucesso de seu pedido de bolsa de estudos, Stephen foi telefonar – no que em nossa impaciência juvenil foi considerado um prazo razoável, algo como um par de semanas ou mais – para o tesoureiro da Gonville e Caius (geralmente pronunciado em Cambridge como "Keys", o nome do segundo fundador da universidade, mas escrito "Caius" por causa das tendências latinizantes do Renascimento). O tesoureiro friamente informou ao recém-nomeado pesquisador que, como ele não ia assumir seu posto até o mês de outubro seguinte, era altamente presunçoso da parte dele fazer uma consulta seis meses antes. Quanto à questão de Stephen, um assunto que vinha ocupando nossa mente com frequência, ele não estava disposto a dizer qual salário ele poderia esperar receber dessa bolsa. E decretou categoricamente que, além disso, a faculdade não considerava mais seu dever fornecer alojamento para seus bolsistas pesquisadores. Aturdidos por esse tratamento arrogante, fomos deixados a imaginar mais ou menos quanto Stephen ganharia e fomos em busca de um lugar para morar. Como havia um monte de pesquisadores casados em Cambridge, imaginamos que eles tinham conseguido sobreviver de alguma maneira. Quanto ao alojamento, gostei muito do jeito de alguns novos apartamentos que estavam sendo construídos perto da praça do mercado, e deixamos nosso nome como interessados com o corretor de imóveis.

Então estávamos tão confiantes em nós mesmos, e tão ansiosos para o nosso futuro começar, que não permitimos que esses problemas mundanos nos incomodassem por muito tempo. Na verdade, a atitude do tesoureiro e de pessoas de sua laia simplesmente confirmou a saudável falta de respeito de Stephen por essas pomposas autoridades de meia-idade, uma falta de respeito pela qual eu vinha me tornando uma disposta convertida. Também sabíamos muito bem que, em nosso idealismo, estávamos, de modo deliberado, desafiando o senso comum e tudo o que era cauteloso, convencional e normal. Nós definitivamente não permitiríamos que nossos grandes planos ou nossas convicções fossem frustrados e prejudicados pela burocracia mesquinha. Atacar esses moinhos de vento burocráticos rapidamente se tornou nossa versão pessoal das tão comuns rebeldias dos anos 1960. Em contraste, nossa principal batalha foi contra as forças do destino. Nesse esforço nobre, fomos capazes de nos dar ao luxo de ridicularizar os pequenos obstáculos colocados em nosso caminho pelos tesoureiros oficiosos da universidade.

Quando se luta contra o destino, apenas os grandes temas – a vida, a sobrevivência e a morte – são de real importância. Até aquele momento, as forças do destino pareciam estar dormentes ou ao nosso lado, porque, apesar dos obstáculos, nosso futuro imediato na atmosfera da Guerra Fria de meados dos anos 1960 estava começando a parecer tão seguro quanto o de qualquer outra pessoa. Para Stephen, a perspectiva do casamento significava que ele teria de começar a trabalhar e provar sua capacidade em Física. Em minha simplicidade, eu acreditava que a fé também tinha dado uma mão na determinação de nosso caminho a percorrer. Em certo sentido, nós compartilhávamos uma só fé, uma fé existencial em nosso curso escolhido, mas, incentivada por minha mãe e pelos meus amigos, fiz contato com a fé de maior influência – Deus talvez –, que parecia estar respondendo à minha necessidade de ajuda ao fortalecer minha coragem e minha determinação. Em contrapartida, embora eu estivesse bem ciente de que os Hawking, apesar de sua tradicional formação metodista, professaram-se agnósticos, se não ateus, descobri sua tendência para zombar de assuntos religiosos desagradáveis. Stephen e eu passamos nosso primeiro Natal juntos apenas dois meses depois do nosso noivado. O fato de que ele veio para o culto da manhã com minha família produziu sobrancelhas levantadas e comentários sarcásticos por ocasião de nosso regresso ao número 14 da Hillside Road.

– Quer dizer então que você está se sentindo mais santificado agora? – perguntou Philippa a Stephen calmamente, em um tom carregado de sarcasmo, e eu senti uma pontinha de hostilidade inexplicável contra mim. Ele riu em resposta, quando sua mãe disse:

– Ele certamente deve estar mais santificado do que você, porque está agora sob a influência de uma boa mulher.

Era difícil saber como entender essas observações – não foi fácil absorvê-las, pois isso tudo cheirava a conspiração e parecia destinado a um alvo essencial, minha fé, da qual eu implicitamente dependia por causa da tarefa diante de mim. Esse cinismo era muito diferente do júbilo que compartilhei completamente quando analisamos as várias formas de realizar a cerimônia de casamento. Fiquei horrorizada ao descobrir que, de acordo com o *Book of Common Prayers* de 1662, eu deveria me tornar uma "seguidora das piedosas e sóbrias matronas". Em vez disso, optei pela versão de 1928, na qual essa frase horrível não aparecia.

O sucesso tem o dom de reproduzir mais sucesso, e logo estávamos celebrando novamente. Outro sábado foi gasto escrevendo outra solicitação, desta vez para um prêmio, o Gravity Prize, doado por um cavalheiro norte-americano que, em sua sabedoria, acreditava que a descoberta da antigravidade poderia curar sua gota. É pouco provável que algum dos ensaios submetidos pudesse trazer alívio ao sofrimento do pobre homem, mas seus generosos prêmios podiam proporcionar grande alívio financeiro para muitos daqueles jovens físicos. Durante os anos seguintes, Stephen ganhou toda a ampla gama de prêmios, o que culminou com o primeiro prêmio em 1971. Entretanto, para nossa consternação, a primeira inscrição de Stephen perdeu o prazo de postagem naquele sábado de 1965, mas seus esforços foram coroados com um grau muito oportuno de sucesso quando, algumas semanas depois, fui chamada com urgência em meu sótão em Hampstead para atender a uma ligação de Stephen. Ele estava falando de Cambridge – como de costume, ao custo de quatro pence – para me dizer que tinha sido premiado com uma Menção Honrosa, no valor de cem libras, na competição do Gravity. Dancei ao redor da cozinha da senhora Dunham em êxtase. Com as cem libras de Stephen, mais as duzentos e cinquenta libras que meu pai vinha acumulando para mim na poupança e que ele havia prometido me dar no meu vigésimo primeiro aniversário, teríamos o suficiente para pagar as dívidas a descoberto de Stephen e ainda comprar um carro. Mais tarde, naquele verão, e pouco antes do casamento, um amigo próximo de Stephen em Trinidad Hall, Rob Donovan, negociou um acordo muito favorável para nós com seu pai, um vendedor de carros em Cheshire. Tivemos a escolha de dois veículos: um deles, um reluzente Rolls Royce vermelho e conversível de 1924, tentador, mas pouco prático e muito além de nossos meios; na outra extremidade da escala, havia um Mini vermelho. Stephen relutantemente teve de admitir que o Mini era mais bem adaptado ao nosso portfólio e às nossas necessidades, em especial desde que uma daquelas nuvens que pairavam sobre meu horizonte sinistramente marcava "teste para tirar a habilitação".

Como todas as minhas tentativas anteriores haviam falhado, eu não conseguia supor que se eu aparecesse para a prova num Rolls Royce de 1924 me faria congraçar-me com o examinador mal-humorado e que, em nosso último encontro, me reprovou mais uma vez. Secamente, o homem disse, enquanto me apertava o coração, que minha maneira de dirigir não era a de uma iniciante, mas a de uma motorista experiente, que eu era alarmantemente desatenta na direção e que andava muito próximo do limite de velocidade. Ele deveria estar agradecido de que, dadas as minhas experiências recentes, não excedi o limite de velocidade nem fiz ultrapassagens em curvas ou colinas e não invadi uma pista na contramão. Ironicamente, considerando suas técnicas de condução, Stephen ainda tinha uma licença de motorista válida, embora não fosse mais capaz de dirigir, por isso estava dentro dos limites da lei que eu pudesse dirigir para ele com uma licença provisória enquanto ele estivesse sentado ao meu lado. Quando, finalmente, no outono de 1965, passei no temido teste, isso pode ter sido porque a minha *bête noire*, o chefe examinador, estava internado em um hospital.

Todos esses sucessos e celebrações nos primeiros meses de 1965 claramente marcavam nosso caminho para a frente, com o resultado de que minhas preocupações focaram com mais intensidade Cambridge e o casamento. Inevitavelmente, isso estava desenvolvendo uma distância entre mim e meus amigos e contemporâneos, tanto meus amigos alunos de Westfield quanto meus velhos amigos de dança e de tênis em St. Albans. A última vez que vi muitos desses meus antigos amigos foi quando fomos trabalhar juntos no escritório do correio antes do Natal 1964, ou na minha festa de aniversário de vinte e um anos: essa festa os pais de Stephen gentilmente concordaram em dar em sua grande casa, que era muito mais espaçosa do que a casinha de meus pais.

Foi um dia glorioso, quente e ensolarado com claro céu de primavera, e minha felicidade estava completa. Stephen deu-me de presente as gravações dos Quartetos de Beethoven, o que só poderia ser interpretado como a expressão máxima do nosso sentimento profundo de um para o outro. Esse aniversário, felizmente, foi muito diferente do ano anterior, quando Stephen tinha me dado um registro das obras completas de Webern e mais tarde levou-me a um drama sobre a utilização da cadeira elétrica nos Estados Unidos. Naquela tarde toda a minha família, inclusive minha avó, sentou-se em um círculo silencioso na nossa sala de estar para ouvir todas as obras de Webern. Stephen sentou-se solenemente em uma cadeira de braços, enquanto meu pai enterrou a cabeça em um livro, mamãe estava imersa em seu tricô e minha avó dormia. Com muita pose, minha família conseguiu parecer completamente impassível pelos vários sons átonos, pelas longas pausas inconsequentes e dissonâncias rascantes da música, enquanto eu, sentada no chão à beira da histeria, tive de esconder meu rosto em uma almofada.

Em 1965, no entanto, o meu vigésimo primeiro aniversário foi uma delícia no ar quente de primavera sob as luzes coloridas do terraço. Foi tão mágico como um conto de fadas, mas como em todos os contos de fadas isso mascarava um elemento hostil perceptível. Mais uma vez senti um mal disfarçado ressentimento na atitude de Philippa para comigo, e que eu não conseguia entender. Será que foi porque eu recebera permissão para usar sua casa para minha festa de aniversário, ainda que por apenas uma noite? Ou foi porque ela me considerava alguém intelectualmente inferior e "feminina", um termo ofensivo no léxico Hawking? Ela claramente considerava minha fé algo ridículo. "Não leve a sério", foi a resposta de Stephen quando lhe contei a respeito dessas minhas angústias, mas essa reação simplista não foi suficiente para me tranquilizar.

Da parte de Mary, a mais velha das duas irmãs, tive uma recepção mais cordata. De acordo com sua mãe, Stephen tinha achado difícil perdoar sua irmã por ter vindo ao mundo apenas dezessete meses após seu nascimento. Mary, tímida e suave por natureza, encontrava-se em uma posição nada invejável dentro da família, em um ponto entre duas personalidades excepcionalmente inteligentes e determinadas, Stephen e Philippa. Em autodefesa, ela forçou a si mesma em um molde intelectual altamente competitivo, quando, na verdade, seus talentos eram muito mais criativos e práticos. Com intensa lealdade a seu pai, ela estudou Medicina e era com o pai que ela se comunicava mais livremente. Embora meus pais tivessem ouvido relatos em primeira mão por vários amigos em St. Albans sobre o comportamento abrasivo e descortês de Frank Hawking com sua equipe no Laboratório de Investigação Médica de Mill Hill, comigo ele tinha sido sempre um cavalheiro atencioso. Era lamentável que ele não se apresentasse ao mundo sob uma luz mais favorável, uma vez que ele era um homem sensível que tinha qualidades generosas e honoráveis. Repetidamente, com a cativante franqueza de Yorkshire, ele me impressionou ao demonstrar quanto ele e sua família estavam genuinamente felizes com o nosso compromisso, prometendo ajudar de todas as maneiras possíveis. É compreensível que ele tenha ficado arrasado com o diagnóstico da doença de seu filho e, apesar de seu prazer em nosso casamento, sua formação médica o obrigou a adotar uma visão estritamente ortodoxa e pessimista. Meu pai tinha vindo com informações de que um médico suíço afirmava ser capaz de proceder ao tratamento de condições neurológicas através de uma dieta controlada, e ele se ofereceu para pagar a estada de Stephen na Suíça para um período de tratamento. Com a vantagem duvidosa de possuir maior conhecimento médico, Frank Hawking julgou improcedentes e infundadas aquelas alegações do suíço. Por sua vez, ele, entretanto, só foi capaz de me dizer que a vida de Stephen seria curta, assim como seria a sua capacidade de atender às necessidades de um relacionamento conjugal. Além disso, ele aconselhou-me que, se quiséssemos criar uma família, não deveríamos adiar, assegurando-me de que a doença não era herdada geneticamente.

A mãe de Stephen, que me disse que estava convencida de que os primeiros sintomas da doença apareceram em Stephen em uma doença inexplicável quando ele tinha treze anos, também achava que eu deveria ser plenamente informada de todos os acontecimentos terríveis previsíveis quando a condição de Stephen degenerasse. No entanto, se os únicos tratamentos disponíveis deveriam ser descartados, com ou sem razão, por serem considerados puro charlatanismo, eu não via muito sentido em ter meu otimismo natural destruído por uma ladainha de profecias mortais sem nenhum conselho paliativo. Então, respondi que eu preferia não saber os detalhes dessas previsões porque eu amava tanto Stephen que nada poderia dissuadir-me de querer me casar com ele: eu queria construir um lar para ele, deixando de lado todas as minhas ambições anteriores que agora eram insignificantes em comparação com o desafio diante de mim. Como retorno, em toda a inocência dos meus vinte e um anos, eu confiava que ele fosse valorizar isso e incentivar-me a seguir meus interesses. Também confiei na promessa que ele fez ao meu pai quando pediu a minha mão: que ele não exigiria mais de mim do que eu poderia razoavelmente alcançar, nem ele se permitiria tornar-se uma pedra amarrada ao meu pescoço. Nós dois prometemos ao meu pai que eu terminaria minha faculdade.

Os planos do casamento prosseguiram em ritmo acelerado, com muitas viagens de ida e volta entre St. Albans e Cambridge e com o tipo comum de discordâncias em todos os lugares: Stephen, com o apoio de seu pai, se recusara a usar fraque, embora meu pai e meu irmão insistissem em manter um sentido próprio de estilo. Da mesma maneira, Stephen se recusou a usar um cravo na lapela, que achava barato e vulgar, mas para mim era rico em cor e aroma da Espanha. As rosas acabaram sendo um compromisso satisfatório. Meu pai achava que nenhum casamento estava completo sem um par de discursos simbólicos, ao que Stephen resistiu, recusando-se a dizer qualquer coisa. A questão das damas de honra veio e se foi sem ser resolvida, deixando um fosso que foi habilmente preenchido no dia por Edward, de nove anos, alçado à condição de pajem de improviso. Felizmente chegamos a um acordo, sem vozes discordantes audíveis, de que o casal deveria se casar na capela da Trinity Hall pelo Capelão, Paul Lucas. O serviço religioso de quinta-feira, 15 de julho, teria de ser precedido por uma modesta cerimônia civil no Shire Hall em Cambridge no dia anterior, uma vez que as universidades não estão licenciadas para casamentos, e o custo de uma licença especial do arcebispo de Canterbury de vinte e cinco libras foi considerado uma despesa desnecessária. Escolhido deliberadamente um lugar pequeno, então estávamos lutando para acomodar todos os convidados. Alguns amigos e parentes tiveram de ser cortados da lista, enquanto outros foram enviados para o lugar onde fica o órgão.

Em meio a essa confusão, eu estava lutando com Napoleão III, a Comuna de Paris de 1871 e os exames finais. Pouco antes do casamento, Stephen participou da sua primeira Conferência da Relatividade, que foi convenientemente realizada naquele ano em Londres. Juntei-me a ele para a recepção oficial do governo no Carlton

House Terrace, onde me encontrei com muitos dos físicos que mais tarde viriam a desempenhar papel importante em sua carreira: Kip Thorne, John Wheeler, Charles Misner, George Ellis e dois cientistas russos. Muitos deles acabariam por se tornar amigos permanentes de nós dois. Foi nessa conferência que o mundo dos relativistas, incluindo Stephen, foi atacado pela primeira vez pela febre do entusiasmo na investigação do buraco negro (nessa fase, algo muito menos conhecido graficamente, pela descrição do colapso das estrelas) e que ia envolvê-los ao longo de décadas.

Após a cerimônia do casamento civil, em 14 de julho, enfraquecida por ocorrer entre flores artificiais no Shire Hall, minha sogra veio até mim e com seu irônico sorriso disse:

– Bem-vinda, senhora Hawking, porque é assim que vai ser conhecida a partir de agora.

No dia seguinte, o dia de St. Swithin, o padrinho de Stephen, Rob Donovan, habilmente conduziu a todos nós pelo serviço religioso e pelas festividades no recinto de Trinity Hall sem incidentes. Esse foi um feito bastante notável, no mínimo apenas pelo número de idosos presentes e pela imensa largura do chapéu de Philippa, ao qual ela havia grudado um número superabundante de papoulas, que rivalizaram com os jardins da universidade em sua exuberância herbácea. Foi um dia feliz, apesar do céu cinzento e da garoa intermitente. Finalmente, na parte da tarde, no final da recepção no salão College, onde meu pai tinha publicamente agradecido a Stephen por ter me tirado de suas mãos, Rob Donovan nos deixou nos limites de Cambridge. Lá, em uma rua lateral, ele havia estacionado o nosso recém-adquirido Mini vermelho, bem fora do caminho dos projetos maldosos de meu irmão. Eu me acomodei no assento do motorista e, com Stephen ao meu lado, cautelosamente dirigi para longe do meio-fio, em direção a Long Melford em Suffolk e ao Bull Inn.

8

UMA INTRODUÇÃO À FÍSICA

MUITO DEPRESSA ESSA PRIMEIRA SEMANA IDÍLICA DE CASAMENTO TORNOU-SE APENAS UMA lembrança – de sinuosas ruas de Suffolk e jardins exuberantes, igrejas antigas e aldeias com telhados de madeira. No final dela, quando nós nos sentamos à espera para decolar para Nova York, tendo embarcado com bastante antecedência em relação aos outros passageiros, essa bem-aventurada semana com passeios diurnos até aldeias sonolentas, casas de campo e o litoral foi rapidamente substituída pelo avanço inexorável da ciência, pelas tradições sintetizadas e pelo ritmo do Novo Mundo.

No aeroporto John F. Kennedy, entrávamos na fila de passageiros no controle de passaportes quando uma aeromoça alta, bem vestida se aproximou de nós, examinando atentamente o registro que ela estava carregando.

– Quais são os seus nomes? – ela perguntou, olhando para a lista.

– Jane e Stephen Hawking – respondi, sem esperar nenhuma mensagem especial.

– Ah – ela disse, com alguma surpresa –, eu não tenho seus nomes na minha lista. Quantos anos vocês têm?

Agora era nossa vez de manifestar surpresa.

– Tenho vinte e um anos e ele tem vinte e três – respondi por nós dois.

– Puxa, sinto muito – desculpou-se a aeromoça. – Eu pensei que vocês fossem menores de idade desacompanhados!

Indignados com o insulto à nossa maturidade e ao nosso estado civil, endireitamos o corpo em toda a nossa altura e passamos pela Imigração norte-americana e depois fomos para o helicóptero que sobrevoaria a cidade de Nova York até o aeroporto de La Guardia para o voo de conexão para Ithaca, em Nova York. Nossa primeira vista de Nova York foi deprimente. Enquanto voávamos um pouco acima do nível dos arranha-céus, através de uma densa camada de poluição atmosférica, os prédios que surgiam da névoa se pareciam como dardos gigantes prontos para nos alcançar com suas pontas. Era difícil acreditar que seres humanos viviam e trabalhavam naquele inferno. Minhas suspeitas de que nós havíamos pousado em uma

Brobdingnag* moderna foram confirmados quando fomos levados para a limusine que tinha sido enviada para apanhar-nos no aeroporto de Ithaca e nos levar para a Universidade de Cornell. Tudo – os carros, as estradas, os edifícios – era dez vezes maior do que qualquer coisa que eu já tinha visto; até mesmo a vasta extensão de paisagem verde agradável parecia rolar para sempre. No entanto, para mim, uma linguista acostumada com o desafio de uma língua estrangeira que ficava a apenas quarenta quilômetros de distância do outro lado do Canal, o mais desconcertante aspecto foi que nós tínhamos viajado milhares de quilômetros apenas para nos encontrar entre as pessoas que falavam a mesma língua que nós, mesmo que, como o resto de seu país, o idioma tivesse sofrido um surto de exagero de estilo.

Nossos alojamentos consistiram em uma acomodação de estudantes, num quarto com duas camas separadas no terceiro andar de um novo salão de residência no campus de Cornell. Como nós dois estávamos acostumados com o estilo de vida de estudantes, isso não foi um problema. O que realmente nos irritou foi que o terceiro andar havia sido designado como acomodação familiar por toda a duração do curso de verão, e fomos atirados para sobreviver da melhor maneira possível entre as famílias com bebês e crianças pequenas que choravam a noite toda ou ficavam do lado de fora chorando no corredor enquanto seus pais davam festas na área do lounge. Essa circunstância imprevista deu um fim abrupto à lua de mel que tínhamos a intenção de retomar no lado americano do Atlântico. Apesar de algumas das crianças serem inegavelmente atraentes, uma estadia num berçário gigante não era o que esperávamos.

Os problemas se agravaram com a logística do campus. Para aqueles com corpo são, isso não teria apresentado nenhuma dificuldade, mas uma vez que o hall de residência ficava a quase um quilômetro do auditório e não tínhamos transporte, foi uma luta para Stephen conseguir chegar às palestras pontualmente. Ele podia andar sozinho, mas o progresso era lento; ele andaria muito mais rapidamente se tivesse um braço para se apoiar, e de bom grado segui cumprindo meu novo papel, e fui a todos os lugares com ele. As refeições apresentaram outro problema. Vivendo, como ainda estávamos, com as bolsas de estudo, não podíamos nos dar ao luxo de comer todas as nossas refeições na cantina, mas como não havia um único utensílio na quitinete no nosso andar, não tínhamos meios nem mesmo para preparar uma xícara de chá. Felizmente, uma das secretárias do congresso veio em nosso auxílio e se ofereceu para me levar de carro para Ithaca e fazer algumas compras no supermercado mais próximo. Enquanto deslizávamos em sua enorme station wagon, eu educadamente perguntei, como forma de começar uma conversa, se ela já tinha ido à Europa. Ela não mediu as palavras:

---

* Brobdingnag é uma terra fictícia do livro *As viagens de Gulliver*, de Jonathan Swift. (N.E.)

– Não. – foi sua resposta. – Veja, eu não gosto de ir a lugares onde eles não têm banheiros.

Devidamente equipada com uma panela, talheres, canecas e pratos, além de um ventilador para amenizar o calor – que, ao contrário do calor espanhol, era pegajoso e úmido – montei uma casa improvisada, pela primeira vez, mas de nenhuma maneira a única vez na minha vida de casada – , no terceiro andar do hall de residências. Brandon Carter, que era também um estudante com Stephen em Cambridge e tinha sido um convidado no nosso casamento, foi de uma ajuda preciosa: recordando sobre suas experiências de infância no mato australiano, ele ensinou-me como fazer o chá pelo método australiano – em uma panela, a mesma panela que foi usada para ovos mexidos, massas, feijão assado e todos os outros pratos do tipo quitinete dos quais dependíamos naquelas semanas. Versatilidade era essencial naquela imprevista introdução às alegrias da vida doméstica.

Grande parte dos meus dias passava-se entre andar com Stephen para ir e voltar do salão de convenções e para fazer compras na loja nas proximidades do campus. Para preencher as outras horas, que eram tão curtas quanto as distâncias a qualquer outro lugar eram longas, eu recorri aos meus estudos na biblioteca. Então, para variar a dieta monotemática de estudos hispânicos, tive a ideia de pedir uma máquina de escrever e uma mesa na secretaria e comecei a datilografar o anteprojeto dos capítulos iniciais da tese de doutorado de Stephen. Os universos em causa poderiam estar em expansão, mas estavam cheios de tantas formas hieroglíficas incompreensíveis e formas que dançavam acima e abaixo das linhas – bem como com números convencionais e todos os sinais matemáticos normais –, que logo se tornou óbvio que aquela atividade estava prestes a se tornar um pesadelo tipográfico.

Apesar de a essência do casamento com um físico não ter sido exatamente o que eu esperava, a partir da segunda semana de lua de mel, fiquei aliviada por ter alguma ocupação útil. Eu também estava feliz por poder testemunhar a intensa excitação de Stephen em seu movimento em direção aos meios científicos internacionais, onde ele já estava se tornando reconhecido. Ele estava particularmente satisfeito com a crescente colaboração entre ele e Roger Penrose, um físico britânico ligeiramente mais velho, em um projeto de Matemática conhecido como a teoria das singularidades ou colapso gravitacional. A teoria proposta era a de que qualquer corpo que sofre um colapso gravitacional deve formar uma singularidade, uma região no espaço-tempo onde as leis da relatividade deixam de causar impacto, provavelmente porque a curvatura do espaço-tempo se torna infinita. No caso de uma estrela em colapso sob a própria gravidade, quando sua superfície e seu volume vão se reduzir a zero, Roger conjecturou que a singularidade estaria escondida no que foi mais tarde chamado de buraco negro. Inspirado pela teoria de Roger e pelo trabalho dos russos Lifshitz e Khalatnikov, Stephen estava confiante de que essas equações poderiam ser invertidas no tempo para provar que qualquer modelo de expansão do universo deve ter começado com uma singularidade, proporcionando, assim, a base teórica para o Big Bang. As equações também lhe forneceriam uma importante conclusão de sua tese.

A chegada como um navio de velas enfunadas de sua família em Detroit, por parte da esposa de Roger Penrose, Joan, que trazia um filho pequeno em uma espécie de coleira à sua frente e segurava outro pela mão, enquanto sua mãe idosa vinha a reboque, veio proporcionar algum alívio ao tédio da vida no terceiro andar. Joan tinha se formado em oratória, um atributo útil no controle de uma família de rapazes – e um feito ainda mais essencial, como eu estava começando a perceber, para fazer sua presença percebida no mundo dos físicos, onde as esposas – embora houvesse muitos deles com hordas de crianças pequenas a tiracolo – mal eram notadas. Algumas falavam alto e eram loquazes, outras eram inibidas e reservadas, outras ainda eram positivamente taciturnas e sombrias; o punhado de mulheres que tinham uma formação em Matemática ou Física tendia a adotar um estilo mais competitivo, definitivamente masculino de comportamento, enquanto aquelas cujos talentos dormentes e meio esquecidos estavam em outras áreas tendiam a ser espinhosas e desconfiadas. A Física parecia ter cobrado seu pedágio em todas elas e, quer gostassem uma das outras, quer se dessem bem com outras pessoas, todas tinham uma coisa em comum: elas já eram, para todos os efeitos, viúvas – viúvas dos físicos.

Houve algumas diversões memoráveis. Todos os dias, enquanto cruzávamos o campus, eu me agarrava à oportunidade de ouro para conversar em espanhol com um casal mexicano que parecia tão desorientado em Cornell quanto eu. Depois, numa tarde de sábado, conhecidos de alguns amigos dos pais de Stephen gentilmente nos convidaram para nos juntar a eles em sua casa de verão perto de um lago não muito longe de Ithaca. Quando não íamos até lá, nossas noites eram passadas cantarolando *Waltzing Matilda* sobre nossa única panela que borbulhava no fogareiro na cozinha, no terceiro andar, enquanto Brandon nos alegrava com longos relatos de suas aventuras. Estas quase sempre giravam sobre a vida no sertão australiano, mas também tocavam em seu interesse no matemático James Clerk Maxwell e em uma viagem dramática num veleiro para chegar ao Mediterrâneo através do Golfo da Biscaia, mas nunca chegou mais longe do que Cherbourg. Quando esses temas eram esgotados, a conversa normalmente caía em uma discussão cosmológica sustentada entre ele e Stephen, enquanto eu lavava a panela e os pratos de plástico, imaginando se estávamos condenados a passar todo o período da escola de verão ali, confinados ao campus da Universidade de Cornell, e ao terceiro andar do dormitório.

Justo quando eu estava começando a me resignar a uma imutável rotina, Brian e Susie Burns, um casal australiano que tinha passado algum tempo em Cambridge, nos ofereceu uma carona em seu carro para Niágara. Nossa primeira visão repentina das Cataratas depois de uma viagem tediosa através dos intermináveis subúrbios sulfurosos da cidade de Buffalo tirou nosso fôlego. A força do imenso volume de água escura em constante movimento, que caía incansavelmente sobre a borda do precipício, transformada em uma massa de espuma branca e filamentos de arco-íris foi tão hipnotizante quanto o rugido de trovão era ensurdecedor. Nossos sentidos foram anestesiados, e fomos cambaleando pela ponte para o lado canadense para ter uma visão melhor e ficamos ali, hipnotizados, até a hora de apanhar o curto voo de volta a Ithaca. Contra um céu ameaçador, embarcamos no pequeno avião e decolamos em meio a trovões e relâmpagos. Pela primeira vez na minha vida, fiquei com medo de voar.

No fim de semana seguinte, Brandon e alguns amigos arranjaram um passeio de barco até o Lago Ontário. Partimos em uma brisa suave e, uma vez no lago, o dia passou depressa. Nadei naquelas águas esverdeadas e Stephen sentou-se imerso em seus pensamentos, apreciando o céu azul e o som da água que batia suavemente contra o casco do barco. No final da tarde, nossos companheiros tinham há muito deixado de compartilhar nosso prazer quanto às pacíficas condições do local e falavam ansiosamente em lançar sinais luminosos e emitir sinais de socorro – estávamos em meio a uma calmaria no lago. Brandon prestativamente observou que aquela não era uma situação que ele teve de enfrentar no Golfo de Biscaia, uma vez que lá você pode sempre contar com o vento. De alguma maneira, muito mais tarde naquela noite, conseguimos chegar de volta ao porto ao mesmo tempo de um magnífico pôr do sol, encobrindo das vistas o horizonte enegrecido, banhando nossos rostos cansados em seu brilho âmbar.

Não foi até a última semana do curso de verão que alguém – acho que foi Ray Sachs, um físico californiano extrovertido, pai de quatro filhas – teve a brilhante ideia de organizar um evento social, um piquenique no campo, para as famílias. Lá nós fomos apresentados a mais esposas e mais filhos, mas a pessoa que causou a maior impressão sobre nós foi um tranquilo norte-americano do Texas, Robert Boyer, com quem Stephen já estabelecera um relacionamento profissional. Robert me incluiu na conversa de maneira natural, simpática e falou sobre assuntos além da Física. De fato, devo dizer que, individualmente, muitos físicos podem ser muito charmosos, amigáveis e pés no chão. Em grupo, no entanto, sua tendência natural é a de escorregar inexoravelmente para discussões e debates intermináveis, quase sempre sobre a Física. Contudo, havia um tópico que rivalizava nas conversas e que estava cada vez mais na mente das pessoas, não só de todos os acadêmicos, mas de todos os jovens: Vietnã. A ameaça crescente da guerra era encarada com medo e ódio; ela ameaçava abrir uma enorme fenda na juventude da nação por uma causa apoiada apenas por militares e pelos intolerantes.

Na última noite, no final do curso de verão, enquanto estávamos sentados no degrau do edifício dos dormitórios admirando a Lua cheia suspensa em um céu translúcido, fui apresentada ao professor Abe Taub, o paternal organizador da escola de verão, que com sua esposa Cice também estava tomando ar e admirando o céu noturno. Ouvimos fascinados enquanto falavam de sua vida na Califórnia, da vista maravilhosa que sua casa tinha da Golden Gate, de São Francisco e do campus e do departamento de Ciências em Berkeley, onde Abe era o líder do Grupo da Relatividade. Detectei uma tentativa de convite de Abe para Stephen e uma ânsia correspondente da parte de Stephen de aceitar, embora nenhuma proposta formal tenha sido feita.

Vagamos de volta para dentro e estávamos prestes a retomar nossa conversa quando, sem nenhum aviso, Stephen, talvez afetado pelo frio do ar noturno, foi atacado por uma crise respiratória devastadora, sufocando, a primeira que testemunhei. A doença, aparentemente suprimida por longo tempo, de repente se revelou em sua verdadeira fúria aterrorizante. O fantasma à espreita saiu das sombras e agarrou-o pelo pescoço, atirou-o para longe, sacudiu-o como uma boneca, pisou sob os pés e arremessou-o pelo quarto com sua tosse rascante que ressoava alto, um assustador chiado no peito. Desamparado nas garras do inimigo, Stephen estava além do meu alcance. Fiquei ali, despreparada para esse encontro repentino com o poder terrível daquela doença motora, o até então invisível parceiro em nosso casamento. Finalmente, Stephen conseguiu gesticular para que eu batesse em suas costas. Eu fiz isso com tanto vigor, determinada a expulsar o monstro invisível. Finalmente ele recuou, tão depressa quanto tinha vindo, deixando-nos esgotados e exaustos e os espectadores educadamente pasmos. Esse ataque veio como um grande choque para nós dois, um aviso de mau presságio de um futuro perigoso. Os sonhos da Califórnia desapareceram nas brumas da fantasia a partir da qual eles tinham começado a surgir.

No momento em que voltamos para Nova York, a experiência em Cornell tinha rapidamente me transformado – com a idade de vinte e um anos – em uma seguidora bastante confusa daquelas sóbrias, se não divinas, matronas. A natureza demoníaca da doença havia anunciado sua presença de maneira muito mais dramática do que através das dificuldades de locomoção e coordenação de Stephen. Como se isso não bastasse, eu sentia que havia ainda outro parceiro à espreita em nosso já superlotado casamento. O quarto parceiro apareceu primeiro na forma de uma amiga de confiança e tranquila, sinalizando o caminho para o sucesso e de realização para aqueles que a seguissem. Na verdade, ela mostrou-se uma rival implacável, tão exigente como qualquer amante, uma inexorável sereia, que atraía seus devotos para os poços profundos da obsessão. Ela não era outra senão a Física, citada pela primeira esposa de Einstein como a correspondente em processos de divórcio.

Nova York ofereceu a nós dois uma pausa necessária dessas considerações sombrias e a oportunidade de restabelecer o equilíbrio da nossa relação, longe da companhia sedutora de outros físicos. Um colega médico de Frank Hawking generosamente nos ofereceu um quarto em seu apartamento em Manhattan para o fim de semana. Ele foi ideal em termos de localização para as nossas excursões turísticas ao Metropolitan Museum, ao Empire State Building, à Time Square e à Broadway. Infelizmente a Broadway tinha pouco a oferecer em agosto, então, curiosamente, passamos a noite de sábado em um cinema assistindo *My Fair Lady*. Tive alguns arrependimentos quando nos despedimos de Nova York. Quando o ônibus nos levou para o aeroporto John F. Kennedy, olhei por cima do ombro para a linha sólida dos arranha-céus estacionados em posição de sentido em uma massa cinzenta no horizonte, e pensei que eu nunca tinha visto uma aparição de tamanha brutalidade monstruosa. Eu estava impaciente para voltar ao gerenciável, embora apertado, mundo de proporções menores e genuinamente antigas ao qual eu pertencia, o menos frenético mundo liliputiano de onde vim. Meu lugar era em um continente amadurecido pela história e um sentido de valores poéticos, onde eu carinhosamente achava que havia maior estabilidade e onde as pessoas tinham mais tempo para o outro.

— 9 —

A ALAMEDA

Meus sentimentos ilusórios em relação à estabilidade da vida no lado europeu do Atlântico foram rapidamente dissipados assim que retornamos à Inglaterra, quando descobri que meus pais estavam prestes a se mudar para uma casa que ficava a apenas trinta portas do lar onde eu tinha vivido desde a idade de seis anos. A ruptura com o passado foi agora irremediavelmente definida em tijolos e argamassa. E por falar nisso, o apartamento que Stephen e eu tínhamos reservado em Cambridge ainda não estava pronto, então tivemos de encontrar uma casa por nós mesmos, em regime de urgência, apenas para guardar todos os nossos presentes de casamento. Carregando nossas bagagens e presentes no Mini vermelho, partimos para Cambridge e fomos diretamente procurar o corretor imobiliário. Os apartamentos, de fato, estavam terminados e fomos informados que, como o corretor não tinha registro de nossos nomes e reservas, os apartamentos disponíveis foram para outros inquilinos. Ou seja, o Velho Mundo estava começando a parecer pouco confiável para nós.

Desanimados, discutimos durante o almoço os nossos próximos passos. Stephen decidiu enfrentar o Tesoureiro da Caius uma vez mais, na vã esperança de que ele pudesse ser convencido a ajudar, mesmo que temporariamente. Juntos, fomos pegar o ogro em seu covil. Para nossa surpresa, ele mudara de identidade nos últimos seis meses, e o novo Tesoureiro também era um conferencista em tibetano. Seja como for, esse cargo era uma espécie de enganação, uma vez que nunca havia alunos de tibetano, então ele tinha o tempo que quisesse em suas mãos para supervisionar os assuntos financeiros da universidade. Ao contrário de seu antecessor, ele não dispensou Stephen com um estalar de dedos, ao invés disso, ouviu-o com seriedade, até mesmo com certa simpatia ao seu pedido. Então, ele veio com uma solução brilhante, que trouxe um vislumbre de sorriso ao seu rosto sisudo:

– Sim – ponderou ele. – Eu penso que posso ser capaz de ajudar, somente em curtíssimo prazo, é claro, porque você sabe que a universidade tem uma política de não oferecer alojamento para bolsistas de pesquisa, não é mesmo?

Nós assentimos com a respiração suspensa. Ele consultou uma lista e continuou:

– Há um quarto vago no Hostel Harvey Road; custa doze xelins e seis pence por noite para solteiro, então vamos colocar mais uma cama e, portanto custará vinte e cinco xelins para o casal.

Tivemos de conter nossa indignação com essa prática, porque não tínhamos mais para onde ir; os hotéis estavam acima de nossas possibilidades, mas nós nos comprometemos a passar o menor tempo possível no Harvey Road.

Embora as autoridades da universidade fossem duras e mesquinhas, o pessoal de serviço de lá, especialmente a governanta da pousada, não poderia ter sido mais gentil. Essa provou ser uma característica dos empregados da universidade, seja a equipe de limpeza, sejam os operários, os jardineiros, porteiros e garçons. Eles revelavam incessantemente suas qualidades de cordialidade e simpatia muitas vezes notadamente ausentes na atmosfera rarefeita dos escalões mais elevados. A governanta aquecia nosso quarto, arejava e arrumava nossas camas; trouxe chá e biscoitos para nós na primeira noite e, na manhã seguinte, o café da manhã. Ela até se ofereceu para lavar nossa roupa, apesar de que não fosse necessário, considerando que nossa estadia seria misericordiosamente breve.

No dia seguinte, o supervisor de Stephen, Dennis Sciama, veio rapidamente para nos socorrer e nos colocou em contato com um membro da Peterhouse, que procurava sublocar uma casa que tinha sido alugada por aquela universidade. A casa estava sem móveis, mas imediatamente disponível e, além disso, sua localização era ideal para nós, pois situava-se numa das ruas mais antigas e pitorescas de Cambridge, Little St Mary´s Lane, a menos de cem metros do departamento de Stephen, que mudara recentemente do antigo edifício Pitt Press para a Mill Lane.

Uma vez que o número 11 da Little St Mary's Lane não continha sequer um palito como móvel, tivemos de cerrar os dentes, mergulhar em nossa poupança e no dinheiro ganho no casamento e ir para uma rápida viagem de compras e adquirir o mobiliário básico, um pequeno fogão elétrico e uma cama. Enquanto esperávamos a cama ser entregue, eu saí para comprar mantimentos, deixando Stephen encostado na parede nua da sala por falta de assento. Para minha surpresa, quando voltei ele estava sentado confortavelmente em uma cadeira azul de cozinha. Ele me explicou que uma senhora desceu a rua, veio até ali, apresentou-se e como o encontrara encostado na parede, gentilmente trouxe a cadeira, dizendo que poderia nos emprestar até que tivéssemos nossos móveis. A senhora em questão era Thelma Thatcher, a esposa do ex-Censor, ou Master da Fitzwilliam House, que vivia no número 9. Thelma Thatcher tornou-se uma das influências mais benevolentes e mais divertidas em nossa vida ao longo dos dez anos seguintes. Naquela noite, fizemos nosso jantar na caçarola Cornell no minifogão elétrico, bebemos xerez em nossos copos de cristal e, usando uma caixa como mesa, comemos em nossa porcelana branca e usamos nosso brilhante conjunto de talheres de aço inoxidável. Stephen sentou-se na cadeira de cozinha de Thatcher enquanto eu me ajoelhei no chão de cerâmica branca sem tapetes. Não importava que tudo aquilo fora improvisado, nós celebramos nossa boa sorte em ter um teto sobre nossa cabeça para os três meses seguintes.

Sua entrada era guardada por duas igrejas em pé como sentinelas – a Victorian United Reform Church à direita e a Church of Little St Mary medieval à esquerda – e essa alameda era escondida ao olhar do público. Os turistas, se a descobrissem, seria por puro acaso. Nos dias de hoje, o caminho está fechado para o tráfego de carros, graças a uma campanha por parte dos moradores, incluindo Stephen e eu, para que os visitantes dos dois grandes complexos que se situam à frente do rio, o Garden House Hotel e o Centro Universitário, tenham seu acesso pela Mill Lane, que não é residencial. O número 11 é o último terraço principal das casas de três andares no lado direito da rua, algumas das quais provavelmente datavam do século XVI. Quando nos instalamos ali em 1965, a casa tinha sido recentemente reformada pela Peterhouse, uma universidade que, ao contrário da Caius, fornecia alojamento aos seus bolsistas de pesquisa e investigação.

Grades de ferro ao lado sul da alameda encerram o cemitério de Little St Mary's, um jardim selvagem que, em setembro daquele ano, estava em chamas pelo vermelhão das rosas do outono. As poucas lápides que ainda estavam de pé o clima maltratou tanto que suas inscrições se tornaram ilegíveis, apesar dos ramos estendidos dos sicômoros imponentes e das retorcidas hastes das trepadeiras que as abrigava das mais pesadas devastações provocadas pelos elementos. Aqui a Natureza tinha absorvido suavemente os mortos dos séculos passados para dentro do seu seio, ressuscitando-os em uma profusão de flores que se perdiam ao longo dos caminhos e se estendiam para acariciar o antigo poste de lâmpadas a gás que iluminava a rua à noite com seu brilho sulfuroso.

Thelma Thatcher se autonomeou a zeladora daquela alameda. Ela plantou muitas roseiras no adro da igreja, onde levava Matty para se exercitar, sua King Charles Spaniel, envolvendo cada uma de suas patas em sacos plásticos em tempos de chuva. Por uma questão natural, ela se encarregou de manter os olhos abertos sobre o bem-estar de todos os seus vizinhos, independentemente da idade deles ou das circunstâncias. Mal havia passado uma semana, ela já emprestara mais cadeiras, mesa, panelas e frigideiras, encontrara um fogão a gás para nos emprestar – vindo da Irmã Chalmers, uma enfermeira da Peterhouse que estava se mudando para um apartamento totalmente equipado da universidade – e procurava outro lugar para nós vivermos quando expirasse o contrato do nosso aluguel e nos serviu inúmeros copos de xerez em sua requintada, limpa e ampla sala de estar de sua elegante casa caiada de branco.

Em 1965 ela já deveria estar na casa dos setenta, embora seus cabelos ainda escuros e sua figura imponente pudessem facilmente fazer com que passasse por alguém dez anos mais jovem. Ela combinou o brilho de uma talentosa contadora de histórias com uma intensa praticidade: certa vez, ela nos contou, em um momento de inspiração em um casamento Quaker, ela se levantou e anunciou que os ajudantes tinham se esquecido de acender o gás sob o bule de chá. De uma forma que teria feito justiça a Joyce Grendell, ela se deliciava em esvaziar os egos pomposos de muitos acadêmicos de Cambridge. Seu estilo era aristocrático e assertivo, mas sempre apoiado por arraigados e sinceros valores cristãos. Uma autoproclamada pilar do sistema, que representava tudo o que Stephen desprezava, ela encontrou seu alvo natural na mente vaga e confusa dos liberais. Nela, porém, Stephen encontrou seu páreo e ele tinha de respeitá-la por sua bondade e generosidade, mesmo que, politicamente, eles estivessem em polos opostos.

Nos meses seguintes, Thelma Thatcher nos levou sob sua asa como uma mãe. Ela manteve um olhar cuidadoso sobre Stephen quando eu estava longe em Londres, bem como atendia às necessidades do seu marido idoso – que, segundo ela, tinha arrebatado-a de seu berço – e de sua vívida e independente filha Mary, que estava envolvida em um trabalho de arquivar filmes sobre a vida doméstica dos britânicos na Índia.

Muito cedo, tive de regressar para o meu último ano em Westfield. Partir a cada segunda-feira era algo desesperadamente doloroso e o regime era duro para nós dois. Stephen era suficientemente capaz de cuidar de si mesmo para lidar com as coisas da casa e viver lá, mas todas as noites, a não ser que ele fosse convidado para sair, ele tinha de fazer a longa caminhada, descendo a King's Parade sozinho para comer na universidade. Nossa amiga australiana, Anne Young, mantinha-se infalivelmente atenta na janela enquanto ele passava do outro lado da rua e, geralmente, um ou outro companheiro mais jovem ia vê-lo em casa após a refeição, quando ele me telefonava para me informar como tinha sido seu dia.

Minha rotina era exaustiva. Eu partia para Londres todas as manhãs de segunda-feira e passava a semana em Westfield e depois, todas as tardes de sexta-feira, eu me juntaria com os passageiros de volta uma vez mais. Na minha ansiedade de chegar à casa em Cambridge, para estar com Stephen – e com Nikolaus Pevsner, o professor de arquitetura renascentista, para assistir às suas palestras de sexta-feira sobre o tema, ao qual nós dois, Stephen e eu, assistíamos juntos – eu roía minhas unhas conforme observava os minutos passar enquanto estava no metrô, imaginando quanto tempo o trem demoraria no túnel, temendo perder a conexão para Liverpool Street. Nos anos seguintes, meus piores pesadelos eram em relação a ficar presa em um túnel no metrô.

Durante a semana, a pressão estava em: fazer as traduções do espanhol, ensaios e apresentação de seminários que todos deveriam apresentar no prazo e o único tempo que eu tinha era o período da noite. Os fins de semana eram dedicados às compras, lavar roupa, cuidar da casa e escrever a tese de Stephen, a qual ele desenvolvia durante a semana com sua escrita que já era praticamente ilegível, além de juntar com as partes que ele havia ditado para mim enquanto eu estava sentada na nossa nova e brilhante mesa de jantar na sala de estar. As aprendizagens do curso pré-universitário de secretariado estavam ali, sinalizando seus frutos. A taquigrafia foi moderadamente útil para tomar notas em palestras, mas a datilografia estava se provando uma dádiva de Deus em apresentar as leis da criação, uma vez que nos economizou um bom dinheiro em honorários profissionais que teríamos precisado contratar. A tese que vislumbrei primeiro em Cornell – com suas equações e seus sinais, símbolos e coeficientes, inscrições gregas, números acima e abaixo da linha e infinitos e não infinitos universos – levaram-me à distração. Seja como for, uma vez que se tratava de uma tese científica, o fato de ser curta foi uma singela benção. Além disso, eu sentia uma pequena satisfação de saber que meus dedos estavam sendo consignados para descrever os primórdios do universo no papel. O pensamento de que todos esses números codificados, essas letras e esses sinais misteriosos penetravam nos segredos daquele profundo infinito negro do universo era inspirador. Ficar insistindo sobre a dimensão poética do tema por muito tempo foi contraproducente, porque isso distraía a concentração de todos aqueles pontinhos e hieróglifos acima e abaixo das linhas, e qualquer um que se extraviasse poderia ter jogado os primórdios do universo numa horrível confusão e perturbar toda a ordem da criação.

Eu não estava tão orgulhosa, apenas por ser capaz de dar uma contribuição própria que não simplesmente a pura digitação mecânica. O inglês de Stephen deixava muito a desejar. Seu discurso era repleto de expressões como "você sabe" e "eu quero dizer" e seu estilo de escrita mostrava pouca preocupação com o idioma inglês. Como filha de um dedicado funcionário público, eu tinha aprendido desde cedo a usar a linguagem com precisão, com apreço à clareza e sua riqueza. Ali era um lugar onde eu poderia juntar forças com Stephen; eu poderia ajudá-lo no plano intelectual e não apenas no plano físico, bem como ajudar a preencher a lacuna entre as artes e as ciências.

Os fins de semana também se destinavam à compra de mais equipamentos e mobiliários, para explorar Cambridgeshire e para ver os amigos. Certa vez, passamos toda a tarde de sábado em uma loja de eletroeletrônicos tentando decidir se poderíamos pagar, se cabia no nosso orçamento, um adicional de cinco libras para adquirir uma geladeira maior do que aquela que compramos antes. Considerando que o salário de Stephen, como recém havíamos nos dado conta, foi para mil e cem libras por ano, enquanto a nossa despesa semanal e o aluguel da casa – sem contar as inúmeras outras despesas – fosse de dez libras, um extra de cinco libras em qualquer compra era uma grande despesa. Nas tardes de domingo, se o Mini pudesse ser liberado da garagem comum da Caius, nós fazíamos um passeio a Cambridgeshire, visitando aldeias e igrejas, sempre procurando uma casa ou um terreno adequado para comprar. Às vezes, nossas expedições tinham de ser abandonadas antes de começar porque o Mini ficava tão preso por enormes Bentleys e Rovers, que só um guindaste seria capaz de tirá-lo.

Numa tarde de domingo, depois de ter manobrado o Mini para fora da garagem, nós tentamos visitar a propriedade local do National Trust, Anglesey Abbey. Como o estacionamento se encontrava a quase meio quilômetro da casa, eu dirigi o carro ao longo da avenida arborizada até a entrada principal, esperando uma recepção simpática do meu passageiro parcialmente deficiente. Na verdade, nós fomos recebidos com uma rude intolerância e fomos mandados embora. Fomos diretamente para casa e eu escrevi minha primeira carta de protesto em fúria, não só pela falta de instalações para deficientes físicos na Grã-Bretanha, bem como pelo desrespeito com que fomos tratados, iniciando assim, um papel para mim mesma como militante da causa para portadores de necessidades especiais.

Muitas vezes, em nossas excursões de domingo à tarde, que aconteciam na hora do chá, acabávamos nas imediações de alguns dos nossos amigos casados, e apegados à ilusão da espontaneidade da vida estudantil, íamos visitá-los. Um pouco mais velhos do que nós, muitos desses amigos já tinham seus primeiros bebês. Consequentemente, nós nos encontrávamos cada vez mais atraídos para o padrão de uma vida doméstica, em especial quando me tornei uma fascinada e um pouco confusa madrinha de dois dos referidos bebês. Stephen também estava sendo levado para outros círculos: daqueles da Gonville e Caius. Uma noite de sábado, no início de outubro, eu o acompanhei até a College Chapel para a iniciação de novos membros na universidade. Por sugestão do capelão, assisti à missa na galeria do órgão e então ele me convidou, uma mera esposa vestida com roupa de faxina, para jantar na High Table. Essa foi uma ruptura com o passado sem precedentes, porque era uma regra estabelecida havia muito nas universidades de Cambridge que as mulheres – especialmente as esposas – eram banidas da High Table. A High Table era reservada para os membros da universidade que cultivavam a autoimportância com o mesmo requinte cuidadoso e primoroso que os simples mortais poderiam esperar de suas coleções de selos ou da criação de pombos-correios. A conversação deles girava em torno dos mais finos detalhes dos temas mais obscuros – os próprios assuntos, naturalmente, sobre os quais eles poderiam discorrer longamente, evitando o constrangimento de ter de discutir assuntos sobre os quais eles sabiam pouco ou nada. As amantes eram preferíveis a esposas maçantes e tolas. Na verdade, um desses membros poderia convidar qualquer mulher para jantar desde que ela não fosse sua esposa. É desnecessário dizer, claro, que juntamente com as esposas, os estudantes universitários também eram banidos na High Table. Sem o conhecimento das autoridades da universidade, seu capelão violou duas regras sagradas.

A iniciação de Stephen foi logo seguida por sua primeira participação em uma reunião do corpo diretivo da universidade. Antes que ele tivesse tempo para entender o que estava acontecendo naquela tarde de sexta-feira, encontrou-se profundamente envolvido na política da universidade. Para sua confusão, ele parecia ter caminhado diretamente para uma reencenação do romance de Charles Percy Snow, *The Masters*. A única pequena diferença é que, no romance, a disputa sobre o mestrado tem seu lugar na própria universidade, enquanto as cenas de Stephen estavam acontecendo em Caius. Aqui era a vida que imitava a arte da maneira mais extraordinária. Como Stephen descobriu após o evento, o ataque contra o Mestre titular, Sir Nevill Mott, era que ele estava usando sua posição para favorecer os próprios pupilos. Na época, era impossível dizer o que estava acontecendo. O corpo dirigente estava em alvoroço, os ânimos estavam incandescentes e as acusações imoderadas estavam sendo arremessadas para todos os lados. Como resultado de um rápido cálculo, Stephen teve a desconfortável sensação de que os votos dos novos bolsistas seriam decisivos – mas como eles não tinham a mínima ideia de em quem estavam votando, seu padrão de votação foi inevitavelmente arbitrário. A iniciação de Stephen com a política da universidade teve um final dramático, com a renúncia do Mestre naquela mesma tarde.

Durante o curso do ano seguinte, as discussões desenfreadas sobre a crise diminuíram com o novo Mestre, Joseph Needham, que, afastando-se relutantemente da sua tarefa gigantesca de compilação da História da Ciência na China, levou a universidade de volta para um eixo de estabilidade. Embora eu o achasse seco e conciso, sem contar a memorável ocasião em que, depois de ter bebido vinho do porto após um jantar, ele expansivamente me alertou para nunca mais beber vinho francês doce – Barsac e afins – por causa do alto teor de bissulfeto, sua honorável esposa Dorothy foi de ajuda inestimável na obtenção de um ponto de apoio para mim nos círculos acadêmicos de Cambridge. Ela, não obstante todo o seu brilhantismo científico, foi uma das mais modestas e simpáticas pessoas do meio acadêmico que já conheci.

— 10 —

UMA PAUSA DE INVERNO

Com a força de sua tese, Stephen foi ganhando uma reputação para si mesmo como um prodígio em seu campo. Em resposta à sua participação no cobiçado Prêmio Adams com Roger Penrose naquele inverno, por um ensaio em Matemática chamado *Singularidades e a geometria do espaço-tempo*, seu supervisor, Dennis Sciama, garantiu-me ter certeza de que Stephen tinha uma carreira de proporções newtonianas à frente dele e que faria tudo o que pudesse para encorajar seu progresso. Ele era tão bom quanto sua palavra. Com toda a sua exuberância, Dennis Sciama abnegadamente promoveu a carreira de seus alunos, em vez da própria. Seu desejo de entender o funcionamento do universo era mais apaixonado do que qualquer ambição pessoal. Por enviar seus alunos para fora em reuniões e congressos, quer fossem em Londres, quer no exterior, e fazendo-os examinar e produzir relatórios de volta sobre todas as publicações relevantes, ele aumentou dramaticamente o próprio cabedal de conhecimento, bem como o dos alunos, e conseguiu nutrir uma geração de excepcionais cosmologistas, relativistas, astrofísicos, matemáticos e físicos teóricos. A distinção entre esses vários termos nunca foi bastante clara para mim, a não ser que as identidades se alteravam de acordo com os títulos das conferências: todos se tornariam astrofísicos se a próxima reunião fosse um Congresso de Astrofísica, ou relativistas se fosse uma conferência sobre Relatividade Geral, e assim por diante. Naquele outono os relativistas da conferência de julho em Londres começaram, de maneira camaleônica, a adotar os adornos dos astrofísicos em preparação para a próxima conferência, em Miami Beach em dezembro.

Já era bastante avançado o ano quando Stephen descobriu que os recursos financeiros estavam disponíveis para nós dois irmos para Miami. Eu estava em dúvida sobre tirar algum tempo longe de Westfield, mesmo que eu só fosse faltar alguns poucos dias no final do período letivo, mas surpreendentemente o professor Varey não levantou objeções, então em uma tarde maçante de dezembro, depois de uma longa espera para o nevoeiro levantar no aeroporto de Londres, decolamos. Já estava escuro na Flórida quando chegamos, por isso foi apenas na manhã seguinte que descobrimos que nosso hotel dava direto na praia, com vista para as águas azul-turquesa do Caribe. Por ter acabado de sair do frio e da umidade de Londres, após o trabalho duro de um ano letivo, fiquei maravilhada com a irrealidade, com a improbabilidade da situação, como se eu tivesse entrado em uma dimensão diferente, passado através do espelho, talvez. Essa impressão foi crescendo à medida que a estadia evoluía. O céu azul e o sol eram certamente bem-vindos, em especial porque os acessos de falta de respiração estavam se tornando mais frequentes, e sua irmã Mary sinceramente aconselhou-me a levá-lo para algum lugar quente durante o inverno. Pelo menos, e por um feliz acaso, tivemos a possibilidade de ficar uma semana ao sol.

No dia da abertura, Stephen, junto com seus colegas informalmente vestidos, desapareceu nas sessões preliminares da conferência, enquanto eu explorava o local. O hotel, construído em uma curva em torno da piscina, parecia notavelmente familiar.

Foi uma sensação de *déjà vu*, eu me perguntei, pois eu tinha certeza de que já vira esse hotel em algum lugar antes. De repente me dei conta de que esse fora o hotel onde filmaram a abertura de *Goldfinger*, aquele filme de James Bond. Foi num quarto nesse hotel onde a garota havia morrido por asfixia, depois de ter sido pintada de ouro da cabeça aos pés! O hotel Fontainbleau era uma estrutura moderna de concreto, com piso em mármore, paredes de vidro e enormes espelhos que cobriam totalmente as paredes. Em deferência ao seu nome, ele foi decorado em cada canto e recanto com mobiliário no estilo Luís XV.

Os móveis não eram a menor das incongruências, uma vez que a conferência de Astrofísica foi uma grande incongruência em si. O pessoal bem vestido do hotel parecia claramente desconfortável com os delegados, que não eram de nenhuma maneira modelos de elegância em suas camisas de gola aberta, shorts e sandálias. Um dia me aventurei na sala de exposições, com a intenção de assistir durante um tempo a uma das palestras. No começo eu fiquei perplexa, não conseguindo ver nenhum rosto reconhecível na plateia e, em seguida, notei que a roupa dos congressistas não tinha relação com a roupa que os físicos estavam usando no café da manhã, uma vez que essas pessoas estavam todas vestidas com ternos escuros, gravatas, seu cabelo bem escovado e com brilhantina, sem vestígio de barba. Ouvi o orador apenas por um momento antes de perceber que se tratava de um congresso de diretores de funerárias judaicas que promovia caixões de plástico biodegradável.

Das cores exóticas e do sol do verão de Miami voamos no outono – para Austin, Texas, uma pequena cidade universitária que em meados dos anos 1960 foi alardeada na imprensa como a casa dos melhores e mais brilhantes estudiosos em Cosmologia. George Ellis, que viajou conosco de Miami, viera passar um ano em Austin com sua esposa, Sue, que conheci rapidamente no nosso casamento. Como nós ficaríamos com os Ellis por uma semana, aquela foi minha oportunidade de conhecer melhor os dois e forjar o início de uma amizade que permaneceria ao longo da vida e que sobreviveria às vicissitudes de muitos episódios turbulentos na vida de cada um. Pensativo e reservado, George era o filho de um muito respeitado ex-editor do *Rand Daily Mail*, um jornal bastante aclamado por sua resistência ao *apartheid* na África do Sul. Foi na Cape Town University que Sue, a filha de uma família tradicional de fazendeiros rodesianos, conheceu George. Tanto George quanto Sue eram opositores ferrenhos do *apartheid* e tornaram-se autoexilados políticos da África do Sul, e insistiam que nunca poderiam pensar em voltar a viver lá. Enquanto George era pensativo e introvertido, Sue era extrovertida e vibrante e, ainda assim, sensível às necessidades dos outros.

Talentosa artista e escultora, ela exalava calor e criatividade, qualidades que colocara à disposição de uma escola para crianças carentes perto de Austin. Entre seus alunos estavam não apenas as vítimas de lares desfeitos e de abuso físico, mas algumas eram até mesmo pequenas crianças negras prostitutas que haviam sido resgatadas das favelas de Chicago e trazidas para o Texas para reabilitação. Não era difícil imaginar o que uma Sue, ativa como era, deve ter sido para aquela escola em particular, porque tinha um jeito de fazer um fascinante artefato a partir de uma pequena torção de um papel, de um fio ou de um punhado de palitos de fósforo, e sua simpatia carinhosa a tornou imediatamente popular entre as crianças que, desde cedo, tiveram de aprender a desconfiar de adultos.

Na criação de uma estrutura para a sua vida no Texas, Sue parecia ser a exceção e não a regra entre as esposas de cientistas. Para elas havia poucas coisas de interesse além dos manuscritos de Max Beerbohm e dos desenhos animados na biblioteca da universidade, bem como as ruas cercadas de casas opulentas em uma paisagem dominada por bombas negras de extração de petróleo parecidas com guindastes, que balançavam para cima e para baixo enquanto extraíam o ouro líquido da terra amarela. O sentimento de afastamento do resto da civilização era esmagador em um ambiente em que até mesmo a recepção de rádio era uma coisa sem muita certeza. Essa sensação de isolamento foi reforçada pelo período de tempo, a duração de vinte horas, que levou para Stephen e eu voltarmos para Londres via Houston e Chicago, onde ficamos retidos durante horas por causa de neve na pista.

Embora Stephen pudesse ter abrigado ambições de se juntar ao grupo de físicos em Austin, uma experiência salutar me deixou mais do que feliz em colocar os Estados Unidos para trás de nós mais uma vez, apesar de todas as vantagens do clima do sul. Fomos visitar amigos dos Ellis uma tarde de domingo, quando Stephen teve uma queda feia, que resultou em uma mancha de sangue expelida em sua tosse. Como seu maior medo era o de danos cerebrais, ele insistiu para que nossos anfitriões chamassem um médico. Sua consternação era notável. Eles estavam envergonhados que o convidado tivesse sofrido uma queda, mas seria realmente inédito que algum médico fosse atender em casa, em especial em um domingo à tarde, e eles duvidavam muito se seriam capazes de persuadir qualquer médico a ir até lá. Depois de uma longa sucessão de telefonemas, eles foram finalmente colocados em contato com um clínico geral que, como uma exceção, concordou em ir e examinar Stephen. Quando ele chegou, recebeu tratamento de rei, como era de esperar. Enquanto ele conduzia os exames, que nada indicaram de errado, cheguei à conclusão de que os Estados Unidos eram um bom lugar para as pessoas saudáveis e bem-sucedidas, mas para os doentes, para as pessoas que, por motivos alheios à vontade mas através de acidentes de nascimento, ou doença, eram menos capazes de se ajudar, aquela era uma sociedade cruel, na qual somente os mais aptos sobreviviam.

— 11 —

CURVA DE APRENDIZADO

Nosso retorno à Inglaterra, vindos do Texas na véspera de Natal, anunciava outra mudança em nossa vida. Depois do Natal em St. Albans, nós voltamos a Cambridge para retomar a residência, não mais no número 11 da Little St Mary's Lane, mas no número 6. Nossa incansável apoiadora, Thelma Thatcher, tinha telefonado para a dona da casa vazia no número 6, uma senhora Teulon-Porter ("uma mulher estranha, meus queridos"), para reclamar que era uma desgraça absoluta que a casa estivesse desocupada em um momento de "escassez desesperada de acomodação para nossos jovens". A senhora Teulon-Porter respondeu ao apelo urgente ao pegar o primeiro ônibus para Cambridge desde sua casa em Shaftesbury. Apesar das dúvidas sobre sua estranha personalidade, a ela foi oferecida uma generosa hospitalidade na casa dos Thatchers, enquanto ela cuidava de sua propriedade vazia.

A senhora Teulon-Porter era uma mulher pequena e grisalha, já em idade avançada. Como Fräulein Teulon, ela fora para a Inglaterra na década de 1920, havia comprado a casa número 6 na St. Mary's Lane e depois se casara com seu vizinho do lado, o falecido senhor Porter. Tanto ela quanto ele foram historiadores apaixonados do folclore e estiveram intimamente ligados ao Museu de Folclore de Cambridge, o que pode ter contribuído para a convicção da senhora Thatcher de que eles estavam envolvidos com o ocultismo. Vários itens da casa testemunharam o seu interesse comum: uma runa anglo-saxônica, provavelmente do adro de uma igreja, foi incorporada à lareira; a tela da porta era uma fatia escavada a partir do tronco de um olmo; a madeira de um carrinho de rodas fora convertida em um banco pesado, curvo; a caixa de um cocheiro do século XVIII, feita de carvalho, tinha sido erguida e presa a uma parede para formar um pequeno armário.

A senhora Teulon-Porter parecia inofensiva o suficiente para nós – talvez porque ela fora tão bem tutelada por sua anfitriã no número 9, mas sua casa, apesar de todas as adições típicas e sua localização ideal, pareceu-nos muito úmida e sombria, com cheiro de mofo e pegajosa com sujeira como nos livros de Dickens. A fachada em tijolo vermelho e estuque sugeria que haviam sido feitas reformas eduardianas, enquanto os quartos da frente em todos os três andares eram datados do século XVIII, charmosos o suficiente se alguém pudesse ignorar a sujeira. Os dois lances de escadas eram estreitos e íngremes, mas não representavam naquela altura dificuldades intransponíveis. A parte dos fundos da casa, com vista para um pátio sujo cercado por outras casas e um alto muro à volta, parecia estar à beira de desabar, porque as fundações tinham afundado tanto que o chão da cozinha e, correspondentemente, o teto da cozinha e o piso do banheiro acima, tinham se inclinado em um ângulo alarmante. A senhora Teulon-Porter não pareceu considerar essa excentricidade algo perigoso, de qualquer maneira. De acordo com uma placa na parede do lado de fora, John Clarke tinha idealizado aquela peça exemplar de engenharia em 1770.

Era necessária imaginação e a abordagem direta da senhora Thatcher para nos convencer de que aquela realmente era a nossa casa dos sonhos. Com certeza sua situação era perfeita. Os quartos da frente, diretamente opostos ao antigo poste de iluminação a gás, tinham uma visão completa do adro da igreja, melancolicamente poética mesmo no inverno, e embora as proporções do piso térreo tivessem sido bastante prejudicadas pela escada da casa número 5, que avançava pela parede, os dois quartos eram mais do que suficientes para as nossas necessidades.

– Meus queridos, tudo o que esta casa precisa é de uma demão de tinta, vocês vão se surpreender com o que uma camada de tinta pode fazer – declarou a senhora Thatcher com autoridade, determinada a não deixar seu plano magistral ser perturbado por trivialidades.

Assim convencidos, entramos em negociações com a proprietária. Stephen corajosamente fez uma oferta de duas mil libras pela propriedade. Não surpreendentemente ela recusou, timidamente esticando um olho para a senhora Thatcher que ela esperava conseguir pelo menos quatro mil libras no mercado. No entanto, ela concordava em deixar a casa para nós por quatro libras a semana, até que pudéssemos levantar as quatro mil necessárias para comprá-la. Nesse meio-tempo nós estávamos praticamente livres para tratar a casa como se fosse nossa e redecorá-la à vontade. O acordo seria satisfatório para todo mundo. A senhora Thatcher conduziu sua convidada de volta à casa 9, onde a dobrou com quantidades liberais de xerez, ou possivelmente gin, e a notícia seguinte que ouvimos foi que a senhora Teulon-Porter, antes de partir para Shaftesbury, havia concordado em ter o empoeirado galpão de carvão removido do quintal e pintar a fachada da casa.

Como a casa já estava vazia, a senhora Teulon-Porter concordou em nos permitir começar a redecorar o interior antes de nos mudarmos. Como a tese de Stephen estava agora no encadernador, o tempo que eu passara anteriormente a digitá-la nos fins de semana poderia ser dedicado à minha próxima ocupação, a pintura da casa. Era algo gratificante, mas tinha pouca ou nenhuma relação com os estudos de espanhol que eu deveria supostamente estar revisando para os exames finais. No entanto, como a casa estava em um estado verdadeiramente deprimente e como não podíamos nos dar ao luxo de ter um profissional para redecorá-la, eu não tinha escolha, a não ser fazer isso sozinha. Armada com uma coleção de pincéis e uma oferta abundante de tinta branca, ataquei as paredes sujas da sala de estar. Minha intenção era pintar as duas salas mais importantes, a sala de estar e o quarto principal, antes de mudar de lugar e depois enfrentar o resto – o sótão, os dois lances de escadas, a cozinha e o banheiro – de forma mais gradual ao longo dos meses seguintes.

Como não gostava do cheiro de tinta, eu normalmente trabalhava com a porta da frente aberta. Os Thatcher eram visitantes frequentes e admiradores do meu trabalho, adulando-me com xícaras de chá e comentários encorajadores. Um dia, o senhor Thatcher fez uma pausa enquanto estava passando, inclinando ligeiramente a sua postura militar para olhar pela porta aberta.

– Devo dizer uma coisa – exclamou. – Você parece uma coisinha tão frágil, mas, por Deus, deve ser durona!

Do alto da escada sorri, lisonjeada com esse elogio vindo de um veterano da Primeira Guerra que ainda trazia as marcas desfigurantes daquele conflito em seu rosto magro. Poucos dias depois, foi-nos dito que os Thatcher tinham decidido pagar ao seu homem de manutenção e que fazia tudo para pintar o teto da sala de estar para nós. "Esse é o presente de boas-vindas de Billy para os nossos novos vizinhos", foi a maneira de Thelma Thatcher descrever a extraordinária generosidade de seu marido. O faz-tudo dos Thatcher, uma versão um pouco corpulenta de John Gielgud, era um artista aposentado que preenchia seu tempo com a pintura em larga escala em prédios e casas, enquanto sua esposa tocava uma loja de impressão em King's Parade. Ele era um homem amável que, eu suspeitava, divertia-se muito com minhas tentativas iniciais de empunhar um pincel. De fato, sob suas benevolentes aulas, logo aprendi muitos dos truques de seu ofício, como começar a pintar uma parede de cima, ou aplicar o pincel em movimentos circulares sobre uma superfície irregular, ou usar um pincel mais duro para a moldura da janela.

A reputação de Stephen em círculos relativistas podia estar rapidamente ascendendo a escada da fama por causa de sua busca de singularidades, mas o meu avanço na aprendizagem estava exibindo uma igualmente vertiginosa, embora mais errática, série de altos e baixos: impulsionada para cima por doses intensivas de línguas medievais e modernas, Filologia e Literatura durante a semana, e trazida para baixo por um curso intensivo sobre as habilidades de decoração de interiores, aos sábados. Finalmente, quando comecei a concluir que a área da parede e do teto ainda a ser coberta era um pouco mais difícil do que eu imaginava, nós avaliamos que poderíamos nos dar ao luxo de pedir ao pintor que pintasse a cozinha para nós, uma tarefa particularmente desagradável uma vez que a gordura e a sujeira eram provavelmente tão antigas quanto a casa.

Embora meus pais tivessem apenas acabado de se mudar para sua nova casa, eles e meu irmão Chris vieram para Cambridge um fim de semana, no começo de 1966, para redecorar o quarto do último andar da casa e, em um sinal da sua vontade de ajudar, o pai de Stephen separou um dia em suas viagens para pintar o banheiro enquanto eu aplicava uma demão de esmalte na velha banheira lascada. Então, de maneira mágica, justificando totalmente as convicções de Thelma Thatcher, a nossa casa do século XVIII em ruínas adquiriu o ar de uma bem desejável habitação, e na transformação os ângulos de seus pisos e tetos tinham se tornado simplesmente uma excentricidade. Nossas poucas peças de mobiliário, que vários colegas de Stephen carregaram pela distância correspondente à largura de cinco casas, couberam perfeitamente – apesar de, é claro, quando nós as compramos não tivéssemos considerado o tamanho de outro imóvel.

Orgulhosos da restauração de nossa pequena casa, Stephen e eu decidimos que o novo tesoureiro da Caius devia receber uma nova visita, especialmente porque Stephen estava agora começando a se sentir mais seguro do seu lugar na hierarquia da universidade. Logo no início do novo ano, enfrentamos a anual Noite das Senhoras, a Bishop Shaxton's Solace, quando as esposas eram oficialmente bem-vindas nos recintos universitários e, em seguida, eram homenageadas com um banquete, como se fosse uma compensação pelo desprezo com que eram tratadas durante o resto do ano. O Bispo Shaxton tinha, no século XVI, legado a soma generosa de doze xelins e seis pence para o consolo de cada sujeito que tivesse de passar o Natal em casa e não na faculdade. O equivalente em termos modernos de doze xelins e seis pence por cabeça seria suficiente para proporcionar um generoso jantar de cinco ou seis pratos com quantidades ilimitadas dos melhores vinhos para o camarada da confraria e seu cônjuge. Como de costume, a refeição consistiria de sopa, uma lagosta inteira, uma ave de caça indefinida – normalmente servida completa, com cabeça e membros – um pudim cremoso substancial, um queijo salgado e depois, é claro, na sobremesa, o famoso porto – ou clarete – que a tradição exigia só deveria ser passado no sentido horário ao redor da mesa. Em teoria, era um magnífico jantar, mas na prática os salões nas universidades tendiam a ser locais com correntes de ar, e geralmente, a comida estava fria antes de chegar à mesa. Nossa primeira experiência nesse banquete foi de arrepiar, não só por causa da temperatura da comida, do vinho e do salão. Estávamos sentados na mesma mesa que o ex-tesoureiro – aquele que tinha arrogantemente indeferido o pedido razoável de Stephen para uma descrição do cargo antes do nosso casamento. Isso já era ruim o suficiente, mas nosso desconforto foi agravado por nos terem colocado em uma extremidade da mesa. Após a refeição, provada em um silêncio gelado, uma banda de idosos surgiu das sombras e começou a tocar foxtrotes antediluvianos. Eu nunca havia aprendido a dançar o foxtrote, mas o advento dos Beatles cortou meu breve flerte com a dança de salão, e agora eu só podia assistir na triste frustração quando nossos companheiros de jantar que não abriram a boca nos abandonaram em troca da pista de dança – parecendo guarda-chuvas pretos enrolados, dirigindo suas submissas esposas, vestidas de saias rodadas e exibindo habilmente uma precisa e bem cuidada série de trabalhos com os pés. Eu tinha vinte e um anos: ao meu redor nossos companheiros de jantar estavam em seus quarenta e cinquenta anos, se não nos sessenta e setenta. Era como se tivéssemos sido impelidos para uma cultura geriátrica na qual nossa geração foi deliberadamente esnobada como irrelevante.

O único consolo era que Caius, como uma das mais ricas, e mais solidamente baseadas faculdades, provavelmente poderia se dar ao luxo de nos emprestar alguns milhares de libras, sem que esse empréstimo causasse impacto nas contas da faculdade. Estávamos bem conscientes de que nenhuma sociedade sequer começaria a considerar a casa para uma hipoteca, mas Stephen, decidido por causa de seus encontros anteriores no escritório da tesouraria, achou que seria perfeitamente razoável entrar com uma requisição de empréstimo na universidade para que pudéssemos melhorar nossa oferta para a senhora Teulon-Porter. Enquanto ele estava com o tesoureiro, sentei-me à espera na antessala e abordei um assunto delicado com o senhor Clarke, o assistente da tesouraria de cabelos brancos, muito mais amável do que o próprio tesoureiro. Minha discussão começou na natureza de uma queixa. Por que, perguntei ao senhor Clarke, ele tinha enviado a Stephen os formulários de candidatura para uma pensão da universidade algumas semanas atrás, quando era de conhecimento comum que a vida de Stephen ia ser tão drasticamente abreviada que, com toda probabilidade, ele não se qualificaria? Não tinha sido um pouco cruel demais ele ter enviado esses formulários? Stephen tinha dado uma olhada neles e, com um gesto cansado, tinha empurrado todos para o lado, não querendo pensar em arranjos para um futuro que outros poderiam estar ansiosos para ter, mas que lhe seria negado.

O senhor Clarke não se desculpou por nenhuma insensibilidade; muito pelo contrário, ele balançou a cabeça como se fosse incapaz de compreender meu problema.

– Bem, senhorita, eu só segui as instruções – disse ele, virando os olhos azuis brilhantes em mim debaixo de sobrancelhas brancas. – As instruções são para enviar os formulários a todos os novos bolsistas, tendo em vista que todos os novos bolsistas têm, por direito, uma pensão da universidade. Seu marido é um deles, então ele tem direito a uma pensão da universidade, assim como o resto dos rapazes. Tudo o que ele tem de fazer é assinar os formulários para estabelecer seus direitos. – Suas palavras ainda soavam em meus ouvidos quando ele acrescentou casualmente, como se fosse uma reflexão tardia. – Não há necessidade de nenhum exame médico ou qualquer coisa desse tipo, se é nisso que você está pensando.

Eu mal podia acreditar no que ele estava dizendo. Essa era uma área que, em nossa ignorância, havíamos tacitamente rejeitado como inaplicável para nós. Agora eu estava sendo informada de que tudo poderia ser resolvido com uma simples assinatura e, além disso, esse fato nos asseguraria um conforto em que nenhum de nós jamais havia pensado antes – ou seja, a segurança. Para uma tarde apenas, nós dois tínhamos sido notavelmente bem-sucedidos e, através do nosso sucesso, tínhamos descoberto esse novo objetivo na vida, a segurança, que de repente assumiu uma reconfortante importância. Stephen tinha persuadido o tesoureiro a enviar o inspetor da Universidade para avaliar a casa, com vistas a garantir um empréstimo, e eu tinha assegurado os direitos de Stephen a uma pensão. Com um empréstimo para comprar a casa e uma pensão, nosso bem-estar ganharia duas âncoras firmes em um mundo, de outra forma, incerto.

O inspetor veio avaliar a casa em uma manhã ensolarada de primavera, quando o pátio da igreja estava explodindo em uma profusão de flores amarelas. Nosso otimismo logo se reprimiu diante do rosto seco e impassível do inspetor, e quando ele lançou seu resumo verbal em seu relatório, nossas esperanças foram frustradas além da medida. O homem nos deu a forte impressão de que estávamos desperdiçando seu tempo, chamando-o para uma missão tão absurda. Seria possível que não enxergássemos que a parte de trás da casa estava caindo? E, como se isso não bastasse, o sótão do terceiro andar era um definitivo foco de incêndio. Ele não correria o risco de dormir lá em cima, ou mesmo utilizar aquele andar como um estúdio, nem aconselharia nenhuma outra pessoa a fazê-lo. A casa de duzentos anos de idade não era, em sua opinião, uma compra inteligente. Em todo caso, havia tantos projetos de construção de estradas em um futuro próximo que ele não ficaria surpreso se toda a quadra fosse demolida para dar lugar a uma nova estrada de acesso ao centro da cidade vindo do oeste. Ele não poderia recomendar a propriedade como um investimento para a universidade.

Stephen estava furioso com esse veredito tão míope, mas apesar de seus protestos veementes, o tesoureiro aceitou o relatório. Algum tempo depois, quando estávamos dirigindo perto do terreno do escritório do inspetor, que ficava do outro lado da cidade, Stephen bradou indignado, apontando para o local. Como a nossa casa, o edifício se erguia em três andares, mas numa escala maior, alguns bons metros mais altos que a nossa. O terceiro andar estava, obviamente a julgar pela iluminação perceptível, sendo usado como escritório ou um espaço para um estúdio. Além disso, a propriedade estava caiada e inchada, inclinada pitorescamente na forma de um decrépito edifício do século XVI. Ele fez a nossa pequena casa do século XVIII parecer positivamente moderna e bem conservada. Não havia solução imediata para o problema, exceto, talvez, economizar o máximo de dinheiro que pudéssemos para fazer um depósito para uma hipoteca sobre uma casa nova. Um sistema começou a evoluir na medida em que Stephen ganhou o dinheiro por meio de salário, de aulas e de concursos de ensaios científicos, e eu, na contramão da tendência nacional de extravagância imprudente incentivada pelo governo Macmillan, cuidava das finanças da família, pagando as contas e poupando o máximo possível através de cuidadosa economia doméstica. Deliciosas tiras de bacon vinham a um xelim e seis pence do antigo Sainsbury, com seus balcões de mármore e filas intermináveis; fígados de pato, de Sennit, eram nutritivos e baratos; o mercado provou ser uma verdadeira cornucópia de frutas e legumes frescos; e o açougueiro local me apresentou a cortes baratos de carne – pata de porco e ombro de cordeiro nunca custavam mais do que cinco xelins e não eram nenhuma desgraça na mesa de jantar quando entretínhamos nossos novos amigos da faculdade e do Departamento.

O governo trabalhista eleito em 1964 tinha herdado dos Conservadores o legado dúbio de uma nação envolvida em uma gigantesca farra de gastos. Na primavera de 1966, depois de ter exercido meu direito de voto pela primeira vez, fiz parte das multidões no Market Square para saudar o sucesso do candidato trabalhista na eleição, que havia sido convocada para aumentar a maioria governamental. Infelizmente, nosso novo membro do Parlamento, Robert Davies, morreu no exercício do mandato e o governo trabalhista foi chacoalhado por problemas econômicos que se acumulavam, greves frequentes e a constante preocupação com a crise da "balança de pagamentos", a frase econômica da moda nos anos 1960. Com uma moeda em queda, a Grã-Bretanha estava sendo obrigada a abrir mão de seu papel como potência mundial. Os noticiários foram dominados como nunca antes pela economia, enquanto o pano de fundo internacional da guerra no Vietnã e das tensões que aumentavam no Oriente Médio ameaçou dar origem ao confronto de superpotências que desencadearia as forças dos arsenais nucleares de ambos os lados.

Stephen, entretanto, tinha descoberto uma maneira de ganhar mais dinheiro e aperfeiçoar-se no processo. Ele queria estudar Matemática na Universidade de Oxford, mas seu pai tinha sido convencido, erroneamente, como se provou, que não haveria empregos em Matemática no futuro. Consciente de que ele já havia decepcionado seu pai, não mostrando nenhum interesse por Medicina, Stephen tinha se comprometido, concordando em estudar Física. Quando ele veio para Cambridge como estudante de pós-graduação, ele tinha apenas formação básica em Matemática. Como ele já estava trabalhando com Roger Penrose, um matemático exemplar, sentiu-se em desvantagem, mas chegou à feliz solução de ser pago para aprender Matemática ao supervisionar as aulas da disciplina na graduação da Gonville e Caius College. Não é preciso dizer que seu progresso ultrapassou em muito o de seus alunos, cuja falta de aplicação ele considerou frustrante, como apontou nos relatórios de final de período que eu datilografei seguindo seu ditado. Com Brandon Carter, ele também participou de algumas das palestras de graduação em Matemática, em particular o curso dado pelo genial mestre do Pembroke College, Sir William Hodge. Durante o curso da palestra, o resto do público gradualmente foi embora, deixando Sir William dando sua palestra para apenas três ouvintes, Stephen, Brandon e outro colega, Ray McLenaghan. Eles lamentaram não terem tido a oportunidade de escapar mais cedo, mas como sua ausência teria sido extremamente visível, eles se sentiram obrigados a permanecer.

Deve ter sido durante o meu último ano em Londres que um tio de Stephen, Herman Hardenberg, um psiquiatra com consultório na Harley Street, passou longo período no hospital em St. John's Wood, na mesma rua de Westfield, sofrendo de um problema no coração. Eu costumava visitá-lo, por vezes, à tarde, quando as palestras e os seminários do dia tinham acabado. Herman, o marido da tia de Stephen, Janet, ela mesma médica, era um homem charmoso e gentil, muito culto e que gostava de falar sobre os assuntos que me interessavam, em particular sobre a poesia dos trovadores provençais, o tema do meu ensaio especial para os exames finais. Ele tinha estado lendo *A alegoria do amor*, de C. S. Lewis, e naturalmente, aproximou-se das tensões da poesia – onde o poeta amante definha por sua amada inatingível – pelo ângulo psicológico. Então, nossa conversa se voltaria para temas familiares: eu contei a ele sobre a nossa vida em Cambridge e nosso trabalho na casa.

– Espero que os Hawking a estejam tratando bem – ele disse certa vez cautelosamente, fazendo segredo de sua desconfiança quanto àquela família. Eu acalmei seus temores. Disse que os Hawking eram excêntricos, estranhos mesmo, e isso era bem conhecido; o fato de eles serem distantes, convencidos de sua superioridade intelectual sobre o resto da raça humana, era também amplamente reconhecido em St. Albans, onde eles eram vistos com um misto de desconfiança e temor. Havia explosões e irritações e havia tensões no ar no momento do nosso noivado e casamento, mas estes eu avaliei como parte do teor geral da vida familiar. Eu não tinha razões substanciais para reclamar da maneira como eles me tratavam. Na verdade, como eu disse a Herman, eles sempre me pareceram muito contentes por ver Stephen e eu juntos, e sempre nos acolheram calorosamente na Hillside Road.

— 12 —

UM FINAL INSIGNIFICANTE

Com a aproximação do verão, as árvores e as plantas no adro da igreja competiam pela atenção de moradores e transeuntes em uma exibição desenfreada de cor e perfume. Sucessivos grupos de turistas, principalmente norte-americanos, viriam passear descendo a rua. Muitos deles pressionariam o nariz em nossas janelas na tentativa de espiar pelas cortinas e ver como era elegante o interior da casa. Contudo, nem todos foram sensíveis à beleza do ambiente: tinha aquele menino pequeno que anunciou em voz alta aos seus pais enquanto eles passeavam:

– Puxa, mamãe, eu não gostaria de viver aqui: o Espírito Santo pode vir pra cima e levar a gente!

Eu não podia me permitir gozar das recém-reveladas belezas de nosso entorno. Além de uma breve celebração pelo doutorado de Stephen em março, cada precioso momento livre era dedicado às revisões – em Londres, na biblioteca da faculdade durante a semana, em Cambridge com meus livros espalhados em volta de mim no sótão nos fins de semana ou, naquela Páscoa, em St. Albans, onde passamos os feriados tranquilamente com meus pais.

Na casa dos Hawking, em contrapartida, havia certa aflição. A irmã mais nova de Stephen, Philippa, tinha sido recentemente levada para o hospital em Oxford, por razões que não foram divulgadas para mim. Compartilhei a preocupação de Stephen para com ela e queria visitá-la, ingenuamente esperando que talvez, finalmente, ela e eu fôssemos capazes de resolver algumas dessas perturbações obscuras que se estabeleceram entre nós, tendo em vista que ela era minha cunhada. Como eu amava Stephen, eu queria me dar bem com sua família, gostar deles e de ser amada por eles, e não conseguia perceber o motivo de esse relacionamento em particular ser tão difícil. No dia marcado para nossa visita, no entanto, a mãe de Stephen me disse, em termos inequívocos, que Philippa queria ver apenas Stephen, não a mim, explicando que ninguém, muito menos Philippa, queria perturbar “essa coisa (provavelmente nosso casamento) entre Stephen e você”. Como Stephen não disse nada para amenizar o efeito da grosseria de sua mãe, eu estava a ponto de ir para casa em lágrimas em busca de meus pais, mas então o velho Ford Zephyr não pegou e, em uma súbita reviravolta nos acontecimentos, eu me vi levando Isobel e Stephen para Oxford em nosso Mini.

Enquanto o resto do grupo foi fazer a visita, passei a tarde na sala de espera, fazendo uma revisão do grande poema épico medieval baseado nas façanhas no exílio do herói, *el Cantar de Mío Cid*. O tempo passou depressa quando me vi absorvida pela psicologia sofisticada do poema do final do século XII, que habilmente entrelaça duas vertentes principais temáticas em sua textura: a imagem pública do guerreiro invencível e a face privada do marido e pai dedicado. Quando o Cid vai para o exílio, o poeta descreve sua angústia durante a despedida de sua família como "o rasgar do prego na carne". Mais tarde, o poeta documenta quantas tentativas do herói para ser generoso e encorajador para seus genros covardes são mal interpretadas e viram-se contra ele. Esse conto épico, como um sussurro distante que sopra ao longo dos séculos, falou sobre a complexidade e a imprevisibilidade da mente humana. Mesmo no século XII, a distinção pungente entre a vida privada do herói e sua imagem pública era vista como um conceito autêntico.

Em nosso retorno vindos de Oxford, não foi feita mais nenhuma referência ao episódio daquela manhã. Na tradição da família, aquilo foi varrido para debaixo do tapete com muitos outros restos empoeirados de violência psicológica e outros detritos de ordem emocional, considerados demasiadamente insignificantes para merecer qualquer consideração nessa atmosfera rarefeita, em que as questões emocionais nunca foram discutidas por causa da ameaça que poderiam representar ao intelecto. Foi, por conseguinte, uma surpresa, pouco antes do início de meus exames finais, quando recebi uma carta de Philippa, que me escreveu em letras minúsculas. Ela lamentou as diferenças que poderiam ter existido entre nós, mas aguardava com expectativa um melhor relacionamento no futuro, assegurando-me que ela respeitava o meu desejo "de tentar amar Stephen". Embora eu tenha respondido sinceramente a essa carta, fiquei tão perplexa com aquele comentário como minha mãe tinha ficado alguns meses antes, quando o rumor tinha alcançado seus ouvidos, de que os Hawking estavam pensando em se mudar para Cambridge para montar uma casa lá para Stephen. Eles não esperavam que o casamento fosse durar, ela perguntou indignada. Fiquei confusa com essas ocorrências e me perguntei por que a família de Stephen, entre todas as pessoas, parecia tão empenhada em minar nosso relacionamento e a nossa felicidade, especialmente quando ele era dependente de mim para grande parte de sua existência cotidiana.

Como se para confundir os céticos, estávamos mais próximos do que nunca na semana de provas finais. Stephen veio a Londres para me dar apoio moral e ficou no meu quarto no último andar trabalhando em seus teoremas de singularidade e, de tempos em tempos, mergulhando em traduções das grandes obras da literatura espanhola – entre elas *La Celestina*, de Fernando de Rojas, o protótipo de *Romeu e Julieta* com a sua antiga cafetina, Celestina, um dos mais divertidos personagens da literatura medieval espanhola – enquanto eu saía a cada manhã para a sala de exames. Após a sessão da tarde, Stephen e eu íamos passear em Hampstead Heath ou nos jardins de Kenwood, em busca de refúgio das cãibras do escritor e do cansaço mental. Visitamos também a minha muito amada tia-avó, Effie, tão irrepreensível como sempre em seus quase oitenta anos e ainda vivendo sozinha em sua casa grande em Tufnell Park. No final da semana eu estava dando passos largos, mas os exames já estavam quase no fim. Senti uma sensação enorme de anticlímax em vez de alívio. Os temas que eu havia revisto e estudado tinham se mostrado vagos e imprecisos, e eu sabia que receber a graduação máxima, que era o que se esperava de alguém com o sobrenome Hawking, se provaria tão impreciso quanto.

Com o último floreio da caneta na última página do último trabalho dos exames finais, fechei irrevogavelmente os meus tempos de estudante. O último disco dos Beatles, *Revolver*, que Stephen tinha me dado pelo meu aniversário, parecia tristemente incongruente. Não houve festas, nem celebrações, apenas algumas despedidas precipitadas antes de pisar definitivamente na minha outra existência e partimos no carro para nos encontrar com Roger Penrose, que nos guiaria até sua casa em Stanmore para jantar com sua família. Paramos no estacionamento da estação de Stanmore para Roger pegar seu carro, um velho Volkswagen azul. Imperturbável ao ver todos os pneus vazios, Roger levou o carro para uma garagem na esquina onde ele encheu a todos. Quando chegamos à sua casa térrea no final de uma rua sem saída, e longe da agitação das mansões adiante, fomos recebidos de forma entusiástica por Joan e por seus dois filhos pequenos, Christopher e Toby, que havia sido bebê de colo em Cornell no verão anterior. Agora, aos dezoito meses, ele estava andando muito bem e expressava sua contagiante alegria de viver correndo por toda a extensão da sala em velocidade, com um biscoito na mão, deixando uma trilha de migalhas em todo o tapete azul-marinho. Logo ele estava arremessando sua pequena pessoa em uma poltrona, trepando no braço da cadeira e, em seguida, pulando. Alegremente despreocupados com essas brincadeiras, Roger e Stephen entraram na discussão inevitável sobre a matemática da Física.

Os resultados dos exames finais foram mais ou menos como se esperava, não brilhantes, mas bons o suficiente para me permitir começar a trabalhar para o doutorado. De minhas observações sobre a dinâmica da vida em Cambridge, eu pude ver que o papel de uma esposa – e, possivelmente, uma mãe – era uma passagem de ida para as trevas exteriores, e que era essencial que eu preservasse minha identidade. Mesmo que houvesse movimentos em andamento para admitir as mulheres em certas faculdades para homens mais esclarecidos, havia inúmeras mulheres bem qualificadas, mas infelizes em Cambridge, cujos talentos individuais tinham sido totalmente desconsiderados e desprezados por um sistema que se recusava a reconhecer que esposas e mães poderiam ser capazes de manter uma identidade intelectual própria.

Meus deslocamentos semanais para Londres tinham chegado ao fim nem um pouco cedo, porque Stephen precisava da minha ajuda mais e mais. Como ele precisava se apoiar em meu braço aonde quer que fosse, eu caminhava com ele para o Departamento todas as manhãs, levava-o para casa para almoçar, coisa que – como qualquer outra refeição – tinha de consistir em carne e dois tipos de legumes para satisfazer seu enorme apetite, e iria buscá-lo novamente à noite. Todas as ideias de perseguir uma carreira no Ministério das Relações Exteriores há muito tinham sido relegadas ao passado, mas mesmo um trabalho simples ou mesmo um curso de formação de professores estavam fora de questão, uma vez que minha presença era tão óbvia e constantemente exigida no pequeno círculo do Departamento de Matemática Aplicada, na Little St Mary's Lane e na cozinha. Um doutorado parecia ser a solução ideal. Eu poderia facilmente adaptar minhas horas de estudo na biblioteca da universidade e meu trabalho em casa com a agenda de Stephen. Além disso, eu era elegível para uma bolsa de estudos, o que seria um bônus muito bem-vindo.

A literatura do período medieval foi uma área de pesquisa que me atraiu, mas como nossas circunstâncias não me permitiam viajar para bibliotecas remotas em busca de manuscritos empoeirados, eu não poderia esperar editar um texto até então desconhecido. Minha pesquisa teria de assumir a forma de um estudo crítico, utilizando textos já publicados, o que não seria difícil, considerando os serviços disponíveis em Cambridge. Eu continuei a ser registrada, no entanto, como uma estudante da Universidade de Londres por várias boas razões, e a mais convincente era que os Ph.Ds. de Cambridge estavam sujeitos a um limite de três anos, tempo bastante rigoroso, enquanto não havia essa restrição aos graduados de Londres, e parecia improvável que eu fosse capaz de me dedicar de maneira ininterrupta à minha tese.

Não entrei em meu campo de pesquisa, a poesia lírica medieval da Península Ibérica, de imediato, porque, em grande parte graças a Stephen, outro tema havia surgido como assunto para um artigo de investigação preliminar. Como resultado da leitura de *La Celestina* enquanto eu estava fazendo meus exames, Stephen tinha vindo com uma ideia brilhante que ele me apresentou enquanto voltávamos para Cambridge, no final da semana dos exames finais. Se eu não tinha percebido, ele perguntou, que a tragédia final da morte, destruição e desespero no drama foi precipitada pela rejeição da velha cafetina Celestina por um personagem menor, Parmeno, um jovem que tem um complexo maternal em relação a ela? A ideia era fascinante, e ganhou a aprovação espantada de meu supervisor: e ele ficou ainda mais espantado quando confessei que a ideia era de Stephen. Eu também estava espantada com seus poderes de percepção e invenção, que poderiam se focar sobre a essência de um problema em qualquer campo, incluindo o meu. Minha tarefa era explorar e desenvolver a ideia e justificar o conceito freudiano quando aplicado a um texto que datava de 1499. O mais gratificante aspecto do projeto é que era um tributo ao sucesso de nosso relacionamento: nós estávamos vivendo e trabalhando em harmonia, apoiando um ao outro, participando de interesses um do outro, apesar da disparidade dos nossos temas escolhidos, apesar das tentativas de nos separarem e apesar das dificuldades inevitáveis causadas pelo agravamento da deficiência de Stephen. Nós ficamos muito felizes. Ambos ganhamos confiança e coragem da força da nossa vontade e da confiança um no outro. Então, no início do outono, descobrimos que eu estava esperando um bebê.

— 13 —

OS CICLOS DA VIDA

SEGUINDO DE PERTO A CONFIRMAÇÃO DA GRAVIDEZ VEIO O TRISTE CUMPRIMENTO DE UMA das leis inevitáveis da natureza: a avó paterna de Stephen, a senhora Hawking, a quem eu tinha sido apresentada apenas um mês antes, morreu aos noventa e seis anos, enquanto os pais de Stephen estavam na China, em uma excursão oficial no país no auge da Revolução Cultural. Naquele agosto, em uma viagem ao norte com Stephen, sua mãe e Edward para visitar seus velhos parentes, eu havia sido apresentada às tias idosas e solteiras de Isobel em Edimburgo e, em nossa viagem de regresso, passamos a noite na casa ancestral dos Hawking em Boroughbridge, em Yorkshire.

No início do século XIX, o antepassado que tinha sido mordomo do duque de Devonshire e construíra para si mesmo a grande mansão tinha também alterado o sobrenome do vulgar awkins para o mais nobre Hawking. Aquele Hawking Chatsworth, com sua escadaria, seus tetos altos e suas janelas enormes, tinha visto melhores dias. A pobre tia Muriel cuidava daquela grande casa sozinha, enquanto ao mesmo tempo, atendia sua mãe com necessidades especiais, mas ainda imperiosa. Assim como a casa, a senhora Hawking era certamente uma sombra de sua *persona* anterior, mas não foi difícil perceber em suas feições enrugadas a determinação e a coragem da mulher que tinha criado cinco filhos e salvado sua família da falência. Ela morava no único cômodo da casa que ainda era aquecido e habitável, a sala de estar. Os outros quartos, incluindo o nosso, com sua cama de quatro colunas, eram frios, escuros, úmidos e um pouco assustadores, apesar dos esforços da tia Muriel para torná-los um pouco mais confortáveis.

Enquanto os pais estavam fora, o irmão mais novo de Stephen, Edward, ficou com meus pais. Quando ele chegou a Cambridge para passar um fim de semana com a gente, viu-se, na tenra idade de dez anos, com a obrigação de fazer o próprio almoço de domingo – sob as instruções de seu irmão, porque de repente eu estava prostrada passando mal logo de manhã. Isso durou todo aquele dia e o dia seguinte, e o próximo, e assim por diante, semana após semana. Uma amiga experiente sugeriu que a melhor cura para quando se passa mal de manhã seria uma xícara de chá logo antes de se levantar. Isto era bom na teoria, mas na prática eu não poderia tomar uma xícara de chá sem me levantar para prepará-lo. Meus pais vieram em meu auxílio com o presente de uma máquina de fazer chá. Depois disso, eu me vi pouco perturbada por alguns dos efeitos da gravidez e fui capaz de retomar minha habitual rotina de estudos e voltei a escrever com vigor renovado.

Não houve falta de amigas prestativas, todas elas mães recentes, para aconselhar sobre os prós e contras de hospitais, enfermarias, tratamentos de saúde, respiração profilática, aulas de relaxamento e amamentação. Apesar de minha ignorância nessas questões, elas ainda deixaram seus bebês comigo para treinos na mudança de fraldas, mas tudo parecia muito teórico, pois, em geral, a gravidez parecia tão simples e os bebês tão bem comportados. Eu estava convencida de que os bebês só comiam e dormiam, choramingando um pouco de vez em quando.

Minha própria saúde era uma coisa simples em comparação com a de Stephen, que estava começando a exigir algum acompanhamento mais de perto. Antes de partir para a China, Frank Hawking tinha lido em uma revista médica que a ingestão regular de comprimidos de vitamina B poderia beneficiar o sistema nervoso, o que também poderia ser reforçado com injeções semanais de uma preparação chamada hidroxocobalamina. A vitamina poderia ser obtida mediante receita médica do doutor Swan, formado na mesma faculdade que o pai de Stephen, e com quem Stephen foi registrado em Cambridge – mas as injeções semanais eram mais um problema, uma vez que o consultório médico ficava do outro lado de Cambridge e, na opinião de Stephen, uma manhã passada lá à espera de uma injeção seria uma manhã desperdiçada. Tentamos algumas vezes, para a irritação crescente dele. Certa manhã, chegamos de volta à casa do consultório em torno do meio-dia para encontrar Thelma Thatcher na alameda, vassoura na mão, envolvida em seu exercício diário de varrição da rua e das calçadas. Percebendo nossos rostos desanimados, ela nos chamou:

– Queridos, queridos, qual é o problema?

Expliquei, e ela veio imediatamente com uma solução.

– Ah, mas isso é fácil! Vamos pedir à irmã Chalmers para ver isso a caminho de Peterhouse!

Ela nos abraçou e em seguida entrou para fazer contato com a irmã Chalmers, que gentilmente nos tinha emprestado seu fogão a gás quando nos mudamos para lá. Por instigação de Thelma Thatcher, agora ela se vira compromissada a aplicar a injeção de Stephen uma vez por semana, assim que terminasse seu período na faculdade. Isso, em nossa casa, coincidia mais ou menos com o café da manhã.

Um problema similar surgiu quando as autoridades médicas sugeriram fisioterapia regular para manter as articulações de Stephen alongadas e seus músculos ativos.

Seus dedos já estavam começando a enrolar, e ele não podia mais escrever, a não ser para assinar o próprio nome. Participamos apenas de uma sessão de fisioterapia no Addenbrooke, o novo hospital nos arredores de Cambridge, mas no final dela Stephen estava com tanta raiva que ele declarou que não desperdiçaria mais seu precioso tempo esperando para ser tratado. Foi Dennis Sciama quem veio para ajudar nessa ocasião. Ele convenceu o Instituto de Física a patrocinar visitas domiciliares duas vezes por semana, de um fisioterapeuta particular de seu fundo de caridade. Foi assim que Constance Willis entrou em nossa vida.

Constance era uma daquelas valentes senhoras inglesas solteironas, feitas no mesmo molde da jovial e alegre Molly Du Cane, a líder do grupo de dança e folclore do St. Albans Folk Dance, uma pessoa aberta e simples em suas maneiras. Antes de vir alongar os músculos de Stephen às dez horas na terça-feira e na quinta-feira de manhã, Constance Willis visitava dois pacientes octogenários no Trinity College: senhor Gow, o eminente classicista, e o reverendo Simpson, ex-reitor da faculdade – principalmente para ajudá-los a colocar suas meias.

Entre elas, a irmã Chalmers e a senhora Willis minimizaram os inconvenientes na rotina de Stephen, habilitando-o a trabalhar aproximadamente às mesmas horas que qualquer um de seus colegas. Na realidade, embora ele pudesse chegar a seu escritório no final da manhã e mais tarde do que eles, normalmente Stephen trabalhava até mais tarde da noite também. Passaria longos períodos em profundos pensamentos, e muitas vezes nos fins de semana sentava-se silenciosamente em disputas com as equações que governam o início do universo, treinando seu cérebro para memorizar longos e complicados teoremas sem o auxílio de uma caneta ou de um papel.

– Mecânica celeste – diria o senhor Thatcher em tom de brincadeira. – Suponho que o seu jovem marido esteja ocupado com sua mecânica celeste?

Era isso que aconteceria se Stephen passasse por ele na rua sem cumprimentá-lo, uma ocorrência comum que, juntamente com a relutância de Stephen para fazer qualquer esforço de manter uma conversação banal, tendia a ofender alguns dos nossos vizinhos mais sensíveis, ou conhecidos e parentes, e por isso eu frequentemente tinha de pedir desculpas, explicando que Stephen tinha de colocar toda a sua concentração em permanecer na posição vertical.

As crises de enjoo matinal haviam me impedido de participar do funeral da velha senhora Hawking em Yorkshire. Na verdade, eu nunca tinha estado em um funeral. Essa omissão, infelizmente, em breve seria corrigida.

Mary Thatcher, a única filha de nossos vizinhos, estava planejando uma visita de estudos por tempo prolongado no Oriente Médio, onde ela ia dividir sua estadia de vários meses entre Israel e Jordânia. Pouco antes de sua partida naquele outono, eu a vi caminhando ao longo da alameda de mãos dadas com seu pai, cujo ritmo se tornara mais lento e hesitante. Eles desapareceram da vista no adro da igreja. Essa pungente visão de pai e filha me atingiu com força, pois parecia que nesses momentos preciosos eles estavam antecipando sua despedida final. Logo depois que Mary viajou, seu pai adoeceu e foi levado para a casa de repouso, onde morreu algumas semanas depois.

Enquanto as folhas secas dançavam pelas ruas antes das pontadas do vento de dezembro, Stephen e eu ficamos de mãos dadas na parte de trás da imponente e fria igreja da Santíssima Trindade, a Low Church que William Thatcher frequentava em preferência ao Alto Anglicanismo de Little St Mary's. As palavras vibrantes do serviço de funeral, entoadas quando o caixão foi levado para a igreja, enviou um arrepio frio pela minha espinha. Vendo e ouvindo aquilo, eu estava me sentindo assombrada pelo paradoxo de que, de um só golpe, a morte tinha apagado todo o aprendizado, as experiências, o heroísmo, a bondade, as conquistas, as lembranças daquela vida da qual estávamos ali nos despedindo, enquanto dentro de mim eu estava carregando o milagroso início de uma nova vida, uma página em branco na qual o longo processo de aprendizagem, experiência, conquistas, memórias, tinha ainda de ser escrito. Ao meu lado estava o pai da criança, jovem e vibrante, apesar do início da sua incapacidade. Sua saúde em geral era boa, e sua determinação de aproveitar a vida ao máximo – e para ter sucesso na Física – vinha ganhando força a cada dia. A caminhada era difícil, os botões eram um incômodo, as refeições levavam mais tempo e o cérebro tinha assumido o lugar do papel e da caneta, mas estes eram problemas mecânicos que invenção e perseverança conseguiriam superar. Era impensável que ele pudesse ser um candidato para a triste cerimônia da qual estávamos participando naquele dia. A morte era a tragédia da velhice, não da juventude.

A juventude é essencial para a própria existência de Cambridge, apesar dos edifícios medievais e dos membros fossilizados que voltavam para casa para pernoitar em seus cantos e recantos poeirentos. O magnetismo do lugar atrai onda após onda de jovens para três anos, ou se tiverem sorte para seis, e depois não hesita em ejetá-los para o mundo real, como se os despertasse de um encantamento. Muitos dos nossos primeiros amigos já tinham ido para cargos em universidades de todo o mundo, e seus lugares foram logo preenchidos por recém-chegados, alguns semipermanentes, alguns transientes. Um desses visitantes do outono foi nosso tranquilo amigo norte-americano, que havíamos conhecido em Cornell, Robert Boyer. Ele fez apenas uma breve visita a Cambridge, e depois de uma sessão no Departamento veio jantar conosco. Ele falou sobre sua esposa inglesa e sua filha pequena, e sobre o Vietnã, a principal preocupação dos norte-americanos naqueles dias, bem como sobre singularidades e Física.

Um dia, não muito tempo depois da visita de Robert, o rádio estava tocando as manchetes das notícias, enquanto eu estava preparando o almoço e esperando Stephen voltar para casa. Desde seu retorno do Texas, George Ellis tinha gentilmente trazido Stephen para casa na hora do almoço a caminho para comer no Centro Universitário recém-inaugurado na frente ribeirinha, no final da alameda. Ouvi atentamente enquanto a notícia principal falava de um ataque de atiradores em Austin, Texas. Um maluco subiu ao topo da torre da universidade, de onde ele tinha atirado nos professores e alunos que atravessavam a praça mais abaixo. Uma das vítimas foi morta. A reportagem foi ainda mais terrível por causa da familiaridade da cena. Eu podia imaginá-la em minha mente e percebi de imediato que os tiros do atirador poderiam muito bem ter incluído alguns dos nossos conhecidos. Mais tarde naquele dia, ouvimos que Robert Boyer foi quem recebeu a bala fatal do atirador. Essa não foi uma morte por velhice ou causada por catástrofes naturais como o recente desastre Aberfan no País de Gales, ou em decorrência de uma doença prematura, era uma morte na mão brutal do homem. Havia uma verdade sóbria nas palavras duras do serviço de funeral:

"... Por um homem veio a morte..."

Chocados e perplexos com esse truque cruel do destino, buscamos uma forma duradoura de expressar nossa tristeza e nossa admiração por Robert Boyer.

— 14 —

UM MUNDO IMPERFEITO

ROBERT GEORGE NASCEU, PESANDO QUASE TRÊS QUILOS, ÀS DEZ DA NOITE DE DOMINGO, 28 de maio de 1967, assim como Francis Chichester, o velejador solitário, navegou no porto de Plymouth para ser recebido por multidões torcendo para retornar de sua volta ao mundo. O nascimento de Robert foi recebido com alegria de tamanha intensidade que quando Stephen passou a manhã seguinte para dar a boa notícia para Peck e Ghee Ang, nossos vizinhos de Cingapura, que haviam assumido a casa no número 11 de nós, ele estava tão tomado pela emoção que Peck temia que eu tivesse morrido no parto.

Robert, em sua ânsia de vir ao mundo duas semanas mais cedo, tinha me pego de surpresa. Em março, a irmã de Stephen, Mary, seu primo Julian e eu, juntamente com milhares de outros graduados, todos tínhamos recebido nossos diplomas na gigantesca cerimônia da Universidade de Londres, no Albert Hall, a ocasião afetada apenas pela ausência do Chanceler da Universidade, por causa de doença. Depois nossos pais nos ofereceram uma festa memorável em um local esplêndido, Royal Society of Tropical Medicine, aberto para nosso uso pelo meu sogro.

No início do ano letivo, a doutora Dorothy Needham, a distinta esposa do Mestre da Caius, tinha me levado sob sua asa e me apresentou a uma sociedade acadêmica incipiente, Lucy Cavendish College, iniciada por duas cientistas, a doutora Anna Bidder e a doutora Kate Bertram; seu objetivo era promover oportunidades acadêmicas para mulheres maduras estudantes em Cambridge. A associação com a Lucy Cavendish College me permitiu adquirir um status melhor na Universidade, e este, por sua vez, mais importante ainda, permitiu-me poder emprestar livros da biblioteca da universidade. No final da primavera, o estudo sobre a *Celestina* inspirado por Stephen, "Madre Celestina", estava na gráfica, e eu não vi nenhuma razão para supor que não fosse capaz de combinar a maternidade com a pesquisa. Na última sexta-feira em maio, e fiel à minha rotina habitual, passei a maior parte do dia alegremente trabalhando na biblioteca da universidade, reunindo material para a tese. Eu não suspeitava que isso estivesse para ser minha última visita à biblioteca por um longo tempo.

Naquela noite, desconsiderando as sensações de aperto estranho em minhas coxas, eu fui com Sue Ellis, que também estava grávida, a uma festa oferecida para as esposas por Wilma Batchelor, a esposa do Chefe do Departamento. Na manhã de sábado, depois de uma noite de desconforto, as sensações de aperto se tornaram mais fortes e mais frequentes, então corri para a cidade para fazer uma compra grande para Stephen antes de ficar fora de ação. Sentindo-me um pouco doente enquanto voltava para casa, fui ao açougue para fazer as últimas compras da semana. Chris, o açougueiro, deu uma olhada em mim e insistiu em servir-me em primeiro lugar, furando a fila, e disse que eu deveria ir diretamente para casa. Eu, de bom grado, segui seu conselho.

Mais tarde naquele dia, no auge de uma tempestade, Ghee, que era pai de duas filhas pequenas, levou Stephen e eu para uma casa de repouso, mas logo desejei ter ficado em casa ou me inscrito para um leito na maternidade – que, naqueles dias, admitia apenas mulheres desfavorecidas ou aqueles que estivessem com complicações. As parteiras de meia-idade eram tão duras quanto as professoras solteironas de minha adolescência. Enquanto eu caminhava pelo corredor com Stephen apoiado em meu braço, senti o início de uma forte contração, como os tentáculos de um polvo abraçando e apertando minha barriga. Assiduamente seguindo as técnicas adquiridas nas aulas do pré-natal, eu me encostei contra uma porta e foquei minha atenção em todos os exercícios de respiração que tinham sido muito praticados.

– O que diabos está acontecendo com você? – a irmã de olhos de aço perguntou asperamente.

Ela era muito mais jovem do que o resto de sua equipe e deveria saber melhor que as outras. Então, depois que os procedimentos chegaram a um impasse por vinte e quatro horas, o bebê finalmente chegou, não por uma das parteiras, mas por John Owens, um jovem médico alegre da clínica onde fui internada. Enquanto isso, Stephen era meu fiel companheiro, sentado à minha cabeceira por longas horas e até mesmo esgueirando-se no braço de sua mãe pela entrada do jardim, às seis horas da manhã seguinte.

Fiquei deitada na cama, aborrecida e frustrada, distraída apenas pelos magníficos temas do concerto para violino e violoncelo de Brahms que eu tinha memorizado como meu mantra, a música em que eu tinha aprendido a me concentrar para distrair minha mente da dor. A música me levou de volta ao feriado da semana que tinha sido providenciado para nós pelos meus pais naquela Páscoa, apenas dois meses antes do nascimento. A casa que eles tinham alugado ficava na enseada de Port St. Isaac, na Cornualha, um caminho muito longo a partir de Cambridge. É provável que eles tenham pensado, erroneamente, como se comprovou, que aquela seria minha última oportunidade de viajar por um longo tempo. Durante aquela semana Stephen, fazendo uma concessão para o meu gosto, tinha me dado a gravação do concerto de Brahms como presente de aniversário.

Ao mesmo tempo em que a autoconfiança de Stephen tinha crescido, ele também tinha ganhado uma determinação feroz. Durante nossa estadia em Port St. Isaac, uma viagem de carro numa tarde levou-nos a Tintagel, uma das casas de renome da lenda do rei Artur, situada remotamente na costa norte da Cornualha. Foi desanimador que o castelo em ruínas não fosse visível da aldeia e, de acordo com a administradora do posto do Correio, a única maneira de chegar até lá seria descendo pelo barranco íngreme que dava no Vale de Avalon. Stephen insistiu em ver o castelo e – incapaz de negar-lhe qualquer coisa, de tão conscientes que estávamos de sua expectativa de vida mais curta – minha mãe e eu, uma de cada lado, o guiamos, o erguemos, o descemos por aquele declive selvagem, tropeçando nas pedras no nosso caminho com o vento soprando do mar em nossos rostos. A banda safira do mar que se via no fim do caminho parecia recuar, e o castelo parecia querer se esconder. Depois de termos lutado por cerca de quarenta e cinco minutos, minha mãe estava ficando com falta de ar e começou a se preocupar comigo em meu estado avançado de gravidez, mas Stephen se recusou a desistir. Por um feliz acaso, um Land Rover apareceu do nada, subindo a trilha rústica de volta para a aldeia, então acenamos para o motorista. Ele estava relutante em parar, mas fez uma pausa para nos dizer que o castelo ainda estava longe, em um promontório. O castelo estava, evidentemente, além de nosso alcance, mas insistimos que ele nos levasse de volta para a aldeia. Finalmente, com impaciência brusca, ele concordou em dar carona para apenas um passageiro. Não havia dúvida de que o passageiro teve de ser Stephen. Com semelhante obstinação, Stephen estava perseguindo seu plano de participar de um curso de verão no Instituto Battelle Memorial em Seattle, em julho daquele ano. Sem nenhum único momento de hesitação, concordei com os planos, não vendo razão para que nós três, Stephen, eu mesma e o bebê, não devêssemos apreciar sete semanas na costa do Pacífico. Afinal, os bebês só comiam e dormiam.

A alegria que o bebê trouxe era inebriante. Depois de minutos de seu nascimento ele foi alojado na dobra do meu braço, parecendo ligeiramente roxo, mas observando o seu entorno com consumada falta de preocupação, como se tivesse visto aquilo antes. Ele era "um futuro professor", foi esse o veredito de minha sogra, tão previsível, para seu primeiro neto. Quando ele foi trazido de novo para mim, já tinha se recuperado da experiência do parto e apresentava uma cor mais saudável. Os olhos estavam mais profundos, de um azul brilhante, fixado em um rosto de puro elfo, com bochechas rosadas e orelhas pontudas. Ele não tinha cabelo, só um incipiente espiral loiro que descia do alto da cabeça e nas pontas das orelhas. Os dedinhos, cada um deles equipado com suas unhas minúsculas, apertavam meu dedo estendido.

Essa linda e pequena criatura, a encarnação miraculosa da perfeição, tinha entrado em um mundo dolorosamente imperfeito. Na semana após seu nascimento, a Guerra dos Seis Dias entrou em erupção no Oriente Médio, com consequências violentas que perdurariam por todas as décadas seguintes, da infância até por muito tempo na sua vida adulta. Em meu estado mental simples pós-parto, eu estava convencida de que, se o mundo fosse governado pelas mães de recém-nascidos, em vez de homens velhos e endurecidos, que incitavam jovens impetuosos à violência, as guerras cessariam de um dia para o outro.

Aos poucos, nos dias seguintes ao nascimento de Robert, nós fomos nos aclimatando a uma nova realidade. Os avós ajudaram por algumas semanas, e depois seguimos por nossa própria conta, vivendo um estilo de vida que fora dramaticamente modificado. Doravante, nossas expedições, quer para o Departamento ou para a cidade, envolviam agora três pessoas, além de um carrinho de bebê e uma bengala. Felizmente, George Ellis veio para o resgate. Não só ele levava Stephen para casa na hora do almoço como também o buscava depois do almoço e o levava para casa à noite. Uma tarde, depois de umas duas semanas, quando começamos a atingir uma leve semelhança de normalidade, considerei que havia chegado a hora de voltar para meus livros e minha crescente coleção de cartões da biblioteca em livros sobre a poesia medieval de amor da Península Ibérica. O bebê foi alimentado e trocado e colocado no seu carrinho de bebê no quintal sob o céu azul. Ele parecia confortável e sonolento na tarde quente. Eu esperava que ele dormisse por pelo menos uma hora. Sufocando minha própria tendência a bocejar, eu rastejei para cima com meus livros e cartões no sótão e espalhei-os sobre a mesa. Assim que eu encontrei o meu lugar, um grito estridente veio lá debaixo. Corri pelas escadas para Robert, peguei-o, dei de mamar, troquei a fralda novamente. Ele realmente não parecia estar com fome. Coloquei-o no carrinho de novo e subi as escadas novamente, somente para ouvir o mesmo grito. Essa pequena cena foi repetida muitas vezes naquela tarde, até que finalmente me dei conta de que este pequeno bebê não tinha nem fome, nem sono: ele só queria ser sociável. Então, com a idade de um mês ele começou a trabalhar em uma tese de doutorado, ajudando-me por ficar se contorcendo no meu colo e gorgolejando enquanto eu tentava escrever. Essa única tarde destruiu completamente quaisquer ilusões que eu poderia ter de combinar a maternidade com algum tipo de ocupação intelectual. Também não tinha nenhuma noção das exigências do corpo no processo do nascimento. Eu achava que estaria de pé e totalmente apta a cumprir minhas atividades normais dentro de uma semana, sem perceber que a gestação de nove meses e o trauma do longo parto exigiria seu pedágio da minha força. Não fazia ideia de que amamentar o bebê seria um exaustivo e demorado compromisso que, combinado com as demandas sem hora de uma criança, dia e noite, significaria que eu muitas vezes escorregaria em um cochilo quando, finalmente, ele fosse dormir.

Enquanto julho se aproximava, comecei a ter dúvidas sérias sobre a viagem a Seattle, especialmente porque os arranjos foram se tornando mais e mais complicados. Charlie Misner, um visitante americano do Departamento e que se tornou padrinho de Robert no batizado na Capela de Caius em junho, queria que Stephen fosse visitá-lo na Universidade de Maryland depois do curso de verão em Seattle para falarem sobre singularidades. Tanto ele como sua esposa dinamarquesa, Susanne, garantiram-nos que seríamos bem-vindos para ficar com eles e seus quatro filhos em sua casa enorme nos subúrbios de Washington, DC. Eu não podia permitir-me parecer tímida naquela altura, mas eu não tinha certeza de como chegaríamos a Seattle inteiros, muito menos para podermos ir mais longe. O cansaço que senti enquanto tentava fazer as malas para Stephen, para mim e para nosso bebê de seis meses foi devastador. Eu não esperava nada parecido com isso, nem eu tinha esperado que meu próprio corpo, antes tão absolutamente confiável, fosse capaz de me decepcionar de modo tão catastrófico.

De alguma forma, ajudados por uma legião de pais ansiosos, nenhum deles mais do que a minha mãe, conseguimos fazer o check-in no aeroporto de Londres na hora, na manhã de 17 de julho de 1967. Nossas despedidas foram apressadas, porque a companhia aérea prontamente forneceu uma cadeira de rodas para Stephen, que se viu obrigado a sentar-se nela e ser rodado diretamente pela alfândega e pelo controle de passaporte para o portão de embarque. Carregada com Robert e uma série de malas e valises carregadas com uma variada provisão para o voo, corri logo atrás. O sistema de ventilação no Terminal Três havia quebrado naquele dia, o dia mais quente do verão, com o resultado de que o ar quente estava sendo jogado para dentro do prédio, mas nenhum estava saindo, tornando a sala de embarque um verdadeiro inferno. Nós tínhamos acabado de chegar ao salão quando o alto-falante anunciou que nosso voo fora adiado.

Enquanto nós nos sentamos à espera no calor sufocante, Robert ansiosamente engoliu todo o conteúdo da mamadeira de xarope diluído e que deveria durar por todo o voo para Seattle. O primeiro anúncio foi logo seguido por outro, convidando os passageiros da Pan American a recolher refrescos e lanches de graça no bar. Eu depositei Robert no colo de Stephen e entrei na fila para pegar nossos sanduíches gratuitos. Quando voltei, congelei no horror absoluto com a visão que encontrou meus olhos. Robert continuava sentado ainda no colo do pai, de forma segura, sorrindo beatificamente e inclinando-se confortavelmente de volta contra o peito de Stephen, com o braço de Stephen em volta dele. Mas o rosto de Stephen tinha uma expressão de agonia. Para baixo de suas calças novas corria um grande rio amarelo. Ele se sentou impotente enquanto a maré amarela se derramava em seus sapatos. Pela única vez na minha vida, eu gritei – eu deixei os sanduíches cair e gritei.

Gritar parece uma reação bastante irracional, mas surpreendentemente era a mais sensata nas circunstâncias. Meus gritos convocaram a muito necessária ajuda com incrível entusiasmo. Uma corpulenta enfermeira apareceu do nada e assumiu o comando. Um grave olhar crítico para mim foi o suficiente para convencê-la, com toda a razão, de que eu estava irremediavelmente incapaz de lidar com a situação. Ela dirigiu a cadeira de rodas e empurrou-a, e a seus ocupantes, pai e filho, de volta através da Imigração, desconsiderando os oficiais em nosso caminho, para um berçário onde ela limpou o bebê, deixando-me a tarefa de ajudar Stephen. Enquanto estávamos no berçário, a última chamada para o nosso voo foi anunciada pelo sistema de som. Sem se abalar, a enfermeira ligou para o controle central e disse-lhes que o voo teria de esperar por nós. Assim, com sete semanas de vida, Robert adquiriu a distinção de ter atrasado a partida de um voo internacional.

Stephen teve de sentar-se naquelas calças durante toda a duração daquele voo espetacular de nove horas. Ele sentou-se nelas sobre a Islândia, que estava incrustada no mar como uma joia num suporte de cetim, sobre os blocos de gelo do Atlântico Norte, ao longo da Groenlândia e suas montanhas cobertas de neve e geleiras reluzentes, sobre as águas congeladas de Hudson Bay e as vastidões áridas do norte do Canadá. Em seguida, enfim, sinalizando o fim da provação de Stephen, o Monte Rainier surgiu no horizonte à medida que começamos a pousar no aeroporto de Tacoma. Um ou dois dias depois, eu levei as calças para o tintureiro, mas Stephen recusou-se a usá-las novamente.

Segunda parte

— 1 —

INSONES EM SEATTLE

As acomodações arranjadas para nós em Seattle em 1967 pelo Battelle Memorial Institute (Instituto Battelle) foram muito generosas. Além de uma casa térrea, ricamente equipada com todos os confortos modernos – incluindo uma máquina de lavar louça e uma secadora – e um enorme carro com controles automáticos, eles forneceram duas vezes por semana uma reposição de fraldas novas e o recolhimento correspondente das fraldas sujas por essa instituição singularmente norte-americana, um serviço de entrega de fraldas. Se esses arranjos não me ajudavam completamente, não era porque eu estivesse insatisfeita, mas porque eu me sentia esmagada por estar em um lugar estranho, ainda que luxuosamente isolada, privada, logo após o parto, da ajuda e do apoio da minha mãe, da família e dos amigos em casa. Ali eu era a única responsável tanto pelo meu marido doente quanto pelo meu bebê, e não havia George Ellis para dar a Stephen uma mão amiga ao virar da esquina para ir ao trabalho.

O Instituto Battelle, a secretária assegurou-me, era muito próximo, a apenas dois ou três quilômetros de distância, mas dois quilômetros ou vinte não fazia muita diferença. Stephen tinha de ser levado até lá de carro, e eu tinha de levar Robert junto. Isso significava ajudar Stephen a se vestir e comer de manhã, e alimentar Robert e dar-lhe banho – nessa ordem ou na ordem inversa – dependendo de cujas necessidades eram as mais prementes. Em seguida, o carro monstruoso – um Ford Mercury Comet – tinha de ser colocado na frente da casa e minhas duas cargas, o pequeno mas voraz Robert em seu carrinho e depois Stephen apoiado no meu braço, iam passo a passo até o carro e eram acomodados um no banco de trás e o outro no da frente. Metodicamente realizada, essa rotina poderia ter sido tolerável. Como era, apesar de tentarmos o nosso melhor para minimizar o número de sessões da manhã que Stephen perdia, o sistema foi reduzido ao ponto de ruptura. Nosso querido bebê, que tinha acabado de aprender a dormir durante a noite na Inglaterra, estava agora, em Seattle, com um lapso de tempo de oito horas de diferença, dormia profundamente o dia todo e ficava bem acordado e cheio de intenções sociáveis durante toda a noite. Além disso, Seattle estava apreciando, ou sofrendo, uma onda de calor mais intenso do que nos últimos anos.

Por algum tempo, em um espírito de autopreservação nervosa, restringi minhas incursões apenas até o Instituto Battelle e às lojas da esquina – principalmente, é claro, o tintureiro. Eu dirigia o enorme carro com tamanha ansiedade que, por fim, apesar do calor, decidi fazer o que nenhuma mãe norte-americana teria sonhado em fazer: desci para as lojas empurrando meu carrinho de bebê e coloquei as compras no carrinho, ao lado dele.

Com a alegria de um náufrago ao avistar um barco de resgate, saudei a chegada da família Penrose. Eric, o mais recente membro, andava um pouco mais do que Robert, mas ficava frequentemente deitado. Quando os dois carrinhos estavam lado a lado, ou os dois bebês eram colocados juntos em um tapete, Joan comentava que eles continuavam o diálogo Hawking-Penrose. Graças a Joan, minha vida social iluminou-se consideravelmente. Ela me apresentou a algumas das outras esposas dos delegados e me levou em várias excursões para o centro de Seattle, onde vaguei pelas lojas de departamento e comprei roupas para o bebê. Sob sua influência, minha autoconfiança aumentou quando comecei a encontrar meu caminho para cima e para baixo no eixo norte-sul da autoestrada através do centro de Seattle, conseguindo até mesmo localizar uma antiga companheira de infância de Norwich, que havia se casado com um engenheiro da Boeing.

Então, num domingo, ainda mais aventureira, a leitura dos mapas de Stephen nos guiou para um porto de balsa, e nós cruzamos Puget Sound para a Península Olímpica, onde levei Robert até a água pela praia e mergulhei seus dedos nas cintilantes e geladas águas do Oceano Pacífico. Em outro fim de semana, com Robert apoiado entre nós e adormecido no banco na parte da frente do carro, nós dirigimos os duzentos e cinquenta quilômetros ao norte, do outro lado da fronteira, para ir a Vancouver, visitar nossos amigos australianos de Cambridge, os Youngs, que tinham vindo para ficar na University of British Columbia. Vancouver estava tão fria e nublada como Seattle estava quente e seca, e tinha o charme canadense de ser mais descontraída do que seu vizinho norte-americano.

De volta a Seattle, nós nos reunimos com o restante do grupo em um quente sábado de manhã na orla marítima para uma das excursões organizadas pelo Instituto Battelle – um passeio de barco até a reserva indígena em Blake Island. Enquanto ficamos à espera da balsa, Jeannette Wheeler, a esposa de um proeminente físico norte-americano, veio se apresentar. Naquele mesmo ano, em um flash de inspiração digno de Arquimedes, enquanto tomava banho, John Wheeler tinha criado o nome de *buraco negro* para o fenômeno que Stephen e muitos outros estavam estudando. Ali, no Seattle Waterfront, Jeannette – uma senhora de cabelos grisalhos que era membro desse seleto grupo, o das Filhas da Revolução Americana – encarregou-se do carrinho de bebê de Robert enquanto Stephen se apoiava no meu braço. Duas velhotas olharam amorosamente para o carrinho de bebê, e uma delas estendeu a mão para fazer cócegas nos dedos do bebê que dormia, descobertos no calor daquele dia. Horrorizada, Jeannette Wheeler ralhou com ela que não perturbasse o bebê adormecido. A pobre senhora assustou-se e, com a companheira, afastou-se de modo nervoso para o meio da multidão. Pessoalmente, achei que um pouco de cócegas nos pés de Robert para acordá-lo durante o dia poderia ser uma ideia muito boa. Assim eu poderia dormir à noite. De fato, ele dormiu durante a maior parte do dia, acordando apenas para olhar angelicalmente o rosto castigado pelo tempo de uma índia idosa que o balançava em seu colo enquanto eu jantava na longa mesa comunitária em um grande celeiro antiquado.

Pelo menos naquela excursão em particular, minha única responsabilidade, além de atender às necessidades do bebê, era empurrar seu carrinho com um braço e apoiar Stephen com o outro. Os demais passeios interessantes nos quais eu tinha de dirigir por longas distâncias me deixavam tão cansada e tão tensa que eu estava praticamente de joelhos de exaustão no momento em que Gillian, minha amiga de escola, veio para Seattle de Vancouver Island, onde seu marido Geoffrey, um engenheiro, deveria residir porque tinha um contrato de dois anos. Gillian – e Geoffrey, que só conseguiu passar um fim de semana com a gente – foram minha salvação. Geoffrey assumiu a condução, levando-nos em viagens longas – não menos importante naquela viagem de um dia para o Monte Rainier –, ajudou a carregar as compras e também ajudou Stephen a entrar e sair do carro, enquanto Gill voluntariamente deu uma mão no funcionamento da cozinha. Durante uma semana, eu pude relaxar um pouco.

Enquanto Gill ainda estava conosco, ocorreu um incidente de que ambas ainda nos lembramos com desgosto. O monumento simbólico que Seattle manteve da Feira Mundial de 1962 era a Space Needle, uma torre de concreto com pouco mais de cem metros de altura, encimado por uma plataforma de observação na forma de um disco voador. No último sábado que Gill ficaria conosco, fomos até o Space Needle pelo elevador panorâmico para admirar a vista lá de cima, as águas cristalinas do Puget Sound e as cristas brancas da Península Olímpica a oeste, a acidentada cadeia de montanhas a leste e ao sul o Monte Rainier, o grande vulcão adormecido. A vista era majestosa, mas com Gill carregando Robert e Stephen apoiado em meu braço, nós logo desistimos sob o sol escaldante e voltamos ao elevador para entrar na fila para a descida. Perto de nós estavam duas meninas, adolescentes, talvez, mas não tão muito mais jovens do que Gill e eu. Elas nos observavam, cutucando uma à outra; então, quando estávamos todos de pé juntos no elevador, elas começaram a fazer comentários rudes e maldosos sobre a aparência de Stephen, enquanto ele se encostava languidamente contra a parede, em temperaturas que eram suficientes para deixar qualquer um esfarrapado. Enquanto elas riam, minha angústia crescia. Eu queria dar um tapa no rosto delas e fazê-las pedir desculpas. Eu queria gritar que esse era meu corajoso e amado marido e pai daquele lindo bebê, e era um grande cientista, mas na minha reticência inglesa eu não fiz nem disse nenhuma dessas coisas: eu simplesmente olhei para o lado, ocupando-me com Robert, tentando fingir que elas não estavam lá. Nunca vi um elevador expresso, que viajava tão depressa quanto aquele, levar tanto tempo para chegar ao chão. Quando saímos do elevador, uma das meninas olhou por cima do ombro de Gill e viu Robert.

– Esse bebê é seu? – perguntou ela, com admiração perplexa.

– É claro! – respondi bruscamente.

A menina e sua companheira saíram apressadas, e eu esperei que fosse de vergonha.

Gill comentou:

– Que pessoas estranhas!

Isso resumia o que ela e eu sentimos. Felizmente Gill e eu tínhamos nos estacionado entre Stephen e essas meninas, de maneira que ele não sabia o que tinha acontecido.

Depois daquele episódio, eu estava pronta para ir para casa imediatamente. No entanto, em uma noite no final do curso de verão, em um coquetel do Instituto Battelle, Stephen recebeu a tentadora possibilidade de uma estada de duas semanas na Universidade da Califórnia, em Berkeley, e imediatamente um participante brasileiro no Battelle nos ofereceu o apartamento vazio de um amigo ausente. A oferta era atraente em termos financeiros e, uma vez que já tínhamos chegado tão longe, mais duas semanas na Costa Oeste, na Califórnia, entre todos os lugares, não parecia uma grande dificuldade. Eu não tinha perdido inteiramente aquele meu espírito de aventura, que me levara a viajar ao sul da Espanha em meus tempos de estudante, e essa seria nossa oportunidade de descobrir por nós mesmos aquela utopia com que Abe e Cice Taub tinham descrito em Cornell, em 1965.

Sobrecarregados por uma grande parafernália – o carrinho de bebê e desordenadas quantidades de bagagem – voamos para São Francisco, onde fui obrigada a dominar mais um enorme carro e descobrir o caminho por mais um labirinto de ruas. Felizmente Stephen era um navegador melhor do que tinha sido motorista – exceto naquelas ocasiões em que ele vislumbrava uma saída no último minuto e gritava comigo para atravessar quatro pistas imediatamente. Depois de desviar do caminho algumas vezes e bater nos freios em bom estilo Keystone-Cops, nós finalmente encontramos o endereço, um apartamento de dois quartos em uma velha casa de madeira com uma visão distante, através da neblina e do nevoeiro, da ponte Golden Gate. O alojamento, embora muito mais de acordo com nosso estilo e nossa idade do que a casa suntuosa de classe média em Seattle, representava um problema logístico temível, uma vez que ficava no piso superior da casa, no segundo andar. A rotina que esperávamos poder deixar para trás em Seattle teve de entrar em jogo novamente, e agora eram necessárias não duas, mas três viagens para cima e para baixo – e não um, mas dois lances de escada. Robert, com mais de quatorze semanas, era pesado demais para ser levado no carrinho, de modo que este tinha de ser levado para o carro em primeiro lugar, em seguida, Stephen – deixando Robert em um tapete no chão – em seguida, o próprio Robert. Em compensação para todo esse inconveniente, nós maximizamos o uso do carro e, com frequência, de noite ou excepcionalmente no fim de tarde, nós íamos para as montanhas ressecadas atrás de Berkeley, ou às vezes, de maneira mais aventureira, para o norte ao longo da San Andreas Fault –, uma área pantanosa deserta onde as rachaduras no solo testemunharam as poderosas forças naturais que se ocultavam sob a superfície. Uma vez fomos até uma enseada devastada em um litoral não muito diferente da Cornualha, onde, desafiando o modo de vida norte-americano, os hippies viviam livres das restrições de uma sociedade materialista em barracas na praia.

Abe Taub, o chefe do Grupo de Relatividade em Berkeley, garantiu uma nomeação temporária para Stephen em seu departamento, e uma noite ele e Cice nos convidaram para jantar em sua casa no alto das colinas com vista para a baía. A casa era mais longe do que esperávamos e, no momento em que chegamos, a noite já havia caído. Incapaz de ver onde estacionar, acabei caindo com o carro numa vala ao lado da estrada. As rodas ficaram bloqueadas e o carro ficou preso. Depois de tentar, sem sucesso, levantar o carro para fora da vala sozinha, fui procurar a ajuda dos Taub e de seus ilustres convidados, entre eles um altamente sofisticado e influente matemático parisiense, o professor Lichnerowicz. Os homens despiram seus elegantes paletós e casacos, arregaçaram as mangas e começaram a tarefa com entusiasmo cavalheiresco. Quando finalmente fomos salvos da vala e levados para a casa – embaraçosamente atrasada e muito despenteada – Robert começou a choramingar. Ele tinha aplicado esse truque em nós uma vez antes em Seattle. Dormindo profundamente até o momento em que seu carrinho era colocado bem devagar em um canto escuro da sala, ele de repente começava a protestar, como se sentisse que havia uma festa em outro lugar da qual ele estava sendo excluído. O único remédio era lhe permitir passar a noite no meu colo na mesa, ao lado de todos os outros convidados. Cice Taub permaneceu imperturbável por tantas interrupções em sua gentil reunião e, talvez, com pena de minha aparência tão abatida, convidou-me para acompanhá-la e madame Lichnerowicz ao Berkeley Rose Garden no dia seguinte.

O Rose Garden se tornou meu refúgio de paz e solidão naquele ambiente frenético da área da baía e um refúgio da extenuante rotina exigida pelos nossos arranjos de vida. Tinha um efeito calmante sobre Robert, que ficava em seu carrinho de bebê sob as pérgulas observando os padrões de luz sobre as rosas e as folhas acima de sua cabeça. Eu me sentava ao lado dele na sombra, respirando o perfume das rosas, imersa no meu livro de Stendhal *A Cartuxa de Parma*, e olhando para a baía de vez em quando. Meus pensamentos eram atraídos para a Espanha – para os jardins do Generalife acima de Granada, onde, apenas poucos anos antes, eu tinha tentado imaginar um futuro para mim com Stephen. Esse futuro se tornara realidade e excedera nossas esperanças mais absurdas. Eu estava cansada, mas era resistente, e minha felicidade superava em muito meu cansaço. Stephen já era reconhecido e procurado nos círculos científicos por sua compreensão intuitiva de conceitos complicados, por sua capacidade para visualizar estruturas matemáticas em muitas dimensões e por sua memória fenomenal. O futuro que se abria à nossa frente era agora fisicamente incorporado na pequena pessoa de nosso bebê.

Se o futuro tinha adquirido uma aura reconfortante de certeza, a chave para isso residia na gestão do presente. Viver cada dia como ele se apresentava, em vez de projetar uma miragem fantasiosa para o distante futuro, estava se tornando um modo de vida. A partir dessa perspectiva, em linhas gerais, o futuro parecia bastante claro: em curto prazo, nossa estrela estava em ascensão. No longo prazo, aquele enorme ponto de interrogação que pairava sobre toda a raça humana poderia muito bem obliterar todos nós. A guerra do Vietnã havia escalado – para usar a expressão cunhada e então vigente – para o mais feio dos conflitos, no qual os horrores da moderna ciência química estavam sendo cinicamente despejados sobre uma população camponesa, impulsionada pelos complexos industriais militares descontrolados do Oriente e do Ocidente. Uma simples faísca em outro lugar em nosso planeta conturbado poderia provocar um incêndio mundial.

Nós vivíamos o presente, mas mesmo isso tinha uma maneira irritante de nos fazer tropeçar em obstáculos imprevistos. Por exemplo, o casal brasileiro que nos encontrou, com a melhor das intenções, no apartamento em que vivíamos, ofereceu-se para nos levar em uma excursão aos pontos turísticos de São Francisco. Pela primeira vez, eu pensei que poderia descansar e desfrutar de um dia de passeio. Eles chegaram cedo numa manhã de sábado, trazendo consigo uma amiga brasileira que não falava inglês. Ajudei Stephen a descer as escadas, esperando instalá-lo no carro do brasileiro antes de voltar para apanhar Robert, que então viajaria no meu colo. Quando animadamente saímos à rua, olhamos em volta procurando o carro deles. Além de nosso próprio Plymouth, havia apenas um decrépito Volkswagen cinza estacionado na frente da casa.

– Onde está seu carro? – perguntei ao nosso anfitrião daquele dia.

Ele me olhou com surpresa.

– Não, não, nós não iremos no nosso carro, ele é pequeno demais para todos nós. Iremos no seu carro.

Com o coração afundando no peito, abri o carro. Stephen sentou-se na parte de trás com as mulheres brasileiras e nosso "anfitrião" instalou-se no banco do passageiro na frente, dirigindo-me, a motorista, enquanto segurava Robert em seu colo. Um olhar para ele foi suficiente para fazer Robert berrar como ele nunca tinha feito antes. Ele gritou durante o dia todo – através da ponte de Oakland, durante todas as horas do tórrido engarrafamento que enfrentamos, por todo o Haight-Ashbury, para cima e para baixo em todas as ruas íngremes da região central de São Francisco. Eu ficaria feliz em ter berrado também. Desesperadamente querendo consolar meu frenético, calorento e desconfortável bebê, lá estava eu, presa no banco do motorista em uma situação sem sentido, que não tínhamos criado.

Houve uma pausa quando finalmente chegamos a Golden Gate Park. Distanciando-nos de nossos passageiros, nós nos juntamos a um grande encontro dos hippies pela paz, e nos sentamos na grama no festival Flowerpower, balançando ao ritmo da música. Em todo o gramado viam-se pessoas da minha idade, mas de alguma forma eu já era muito mais velha do que elas. Stephen e eu compartilhamos seu idealismo e seu ódio à violência. Nós também havíamos conseguido uma liberdade comparável contra uma sociedade rígida em nossa luta contra a burocracia e a estreiteza mental, no entanto, para manter nosso curso tão difícil, nós fomos obrigados a seguir uma rotina tão organizada e tão rígida como qualquer outra que tivesse sido imposta pela sociedade contra a qual eles estavam se rebelando.

A guerra do Vietnã, embora nós compartilhássemos seu antagonismo a ela, não era nosso alvo principal. Nossos esforços foram dirigidos contra a doença e a ignorância.

Depois daquele dia, decidi que nunca mais dependeria de outras pessoas. No entanto, colocar essa resolução em prática era mais fácil dizer do que fazer, porque Stephen já tinha aceitado o convite para passar um tempo no departamento de Charlie Misner na Universidade de Maryland. Washington DC ficava no caminho para casa, raciocinamos, de modo que mais algumas semanas não fariam muita diferença. Com efeito, dividir a viagem em duas etapas nos ajudaria a todos, incluindo Robert, a lidar com o fuso horário. Também estávamos ansiosos para ver a irmã de Stephen, Mary, agora médica diplomada, que estava trabalhando na costa leste, e para visitar o velho amigo de Stephen John McClenahan e sua animada esposa norte-americana, que falava espanhol, e que moravam na Filadélfia.

No voo para o leste, nós nos sentamos na mesma fileira que uma senhora de meia-idade que chorou por toda a viagem. Como ela lançava olhares ocasionais para Robert, passei-o para ela para que cuidasse dele por um tempo. Um sorriso pálido cintilou em seu rosto quando ele a conquistou com seu sorriso simpático. Seu companheiro inclinou-se através do corredor para me dizer que ela estava voltando para casa do Vietnã, onde seu único filho tinha sido morto. Os hippies tinham razão para protestar contra o fato de os jovens estarem sendo usados como bucha de canhão quando muitos deles não tinham nem o direito de voto, nem mesmo o direito de comprar uma bebida, tendo em vista que a idade da maioridade ainda era vinte e um anos. Muitos dos jovens tinham mais sorte, porque, como estudantes, o alistamento militar seria adiado e os professores da faculdade tentariam ajudar os mais capazes a evitar serem enviados para a guerra, enquanto outros fugiriam para o exterior, para o Canadá, talvez. O filho daquela mãe no avião não tinha tido tanta sorte...

Nossa visita aos Misners em Maryland não ocorreu, evidentemente, no melhor dos momentos porque Susanne estava envolvida em uma batalha diária estressante com as autoridades da escola que rejeitavam Francis, seu filho mais velho, por causa de seu autismo leve. Vimos Mary, a irmã de Stephen, e passamos um fim de semana com os McClenahan, mas eu estava exausta e deprimida, especialmente porque tinha tido de recorrer à alimentação de Robert com leite artificial. Sentei-me chorosa na cama do quarto de hóspedes da luxuosa casa dos Milner em Silver Spring por ter sido obrigada a romper esse primeiro vínculo com meu bebê.

Se o recurso de usar mamadeiras teve repercussões psicológicas infelizes para mim, ele teve ainda piores consequências físicas para os Misner. Uma noite, Charlie e Susanne, que estavam começando a relaxar um pouco de sua luta diária, organizaram um esplêndido jantar a fim de nos apresentar a alguns de seus amigos. Todas as crianças estavam dormindo e nós nos sentamos em volta da mesa comendo e bebendo, conversando e rindo. Mais tarde, afundamos todos sonolentamente nas confortáveis poltronas enquanto Charlie mostrava slides de sua família encantadora. No meu estado de quase sonolência, de repente me tornei consciente de um cheiro muito desagradável proveniente da cozinha. A terrível verdade logo foi revelada quando outras pessoas começaram a franzir a testa e tossir, quando também detectaram aquele venenoso odor, e percebi que eu era a responsável por isso. Antes do jantar, havia colocado as mamadeiras de plástico de Robert e seus bicos de borracha no fogão para ferver, e havia me esquecido totalmente delas. O conteúdo da panela tinha evaporado por completo, enchendo a cozinha com uma fumaça preta que foi rapidamente penetrando cada canto da casa impecavelmente limpa. Mortificada, eu não teria ficado surpresa se tivéssemos sido atirados na rua, com bebê e tudo, naquele exato momento. Para crédito duradouro de Charlie e de Susanne, eles não o fizeram e no dia seguinte, armados de um grau prodigioso da caridade, eles ainda conseguiram de alguma forma brincar com aquele episódio vergonhoso. Eles devem ter ficado muito contentes ao ver nossas costas alguns dias depois, quando eles alegremente se despediram de nós e de nosso bebê. Seu alívio ao ver-nos partir não poderia ter sido maior do que o meu com a perspectiva de ir para casa.

— 2 —

TERRA FIRMA

AQUELA VIAGEM PARA SEATTLE MUDOU NOSSA VIDA, EM ALGUNS ASPECTOS PARA MELHOR, já em outros para pior. O dinheiro que Stephen tinha ganho como seus honorários em conferências ministradas durante os longos meses do outro lado do Atlântico teve efeito saudável sobre nosso saldo bancário. Com ele pudemos comprar a tão necessária máquina de lavar roupas e, no bom estilo norte-americano, uma secadora também. Isso já seria um extraordinário bem de consumo para qualquer família britânica nos anos 1960, entretanto Stephen decidiu – após uma exposição lancinante à realidade doméstica – que nosso estilo de vida exigia ainda mais ajuda dos equipamentos elétricos. Essa realidade doméstica surgiu numa noite de sexta-feira após o inverno de 1967, quando demos um grande jantar para um eminente cientista russo, Vitaly Ginzburg, que viera de Moscou para Cambridge em uma visita de três meses. Não foi apenas a extensão de tempo de sua visita algo excepcional no repressivo clima da Guerra Fria, mas ele também tinha sido autorizado a levar sua glamorosa esposa loira com ele. A quantidade de louças e talheres empilhados na cozinha indicou o sucesso da festa. Inclinando-se contra a parede da cozinha, Stephen pegou uma toalha de mão e se revoltou de tal maneira com o desperdício de tempo gasto em lavar e secar a louça que, no dia seguinte, pediu ajuda a George Ellis e partiu para a cidade para comprar uma máquina de lavar louça.

Houve outros efeitos menos tangíveis da viagem norte-americana. Já ficara bem estabelecido que o fenômeno que Stephen esteve pesquisando tinha recebido um nome facilmente identificável, o *buraco negro,* que era menos denso que *colapso gravitacional de uma estrela massiva*, o processo previsto na matemática dos teoremas de singularidade, e conferiu unidade para a pesquisa científica. Foi também o nome que chamou a atenção da mídia. Como resultado do curso de verão em Seattle, ficou firmemente consolidada sua posição internacional como pioneiro nessa pesquisa, e nós ampliamos bastante nosso círculo de amizades. Stephen calculou que, no momento em que voltássemos para a Inglaterra em outubro, Robert tinha voado uma grande distância em relação a sua idade que, mesmo durante seu sono, ele estaria em teoria, ainda em movimento. Felizmente, o próprio Robert não pareceu incomodado por essa consequência particular da sua primeira visita à América. Eu também tinha viajado muito, mas, ao contrário de Robert, sofri resultados atormentadores e duradouros. Elas tinham plantado as sementes de um medo paralisante de voar, que cresceu como uma erva daninha gigante em minha mente nos meses seguintes e anos após nosso retorno para casa. Em comparação com minha atitude despreocupada para voar como uma estudante, apenas dois anos antes, esse medo era tanto frustrante quanto incompreensível. Foi só algum tempo depois que a razão para a fobia se revelou. Quando revi os acontecimentos daqueles quatro meses nos Estados Unidos, percebi que o problema não estava em voar de avião – uma vez que tinha voado em muitos aviões diferentes ao longo de grandes distâncias sem incidentes – mas com as circunstâncias concomitantes, as tensões e o estresse de ser totalmente responsável, apenas sete semanas após o parto, por duas outras vidas frágeis, mas muito exigentes. Essa responsabilidade onerosa e desgastante lentamente cristalizou-se no medo de voar por falta de outra válvula de escape. O simples fato de ser capaz de racionalizar o medo não me fez lidar com isso com mais facilidade, porque eu tinha vergonha de admitir essa fraqueza, em especial quando nossa vida era estritamente governada por aquela corajosa máxima de Stephen – que, se houvesse uma doença física em casa, não havia espaço para problemas psicológicos também.

Apesar da comoção de Stephen com o marcante sucesso de sua pesquisa e de sua determinação de se apresentar em todas as suas conferências, seminários ou palestras por todo o mundo, a possibilidade de outras viagens não surgiu naquele inverno, um inverno que passamos em um estado estacionário de modo confortável, reajustando a rotina familiar com a vida acadêmica. A bolsa de pesquisas de Stephen tinha sido renovada por mais dois anos e agora que Rob Donovan, seu padrinho de casamento, também era um pesquisador da Gonville e Caius, Stephen poderia contar regularmente com a ajuda vinda por parte dele para ir à universidade para jantar uma vez por semana. Minha rotina se tornara um pouco menos previsível e constituía-se em uma batalha constante em conciliar as necessidades do bebê com as demandas da minha tese. Quando eu brincava com Robert, minha consciência me dizia que eu deveria estar trabalhando na tese. Quando eu trabalhava na tese, meus instintos maternais me encorajavam a brincar com o bebê. Isso não era um estado satisfatório para realizar minhas tarefas – no entanto era a única maneira de manter minha autoestima intelectual em um ambiente onde bebês eram desdenhados e considerados apenas como fatos necessários à vida. As teses, em contrapartida, eram respeitadas. No final dos anos 1960, a universidade não oferecia creche – embora, fiéis aos instintos chauvinistas machistas, tenha gabado-se por muitos anos de ter um campo de tiro...

O fato de eu ter conseguido perseverar com minha investigação, em grande parte, deve-se à minha mãe e a uma sucessão de babás e empregadas para cuidar de Inigo Shaffer, o filho bebê de vizinhos da alameda. Minha mãe costumava vir para Cambridge de trem mais cedo na sexta-feira, chegando bem no momento em que eu estava levando Stephen para o trabalho, e cuidaria de Robert para que eu pudesse passar a maior parte do dia na biblioteca da universidade, coletando livros e outros materiais para estudar em casa durante a semana seguinte. Às vezes, a babá de Inigo levava Robert consigo por uma hora ou mais, ou então – quando os meninos cresceram – convidava-o para brincar com Inigo durante a tarde, deixando-me livre para voltar à biblioteca. Esse sistema também permitiu que ocasionalmente eu pudesse assistir e dar seminários em Londres, confiante de que Robert estava sendo bem cuidado e Stephen, ajudado por George Ellis, era capaz de almoçar com o resto do Grupo de Relatividade no Centro Universitário recém-inaugurado.

Assim, consegui meu projeto, uma pesquisa de linguística e de temáticas similares e discrepâncias dos três períodos e áreas de poesias de amor mais populares na Espanha Medieval. Enquanto Stephen percorria mentalmente o espaço, eu viajava no tempo – de volta aos *kharjas*, o primeiro florescimento da poesia popular nas linguagens românticas. Comecei minha pesquisa documentando o vocabulário moçárabe – um dialeto espanhol inicial da Espanha Muçulmana – usado nos *kharjas*, que consistia em pouco mais do que fragmentos poéticos incorporados como refrões do antigo hebraico e das odes e elegias do árabe clássico. Eu pretendia então estender o exercício para as *Cantigas de Amigo* em Galego-Português do século XIII, e, finalmente, para as letras populares do castelhano do século XV ou *villancicos*. Essas três áreas de florescimento lírico, díspares no tempo e no lugar, compartilharam muitas características comuns: as canções de amor eram todas cantadas por uma jovem, quer ansiosa para encontrar seu amante na madrugada quer lamentando sua ausência ou doença. Muitas vezes, a jovem ia confiar sua alegria ou sua dor espontaneamente à sua mãe ou às suas irmãs, mas em muitos casos o imaginário dessas letras, aparentemente originais e sofisticadas, era derivado da linguagem da formação religiosa cristã.

Havia muitas teorias conflitantes, para não dizer contendas, que disputavam sobre a proveniência e a interpretação da poesia, em especial dos *kharjas*, e era nesse labirinto que eu tinha de encontrar meu caminho como uma estudante novata de pesquisa na biblioteca da universidade. Meu tempo era gasto examinando os enormes volumes de capa verde do catálogo, buscando artigos arcanos em registros desconhecidos, à procura de referências enigmáticas em notas de rodapé e vasculhando nas pilhas de livros e nas prateleiras as numerosas obras de crítica literária sobre as quais eu escreveria notas em casa durante o decorrer da semana seguinte. Apenas ocasionalmente eu, de fato, entrei em contato com manuscritos medievais originais, uma experiência inesquecível, mas nada disso ajudou minha pesquisa a avançar de maneira muito eficiente, porque a tentação de me maravilhar sobre as belezas das iniciais ilustradas e a precisão do roteiro causavam-me bastante distração.

Embora a perspectiva de ter de abrir meu caminho através das pilhas de material crítico fosse assustadora, eu apreciava aquelas horas na biblioteca. Eu amava o efeito curiosamente deferente que esse santuário de erudição tinha produzido em seus adoradores enquanto, como sombras, eles voavam através de seus vastos salões silenciosos. Cada estudante, fosse jovem, fosse velho, estava envolto na própria pequena cápsula de estudos, tendo assegurada a liberdade de ser capaz de ler e escrever sem interrupção. Uma ainda maior compensação para o tédio que alguns aspectos da pesquisa envolviam encontrava-se na própria poesia, particularmente nos *kharjas*. Os *kharjas* tinham sido inicialmente interpretados, editados e publicados por Samuel Stern, um erudito de Oxford que, em 1948, no Cairo, tinha descoberto seu arcabouço, escrito em árabe ou aparentemente em uma escrita hebraica sem sentido. Ele descobriu isso quando, ao transcrever os fragmentos em alfabeto latino e, em seguida, adicionar vogais, os textos em árabe e hebraico enigmáticos puderam voltar à vida como pequenos trechos de poesia romântica, respirando uma vida pulsante. Por exemplo, Stern tinha transcrito um grupo de letras hebraicas em consoantes romanas assim: *gryd bs 'y yrmnl's km kntnyr 'mw m'ly sn 'lhbyb nn bbr'yw 'dbl'ry dmnd'ry.* Com a adição das vogais, o texto poderia ser lido da seguinte maneira: *Garid vos ay yermanellas com contenir a meu male Sin al-habib non vivireyu advolarey demandare.* Deixando de lado uma forma arcaica, e uma expressão árabe, *al-Habib,* o poema é agora perfeitamente inteligível, mesmo para um falante de espanhol moderno:

Digam-me irmãzinhas,
Como conter minha dor.
Não vou viver sem meu amante
Eu voarei para procurá-lo.

Em outro kharja, em clara referência à sua formação cristã, ela chora tristemente:

Venid la pasca ayun sin ellu...
...meu corajon por ellu

Vem a Páscoa ainda sem ele...
... meu coração é dele.

Quando o amante retorna, ele vem como o sol com a glória do amanhecer, pois nesses poemas os amantes se encontram na madrugada – e se reunirão na madrugada em todas as eras da poesia lírica popular da Espanha, ao contrário da sofisticada tradição provençal, na qual os amantes aristocráticos partem de madrugada:

non dormiray mamma
a rayo de mañana
Bon Abu 'l-Qasim
la faj de matrana

Não dormirei mamãe
Na luz da manhã
O bom Abu 'l-Qasim
A face da manhã.

Para mim, porém, os fragmentos mais comoventes foram os versos emocionantes em que a jovem chora em desespero com a doença de seu amante:

Vaisse meu corajon de mib
ya rabbi si se me tornerad
Tan mal me doled li 'l-habib
enfermo yed cuand sanarad

Meu coração sai do meu corpo
Será que ele retornará?
O meu pesar para o meu amor é tão grande
Ele está doente – quando ele irá se recuperar?

Em um *kharja*, a única palavra decifrável é *enfermad* – enfermidade – e no outro a própria menina adoece por causa de tanto amar:

Tan t'amaray tan t'amaray
habib tan t'amaray
Enfermaron welyos cuidas
ya dolen tan male

Eu vou te amar sempre,
Eu vou te amar sempre, meu amor,
Meus olhos estão doentes de chorar
Eles doem tanto!

— 3 —

ESFERAS CELESTES

Embora, em termos estratégicos, tenha sido sensato para mim que eu fosse registrada como estudante de Londres, na realidade, isso significava que eu me sentia muito isolada em Cambridge. Os seminários e as supervisões em Londres sob os auspícios do meu supervisor, Alan Deyermond, eram sempre estimulantes, mas minhas oportunidades para ir a Londres eram raras. Em Cambridge, onde eu lia na biblioteca e escrevia em casa, não havia fórum de discussão. Graças à doutora Dorothy Needham, eu me tornara uma estudante afiliada da Lucy Cavendish College, uma sociedade recém-fundada para mulheres maduras estudantes e, por força de uma organização cuidadosa – que envolvia deixar Robert alimentado, de banho tomado e em seu berço, e a comida de Stephen pronta para ele em cima da mesa – consegui sair algumas vezes para os jantares noturnos da Lucy Cavendish, que aconteciam no Churchill College.

A solução para meu problema do isolamento acadêmico veio em uma forma muito inesperada – por meio da crescente amizade de Robert com o filho de nossos vizinhos, Inigo Shaffer. Uma das convidadas da festa do primeiro aniversário de Inigo era uma menina vivaz de cabelos ruivos e seis anos, Cressida Dronke, que, espiando por trás de um par de óculos de sol coloridos, atraiu a companhia de meninos e suas mães e babás atônitas com um relato longo e fascinante sobre uma produção de *Romeu e Julieta* para onde os pais tinham acabado de levá-la. Não havia, aparentemente, nada de anormal naquela introdução precoce a Shakespeare, porque Cressida tinha sido frequentadora de teatro desde a primeira infância.

Eu já ouvira falar de Peter Dronke, que lecionara Latim Medieval, e sua ótima reputação como um dos mais talentosos intelectos em Cambridge, não se limitando apenas ao Latim Medieval, mas a uma ampla variedade de estudos literários medievais, incluindo o meu. O feliz acaso desse encontro com os Dronke levou-me a conseguir um supervisor extraoficial em Cambridge. Peter estava sempre pronto para compartilhar seu vasto acervo de conhecimentos e passar sugestões construtivas, críticas e referências úteis, enquanto sua esposa Ursula, ela própria uma estudiosa de antigas sagas nórdicas e islandesas, foi uma fonte constante de incentivos gentis. Outra consequência importante de conhecer Peter e Ursula foi que eles me convidaram para participar de seus cobiçados seminários informais que, ofereciam na própria casa nas noites de quinta-feira durante o período letivo. Apenas Peter poderia realmente ser considerado mestre em todos esses tópicos por vezes obscuros que eram apresentados nas palestras, porque sua gama de conhecimentos era eclética, cobrindo a maior parte do pensamento europeu clássico e medieval e a literatura. Nós, os alunos, sentávamos com respeito no tapete mostarda, literalmente aos pés de um dos maiores estudiosos da época.

Fiquei surpresa e contente ao descobrir quanto esses seminários me trouxeram para mais perto, em termos filosóficos, do estudo da Cosmologia, embora fosse a Cosmologia medieval. Inevitavelmente, muitas discussões focaram a expansão intelectual do século XII que emanou de Paris, em especial a partir da escola da catedral de Chartres, onde se acreditava que Deus, o universo e a humanidade poderiam ser analisados e compreendidos por meio de números, pesos e símbolos geométricos, efetivamente transformando a Teologia em Matemática. As novas universidades de Paris e Oxford estiveram no centro de um intenso debate intelectual contínuo, em que principalmente a natureza de Deus, a criação e as origens do universo excitavam a mente de estudiosos e teólogos. O renascimento vigoroso que teve lugar no século XII deve muito às ideias inovadoras provenientes da Espanha, onde no ano de 1085 as forças cristãs tinham recapturado Toledo dos mouros, com o resultado de que essa cidade mista, multilinguística, acabou por tornar-se um dos mais ricos centros culturais da Europa, famosa como uma escola próspera de tradução por causa de sua herança da literatura árabe e de obras supostamente perdidas da antiguidade clássica.

No século XIII, Alfonso, o Sábio de Castela, expandiu o papel de Toledo como importante centro de tradução e estudos participando de suas atividades pessoalmente, tornando-se pioneiro na utilização do espanhol em vez do latim para todos os documentos, e ao tentar vários projetos históricos nesse idioma. As traduções produzidas em sua corte foram ainda mais significativas do que os outros projetos de Alfonso, e incluíram um livro sobre xadrez, as teorias científicas sobre a natureza da luz de Alhazen, o mais eminente cientista árabe do século XI – lançando assim as bases da perspectiva sobre as quais Leonardo da Vinci construiria, no norte da Itália, no século XV – e, o mais importante, *Almagesto*, a grande obra de Ptolomeu, o matemático e astrônomo alexandrino do século II a.C.

Originalmente escrito em grego, o *Almagesto* existia apenas em uma versão árabe até Alfonso encomendar sua tradução em Toledo. O modelo cosmológico do Universo de Ptolomeu foi baseado no conceito aristotélico de uma Terra estacionária, em cuja órbita estavam o Sol, a Lua, os planetas e as estrelas. No modelo ptolomaico, ou geocêntrico, a Terra está fixada no centro do universo enquanto os corpos celestes, o Sol, a Lua e os planetas cada um deles se movimenta ao redor da Terra seguindo a trilha das próprias esferas fixas. Um sistema de movimentos circulares menores ou epiciclos é introduzido para explicar as desigualdades reconhecidas nos movimentos dos corpos. Além da esfera de Saturno está a esfera em que as estrelas fixas são carregadas em todo o céu, e mais além está o *primum mobile*, a força divina misteriosa por trás do cíclico movimento das esferas. Esse movimento perfeito, circular que impulsionou os planetas em seu curso criou uma música celestial, a harmonia das esferas. O modelo ptolomaico não chegou a coincidir com a visão bíblica do universo como se fosse feita nos céus, a terra sendo plana e o inferno abaixo dela, mas uma vez que poderia se corresponder com essa visão sem perturbar drasticamente a visão que já existia de o lugar de Deus ser no céu e o inferno nas profundezas da Terra, então o modelo tornou-se um princípio de dogma religioso da cristandade, até que foi questionado pelo astrônomo polonês Copérnico no século XVI. Para a igreja cristã, a implicação mais importante desse modelo geocêntrico foi que o homem, o habitante da Terra, estava no centro do universo e que a atenção divina era focada exclusivamente sobre ele e seu comportamento.

Stephen foi a um desses seminários sobre a Cosmologia antiga na sala de estar dos Dronke com um colega do Departamento, Nigel Weiss, cuja esposa, Judy, era membro do seminário. Os dois cientistas foram forçados a admitir que o pensamento dos filósofos do século XII, Thierry de Chartres, Alan de Lille e, no século XIII, Robert Grosseteste e Roger Bacon, entre muitos outros, foi extraordinariamente perspicaz, preciso e certeiro. Incluída nas fileiras dos filósofos havia uma mulher, a abadessa alemã Hildegard de Bingen, que inventou a própria versão da Cosmologia em que o universo tomou a forma de um ovo. Hildegard de Bingen foi uma pessoa muito à frente de seu tempo. Ela não só foi uma antecessora das cosmonautas, mas também propôs que as mulheres reparassem as falhas sociais e religiosas provocadas pelas fraquezas dos homens e, para esse efeito, deveriam seguir seu exemplo, empreendendo viagens missionárias ao longo do Reno, pregando, condenando hereges e corrigindo erros sociais.

Várias ironias me impressionaram ao longo desses seminários, particularmente durante aquele do qual Stephen e Nigel Weiss participaram. O mais gritante, é claro, foi que na segunda metade do século XX, a posição das mulheres na sociedade, em especial na ciência, tinha progredido a passo de caracol desde o século XII, apesar das afirmações agudas e frequentes de Hildegard sobre a força e a glória das mulheres. Quanto às cosmologias, eu me diverti com a reflexão de que, embora os avanços na ciência possam ter sido revolucionários no século XX, certos vínculos conceituais com as teorias mais antigas são difíceis de morrer. O sistema ptolomaico, que tinha conseguido pronta aceitação no século XIII entretanto, mais tarde foi suplantado pelo sistema solar de Copérnico, ainda tinha um ponto de contato, porém improvável, com um importante princípio cosmológico do século XX: o princípio antrópico.

Esse foi um daqueles temas em que, durante esse período no final dos anos 1960 e início dos anos 1970, Stephen passou muito tempo concentrado em discussões com Brandon Carter, geralmente nas tardes de sábado, quando saíamos de carro de Cambridge para a felicidade bucólica do chalé que Brandon e sua esposa belga, Lucette, tinham começado a reformar desde seu casamento recente. Lucette e eu levaríamos Robert para fazer longos passeios pelos campos, conversando em francês sobre nossos escritores, pintores e compositores favoritos, prepararíamos o chá e o jantar – e ainda Brandon e Stephen estariam envolvidos em uma disputa intelectual sobre os detalhes do princípio antrópico, na qual nenhum dos dois se mostrava preparado a se render ao outro.

O princípio antrópico, tanto quanto eu entendi das explicações de Stephen em um daqueles raros momentos em que discutíamos seu trabalho, levou-me a pensar na sua afinidade tão próxima com o universo medieval. Como no universo medieval ptolomaico, o homem é mais uma vez colocado no centro da criação pelo princípio antrópico, ou mais precisamente, pelo que é conhecido como sua versão mais "forte". Os proponentes do princípio antrópico mais "forte" alegam que o universo em que vivemos é o único tipo possível de universo no qual poderíamos existir, porque a partir do Big Bang alguns quinze bilhões de anos atrás, ele tem se expandido de acordo com condições precisas, muitas vezes envolvendo oportunidades químicas coincidentes e uma sintonização física muito fina, que são necessárias para o desenvolvimento de vida inteligente. A vida inteligente então é capaz de perguntar por que o universo é como é, mas essa é uma questão tautológica, cuja resposta é: se nosso universo fosse diferente, a vida inteligente não existiria para fazer essa pergunta. Em um sentido real, portanto, a humanidade ainda pode-se dizer que ocupa um lugar especial no centro do universo, tal como tinha sido no sistema de Ptolomeu. Considerando que, para o homem medieval, essa posição especial foi uma forte declaração daquela relação única entre os seres humanos e seu Criador, os cientistas modernos pareciam estar irritados ou simplesmente divertindo-se com essas inferências que eram extraídas a partir do princípio antrópico.

Embora o conceito moderno não seja certamente limitado pela ideia medieval de céu ou inferno, ele é, em muitos aspectos, um ambiente mais hostil do que sua contrapartida medieval mais organizada, mesmo que apenas por causa de suas condições extremas de temperatura e suas vastas extensões de espaço e tempo em que a raça humana parece viver em isolamento solitário. Em 1968, por um momento fugaz, parecia que poderíamos não estar sozinhos na imensidão escura do espaço, afinal das contas. Em uma tarde, em fevereiro daquele ano, quando cheguei ao Departamento, o salão de chá estava movimentado com a emoção. Uma estudante de pesquisa em radioastronomia, Jocelyn Bell, e seu supervisor Antony Hewish, tinham captado sinais de rádio regulares que pulsavam do espaço exterior através da linha de radiotelescópios posicionados ao lado da antiga linha férrea entre Cambridge e Oxford, em Lord's Bridge, que ficava a coisa de cinco quilômetros fora de Cambridge. Poderiam esses sinais ser nosso primeiro contato com a vida extraterrestre, os pequenos homens verdes, talvez? Brincando, eles batizaram de PHV as primeiras fontes dessas ondas de rádio. A excitação se esvaziou quando as fontes dos pulsos de rádio foram identificadas como estrelas de nêutrons, minúsculos restos de estrelas, possivelmente com apenas vinte quilômetros de diâmetro, com densidades em massa de centenas de milhões de toneladas por polegada cúbica. Não havia nenhuma possibilidade de que as estrelas de nêutrons pudessem suportar a vida.

Enquanto os cosmólogos do século XX ainda pudessem manter alguns tênues pontos conceituais comuns com o sistema de Ptolomeu através do princípio antrópico, e pudessem respeitar o intelecto dos filósofos antigos do século XII de Chartres, Oxford e até Bingen no Reno, os seminários medievais dos Dronke serviram para pôr em perspectiva clara a muito divergente abordagem moderna sobre o tema da criação. A principal intenção dos filósofos do século XII foi dirigida para a reconciliação da existência de Deus com os rigores das leis da ciência, unificando assim a imagem do Criador com a complexidade científica de sua criação. Para esse fim, Alan de Lille tentou reconstruir a Teologia como uma ciência matemática, e outro estudante de Chartres, Nicolau de Amiens, tentou fazê-lo em conformidade com a geometria euclidiana, com o uso de símbolos geométricos para explicar a Trindade. Por mais excêntricas que essas noções possam parecer hoje em dia, elas foram, sem dúvida, tentativas genuínas para introduzir a objetividade científica nos ensinamentos de Teologia e para explorar e explicar o mistério divino através de números e estruturas matemáticas.

Em contrapartida, seus herdeiros intelectuais, cerca de oitocentos anos depois, pareciam ter a intenção de distanciar a ciência, tanto quanto possível, da religião e de excluir Deus de qualquer papel na criação. A sugestão da presença de um Deus Criador era um desajeitado obstáculo para um cientista ateu, cujo objetivo era reduzir as origens do universo a um pacote unificado de leis científicas, expressas em equações e símbolos. Para os não iniciados, essas equações e esses símbolos eram muito mais difíceis de compreender do que a noção de Deus como o principal motor, como a força motivadora por trás da criação. Estranhamente, para o feliz grupo dos iniciados, as equações revelavam uma beleza matemática miraculosa, de tirar o fôlego. Essa revelação, que refletia as maravilhas ocultas do universo, era quase uma versão moderna do mundo celestial das Formas, de Platão. No século V a.C., Platão, o professor de Aristóteles e detentor de grande influência sobre o pensamento medieval, descreveu uma teoria das Formas ou Ideias celestiais perfeitas, sem relação com os sentidos, e perceptível apenas para a mente. Cada forma perfeita ou Ideia teria sua contrapartida nas formas tangíveis e imperfeitas manifestadas na Terra. A reverência com que os cientistas modernos tratavam a Matemática do universo sugeria e insinuava uma sublime perfeição, mas infelizmente essas insinuações de perfeição não eram de fácil acesso para aqueles que não eram fluentes no jargão matemático e para quem as equações eram algo impenetrável. Outra dificuldade, que aparentemente foi resultado direto de sua obsessão com a Matemática, foi a irrelevância para esses cientistas do conceito de um Deus pessoal. Se, através de seus cálculos, eles estavam diminuindo qualquer possibilidade da existência de um Criador, era lógico supor que não poderiam prever nenhum outro lugar ou papel para Deus no universo físico.

Em face desses argumentos racionais dogmáticos, não havia nenhum sentido em levantar questões de espiritualidade e fé religiosa, questões da alma e de um Deus que estava preparado para sofrer por amor à humanidade – questões que pareciam completamente contrárias à realidade egoísta da teoria genética. As questões de moralidade, de consciência, da apreciação das artes, deveriam ser mantidas fora da arena, para que elas também não se tornassem vítimas da abordagem positivista. Ainda reagindo contra a religião organizada da minha infância, eu não frequentei regularmente nenhuma das duas igrejas no final da alameda onde vivíamos, mas procurei a santidade nos jardins da Little St. Mary's, onde Thelma Thatcher me destinou um pequeno pedaço de terra pelas grades em frente à nossa casa e do qual eu deveria cuidar. Lá, sob a sombra das rosas, pude tirar as ervas daninhas, revolver a terra e plantar flores para a primavera e rosas para o verão, enquanto ponderava sobre os mistérios, as teorias e as realidades. Robert e Inigo brincavam correndo pelas trilhas sinuosas e escalando os túmulos cobertos de musgo, enquanto eu trabalhava. O antigo jardim sagrado ganhou vida com a música de suas jovens vozes, e nossa faixa de terra floresceu com as rosas manchadas de pink e branco que Stephen tinha me dado no meu aniversário. Era a famosa *Rosa gálica*, chamada de Rosamundi em menção à amante de Henrique II, Rosamond, ou Rosa do Mundo.

4

DINÂMICA PERIGOSA

COMO O ADRO DO CEMITÉRIO FORA FECHADO, ROBERT E INIGO PODERIAM BRINCAR POR ali seguros, liberando toda a sua energia. Desde a primeira infância, era bem evidente que Robert foi abençoado pelo menos com duas vezes mais energia do que qualquer outra criança. Além de derrubar todas as minhas noções a respeito de padrões de sono de um recém-nascido, ele descobriu, em cerca de oito semanas, que seus pés e suas pernas foram feitos para ficar de pé. Depois disso, ele não se sentaria mais, insistindo em manter-se na vertical, apoiado nos meus joelhos. Mesmo quando, em Seattle, nós fomos convidados para aproveitar uma sessão fotográfica gratuita por cortesia do serviço de fraldas, Robert resistiu a todas as tentativas para ficar de mentirinha num tapete ou olhar timidamente debaixo de um cobertor que envolvia sua cabeça, o que acabou reduzindo o fotógrafo a um estado de apoplexia quando, a contragosto, teve de permitir que meus braços aparecessem na foto, em discreto apoio a um bebê de apenas doze semanas que estava firmemente plantado em seus dois pequenos pés.

Com apenas sete meses, essa inventiva criança descobriu como desmontar sua cama dobrável, retirando-a de seus encaixes, fechos e dobradiças, que por fim tiveram de ser firmemente amarrados com barbantes para impedir que ele caísse da cama. No entanto, todas as noites, assim que Stephen e eu virávamos as costas e descíamos a escada, bocejando e afetuosamente confiando que as repetitivas leituras de *Thomas, o trenzinho* tivessem finalmente embalado nosso bebê aos reinos do sono, nós ouvíamos seus pezinhos se ocupando de descer as escadas para se juntar a nós para nossa ceia e ouvir conosco o concerto a que estivéssemos ouvindo no rádio. Uma vez que ele não podia mais desmantelar o berço, Robert aprendeu a saltar por cima da barra e, em seguida, cair no chão. Por volta das onze horas todos nós caíamos na cama juntos.

Mesmo antes de ter aperfeiçoado esse grau de agilidade, o dinamismo de Robert nos deu um susto. Na primavera de 1968, meus pais nos levaram para a Cornualha uma vez mais com meu irmão Chris. Felizmente, Robert estava preparado para ficar sentado no carro, preso em seu assento, não importando quanto tempo demorasse a viagem – mas quando finalmente, no início da noite, nós adultos nos afundamos com sonolência nas confortáveis poltronas em nossa casa alugada, Robert, já podendo aos dez meses andar cambaleante ao redor dos móveis, partiu para uma excursão no piso térreo. De repente, um grito estridente nas minhas costas nos despertou precipitadamente. Para se firmar de pé, Robert tinha colocado sua pequena mão direita contra um aquecedor elétrico, que, sem nosso conhecimento, estava ligado em sua máxima potência, e o calor tinha queimado o suficiente para arrancar a pele da palma da mão. Graças à formação médica do meu irmão, Robert foi acalmado com a fração de uma aspirina – o único analgésico disponível – a mão tratada com cuidado e enfaixada num lenço limpo, e todos nós, embora chocados, conseguimos ter uma boa noite de sono. Robert, Chris e eu passamos a maior parte do dia seguinte em busca de um médico, pois durante a noite a mão da criança tinha inchado em uma enorme bolha. O médico, impressionado com a qualidade dos primeiros socorros ministrados por um mero estudante de Odontologia, simplesmente prescreveu um analgésico pediátrico e fez mais alguns curativos, e em seguida, encarregou Chris a dar continuidade ao tratamento do seu pequeno paciente.

No verão daquele mesmo ano, o ano em que Robert fez seu primeiro aniversário, Ghee e Peck Ang com suas filhas saíram da casa no número 11 para regressar a Cingapura. Na verdade, ao estilo de St. Mary's Lane, os Thatcher deram uma festa de despedida informal para eles, para a qual nós e Inigo e seus pais fomos convidados, juntamente com uma dúzia de outras pessoas. Inigo e Robert já estavam numa fase em que se sentiam em casa quando estavam no lar da família Thatcher. Eles adoravam Thelma e ela retribuía com um carinho típico de avó. Eles a visitavam todas as manhãs, olhando através da sua caixa de correio, chamando: "Tatch, Tatch!" na esperança de ser convidados para brincar com a coleção de bolas de gude brilhantes em sua mesa de paciência. Eles eram visitantes frequentes, sentados em sua elegante mesa Regency, nas suas elegantes cadeiras Regency – embora, por medida de precaução, ela educadamente cobrisse os assentos amarelo-damasco listrado com plástico. Na festa dos Ang, os adultos não deram muita importância aos pequenos meninos que estavam felizes se divertindo, até que Thelma pediu um brinde aos Ang – a Ghee, Peck, Susan e a recatada Ming – e a sua felicidade futura. Nós todos nos voltamos para pegar nossas taças de champanhe apenas para descobrir que estavam todas vazias. Do andar de cima, veio o som de água corrente, salpicos e gargalhadas. Duas crianças de um ano, bastante embriagadas, estavam tendo a própria e muito divertida festa no banheiro de Thatcher.

Mais tarde, naquele mesmo verão, Stephen e eu levamos Robert em seu primeiro feriado com seu balde e sua pazinha para a costa norte de Norfolk, onde me deparei o dilema da necessidade de estar em dois lugares ao mesmo tempo. Conforme a velocidade de movimento de Stephen se abrandou, a de Robert se acelerou. Stephen encontrava dificuldades para andar pela areia macia e eu também, tendo em vista que em um dos meus braços eu levava as bolsas, o balde e a pá, toalhas e uma cadeira dobrável no outro. Robert, ao mesmo tempo, corria para longe em direção ao mar aberto. Felizmente, naquela costa, a maré baixa mais depressa do que os olhos podem ver e aquela semana foi semana de maré baixa, portanto isso evitou contratempos desnecessários.

Na última manhã da nossa estadia, subi para arrumar as malas, deixando Stephen e Robert lá embaixo na sala principal na frente da casa. Na parte de trás, um solário com um mezanino que podia ser alcançado por uma escada bamba tinha sido adicionado ao chalé. Por razões óbvias, não usamos esse quarto e mantivemos a porta firmemente fechada. Depois de meia hora gasta em arrumar as malas, desci para encontrar Stephen sentado sozinho na sala da frente.

– Onde está Robert? – perguntei, confusa.

Stephen apontou para o quarto dos fundos.

– Ele abriu a porta – disse ele. – Ele entrou e fechou-a atrás de si. Não havia nada que eu pudesse fazer, e você não ouviu quando eu chamei.

Momentaneamente confusa, olhei para a porta aterrorizada e em seguida, invadi o quarto. Não havia nenhum sinal de Robert. Meus olhos viajaram para cima e lá, para minha surpresa, estava meu filho, sentado no topo da escada de um mezanino aberto, com as pernas cruzadas como um Buda Criança, alegremente despreocupado com a altura abaixo dele. Corri até a escada e subi os degraus antes que ele pudesse fazer qualquer movimento.

Se nessa primeira visita à costa, Robert não conseguiu atirar-se ao mar, foi só porque suas pernas eram muito curtas para que ele chegasse até a beira da água antes que eu o pegasse. Depois de instalar seu pai na cadeira dobrável da maneira mais firme na areia das dunas da praia, eu corria ao longo da praia em velocidades que possivelmente me fariam ganhar uma medalha olímpica. Ao longo dos dois ou três anos seguintes, Robert se jogava regularmente de cabeça em qualquer trecho de água disponível, mar, lago ou piscina, assim que meu olho estivesse distraído por um segundo. Em uma visita posterior a Norfolk com os Ellis e sua filhinha – morena, de olhos azuis, chamada Maggie – Sue mergulhou no mar como um relâmpago para resgatar Robert, que tinha corrido direto para a água e desaparecido. Quando visitamos os Cleghorn – os pais de Bill, amigo de colégio de Stephen – no interior, Robert foi em linha reta para a lagoa e caiu de cabeça em meio a lama, arbustos e rãs. E, no verão de 1969, quando passamos o mês de julho na Universidade de Warwick no curso de verão, estudando apropriadamente a Teoria da Catástrofe, Robert destacou-se por saltar para o lado fundo da piscina mais próxima a cada oportunidade. Felizmente, nessas ocasiões, como seu pai estava em palestras e não dependia de meu braço de apoio, Robert teve o benefício integral de toda a minha atenção.

Aquele curso de verão coincidiu com o "grande salto para a humanidade", a caminhada na Lua, que nós assistimos na televisão na sala comum dos alunos. Saltos gigantescos, pequenos passos e todos os demais – verdadeiras catástrofes evitadas por um fio, estes termos sonoros pareciam resumir a essência do nosso dia a dia. Saltos gigantescos eram necessários para manter-se em sincronia com os movimentos mercuriais de Robert, enquanto os passos de Stephen se tornavam menores, mais lentos e mais instáveis. Todas as manhãs eu dirigia para Stephen e o levava do albergue estudantil onde estávamos hospedados para a sala de aula, do outro lado do novo campus. No ritmo de Stephen, o percurso demorava cinco minutos desde o estacionamento, para atravessar os pátios e através de um labirinto de passagens, enquanto Robert, com apenas dois anos, atirava-se para fora do carro assim que eu estacionasse, e corria na nossa frente. O único consolo era que ele tinha um infalível sentido de direção que o levava através da rota tortuosa para a sala de aula, onde ele se instalava na primeira fila. Tornou-se piada entre os demais que a aparição de Robert pela manhã sempre anunciava a chegada de Stephen cinco minutos depois. O conferencista, então, ajustava a ordem de suas notas da apresentação, adiando quaisquer resultados importantes até que Stephen chegasse.

Em casa, tivemos de barricar a residência a fim de evitar que Robert escapasse e se atirasse no rio. Em nossa caminhada vespertina eu era duramente pressionada a encontrar um meio de gastar toda a sua energia sem esgotar-me, em especial porque ele não retornaria para casa até que estivesse num ponto de colapso, quando então ele deveria ser carregado ou ser colocado no carrinho. Geralmente eu deixava o carrinho em casa em nossos passeios, para não interferir na velocidade dos meus reflexos, afinal isso era o mais importante, porque qualquer objeto poderia interferir na rapidez de minhas reações.

– Ponha rédeas nele – pediam meus pais com certa urgência, talvez preocupados com minha aparência abatida.

– Vocês não entendem, ele não vai andar com rédeas – insistia eu diante da descrença deles.

– Bobagem – respondiam eles, pensando que aquilo se tratava apenas de mais um exemplo das minhas malucas teorias sobre liberdade pessoal.

– Tudo bem, então tentem vocês – respondi desafiadoramente, entregando-lhes o conjunto azul-claro de rédeas de couro que tinham acabado de me dar. Eles pegaram seu angelical neto loiro de olhos azuis e colocaram nele as rédeas e foram com ele até a margem do rio, longe do tráfego. Contudo, minutos depois, voltaram para casa e pediram o carrinho de bebê.

– Você estava certa – suspirou minha mãe. – Quando colocamos as rédeas nele, ele sentou-se e recusou-se a andar. Quando seu pai tentou puxar as rédeas, ele manteve as pernas firmemente cruzadas e quando seu pai levantou as rédeas ele saiu do chão e lá estava ele, balançando no ar.

Nunca, em todos os longos anos de minha educação e, sem surpresa, em nenhum lugar em todas as pilhas de literatura medieval que analisei, consegui encontrar uma vírgula de conselhos sobre educação das crianças. Aparentemente, através dos tempos, as crianças simplesmente aparecem, e talvez as pessoas nunca tenham considerado necessário ensinar aos pais como cuidar delas. Se este era um exemplo do funcionamento do gene egoísta dos geneticistas, o gene egoísta tinha a intenção de causar sua autodestruição. A partir das seis horas da manhã até as onze da noite, Robert estava cheio de sorrisos dourados – alegre, amoroso e totalmente adorável –, mas sua energia ilimitada me deixava de joelhos. Eu folheava meu único guia, as já gastas páginas do livro do doutor Spock, *Meu filho, meu tesouro*, procurando ajuda e segurança. Confortavelmente, o doutor Spock pareceu reconhecer o problema, mas a solução proposta – colocar uma rede sobre o berço – não foi uma que eu pudesse vir a adotar por medo de que Robert estrangulasse a si mesmo nela. Então eu me virei para meu médico, o doutor Wilson, que simpaticamente recomendou uma taça de xerez – para mim – à noite "por volta das seis horas, quando Robert for para a cama", e também me receitou um tônico.

Certa manhã cedo, em setembro de 1969, acordei assustada e sonolenta não por causa de um som ou por uma luz, mas por um cheiro – um cheiro doce e pegajoso que inconscientemente me fez desconfiar de que algo estava errado. Eu abri meus olhos e encontrei Robert em pé ao lado da cama, com um largo sorriso em todo o seu rosto e um líquido rosado viscoso escorrendo na parte posterior do seu pijama azul. Eu pulei da cama e, tropeçando, desci as escadas em direção à cozinha. A cadeira estava perto da geladeira e o chão estava cheio de garrafas vazias, todas elas frascos de medicamentos. Um dos frascos continha um anti-histamínico doce, na forma de xarope, que o médico havia prescrito para Robert por causa de um resfriado recente e uma dor de ouvido, e que teve um efeito soporífero conveniente; o outro frasco continha o estimulante que eu estava tomando para me animar. Aos dois anos, Robert tinha empurrado uma cadeira na cozinha, subido na geladeira e chegou até a prateleira onde, por falta de um armário de remédios, os frascos de remédio foram armazenados. Ele bebeu o lote inteiro.

Deixando Stephen sozinho para cuidar de si mesmo o melhor que podia, eu me vesti às pressas e corri com Robert em seu carrinho de bebê para o médico. A clínica, que ficava a apenas algumas centenas de metros, estava abrindo justamente naquela hora e iniciando o atendimento, e nos deram prioridade. Como Robert começou a apresentar sintomas de sonolência, o doutor Wilson nos mandou imediatamente para o hospital, que ficava a quase um quilômetro em outra direção, então peguei um táxi. Foi aí que o pesadelo realmente começou, quando a gravidade da situação tornou-se evidente. Robert, com braços e pernas entrando em espasmos e se agitando em todas as direções, foi tirado de mim e alguém o segurou enquanto seu estômago foi bombeado. Em primeiro lugar, as enfermeiras estavam secas, só perguntando quais eram os medicamentos que ele tinha tomado, então, quando tentaram todos os métodos intervencionistas à sua disposição para livrar do sistema da criança aquele coquetel venenoso, uma delas se virou para mim e disse:

– Ele está extremamente doente, como você pode perceber, e não há nada mais que possamos fazer, vamos ter de esperar e ver o que acontece.

Só uma vez antes Robert havia tido problemas de saúde e me causado ansiedade. Foi no inverno anterior, quando tínhamos ido com os Ellis a Maiorca para uma semana de férias durante o Ano-Novo. Mal tínhamos chegado quando Robert ficou gravemente doente com uma cepa virulenta de bactérias que lhe deu infecção intestinal, e nos deixou confinados ao quarto do hotel durante toda a duração da estadia. Incapaz de digerir até mesmo água, ele definhou diante de nossos olhos como as crianças de Biafra, inocentes vítimas da guerra na Nigéria, enquanto o médico local resolvia se devia levá-lo ao hospital ou enviar-nos de volta para casa antes do resto do grupo. Assim que o avião pousou no aeroporto de Gatwick, Robert começou a ter uma recuperação milagrosa. No momento em que chegou à casa de meus pais em St. Albans, ele estava pronto para brincar seu jogo favorito – de esvaziar todas as latas do armário e fazê-las rolar pelo chão da cozinha. Aquele episódio foi angustiante, mas este era muito mais; a pior agonia que se possa imaginar, a agonia de ver um filho morrer.

Eles amarraram Robert na cama infantil em um quarto compartilhando na enfermaria infantil e me chamaram para que eu me sentasse numa cadeira num canto. Ele se debatia violentamente debaixo das tiras colocadas através do berço para evitar que ele se machucasse. Mecanicamente eu me sentei, muito entorpecida para falar, pensar ou chorar. A vida foi drenada do meu corpo quando nosso belo filho querido, nosso bem mais precioso, entrou em coma profundo. Essa criança tinha surpreendido a todos com sua beleza, sua natureza feliz e sua vivacidade. Ele era a personificação viva de tudo o que era bom e positivo em nosso mundo e em nossa relação. Eu, e Stephen também, o amávamos mais do que qualquer outra coisa. Nós o criamos em amor, eu lhe tinha dado à luz e ele tinha sido alimentado com amor e carinho apaixonado. E agora, parecia que nós o estávamos perdendo através de uma combinação de circunstâncias – meu cansaço, sua energia e a inadequação das precauções que eu tinha tomado para sua segurança. Se ele morresse, eu morreria também. Meu cérebro foi capaz de formular um único pensamento expressado em meia dúzia de palavras. Elas giravam dando voltas e voltas na minha cabeça, presas em um único sulco, com a exclusão de todo o resto: "Por favor, Deus, não o deixe morrer. Por favor, Deus, não o deixe morrer. Por favor, Deus..."

De vez em quando uma enfermeira entrava para verificar a respiração de Robert e seu pulso. Apertando os lábios, ela na ponta dos pés saía para longe novamente, enquanto eu, sem entender e olhando para um espaço vazio e frio, fiquei em meu canto me agarrando à minha fórmula, repetindo uma e outra vez novamente. Algumas horas mais tarde, a Irmã da enfermaria entrou. Passou pelos procedimentos habituais e então, em vez de sair na ponta dos pés, informou que Robert estava em uma condição ainda crítica, mas relativamente estável. Seu estado não era esperançoso, e tudo o que poderia ser dito foi que não estava se deteriorando ainda mais. Voltando aos sentidos por causa desse mínimo de alterações no estado de Robert, fiquei chocada ao me lembrar de que eu tinha deixado Stephen sozinho em casa, mal capaz de cuidar de si mesmo. Onde mais eu seria necessária – aqui no hospital com meu filho em estado de coma, ou em casa com meu marido com necessidades especiais que, sem minha ajuda, poderia cair ou se machucar ou sufocar? Eu devo ter murmurado algumas palavras inteligíveis para a Irmã, porque ela me liberou para que eu desse uma olhada em Stephen. Corri pela rua através da fina garoa para olhar por ele.

Felizmente George tinha vindo para ajudá-lo a se levantar e ele tinha tomado seu rumo em direção ao trabalho. Àquela altura ele estava almoçando no Centro Universitário, desesperado por notícias, mas não sabia onde nos encontrar. Sentei-me com ele por um curto espaço de tempo. Não havia nada que pudéssemos dizer para nos confortar, porque não havia nenhum conforto para ser dito em nossa situação, a não ser que ambos compartilhávamos o mesmo senso de absoluta devastação sombria, envoltos em uma névoa de escuridão. Eu assisti enquanto Stephen almoçava. Eu não conseguia nem mesmo beber um copo de água. Parecia inútil tentar. Não havia nenhuma razão para permanecer viva. Como eu poderia viver com aquela dor? Estávamos cruzando a fronteira para aquele abismo escuro onde toda a esperança está abandonada.

Eu mal me atrevia a voltar ao hospital, e deixei Stephen aos cuidados de George. Entrei na enfermaria com medo do que eu poderia encontrar. Tudo estava em silêncio. Uma jovem enfermeira me seguiu enquanto eu caminhava na ponta dos pés até o quarto de Robert. Ele ainda estava lá no berço, vivo. Ele estava dormindo, deitado tranquilamente de costas, como um beatífico querubim de Bellini. Para minha surpresa, o rosto da enfermeira se iluminou com um sorrido enquanto ela apontava para a criança que eu via dormir.

– Veja, ele está respirando normalmente agora. Ele está dormindo e logo sairá do coma. O pior já passou – ela disse.

Apenas lágrimas, não palavras, poderiam descrever meus sentimentos, lágrimas de gratidão e alívio.

– Você poderá levá-lo para casa quando ele acordar – continuou a enfermeira de uma forma como se fosse apenas uma crise qualquer em sua rotina movimentada, agora felizmente resolvida. Telefonei para Stephen para dar-lhe a boa notícia e às três e meia Robert começou a acordar.

– Você pode levá-lo para casa agora – disseram eles.

No espaço de dez minutos ele recebeu alta e saímos para a realidade vívida do nosso cotidiano. Uma vez de volta à casa, nós avisamos aos nossos vizinhos para virem e se juntarem a nós para uma festa. Todos eles vieram e nós assistimos em silêncio, como se todo mundo estivesse em transe, enquanto Robert e Inigo empurraram seus carros de brinquedo pelo chão, indiferentes e totalmente inconscientes do drama do dia.

Naquele dia, Robert sobreviveu, mas um pouco de mim morreu. Algum, mas não todo, daquele otimismo juvenil extravagante que eu levava comigo e que me incendiava com tanto entusiasmo agora estava enterrado debaixo de um pesado fardo de ansiedade, aquela atenção surda que, uma vez que infecta a mente, nunca mais é banida. Eu tinha chegado tão perigosamente perto da pior catástrofe que uma mãe pode suportar – a perda de seu filho – que me tornei neuroticamente superprotetora, muitas vezes talvez irritando Robert e seus irmãos com minha preocupação por sua segurança.

Felizmente, a experiência pareceu ter deixado Robert ileso. Também não reduziu de forma nenhuma sua energia vital, como demonstrou adequadamente numa visita durante uma palestra na Suíça na primavera seguinte. Enquanto Stephen passou seus dias mergulhado no passado obscuro do universo, no centro de conferências em Gwatt, às margens do lago Thun, Robert e eu fomos caminhar. Esse foi o lugar onde Robert descobriu sua paixão pelas montanhas, a verdadeira saída para seus instintos de escalada. Quando, mais tarde nessa semana, nós e os Ellis passamos alguns dias no hotel da família em Hohfluh, no alto vale do Aare, onde eu costumava ficar com meus pais, Robert se encontrava totalmente adaptado. Mais de uma vez, com menos de três anos, ele insistiu em subir até o alto onde havia neve, enquanto eu, grávida de vários meses de novo, arrastava-me ficando para trás.

— 5 —

EXPANSÃO DO UNIVERSO

Uma crise menos dramática do que o encontro calamitoso de Robert com os medicamentos pairava sobre nós quando a década de 1970 se aproximava do fim. A bolsa em pesquisa de Stephen, que já havia sido renovada por mais um período de dois anos em 1967, estava a ponto de expirar em 1969. Não havia nenhum mecanismo para renová-la novamente, mas como Stephen não era capaz de lecionar, ele não poderia seguir o curso normal da maioria dos outros bolsistas de pesquisa e candidatar-se a um cargo de professor na universidade. Nem havia sentido em esperar uma bolsa integral, uma vez que as bolsas de estudo dessa categoria, ao contrário das bolsas de pesquisa, não são nomeações assalariadas, mas simplesmente oferecem a adesão a um clube exclusivo, ainda que altamente intelectual, e que foi baseado – nem precisa dizer – nos mais altos princípios educacionais.

Em 1968, Stephen tornou-se membro do recém-inaugurado Instituto de Astronomia, um longo edifício térreo luxuosamente equipado e situado entre as árvores em campos verdes no terreno do Observatório, no Madingley Road, fora de Cambridge. Isso lhe possibilitou ter um escritório, que ele compartilhava com Brandon, e uma mesa, mas não lhe proporcionou um salário, e era improvável que isso acontecesse durante o tempo em que Fred Hoyle se mantivesse como seu diretor, uma vez que ele nunca perdoou Stephen por sua intervenção notória na palestra da Royal Society, alguns anos antes. Ao contrário do que ocorria nos Estados Unidos, esses postos de pesquisa com remuneração não apareciam com facilidade.

Tamanho era o entusiasmo gerado pela pesquisa sobre o buraco negro nos últimos quatro anos, no entanto, que a Stephen não faltavam poderosos defensores: Dennis Sciama de bom grado aceitou o desafio, assim como Hermann Bondi, cuja ajuda meu pai alistou em nosso nome. Dizia-se que o King's College tinha uma posição assalariada de pesquisador-chefe, e que o governo estava preparado para oferecê-la a Stephen. A reitoria de Gonville e Caius se apressou em frear esses rumores e entrou em cena com uma categoria especial de bolsa, com duração de seis anos, como Distinção em Ciência, antes que o King's College tivesse chance de fazer sua oferta.

Com um emprego seguro e uma renda estável, era hora de revermos nossa condição de vida. Embora viajássemos com frequência para as cidades vizinhas procurando uma residência mais adequada, sempre nos deparávamos com o problema aparentemente sem solução do transporte: se comprássemos uma nova casa numa dessas vilas, mesmo que fosse a mais próxima, eu teria de levar Stephen para trabalhar todas as manhãs e ir buscá-lo todas as noites, e essa pressão poderia se tornar cansativa, em especial com duas crianças pequenas a tiracolo. Era impossível melhorar nossa situação em Little St Mary's Lane. Com ajuda, Stephen podia ainda andar para ir trabalhar no Departamento na parte da manhã, embora ocasionalmente ele pegasse carona para ir ao Instituto à tarde, para seminários e discussões com Brandon. Para Robert havia uma deliciosamente antiquada escola maternal próxima, Quaker Meeting House, e a biblioteca da universidade – como e quando eu conseguisse encontrar tempo e energia para ir trabalhar lá – ficava a cinco minutos de distância de bicicleta. Estávamos a poucos passos do centro da cidade, e o pátio da igreja não só atendia perfeitamente às necessidades de Robert de fazer atividades ao ar livre, mas também cumpria minhas aspirações de jardinagem. O único problema é que a casa era muito pequena e decrépita, apesar de minhas tentativas de redecorá-la.

Nossos amigos empreendedores, George e Sue Ellis, tinham comprado e reformado uma casa em Cottenham, uma vila fora de Cambridge, e Brandon e Lucette tinham feito o mesmo com seu chalé dos sonhos, logo depois de seu casamento em 1969. Mesmo em Little St Mary's Lane, vários vizinhos tinham habilmente ampliado e reformado suas casas que antes estavam em ruínas, tornando-as moradias atraentes e confortáveis, e na casa número 5, a escritora e biógrafa de Rose Macaulay, Constance Babington-Smith, tinha imaginativamente adaptado o espaço limitado em sua casa estreita para atender aos seus requisitos livrescos. Tendo visto, com uma pontinha de inveja, quão versátil as casas poderiam ser, percebi que a nossa não seria exceção. No entanto, havíamos sido capturados num ardil meio sem saída. Tínhamos guardado dinheiro suficiente para um depósito em uma hipoteca de um imóvel novo, e havia fundos disponíveis para a reforma de imóveis antigos, mas, por causa de sua idade, nossa casa não se qualificava para uma hipoteca e, é claro, a universidade seguiu o conselho de seu inspetor e havia considerado que a propriedade era um mau investimento.

Enquanto estávamos refletindo sobre esse dilema, uma mudança de política da parte dos investimentos imobiliários removeu o problema por completo, e hipotecas – a uma taxa de juros mais elevada – tornaram-se disponíveis para imóveis mais antigos. Uma hipoteca acordada a partir de uma sociedade de construção, como a nossa, tinha a vantagem adicional de poder qualificar-nos para um empréstimo extra – a uma taxa de juros mais baixa – pela universidade. Muito de repente, tudo começou a se encaixar, embora Stephen estivesse cético. Pareceu-me, enquanto eu me debruçava com lápis e régua sobre folhas de papel, que algumas das ideias usadas pelos nossos vizinhos ao longo da alameda poderiam muito bem ser incorporadas a nossa casa para ampliá-la e renová-la. No piso térreo, poderíamos ter uma sala elegante que pegaria toda a extensão, fazendo dois cômodos em um, com uma nova cozinha em um dos lados do quintal, ao passo que nos andares superiores poderíamos fazer um novo banheiro, quartos e um jardim no terraço. Um topógrafo aposentado, apropriadamente chamado senhor Thrift (Poupança), que provou ser um verdadeiro mestre genial da sua profissão, elaborou planos detalhados que ampliaram a casa aparentemente além dos limites da probabilidade, explorando cada centímetro de espaço.

Ele e eu investigamos as subvenções – tanto para melhoria dos imóveis como os subsídios para os portadores de necessidades especiais – e assim que nossos projetos estavam prontos, pudemos nos inscrever para uma hipoteca. Ao contrário do odioso inspetor da universidade, o agente do crédito imobiliário alegremente veio inspecionar a casa e, olhando para os planos propostos, assentiu.

– Vai ficar muito charmosa, não é? – disse ele, indicando prontamente que aprovaria a hipoteca para nossa propriedade.

Agora, nos sentíamos capazes de abordar a senhoria novamente e com uma oferta mais realista para a casa, e dessa vez ela aceitou. De fato, parecia que tudo era possível. Contudo, nós tivemos uma curta oportunidade para desfrutar o orgulho de ser donos de um imóvel: logo depois de assinarmos o contrato, todos os móveis tiveram de ser armazenados nos quartos da frente, e nós tivemos de sair para permitir que os pedreiros invadissem nossa propriedade. Novos empréstimos, incluindo um generoso da parte dos pais de Stephen, e mais subsídios para a reforma, foi o que nos permitiu embarcar nesse grande programa de reforma.

George e Sue Ellis, com Maggie e Andy, de um ano, tinham ido passar seis meses em Chicago, na casa do altamente respeitado físico teórico indiano e vencedor do Prêmio Nobel, professor Subrahmanyan Chandrasekhar e sua mulher, Lola. Chandrasekhar, com uma bolsa do Trinity College, tinha sido forçado a procurar um posto nos Estados Unidos depois de ser humilhado por seu amigo Arthur Eddington na Royal Astronomical Society, em 1933. Chandrasekhar tinha antecipado as pesquisas sobre o buraco negro ao prever o colapso final de estrelas massivas sob o próprio peso, só para ter sua teoria mordazmente ridicularizada por Eddington e as ideias dominantes da Astronomia. Em Chicago, os Chandrasekhar viviam no tipo de estilo de vida que só um casal sem filhos pode manter. Tudo em seu apartamento isolado era branco como a neve: um grosso tapete branco, sofás e cadeiras brancas, cortinas brancas – tudo um pesadelo branco para uma mãe visitante, como Sue, com crianças muito pequenas, cujos dedos viviam permanentemente sujos de chocolate.

Enquanto isso, nós assumimos com gratidão a casa eminentemente prática dos Ellis, voltada para crianças, e que havia sido reformada, em Cottenham, e ficaríamos lá durante a reforma de nossa casa 6 na Little St Mary's Lane. Foi somente por meio da vida no campo que eu compreendi totalmente a conveniência de viver na cidade. A casa era deliciosa, mas o isolamento foi angustiante, em especial porque me sentia mal durante a gravidez. Stephen tinha de ser levado a Cambridge para o departamento todas as manhãs e depois ser recolhido à noite, exceto nas ocasiões em que ele estava pronto a tempo de pegar uma carona com outros vizinhos moradores em Cottenham. Robert estava inquieto, sentindo falta tanto de Inigo quanto de sua escolinha, enquanto eu sentia muita falta de minhas amigas do bairro, em especial dos Thatcher, e todas as tentativas de trabalhar na minha tese foram bastante inúteis. Minha depressão não foi facilitada pelo constante bombardeio de notícias do Oriente Médio, o que sugeria que outro confronto entre os egípcios e os israelitas – e, consequentemente, entre as superpotências – era iminente. Não apenas os dois países viviam invadindo regularmente os territórios alheios, mas também um novo aspecto da guerra mostrava seu rosto hediondo, o sequestro de aviões civis. Fiquei tensa e irritada e, tenho vergonha de dizer, de pavio curto com as pessoas mais próximas e mais queridas: Stephen, Robert e com minha amada avó, que veio de Norwich para ficar conosco durante uma semana muito quente e muito irritante.

Por último, e contra todas as expectativas, nossa casa, que por meses tinha se parecido com um local explodido, enquanto o que restava dela se resumia a um solitário poste de metal, ficou em um estado suficientemente habitável para que pudéssemos voltar a ela em meados de outubro. Ela ainda não estava pronta e cada dia trazia uma sucessão de diferentes operários, encanadores, pintores e eletricistas, todos desconfortáveis e conscientes do prazo final que se aproximava, ao qual todos teriam de se conformar. Uma vez de volta à casa, Stephen e Robert poderiam retomar suas rotinas normais e eu poderia me dedicar a esfregar o chão, arrumar os móveis, pendurar cortinas e preparar o novo quarto dos fundos para o bebê. Esse quarto e um novo e minúsculo banheiro ao lado dele ocuparam o espaço do antigo banheiro inclinado do primeiro andar. Eles davam para um jardim no terraço que ficava acima da cozinha, e que tinha sido construída conforme o planejado, em um dos lados do quintal. A área da antiga cozinha era agora a sala de jantar, que se estendia da frente da casa até o fundo, apoiada no meio por uma viga contínua, misteriosamente denominada um RSJ. Na parede posterior, construída de antigos tijolos mosqueados de Cambridge, o senhor Thrift reintegrou a placa de John Clark do século XVIII.

Na parte superior da casa no terceiro andar, atrás do sótão de Robert, havia um novo quarto que, de acordo com os planos, teria de ser rotulado como um depósito, porque o teto estava poucos centímetros abaixo da altura regulamentar para um ambiente habitável, em virtude de uma janela lateral na propriedade vizinha. No entanto, quando o inspetor de obras fez sua pesquisa final, ele lançou os olhos pelo quarto e impassível, comentou:

– Este poderia ser um quarto agradável, não poderia?

Apressei-me a apontar para ele, em termos inequívocos, que o quarto estava cheio de caixas e malas em reconhecimento do seu propósito expresso. Logo em seguida, o chamado depósito acabou por encontrar sua verdadeira função, como uma magnífica sala de jogos – segura, fora da vista, longe do alcance da voz e da mente.

Quinze dias depois, no dia 31 de outubro, quando os operários foram embora, nós demos uma festa e convidamos quarenta dos nossos amigos para se espremer em nossa casa, uma combinação feliz de antigo na frente e moderno atrás. O entusiasmo e o esforço de colocar de pé a festa produziram resultados positivos, e o dia seguinte me encontrou deitada em estado de certo desconforto na chaise-longue que eu tinha acabado de estofar. Naquela noite fui para o hospital, decidida a nunca mais me colocar, e ao novo bebê, à mercê das parteiras da casa de repouso, e insisti que esse parto deveria acontecer com a participação de nossa serena e sempre sorridente parteira local, na maternidade.

Numa demonstração sem precedentes de atividade no início da manhã, eu dei à luz uma menina, Lucy, às oito horas da manhã de segunda-feira, 2 de novembro. Nossa parteira me deu toda a atenção adequada e, em seguida, naturalmente o suficiente depois de ter trabalhado a noite toda, ela foi para casa, deixando a mim e ao bebê sob os cuidados das enfermeiras do hospital. Contudo, às oito horas de uma manhã de segunda-feira não foi um momento muito feliz para nascer. Assim que as enfermeiras presentes no nascimento tinham lavado e vestido o bebê, elas saíram de serviço, deixando-me encalhada na cama, enquanto a pobre criatura – no berço ao meu lado, mas fora do meu alcance – gritou até que seu rosto ficou vermelho. Eu desejava confortá-la, mas eu tinha sido instruída a não me mover e, em qualquer caso, no meu torpor pós-parto, eu temia que pudesse deixá-la cair. Fiquei fria e desamparada em cima da cama dura, angustiada por ver a pequena criança recebendo essa apresentação tão rude da vida.

Depois de dois dias no hospital, estava pronta e ansiosa para ir para casa, tão pronta que já tinha vestido meu casaco e envolvido minha bonequinha linda de rosto rosado, agora muito mais calminha, em xales rendados bem aquecidos, quando um médico apareceu e me mandou de volta para a cama, explicando que ele ia me prender a um soro com ferro para repor minhas fontes de energia antes de me deixar ir para casa. Obedeci e, em vez de voltar para casa para Stephen e Robert, eu tristemente me refugiei em meu livro, *Buddenbrooks*, de Thomas Mann, a saga de uma família prussiana no final do século XIX. Minha paciência na maternidade foi recompensada no dia seguinte quando Lucy e eu fomos para casa, provavelmente em muito melhor forma graças aos suplementos de ferro que tinham sido aplicados em mim. Foi bom estar de volta, onde no início de novembro as últimas rosas, mais doces e mais intensas do que qualquer rosa no verão, estavam entrando em floração no jardim. Robert chegou em casa vindo da escola maternal com Inigo logo depois do meio-dia. Ele correu para a caixa do correio, procurando excitado, e depois correu para dentro da casa, exigindo:

– Onde está o bebê, onde está o bebê?

Assim que ele viu sua irmã deitada sobre um tapete no chão, ele foi direto para ela e lhe deu um beijo. Depois disso, embora Lucy, uma vez que tinha adquirido o poder da fala, quase não lhe permitiu dar uma palavra de tanto que falava, essa relação fraterna foi uma área em que os conselhos do doutor Spock nunca foram necessários, porque Robert nunca demonstrou o menor sinal de rivalidade com irmãos.

Embora o pai e o irmão de Stephen, Edward, tivessem ido a Louisiana para o ano letivo em causa da Medicina tropical, sua mãe tinha ficado na Inglaterra, em Cambridge, durante o período imediato ao nascimento de Lucy, porque Stephen estava começando a precisar de muito mais ajuda com suas necessidades diárias. Ele ainda conseguia subir as escadas, mas seu caminhar era tão lento e instável que precisou, e com o maior desgosto, enfim ser levado a uma cadeira de rodas. Nos quatro dias da minha ausência no hospital, a pessoa que fosse me substituir no front doméstico precisava ser alguém com paciência, compreensão e resistência, em quem Stephen pudesse confiar totalmente. George era seu ajudante fiel no Departamento, mas ele tinha sua família e devia ir para casa à noite, de modo que naturalmente Stephen preferia ter sua mãe para cuidar dele enquanto eu estivesse fora de ação. Ela permaneceu por alguns dias depois do meu regresso e foi gentil, bem-humorada e cheia de energia, mesmo um pouco distante. A rotina era exigente: as compras deviam ser feitas e as roupas tinham de ser lavadas, a casa varrida, as refeições preparadas e Robert e Stephen precisavam ser cuidados. Os dias desde aquela vez em que Stephen tinha pegado uma toalha para ajudar com a louça há muito tinham passado. Sua doença impossibilitava que ele ajudasse com o funcionamento da casa, porque não havia nada de natureza prática que ele pudesse fazer. A vantagem para ele dessa incapacidade prática foi que permitiu que ele dedicasse tempo ilimitado à sua paixão, a Física, que eu aceitei, porque sabia que ele nunca teria de bom grado sido distraído disso pelas considerações mundanas de culinária, dos trabalhos domésticos e das trocas de fraldas, quaisquer que fossem suas circunstâncias.

Depois de voltar para casa, minha mãe assumiu o papel de Isobel, para que ela pudesse se juntar à sua família nos Estados Unidos, onde sua presença era urgente. Em sua ojeriza pelos répteis, o pai de Stephen tinha desobedecido todos os conselhos locais e tinha enfrentado uma cobra mortal com um cabo de vassoura em uma luta até a morte. Stephen visitaria sua família na Louisiana em dezembro, quando estivesse a caminho de uma conferência no Texas, seis semanas depois do nascimento de Lucy. Para meu imenso alívio, concordamos que ele deveria ir com George, e eu deveria ficar em casa com os dois filhos.

Quando todas as avós tinham ido embora, nossa rotina mudou novamente, girando em torno do bebê e de Stephen, com uma grande ajuda do menino de três anos, Robert, da babá de Inigo e de Thelma Thatcher. Senti-me muito abençoada com minhas duas crianças. Stephen, porém, estava preocupado com Lucy. Ela dormia por longos períodos durante o dia e, à noite, ficava positivamente angelical, tanto que ele estava convencido de que havia algo de errado com ela. Ele esperava que todos os bebês fossem como Robert, ativo e enérgico durante todas as horas do dia e da noite. Eu não compartilhava dessa ansiedade. Eu aproveitava para desfrutar desse período felizmente tranquilo depois de seu nascimento, que foi um dos mais estáveis momentos em nossa vida, especialmente bem-vindo após a atividade frenética dos trabalhos de reforma da casa.

A casa era uma delícia em sua claridade e muito espaçosa, e o bebê era uma fonte de grande alegria; ela era tão pequena que eu podia segurá-la na palma de uma mão, e tão silenciosa que quando a inspetora da saúde veio nos visitar, ela nem mesmo a notou deitada a meu lado na cama. Lucy observava horários de dormir convencionais, permitindo-me tocar a casa de uma maneira razoavelmente bem ordenada, cuidar de Stephen e de Robert e dormir por horas regulares. À noite, eu também era capaz de retomar a leitura de meus romances enquanto Stephen estava se preparando para dormir. Nós concordamos tacitamente – tendo em vista que todas as referências à sua doença eram ofensivas para ele – que era importante para ele continuar a fazer todas as coisas sozinho enquanto pudesse, mesmo que levasse tempo. Ele poderia se despir assim que eu tivesse afrouxado os cordões dos sapatos e aberto os botões, e então ele se debateria para tirar as roupas e vestir o pijama enquanto eu estivesse lendo, o que era um luxo precioso no final de cada longo dia. A rotina noturna de Stephen era um processo lento, não só por causa das limitações físicas, mas também porque sua concentração foi sempre direcionada para outro lugar, geralmente para um problema relativista. Uma noite, ele levou ainda mais tempo do que o habitual para ir para a cama, mas foi só na manhã seguinte que eu descobri o porquê. Naquela noite, ao mesmo tempo em que estava vestindo o pijama e visualizando a Geometria dos buracos negros em sua cabeça, ele tinha resolvido um dos problemas principais na pesquisa do buraco negro. A solução definia que, se dois buracos negros colidissem e formassem um só, a área de superfície dos dois combinados não poderia ser menor, e deveria ser quase sempre maior do que a soma dos dois buracos negros iniciais, ou, de forma mais concisa, o que quer que aconteça a um buraco negro, sua área de superfície não pode diminuir de tamanho. Essa solução foi a que fez de Stephen, aos vinte e oito anos, a figura dominante na teoria dos buracos negros. Como os buracos negros se tornaram um tema geral das conversas, isso também fez dele uma figura de reconhecido fascínio para a população em geral. Em Seattle, ficamos em torno daquele fenômeno recém--batizado, o buraco negro; agora tínhamos definitivamente cruzado seu horizonte, aquela fronteira da qual não há como escapar. A teoria previa que, uma vez aspirado pelo evento, o viajante desafortunado seria esticado e alongado como um pedaço de espaguete, para nunca mais ter nenhuma esperança de emergir dali ou de deixar alguma indicação quanto ao seu destino.

— 6 —

EM CAMPANHA

MIL, NOVECENTOS E SETENTA, O ANO DO NASCIMENTO DE LUCY, VIU A APROVAÇÃO DA Lei de Pessoas com Doenças Crônicas e com Deficiência. Apesar de ela ter sido aclamada em todo o mundo como um avanço histórico na afirmação dos direitos das pessoas com necessidades especiais, o governo recusou-se a adotá-la plenamente durante muitos anos, deixando aos indivíduos já duramente pressionados que realizassem suas campanhas para aplicação da lei em nível local. No entanto, deu substância às muitas queixas contra os diversos organismos públicos cujos edifícios não permitiam fácil acesso para pessoas com necessidades especiais.

Carregando um bebê pequeno na minha frente enquanto empurrava Stephen em sua cadeira de rodas, com Robert, aos três anos, andando ao lado, eu estava na vanguarda dos manifestantes, em campanha em nome das pessoas com necessidades especiais e seus acompanhantes. Uma guia alta ou um degrau malfeito, e muito mais um lance de degraus, apresentavam o tipo de obstáculo que poderia transformar um possivelmente tranquilo passeio em família em um desastre inenarrável. Sem ser forte o suficiente para superar o obstáculo sem ajuda, eu teria de ficar à espera, vasculhando a vizinhança em busca de um transeunte masculino a quem pudesse solicitar ajuda. Então, eu teria de entregar meu bebê a qualquer senhora gentil que passasse por perto. Juntos, o homem que eu teria parado, Robert e eu ergueríamos a cadeira de rodas e seu ocupante por cima do obstáculo, sempre tomando cuidado para que a pessoa em meu auxílio não erguesse a cadeira pela parte errada – o braço ou o apoio para os pés – que pudesse estar mais à mão. Finalmente, eu me derramaria em agradecimentos ao ajudante antes de continuar nosso caminho. Muitas vezes, para meu alívio, os ajudantes se ofereceriam antes que eu tivesse a chance de importuná-los. Com frequência, assim que erguiam a cadeira, eles perguntavam com espanto:

– O que você dá para ele comer? Ele pesa uma tonelada para alguém tão magrinho...

– Está tudo em seu cérebro – eu respondia.

Nossas cartas de protesto endereçadas à prefeitura eram recebidas com desdém superior, uma reminiscência dos primeiros encontros de Stephen com os tesoureiros da Gonville e Caius. O supervisor da cidade nunca antes ouvira falar de pessoas com necessidades especiais que quisessem cruzar a cidade até a distante Marks & Spencer para comprar a própria roupa de baixo, por isso eles não conseguia entender a necessidade dessa viagem... Como se as pessoas com necessidades especiais e suas famílias não tivessem o direito de se aventurar tão longe. A injustiça nos estimulou à ação. Por que Stephen deveria sofrer restrições em seu estilo de vida além daquelas que foram infligidas por uma natureza cruel? Por que esses burocratas sem visão tinham o direito de tornar a vida duplamente difícil para ele, quando ele, ao contrário desses funcionários públicos presunçosos, o flagelo da Grã-Bretanha, estava usando seu restrito período de vida com abundância todos os dias?

Depois de muitas batalhas, conseguimos persuadir o Theatre Arts e o cinema a deixar áreas disponíveis para cadeiras de rodas. A Universidade começou lentamente a rever suas disposições para o acesso, assim como algumas das faculdades mais liberais. Nós levamos nossa campanha mais longe – à Ópera Nacional no Coliseu, onde nossas necessidades foram imediatamente reconhecidas, e para a Royal Opera House, em Covent Garden, onde a ajuda consistiu em descarregar a responsabilidade para o acesso de cadeiras de rodas para dois idosos atendentes que, coitados, enquanto lutavam com Stephen até as escadas para os assentos, deixaram-no cair. Por uma curiosa coincidência, a atitude da Câmara Municipal visando o acesso para os portadores de necessidades especiais amadureceu rapidamente enquanto a fama de Stephen crescia, mas isso foi muito tempo depois desses anos extenuantes durante os quais eu empurrei a cadeira de rodas com dois filhos pequenos a tiracolo.

A maioria das universidades era mais lenta para fazer ajustes, alegando falta de verbas ou a impraticabilidade de adaptação de edifícios históricos sem violar as leis de conservação. Muitas vezes, o refeitório da universidade seria acessível apenas pela cozinha, com suas pistas de obstáculos traiçoeiros, como as cubas fumegantes, as grelhas ferventes e os carrinhos carregados com pilhas de louças sujas, bandejas de aperitivos e garrafas de vinho. Então, nossa chegada tardia à mesa seria recebida com desdém pomposo, como se aqueles atrasos fossem assustadoramente constrangedores e aborrecidos. Nossa batalha com uma universidade, tão avançada em sua ânsia de admitir mulheres, mas distintamente atrasada em sua desatenção para com as prioridades das pessoas com necessidades especiais, continuou até bem avançado nos anos 1980.

Para além de degraus e lances de escada, havia muitos imprevistos perigosos na vida cotidiana. Uma vez, quando estava levando Stephen com Lucy em seu colo para um passeio pelo brejo, o rodízio dianteiro da cadeira de rodas ficou preso em uma raiz, lançando os amedrontados ocupantes na terra lamacenta. Em outra ocasião, quando Lucy já estava um pouco mais velha, evitamos os sulcos no chão, mas nos deparamos com um obstáculo bastante diferente em nosso caminho. Para reduzir a bagagem, eu tinha saído de casa apenas com minha chave da porta e sem dinheiro no bolso. Quando viramos nos portões de ferro forjado do King's College, Lucy inevitavelmente avistou uma van de sorveteiro estacionada ali perto. Ela havia começado a falar aos dez meses quando, deitada em nossa cama, olhou para o lustre no teto e anunciou: "uz, uz". Portanto, exigir um sorvete com a idade de um ano estava bem dentro de suas capacidades. Recusando-se a aceitar meu "não" cheio de remorsos, ela deslizou para fora do colo do pai e sentou-se furiosa no chão, interrompendo a passagem. Eu não podia levá-la e empurrar Stephen ao mesmo tempo, por isso Robert e eu tentamos persuadir aquela bolinha agitada de roupas azul-royal e cachos castanhos, mas sem sucesso. Integrantes do King's Choristers pararam em seu caminho para a escola na capela e ficaram em volta dela, em um círculo, admirando-a, perturbados com o espetáculo de tanta angústia de uma pessoa tão pequena. Depois de uma eternidade, um conhecido de Stephen de outro grupo no Departamento apareceu em cena e veio para o resgate. Enquanto eu empurrava Stephen, ele carregava Lucy, ainda proclamando sua indignação, para casa – e sem um sorvete.

Como não tínhamos tempo para ler jornais, contávamos com meus pais para conseguir trechos de informações úteis recolhidos por eles. Muitas vezes eles nos enviavam pacotes de recortes, por vezes sobre descobertas na Astrofísica, e por vezes, sobre os benefícios para portadores de necessidades especiais. Uma vez que, em um dos últimos recortes, foi sugerido que as pessoas portadoras de necessidades especiais podiam recuperar o custo da licença dos veículos a motor, fomos falar com o médico de Stephen e pedir esclarecimentos. Verificou-se que a informação no artigo estava à frente de seu tempo: em 1971, ainda não havia nenhum mecanismo em vigor para a recuperação da taxa de licença – que viria em seguida, alguns anos depois – mas o doutor Swan sugeriu que Stephen se candidatasse a um veículo para portadores de necessidades especiais.

Essa possibilidade incrível começou a abrir horizontes emocionantes. Se ele pudesse manipular os controles do joystick de um carro elétrico, Stephen teria uma nova mobilidade mecânica em forma de compensação pelo fato de seus movimentos estarem diminuindo. O pedido foi aceito, as formalidades burocráticas concluídas, mas apenas um problema permaneceu: o veículo teria de ser estacionado ao abrigo perto de uma tomada elétrica para carregar as baterias durante a noite. Como tantas vezes aconteceu, uma solução veio de uma fonte totalmente inesperada, quando Hugh Corbett, o diretor do Centro Universitário, respondeu à nossa necessidade e, sem hesitar, ofereceu a Stephen um espaço de estacionamento coberto perto de uma tomada no fim da rua.

Embora os veículos para portadores de necessidades especiais fossem criticados por sua instabilidade, o carro elétrico – que viajava com a velocidade de uma bicicleta rápida – possibilitou que Stephen pudesse novamente comandar a própria rotina, guiando para onde ele quisesse ir e dividir seu dia de trabalho entre o Departamento pela manhã e o Instituto de Astronomia à tarde. Em seu retorno para casa no início da noite, ele estacionaria em frente de casa, tocando a buzina, e Robert sairia correndo animadamente e escalaria o banco ao lado dele para os cinquenta metros finais da viagem até o Centro Universitário, enquanto eu seguiria atrás com a cadeira de rodas para trazer Stephen de volta para casa. Como sempre, nenhum sistema estava completamente livre de problemas. O carro estava sujeito a avarias frequentes, e muitas vezes o encontramos fechado em seu lugar no estacionamento por outros veículos. Uma vez ele tombou, dando a Stephen um susto desagradável, embora felizmente não tenha havido ferimentos.

No verão, as crianças e eu, às vezes, fazíamos um piquenique no gramado do Observatório e visitávamos Stephen em seu escritório no Instituto de Astronomia. As vozes agudas das crianças corriam na frente delas ao longo dos corredores acarpetados como rajadas de ar fresco na primavera, anunciando sua presença ao seu pai encantado. As expressões no rosto de Stephen eram sempre uma medida muito mais poderosa de suas emoções do que suas palavras, e nessas ocasiões era o sorriso em seu rosto que transmitia sua alegria inconfundível por seus filhos. O Observatório, construído em 1823 com uma cúpula no centro e asas residenciais para os astrônomos, tinha a aparência de uma incomum, mas imponente, casa de campo, situada em pomares bem cuidados e jardins, onde separamos um pequeno espaço para plantar nossas coisas. Enquanto a igreja era o local ideal para o cultivo de rosas e lírios, fiquei entusiasmada com o pensamento de plantar hortaliças ali. Fora do Observatório as crianças brincavam determinadas, conversando sem parar enquanto cavavam, plantavam sementes e as observavam a crescer. E então, no final, nós orgulhosamente recolhíamos nossas braças de feijão e cenouras e alfaces e levávamos para o Instituto para mostrar a Stephen, antes de irmos para casa primeiro que ele.

Aquelas tardes despreocupadas passadas à beira do campo provaram ser um refúgio das crescentes provas da vida em Little St Mary's Lane. Quando nos mudáramos para lá em 1965, a alameda era um paraíso de tranquilidade. Até o início dos anos 1970, estava se tornando uma passagem movimentada e perigosa para o Centro Universitário, Peterhouse College e o Garden House Hotel na margem do rio. Não raro, um caminhão de dez toneladas descia a rua equivocadamente com a intenção de entregar sua carga para o Centro ou para o hotel, apenas para se ver preso no meio do caminho, onde a pista se estreitava. O caminhão teria, então, de voltar de ré até a Trumpington Street, passando raspando pelas fachadas de nossas casas e enchendo as salas da frente de fumaça preta.

Se esse era o principal problema de dia, de noite nossos ouvidos eram assaltados por uma enxurrada de música pop que vinha da, assim chamada, sala de música do Peterhouse. Eles haviam habilmente colocado sua sala de música – onde eram realizadas sessões regulares de música pop – o mais longe possível do corpo principal da universidade, em um salão com vista para o cemitério da igreja. Talvez pensassem que não importava se o sono dos mortos fosse perturbado. Infelizmente, eles deram pouca atenção à vida das pessoas do bairro, em especial os mais idosos e os mais jovens, para quem os lamentos noturnos, as pancadas e os gritos eram intoleráveis. Um aviso prévio de que uma nova sessão estaria iminente poderia ser detectado de tarde, com o assobio de alto-falantes, os acordes ocasionais em uma guitarra, a queda de um prato solitário. Em uma dessas tardes, Thatcher acenou na direção de Peterhouse:

– Não é adorável, querida? – disse ela – Eu acho que eles estão tendo um *thé dansant*.

Mais uma campanha – desta vez não se tratando de questões relacionadas a pessoas com necessidades especiais – era uma necessidade urgente. Uma sucessão de cartas para o Corpo diretivo da Peterhouse, telefonemas angustiados no meio da noite para os porteiros e até mesmo, em uma ocasião, ao Mestre, finalmente produziram um compromisso, reduzindo as horas em que se podia tocar a todo volume e reduzindo o volume após a meia-noite.

O trânsito, um perigo real para as três crianças pequenas, Robert, Lucy e Inigo, que gostavam de andar de triciclos pela rua para cima e para baixo e visitar os vizinhos, era um problema intratável que exigia uma campanha organizada, com reuniões e muito mais cartas, muitas das quais não encontraram uma resposta encorajadora. No entanto, a complexidade do problema mudou dramaticamente em decorrência de um devastador incêndio que atingiu o Garden House Hotel, em 1972, dois anos depois de ter sido alvo de um protesto estudantil porque parecia apoiar o regime militar na Grécia.

Até o final do dia do incêndio, a cena de tantas famílias felizes reunidas não era nada além de uma lembrança, porque dos restos enegrecidos do hotel surgiram planos ambiciosos para instalações muito mais amplas. Deixando de lado as considerações arquitetônicas, um horrendo volume de tráfego certamente aconteceria, por isso, os moradores da alameda se opuseram aos planos por unanimidade. Bem no momento em que ambos os lados estavam indo para um confronto, percebemos que os dois objetivos aparentemente conflitantes não eram tão incompatíveis como pareciam. Os donos queriam um novo hotel, e nós queríamos a pista fechada e sua paz e segurança restauradas; ao unir forças em vez de se oporem, os dois objetivos poderiam ser alcançados, e esse foi de fato o resultado final de uma tensa reunião de moradores e gestores do hotel, habilmente presidida pelos Thatcher no número 9.

Se em Cambridge Stephen e eu tínhamos começado a encontrar formas de adaptar e controlar nosso ambiente, em outros lugares seria ainda mais difícil. Em seu retorno da Louisiana no final de 1970, os pais de Stephen decidiram comprar uma casa de campo. Eu esperançosamente sugeri que uma casa na costa leste seria um recurso maravilhoso para nossa família. Tanto em Norfolk quanto em Suffolk, embora a areia fosse macia, o terreno era plano e gerenciável, permitindo que Stephen fosse empurrado para a beira da praia de onde podia ver as crianças brincando. Minha ideia foi bruscamente desconsiderada.

– A costa leste é muito fria para o pai; ele odiaria ter um chalé por lá – comentou Isobel.

Isso era estranho, pois Frank Hawking passava a maior parte de seu tempo trabalhando no jardim, em todas as estações do ano e em todos os climas – assim como Hardy McGregor em *Peter Rabbit* – e dentro de casa, ele se enrolava em um robe para se aquecer, em vez de instalar mais aparelhos de aquecimento, deixando todos os outros congelando em condições subárticas.

Isobel foi procurar um chalé com Philippa, que tinha retornado de um período de dois anos de estudos no Japão, e voltou muito entusiasmada sobre seu achado – um chalé de pedra com vista para uma curva do rio Wye acima de uma aldeia chamada Llandogo em Monmouthshire – um lugar de agradáveis caminhadas e cenários, com rios e florestas para as crianças brincar e explorar. Eu nunca tinha ido ao País de Gales e fui rapidamente contagiada por seu entusiasmo, tanto mais que em abril de 1971 tínhamos comprado um carro novo e reluzente, um substituto para o Mini cansado, financiado pelo Primeiro Prêmio de Stephen no Concurso Gravidade anual para um ensaio que ele tinha preparado logo depois do Natal.

Apesar do seu tamanho – cerca de três vezes maior do que o Mini – até mesmo o carro novo foi mal adequado para toda a nossa bagagem, como descobri quando experimentei várias formas de carregá-lo para a viagem exploratória ao País de Gales, no outono de 1971. Assim que a cadeira de rodas, o carrinho e o berço de viagem foram arrumados no porta-malas, restou pouco espaço para as malas. O expediente seguinte foi instalar um rack de teto, que, porém, criou o próprio conjunto de problemas: depois que eu tivesse feito a mala para nós quatro, fechado a casa, colocado Stephen no banco da frente do carro, dobrado a cadeira de rodas e guardado na parte de trás, prendido as crianças em seus assentos, carregado a bagagem deles, incluindo o berço de viagem e a cadeirinha, e depois prendido nossas quatro pesadas malas no rack do teto, eu estava tão exausta que a viagem de pouco mais de trezentos quilômetros, três vezes mais longe que a distância para o litoral de Suffolk ou Norfolk, tornou-se um calvário em vez de uma aventura. Mesmo quando a rodovia M4 abriu pouco depois da nossa primeira viagem, a distância ainda era um grande inconveniente.

No entanto, quando paramos do outro lado da fronteira galesa para fazer uma pausa para o chá e vimos os sinais de trânsito em uma língua estrangeira e cheiramos aquele ar úmido, nosso sentimento de emoção voltou. Afinal, já poderíamos responder com sinceridade a Robert, que vinha perguntando quanto tempo faltava desde que saímos de Cambridge, que estávamos quase lá. Alguns quilômetros de estradas de montanha e, em seguida, sinuosas pistas nos levaram finalmente ao nosso destino. A descrição que recebemos do chalé foi inegavelmente precisa. Sua posição acima do rio Wye era incrivelmente bonita, abrindo uma visão ininterrupta do rio, do vale e das colinas cobertas de aves na margem oposta, onde em um brilho radiante de cores, o outono reinava em toda a sua glória. Um riacho descia a encosta ao lado da casa, e um caminho através dos bosques de faias na parte de trás passava pelo mato de turfas para as cachoeiras de Cleddon. Não muito longe, nas Black Mountains e Brecon Beacons, um vento frio assolava incessantemente, testando a resistência até do andarilho mais rijo. A casa em si era certamente pitoresca – caiada de branco, com telhado de ardósia, colocada numa encosta verde, uma fumaça azul ondulava suavemente para cima de sua chaminé – e suas atrações eram inegáveis.

Essa descrição fiel tinha omitido vários detalhes importantes, no entanto, como o fato de que a encosta era praticamente vertical, de modo que o único movimento possível seria para cima ou para baixo, e o único trecho de superfície horizontal adequada para uma cadeira de rodas era uma trilha de meros cem metros de comprimento para os pés de amora na borda do bosque. Além disso, para chegar à casa, a pessoa deveria subir um lance de uma dúzia de degraus de pedra íngremes, escorregadios com musgo e líquens, enquanto lá dentro uma escada longa e íngreme levava aos quartos e ao único banheiro. Não poderia ter sido mais impróprio para Stephen. Embora seu pai estivesse junto, ele levava dez minutos para subir ou descer as escadas para o banheiro, e mais de dez minutos para subir ou descer a traiçoeira escadaria que levava para a estrada. Todas as excursões teriam de ser feitas de carro, porque não havia outro lugar para ele ir.

As crianças adoraram o lugar e uma parte de mim compartilhou de sua alegria. As cores eram hipnotizantes e o ar, deliciosamente limpo. Eu adorava os pratos de minha sogra. Ela era excelente cozinheira, exceto nas ocasiões em que decidia economizar, servindo-nos folhas de sabugueiro recém-colhidas ou urtigas salgadas do jardim. Ao contrário de Stephen, que franzia o nariz com nojo, eu também gostava do vinho caseiro de meu sogro, em especial o delicioso hidromel, que ele fermentava a partir do mel produzido por suas abelhas. Depois do jantar, passávamos longas noites preguiçosas na frente da lareira, jogando jogos de tabuleiro até a cabeça das crianças começar a bater de sono. Contudo, nas ocasiões em que eu saía para caminhar ou subir com Robert, eu me sentia muito infeliz por deixar Stephen para trás, sentado tristemente dentro de casa ou fora, no terraço. Em nenhum outro lugar se poderia mais efetivamente ou mais cruelmente enfatizar suas limitações físicas. Fiquei chateada e perplexa. Parecia que os Hawking consideravam-se livres de toda a responsabilidade básica para com Stephen. Se nós os visitássemos, eles estariam dispostos a ajudar, mas de outra forma eles pareciam ignorar os inconvenientes dessa doença motora.

— 7 —

MOBILIDADE ASCENDENTE

LLANDOGO, COM TODOS OS SEUS OBSTÁCULOS, EM 1971, ACABOU POR SER UM ÚTIL ENSAIO para a excursão do verão seguinte – para a escola anual de verão em Física em Les Houches, nos Alpes franceses, na encosta mais baixa do Mont Blanc – que era fruto da imaginação de Cecile de Witt e seu marido norte-americano Bryce. Mãe de quatro meninas e uma física notável numa época em que mulheres físicas eram raras, Cecile era uma daquelas mulheres capazes – e não muito diferente das mulheres do Lucy Cavendish – a quem eu observava em êxtase. De sua casa nos Estados Unidos ela organizou as conferências em sua França natal e convidou os participantes, que foram escolhidos a dedo. No Les Houches, ela supervisionou todos os arranjos, liderou as sessões e subiu as montanhas. Para Stephen, ela encomendou uma força de trabalho, trouxe escavadeiras para a construção de uma rampa até o chalé onde ficaríamos por seis semanas, e fez todos os arranjos possíveis para nosso conforto. Ela não poderia ser responsabilizada pelo clima dos Alpes naquele verão.

Stephen voou para Genebra com seus colegas, enquanto meus pais e eu fomos de carro com o resto da família para Paris, para pegar o trem noturno para Saint-Gervais, a cerca de trinta quilômetros de Les Houches. Chegamos a Paris no fim de semana caótico do *le grand rush* no final de julho, quando toda a França saía de férias, mas de alguma forma meu pai conseguiu encontrar a estação do trem autoexpresso e, de alguma maneira, com nossas cargas, conseguimos abrir caminho entre hordas maciças de viajantes até o trem na Gare de Lyon. Na manhã seguinte, com a viagem de pesadelo atrás de nós, o sol brilhou sobre o descontraído desjejum de café e croissants fora da estação de Saint-Gervais, e ainda brilhava, banhando os picos brancos em cintilante esplendor, quando nós embarcamos animados para a viagem até o vale de Chamonix, no coração das montanhas.

Mal subimos a trilha íngreme para a escola de verão, um conjunto de chalés e salas de aula situado entre prados e pinheiros quando o sol desapareceu, uma névoa desceu e começou a chuva. Choveu e choveu e estava frio. A água pingava de cada telhado, de cada calha, de cada ramo e de cada folha de grama, e a rampa cuidadosamente construída por Cecile logo se transformou em uma rampa cheia de lama. Em meados de julho, meu pai e eu tivemos de manter o fogão a lenha queimando sem parar para aquecer o chalé e secar as fraldas que viviam encharcadas. A querida Lucy fez seu melhor para ajudar, treinando espontaneamente como usar o penico com quase dois anos.

Nessas circunstâncias, apesar da elevação e da natureza vertical de todas as expedições, Stephen estava feliz. De manhã até a noite, ele vivia cercado por colegas de todo o mundo cuja paixão motivadora era o estudo dos buracos negros. Ocasionalmente, alguns deles saíam em grupos durante dia, se o tempo permitisse, para escalar o Mont Blanc, mas isso só aumentava a emoção e a tensão e emprestava uma aura adicional de superioridade para sua imagem global. Nada parecia muito difícil para essa raça de super-humanos capazes de dominar os segredos do Universo e também de conquistar qualquer desafio físico na Terra. Stephen, é claro, foi incluído nessa categoria, uma vez que, obviamente, ele estava lutando contra os próprios limites físicos com a coragem de um alpinista. O resto de nós – puxa-sacos, esposas, mães, avós e bebês – fomos deixados para cuidar de nossas coisas, para fazer compras e cozinhar e encontrar nosso entretenimento. Visitas ao mercado local, com sua gama um pouco limitada de suprimentos, forneciam os ovos para uma dieta básica de omeletes preparada em um fogão a gás de bujão. Embora houvesse um restaurante que servia aos delegados, seria muito caro para a família toda comer lá, e em qualquer caso, a conversa na mesa, inevitavelmente, desviaria, da maneira mais amistosa possível, para os assuntos rarefeitos de buracos negros ou montanhismo alpino dos quais nós – a família – não seríamos capazes de participar de maneira construtiva.

Quando a chuva abrandava, nós partíamos para uma caminhada sob os ramos que ainda pingavam, até a montanha na parte de trás da moradia, além da sala de aula e para o bosque, para procurar framboesas e amoras silvestres. Então, encontramos outro desafio inesperado. Enquanto Robert, como sempre, correria à frente, Lucy se recusava terminantemente a andar mais do que um par de metros de cada vez e, então, colocar os braços para cima, querendo ser levada no colo. Uma vez que a energia ilimitada de Robert parecia então bastante normal, a relutância de Lucy para andar me deixava perplexa, assim como sua sonolência quando recém-nascida tinha deixado Stephen perplexo. Nosso progresso na trilha da montanha era lento, e raramente nós chegávamos à clareira onde as framboesas e os mirtilos cresciam antes de começar a chover de novo. Em uma dessas expedições, uma coisa extraordinária aconteceu.

Pela primeira vez, Lucy estava realmente andando em seus próprios pés com Robert alguns metros à minha frente e de seus avós. Na ponta oposta eu estava desfrutando de uma liberdade de movimento incomum, livre de qualquer outra pessoa, pequena ou grande, quando de repente vi as crianças pararem na trilha. Ficaram imóveis, cochichando baixinho e, acenando para que nós abaixássemos nossas vozes, apontaram para o chão. Lá, andando de um lado para o outro em seu caminho, estava a menor e mais perfeitamente bem formada víbora, as marcas de diamantes brancos em seu corpo destacando-se claramente contra o cinza. Ela não tomou conhecimento de nós enquanto deslizava para dentro do mato. Foi bonito de ver, mas ainda mais impressionantes foram as reações das crianças, como se algum instinto primitivo tivesse vindo avisá-las para ficar quietas e imóveis.

Por mais que tivessem alto conhecimento de sua Física e por mais impressionantes que fossem suas proezas de montanhismo, os participantes norte-americanos em Les Houches trouxeram uma atmosfera descontraída para o centro, que ajudou a mitigar os efeitos da chuva. Não havia nada de superficial em sua simpatia descontraída. Kip Thorne e sua esposa botânica, Linda, tinham feito uma ruptura com as limitações de sua formação mórmon para procurar verdades mais amplas sem que fossem restritas pelo dogma religioso. Quaisquer que fossem seus pensamentos privados, eles nunca exprimiram nenhuma crítica aos rigores de sua formação, mas trouxeram os aspectos positivos do mormonismo, um profundo carinho e uma preocupação com seus semelhantes, para um mundo mais amplo.

Jim Bardeen, o mais silencioso, mais modesto físico que se possa imaginar, estava trabalhando em estreita colaboração com Stephen e Brandon Carter na árdua tarefa de construir as leis de mecânica do buraco negro tomando como base as equações de Einstein sobre a relatividade. O novo conjunto de leis que detalhava a Física dos buracos negros causou um burburinho de excitação quando sua semelhança com a segunda lei da termodinâmica tinha-se tornado aparente, e era essa semelhança que estava dirigindo os cosmólogos a tentar diminuir a diferença entre a termodinâmica e os buracos negros, colocando a teoria dos buracos negros na linguagem da termodinâmica. As leis da termodinâmica governam operações microcósmicas; elas ditam o comportamento de átomos e moléculas, incluindo sua eventual decadência em calor, que trocam com os objetos em torno deles. No entanto, o enigma que os físicos agora enfrentavam era o de que as leis da termodinâmica, embora semelhantes, poderiam não funcionar no caso de buracos negros, porque as previsões foram que nada, nem mesmo o calor, poderia escapar de um buraco negro.

Stephen, Jim e Brandon estavam tentando desvendar esse grande enigma quando, numa tarde, incapaz de suportar outra gota de chuva, eu coloquei as crianças e seus avós no carro e parti pela passagem para além de Chamonix, para a Suíça, convencida de que o sol deveria estar brilhando em algum lugar. Em algum lugar deveria haver uma transferência de calor de um corpo celeste para outro, mesmo que o calor fosse significar decadência, ou “entropia” na terminologia da investigação científica. A esposa de Jim, Nancy, veio conosco e encantou as crianças, cantando para elas, contando-lhes histórias, contando piadas e recitando poemas todo o caminho para Martigny – onde de fato o sol estava brilhando – e na volta. Através da contagiante alegria que brilhava em seus grandes olhos castanhos, Nancy escondeu a dor profunda da recente perda de seus pais.

Foi também em Les Houches que Bernard Carr, o novo aluno de Stephen, veio pulando em nossa vida em uma tarde molhada. Bernard era certamente diferente do padrão esperado de alunos de pesquisa. Era falante, sociável, inconsciente, resultado, talvez, de ter sido enviado para um colégio interno aos seis anos. Sua conversa variava amplamente sobre muitos temas, muitas vezes voltando a seu outro interesse principal, a Parapsicologia, um assunto que os físicos, incluindo Stephen, tendiam a considerar com escárnio. Para Bernard, no entanto, coincidências e comunicação telepática eram algo significativo. Na verdade, ele foi surpreendido ao descobrir que sua visita inesperada de Genebra – onde estava hospedado – a Les Houches foi realmente esperada por Stephen, seu novo supervisor, que já o tinha chamado por meio de um convite verbal que não foi entregue através de um terceiro. A ambição inicial de Bernard fora se tornar um astronauta. Quando criança, para a consternação da mãe, ele havia passado um dia inteiro preparando-se para esse objetivo colocando sobre sua cabeça o armário debaixo das escadas, enquanto seu irmão mais novo sentou-se do lado de fora da porta fingindo ser o controle da missão. Sua mãe deve ter ficado agradecida por seu intelecto ter destinado a ele a teoria e não a prática da exploração espacial.

Quando finalmente o sol consentiu em brilhar na França, bem como na Suíça, e as montanhas apareceram detrás das nuvens, Kip e Linda se ofereceram para me levar com Robert para caminhar nas montanhas, até uma das geleiras, o Glaciar de Bionnassay na face oeste do Mont Blanc. Deixando Lucy e Stephen com meus pais, pegamos o bonde de Les Houches até um cume de onde poderíamos olhar para baixo para os chalés e as aldeias espalhadas sobre o vale. A escola de verão à nossa esquerda estava fora de vista por trás das árvores escuras, enquanto à nossa direita um caminho íngreme subia a montanha, seguindo a trilha do bondinho que se arrastava penosamente vindo de Saint-Gervais até a estação no alto em Nid de l'Aigle, (Ninho da Águia). A brancura deslumbrante da montanha contra o azul profundo do céu era inebriante, levando-nos para cima e para cima, parando de vez em quando para compartilhar a alegria extasiada de Linda pela ampla gama de plantas e flores que se abriam ao sol da tarde. Continuamos nossa escalada, mais e mais, para além do final da linha ferroviária, na direção da enorme extensão azul--cinza da geleira, ainda em busca de mais espécimes para Linda.

Até que nós alcançássemos o primeiro dos refúgios dos escaladores do Dôme du Goûter, não havíamos percebido que estávamos sozinhos na montanha. Lá embaixo, os trens tinham deixado de circular e todos os outros caminhantes tinham ido embora, apesar de o sol ainda estar alto. As águias circulavam silenciosamente em cima, um córrego distante escorria pelas rochas, havia pouco movimento: uma quietude fantasmagórica prevaleceu. Nenhum de nós tinha pensado em verificar o horário do último teleférico até a vila. Em ritmo acelerado, quase uma corrida, partimos de volta para baixo da pista para a estação do teleférico, mais de uma hora de caminhada. Contra todas as expectativas, lá na estação havia um teleférico com um atendente ao lado dele. Corremos para ele sorrindo com alívio, mas ele virou um rosto severo para nós, barrando nosso caminho. Implacavelmente indiferente, ele anunciou que o último teleférico tinha ido embora às cinco e meia e agora eram quase seis horas. Insistimos com ele, sem fôlego, apontando para nosso menino de cinco anos que, pelo menos uma vez, estava começando a ficar cansado. O homem era duro como pedra. Nós fomos embora, ansiosos e irritados. No cume acima da estação havia um albergue, de onde tentamos ligar para a escola de verão, mas não houve resposta. Não ousamos esperar mais, pois o sol estava agora mais baixo no céu, por isso, deixamos dinheiro com a guarda da hospedaria e pedimos que tentasse ligar de novo e deixar uma mensagem.

Não havia nada a fazer senão ir direto para baixo da montanha o mais depressa possível, tomando o caminho quando pudemos encontrá-lo, lutando contra o mato alto quando não conseguíamos. Uma figura patriarcal, como St. Christopher em uma pintura medieval, Kip levava Robert, cujas pernas tinham lhe sustentado bem por mais de quatro horas, mas agora estavam doloridas de cansaço. Abrindo nosso caminho através da vegetação rasteira, assistimos incrédulos quando o teleférico, carregando o mesmo atendente não cooperativo, passou por cima de nossas cabeças em seu caminho para Les Houches. O ar ficou mais frio quando o sol se pôs atrás das montanhas, e o céu ficou mais escurecido. Nós perseveramos, gratos por pelo menos estarmos descendo a montanha, e não subindo por ela.

A aldeia de Les Houches estava no fim da estrada. O local da escola de verão ficava a mais de meia hora de caminhada, na encosta mais suave. Devia ser bem depois das nove da noite quando tropeçamos cegamente no refeitório iluminado onde todos esperavam ansiosos por notícias nossas. Nenhuma mensagem tinha vindo do albergue e o grupo preocupado da família – meus pais e Stephen –, colegas e alunos estavam temendo o pior. Chorosos com cansaço e alívio, caímos nos braços uns dos outros.

No final de agosto, enquanto evitamos o último evento social da escola de verão – um churrasco onde um cordeiro estava sendo assado – Kip sugeriu que Stephen visitasse Moscou para dar palestras a todos aqueles cientistas russos cuja liberdade de viajar era severamente restringida. Ele prometeu fazer todos os preparativos para uma visita privada que poderia ser programada para se seguir a partir da Conferência de Copérnico na Polônia, no verão de 1973. As sugestões bem intencionadas de Kip fizeram meu sangue gelar. Enquanto Lucy era um bebê, Stephen teve de viajar para o exterior para conferências ou com George Ellis ou com Gary Gibbons, seu primeiro estudante de pesquisa, ou com a mãe. Agora que Robert tinha cinco anos e Lucy um ano e meio, meu período de descanso de uma viagem internacional parecia estar chegando ao fim. Frequentemente Stephen perguntaria se eu iria com ele para essas conferências e congressos em lugares distantes; com a mesma frequência eu responderia que não podia suportar a ideia de deixar as crianças.

Essas lealdades divididas estavam começando a me machucar. Stephen estava prosseguindo em sua carreira com uma vontade de ferro, e os congressos lhe davam a oportunidade de afirmar sua presença no cenário internacional. Tinha sido o meu objetivo genuíno ajudá-lo a alcançar todo o sucesso possível, mas desde que anunciei esse compromisso, eu havia me tornado a mãe de seus filhos, e para eles eu devia uma responsabilidade igual. Embora Stephen obviamente precisasse de minha ajuda para muitas de suas necessidades pessoais, as crianças precisavam de mim para todas as delas. Elas eram ainda pequenas o suficiente para requerer uma presença constante. Se seu futuro era incerto por causa da saúde de seu pai, então eu, sua mãe, tinha de compensar isso não as abandonando mais do que o necessário. Embora elas estivessem em boas mãos com os avós, eu achava excruciante essa perspectiva de estar a milhares de quilômetros de distância delas por qualquer período de tempo.

O cenário estava montado para uma competição recorrente e sombria. Stephen perguntaria se eu gostaria de ir com ele a um congresso em, digamos, Nova York e eu tensa, declinaria. Tacitamente ignorando minha relutância, ele repetiria a mesma pergunta, semana após semana, até que eu estivesse reduzida a um frenesi, oprimida pela culpa em desapontá-lo, e ainda triste com sua falta de compreensão. Essa pressão acabou exacerbando o medo de voar, que tinha me perseguido desde a turnê pelos Estados Unidos, em 1967, pairando sobre mim como um grande pássaro preto com a simples menção de uma viagem aérea. Eu tinha voado apenas duas vezes desde então, uma vez no feriado de inverno para Maiorca, quando Robert adoeceu, e pela segunda vez para a Suíça, em maio 1970. Tinha havido uma viagem planejada para Tbilisi, na Geórgia, em setembro de 1968, mas para meu alívio silencioso, muitos cientistas britânicos, incluindo Stephen, recusaram-se a participar em protesto contra a invasão russa da Tchecoslováquia em agosto. Meu medo de viagens aéreas não era completamente injustificado: no final dos anos 1960 e 1970, não só os aviões caíam do céu com arrepiante regularidade, eles também eram os alvos preferidos dos sequestros pelos crescentes bandos de terroristas internacionais.

A soma total de todas as pressões conflitantes me condenou a anos de tristeza e a viajar pelos meios mais lentos e demorados. Em 1971, quando Stephen foi convidado para participar de uma conferência em Trieste, ele foi pelo ar, enquanto

Robert e eu pegamos o trem, deixando Lucy, com sete meses, com meus pais. Após a longa e abafada viagem por toda a Europa, paramos em Veneza, onde Robert, enfeitiçado pela vista do topo do campanário, recusou-se a descer – até que o barulho repentino dos sinos pesados ao meio-dia o enviaram correndo para o elevador. Ele, então, insistiu em sentar-se à mesa na Praça de São Marcos fora de Florian, o que mostrou ser uma lição cara – o equivalente a seis libras para uma pequena xícara de café – por isso, na vez seguinte que passamos pelo Florian fomos nos sentar nos degraus da praça, apenas para nos tornar alvos dos pombos locais.

Dois anos depois, a viagem proposta para Moscou via Varsóvia foi um empreendimento muito diferente: viagem de avião era indispensável e os pedidos de vistos tiveram de ser enviados com meses de antecedência. Não havia escolha; eu ficaria longe das crianças por quase um mês, e naqueles dias de repressão, após a queda de Kruschev, a ninguém que não eu seria concedido um visto para acompanhar Stephen. A perspectiva me assustava, mas os planos foram feitos, as passagens foram reservadas – pagas, como sempre, por uma organização científica ou outra – e, com alguma dificuldade, os vistos foram emitidos pela Embaixada da Rússia. Foi muito desanimador pensar que, no espaço de poucos anos, eu havia me tornado uma pálida sombra da estudante que tinha viajado sozinha pela Espanha, alegremente desconsiderando todas as preocupações dos pais, deleitando-se com espírito de aventura e saboreando as viagens aéreas, mesmo em decrépitos aviões a hélice. Prestes a embarcar para Varsóvia e Moscou, mas já com saudade saí às escondidas das crianças enquanto brincavam alegremente na casa de seus avós em St. Albans, em agosto de 1973.

8

INTELIGÊNCIA E IGNORÂNCIA

Os astrônomos estavam se reunindo na Polônia no ano de 1973 para comemorar os quinhentos anos do nascimento de Nicolau Copérnico, o astrônomo polonês, cuja insatisfação com a complicada Matemática necessária para contabilizar o movimento dos planetas tendo a Terra como centro do universo, segundo a teoria de Ptolomeu, obrigou-o a desenvolver uma nova teoria em 1514. Ainda considerando a mim mesma como medievalista, porém uma medievalista com mais do que um interesse passageiro em Cosmologia, fiquei fascinada pelo efeito iconoclasta da teoria de Copérnico, que postula que a Terra e os outros planetas giravam em torno do Sol e, portanto, superando a teoria de Ptolomeu, com o que se tornou equivalente a um artigo de fé, tanto científico como religioso, embora, na verdade, tivesse pouca relação com o conceito bíblico da Terra plana (como centro), acima da qual estava o céu e abaixo o inferno. Na minha primeira visita por trás da Cortina de Ferro – além de uma viagem de um dia para a Iugoslávia a partir de Trieste, em 1971 – também encontrei na Polônia uma lição na natureza da tragédia: a tragédia da história de um país que tinha as cicatrizes da opressão e da divisão; a tragédia filosófica para a humanidade de separar e dividir a ciência da religião, que resultou da teoria de Copérnico, e a tragédia do gênio.

Apesar de Copérnico não viver para ver como sua teoria foi desenvolvida por Galileu, no século XVII, ele deve ter estado bem consciente da sua natureza perigosamente controversa. Ele pode ser visto como o primeiro cientista a abrir a caixa de Pandora da ciência, com seu duplo potencial de avanço do conhecimento humano e ainda de colocar dilemas desconfortáveis que testam a integridade moral do homem. A teoria bem merecia o termo pelo qual veio a ser conhecida: a "revolução copernicana". Uma vez que, de acordo com Copérnico, a Terra não está mais no centro do universo, o homem então não estava no centro da criação. Portanto, não poderia mais ser dito que o homem tinha uma relação especial com o Criador. Essa mudança fundamental de perspectiva libertaria o homem da obsessão medieval opressiva com a imagem divina, habilitando-o a expandir suas capacidades intelectuais e valorizar os próprios atributos físicos – e essa foi uma das influências poderosas por trás da filosofia do Renascimento europeu, quando arquitetos construíram palácios, em vez de catedrais, e artistas e escultores substituíam a imagem religiosa pela forma humana, retratada por si mesma, por sua beleza e força. Em termos científicos, a teoria de Copérnico abriu caminho para as descobertas de Newton na Inglaterra do século XVII, onde um efeito colateral positivo de um puritanismo de outra forma fanático tinha sido a libertação do pensamento racional das garras da superstição religiosa. Dentro do catolicismo, no entanto, a teoria de Copérnico produziria uma reação anticientífica, cujas repercussões ainda se fazem sentir em toda a sociedade.

Talvez cauteloso com suas implicações, Copérnico não permitiu que seu trabalho *A respeito da Revolução das Esferas Celestes* fosse publicado até pouco antes de morrer; uma cópia do trabalho impressa foi supostamente levada a ele em seu leito de morte em 24 de maio de 1543. No entanto, ele não procurou esconder seu conteúdo, uma vez que a teoria havia sido amplamente divulgada durante um longo período, e que ele mesmo falara ao Papa Clemente VII sobre o assunto em Roma, no ano de 1533. Talvez o Papa não tenha compreendido as implicações da explicação, pois foi apresentado a ele apenas como uma simplificação da difícil Matemática de Ptolomeu, ou talvez não tenha levado a sério, porque foi só um tempo depois – no século XVII – que coube a Galileu Galilei suportar todo o peso da ira da Igreja por seu apoio e pela divulgação do novo sistema.

Um charmoso relato popular sobre a luneta atribui sua invenção a crianças que foram brincar com pedaços de vidro e lentes na oficina de um fazedor de óculos flamenco que descobriu que, colocando duas lentes juntas, a pessoa poderia ver objetos distantes claramente. O artesão viu o potencial do aparelho para o mercado de brinquedos, mas quando, em 1609, Galileu ouviu falar dele, elaborou a teoria subjacente em uma noite e desenvolveu sua versão melhorada, o telescópio, que ele demonstrou àquela cidade de incrédulos mercadores no Campanário, em Veneza. Para sua surpresa, eles poderiam ver em detalhes as marcações em um veleiro no horizonte, a duas horas do porto. Galileu então percebeu que seu revolucionário auxílio à navegação poderia ser voltado para os céus. Ele construiu um telescópio em Pádua, descobriu quatro novos planetas – na verdade, os satélites de Júpiter – e publicou os próprios mapas em aquarela da Lua. Suas observações, que mostraram que nem todos os corpos celestes, necessariamente, orbitavam a Terra, convenceram-no da precisão da teoria de Copérnico. Em 1610, ele um tanto ingenuamente divulgou sua comprovação da teoria obtida a partir de suas observações, e nos anos seguintes, viu-se em conflito com a Igreja, para quem a Terra devia ser teologicamente fixada no centro do universo.

Em 1600, Giordano Bruno foi queimado na fogueira por se atrever a especular sobre questões astronômicas, mas, ainda assim, Galileu não se intimidou pelo destino de Bruno. Inocentemente supondo que ninguém ia querer contradizer uma evidência visível, ele passou a se tornar o proponente principal e mais bem-sucedido da teoria de Copérnico, em especial porque ele publicou suas descobertas na língua vernácula, italiano, em vez do latim. O ataque à representação da visão judaico-cristã tradicional de um universo convenientemente centrado na Terra representava uma ameaça inaceitável de dentro de uma igreja que já lutava para conter as forças do protestantismo de fora, e, em 1616, as autoridades da Igreja emitiram uma advertência que exigia que Galileu não mantivesse ou defendesse a doutrina de Copérnico.

A eleição, em 1623, de Maffeo Barberini ao papado como Urbano VIII aliviou a situação desconfortável de Galileu temporariamente. Barberini era um homem muito culto e amante das artes, mas também era orgulhoso, extravagante e autocrático – ele supostamente tinha mandado matar todos os pássaros no jardim do Vaticano porque o perturbavam. Ele era, porém, um amigo de Galileu e ajudou a trazer um relaxamento limitado à liminar de 1616, encomendando a Galileu um discurso – *Dialogo sopra i due Massimi Sistemi del mondo, tolemaico e copernicano* – dando os argumentos a favor e contra os dois sistemas concorrentes, com a condição de que o discurso deveria ser completamente neutro. Inevitavelmente, o livro, quando ele apareceu em 1632, foi visto como uma afirmação categórica da força dos argumentos de Copérnico e levou à prisão e ao julgamento de Galileu pela Inquisição. Ele foi condenado à prisão domiciliar em sua casa de campo em Arcetri, onde, velho, cego e cativo, o rei do espaço infinito, ilimitado, em poucas palavras eloquentemente lamentou a disparidade entre a imensidão de sua área de pesquisa e as limitações de sua condição física, uma situação com a qual é muito fácil simpatizarmos: "Este universo está encolhido para mim em um compasso tão estreito como está preenchido pelas minhas sensações corporais".

Apesar da sentença de prisão domiciliar para o resto da vida, seus poderes criativos não foram entorpecidos. Um novo manuscrito, *Sobre as duas ciências*, foi contrabandeado para fora da Itália para a Holanda, onde ele foi publicado em 1638. Com esse manuscrito, Galileu é tido como o homem a ter lançado as bases da Física experimental e teórica moderna, e com ele a tradição científica foi para o norte, longe das repressões do sul da Europa.

Embora Galileu fosse católico devoto, foi seu conflito com o Vaticano, infelizmente mal administrado em ambos os lados, que criou as bases da batalha corrente entre ciência e religião, um cisma trágico e desconcertante que persiste sem solução. Mais do que nunca, hoje a religião tem suas verdades reveladoras ameaçadas pela teoria científica, e retira-se para um canto na defensiva, enquanto os cientistas vão para o ataque insistindo que o argumento racional é o único critério válido para a compreensão do funcionamento do universo. Talvez os dois lados não tenham compreendido a natureza das suas respectivas funções. Os cientistas estão preparados para responder à questão mecânica de como o universo e tudo nele, incluindo a vida, surgiu. Contudo, desde que seus modos de pensamento são ditados por critérios puramente racionais, materialistas, os físicos não podem responder às perguntas de *por que* o universo existe, e *por que* nós seres humanos estamos aqui para observá-lo, mais do que os biólogos moleculares podem explicar satisfatoriamente por que – se nossas ações são determinadas pelo funcionamento de um código genético egoísta – nós de vez em quando ouvimos a voz da consciência e passamos a nos comportar com altruísmo, compaixão e generosidade. Mesmo essas qualidades humanas estão sob ataque de psicólogos evolucionistas que têm atribuído o altruísmo a uma teoria genética crua pela qual a cooperação familiar existiria para favorecer a sobrevivência da espécie. Da mesma forma, a sofisticação espiritual da atividade musical, artística e poética é considerada apenas uma função altamente avançada de origens primitivas.

Frequentemente ao longo das décadas de nosso casamento, estimulada por um artigo científico ou um programa de televisão, encontrei minha mente exercitando-se por questões dessa natureza e tentei discuti-las com Stephen. Nos primeiros dias, nossas discussões sobre esses temas foram praticadas de maneira brincalhona e bastante alegre. Cada vez mais nos últimos anos, porém, essas querelas tornaram-se mais pessoais, divisionistas e dolorosas. A fenda prejudicial entre a religião e a ciência parece ter ampliado seu alcance em nossa vida. Stephen inflexivelmente reafirmaria a postura positivista brusca que considerei muito deprimente e muito limitante para minha visão do mundo, porque eu precisava acreditar com fervor que havia mais na vida do que os fatos descobertos das leis da Física e da luta do dia a dia pela sobrevivência. Compromisso era um anátema para Stephen, no entanto, porque fazer isso seria admitir um grau inaceitável de incerteza, quando ele lidava apenas com as certezas da Matemática.

Galileu morreu em 8 de janeiro de 1642, o ano em que Newton nasceu e trezentos anos antes do dia em que Stephen nasceu. Assim, não foi de estranhar que Stephen tenha adotado Galileu como seu herói. Quando, em 1975, ele recebeu uma medalha do Papa, ele aproveitou a oportunidade para lançar uma campanha pessoal para a reabilitação de Galileu. A campanha foi bem-sucedida, mas, por fim, no entanto, foi vista como uma vitória do avanço racional da ciência sobre as forças conservadoras antiquadas da religião, uma capitulação teológica, e não uma reconciliação da ciência com a religião.

No século XVI, Nicolau Copérnico havia levado a vida de um verdadeiro homem do Renascimento, sem se incomodar com as crises que Galileu sofreria no século seguinte. Copérnico desfrutou de todas as vantagens, desde a amplitude de educação e até a experiência desse período de expansão intelectual e viajou muito, até Bolonha, Pádua e Roma. Ele estudou Medicina, bem como Matemática e Astronomia. Ele fez traduções do grego para o latim, cumpriu uma série de funções diplomáticas e apresentou propostas para a reforma de várias moedas polonesas. Ironicamente, quinhentos anos mais tarde, essas amplas possibilidades foram negadas pelos compatriotas modernos de Copérnico quando eles comemoraram seu quinto centenário.

Do ponto de vista científico, a grande vantagem da configuração polonesa para a conferência comemorativa foi que ela forneceu um ponto de encontro para todas as grandes mentes, tanto do Ocidente quanto do Oriente, uma vez que os físicos russos foram capazes de viajar para a Polônia com relativa liberdade. Para os ocidentais, a Polônia era, com certeza, mais acessível do que a União Soviética: nossos vistos poloneses vieram automaticamente, enquanto com os russos o processo era muito menos acolhedor. O único inconveniente de entrada na Polônia, como um bom número de delegados masculinos descobriu, foi que o portador de um passaporte deveria se assemelhar à sua fotografia até o último detalhe. Uma vez que o ano era 1973, muitos dos delegados mais jovens e os estudantes ostentavam cabelos compridos e barba espessa, tendo pouca semelhança com suas fotos de passaporte, que poderiam ter sido tiradas há quase dez anos, quando eles eram apenas estudantes com espinhas e rostos brilhantes. O único meio de convencer as autoridades polacas que eles realmente eram quem eles pretendiam ser, e não hippies decadentes com a intenção de prejudicar a pureza da cultura comunista, seria raspar a barba e cortar o cabelo no posto de fronteira. Eles chegaram em Varsóvia parecendo ovelhas saídas do tosquiador. Stephen foi, provavelmente, o único entre eles cujo cabelo era de fato mais curto do que na foto dele e não teve de submeter a um corte urgente.

A Polônia que vimos em 1973 era um país triste, devastado pela Alemanha e dominado pela Rússia. Então, não era surpreendente que os poloneses avaliassem todos os estrangeiros, incluindo nós mesmos, com desconfiança. Éramos todos farinha do mesmo saco: se não éramos alemães, devíamos ser russos. Protestar para exibir nosso anglicismo de nada valeu, porque nós e os norte-americanos vínhamos das sociedades afluentes invejadas às quais os poloneses gostariam de pertencer, mas para as quais eles foram barrados. As amplas vitrines de vidro mostravam a evidência das aspirações ocidentais, mas no interior das lojas as prateleiras estavam nuas ou apresentavam os produtos de má qualidade e proibitivamente caros.

Em todos os lugares a Polônia mostrava sinais de um país pouco à vontade consigo mesmo, no meio de um dilema entre o velho e o novo, o Oriente e o Ocidente. Dilacerado ao longo de sua história por seus dois vizinhos, Rússia e Alemanha, tinha meticulosamente reconstruído muito do que tinha perdido na Segunda Guerra Mundial – em especial, a cidade de Varsóvia. Em contraste, o presente indesejado de Stalin no pós-guerra para o povo polonês era um edifício municipal megalítico do qual se dizia que a melhor vista de Varsóvia poderia ser obtida a partir dele – o que significava que, só vendo Varsóvia a partir do monumento de Stalin se poderia evitar ver o monumento em si. Nesse edifício ocorreu a conferência Copérnico. Chegava-se a ela de fora por meio de uma longa escadaria. Outra longa escadaria levava ao interior do edifício para a área de conferência. Todas as manhãs, o orientando de Stephen, Bernard Carr, e eu levávamos Stephen ao topo da escada, lá nós o fazíamos sentar-se em uma cadeira e em seguida abríamos a cadeira de rodas. No interior, por falta de um elevador, então nós tomávamos a cadeira de rodas e a levávamos para baixo ao lance correspondente de escadas antes de levarmos Stephen para lá. Esse processo era repetido numa sequência inversa, no final do dia, e também várias vezes durante o decorrer do dia, sujeitos às mudanças do programa e do local. Esses degraus não nos impressionaram pela generosidade de Stalin para o povo polonês: eles nos impressionaram apenas por demonstrar sua megalomania.

Um comunismo repressivo, imposto pela Rússia, que condenou os camponeses a aparecer tão magros quanto as vacas que nós vimos no pastoreio ao longo das estradas do país ou aos bois magricelas que eles conduziam através dos campos, tinha produzido uma reação desafiadora nas pessoas. A Polônia era o país mais devotamente católico na Europa: a Igreja polonesa havia se tornado um símbolo da independência nacional e nobremente cumpriu seu papel como o defensor da liberdade, produzindo mártires entre seu sacerdócio. No entanto, fiquei perplexa ao encontrar fortes reminiscências nas igrejas polonesas da Igreja na Espanha, tão diferente da simplicidade refrescante do catolicismo inglês que resultou das reformas do papado inspiradas por João XXIII. Assim como na Espanha, as igrejas na Polônia eram ornamentadas, escurecidas e com cheiro de incenso, cheias de santos de gesso extravagantes e virgens, todas as imagens imbuídas com aquele ar de mau gosto de superstição. Aglomeradas de velhinhas vestidas de preto, elas cercavam os altares e se ajoelhavam tal como faziam as velhinhas na Espanha franquista. A independência polonesa que se manifestava através da Igreja Católica era uma força muito conservadora, que competia contra um sistema político hostil com seu próprio ópio tradicional, enquanto na Espanha a atitude da Igreja Católica foi igualmente conservadora, mas era em geral para manter alinhamento político com o regime repressivo.

Cracóvia, onde a conferência se situou para a segunda sessão, era mais segura da sua identidade do que Varsóvia, uma vez que seus monumentos – o Castelo de Wawel e a igreja de St Mary – haviam sobrevivido à guerra intactos, mas a proximidade de Cracóvia foi contaminada com o notório arrepio vindo de Auschwitz. Não houve excursão oficial para Auschwitz, mas alguns participantes judeus organizaram seu próprio passeio e voltaram para comunicar ao resto de nós a devastação que tinham sentido com o que haviam presenciado.

O único lugar naquele país triste onde eu detectei alguma sensação de paz e integridade era o local de nascimento de Chopin, uma casa de um andar, situada em um emaranhado de vegetação em Zelazowa Wola, no campo e fora de Varsóvia. Embora a família de Chopin tivesse se mudado para Varsóvia quando ele era um bebê, ele passou as férias de verão em Zelazowa Wola, a sede no campo das relações aristocráticas de sua mãe, os Skarbeks, e foi lá que ele deu os toques finais ao seu concerto para piano. Ele também passou férias com amigos da escola no campo. Em uma dessas férias, ele e seus amigos foram em uma excursão para Torum e lá ele encontrou a casa onde Copérnico nasceu. Chocado com o estado do imóvel, Chopin se queixou de que o quarto onde Copérnico nasceu foi ocupado por "um alemão, que se enche com batatas e, em seguida, provavelmente solta ventos desagradáveis".

A velha casa em Zelazowa Wola, com seu mobiliário esparso, pisos polidos, retratos de família e coleção de instrumentos, modestamente evocava a atmosfera da vida de uma família polonesa culta no início do século XIX. Não foi apenas a aura de desapego que me manteve encantada, mas também o silêncio evocativo. Mazurcas e valsas estavam no ar como se a sala principal ainda ecoasse os acordes de uma festa de família. Os Noturnos flutuavam em uma brisa perfumada vindo do jardim sombreado. O cenário emprestava uma dimensão visual, concreta para aquela música poderosamente emotiva. Acima de tudo, a casa falava de paz, a paz de uma família devota que nutriu o mais sedutor dos gênios românticos, o gênio por quem, de acordo com seu bom amigo Delacroix, "o céu estava com ciúme da terra". Como Copérnico, Chopin viveu no estrangeiro durante a maior parte de sua vida. Ele deixou a Polônia em 1830, para nunca mais voltar para sua amada terra natal. Seu amor correspondido pela jovem polonesa Maria Wodzi'nska, que ele conheceu em Dresden, foi frustrado por seus pais, que desaprovavam a união em razão de problemas de saúde de Chopin. O casamento com Maria poderia ter levado o artista de volta para a Polônia. Em vez disso, ele se estabeleceu na terra natal de seu pai, a França, onde manteve uma ligação tempestuosa com a romancista volátil e licenciosa, George Sand, e morreu de tuberculose em 1849, aos trinta e nove anos.

A trágica experiência parecia ser a marca daquela estada na Polônia, onde tantas ressonâncias pareciam tocar acordes familiares e revelar pontos de semelhança com nossa vida. A trágica experiência nos perseguiu até o fim, pois foi na companhia científica de Claudio Teitelbaum, um jovem delegado do Chile para a conferência, e sua esposa, que estranhas memórias poéticas fugazes do meu passado ressurgiram. Embora eles estivessem vivendo em Princeton, os Teitelbaums tinham ligações estreitas com o governo do presidente Allende – o governo socialista recém-eleito do Chile – através do pai de Claudio, que foi um dos embaixadores de Allende. Eles faziam parte do círculo de dedicados reformistas de esquerda que incluía Pablo Neruda, o poeta inspirado a cujos pés eu tinha adorado como uma jovem. Em 1964 Neruda tinha chegado a ler sua poesia em um encontro no King's College, em Londres, e eu ainda carregava em minha mente a sonoridade sensual – tão rica e sugestiva como a música de Chopin – que ele trouxe para seus poemas de amor, de carinho que enfatizavam sua exuberante força de imagens naturais. Neruda, um comunista, foi tão profundamente envolvido na política chilena que a presidência estava ao seu alcance, mas ele abandonou suas ambições em favor de seu amigo, Salvador Allende. Foi em Cracóvia, na sala de estar do hotel e no último dia da reunião Copérnico, que a notícia do golpe militar de direita contra o legítimo governo chileno chegou até nós, supostamente com o apoio da CIA. Allende morreu em defesa do Palácio Presidencial. Os Teitelbaums ficaram surpresos não apenas com a morte de seu presidente tão admirado, mas também com a morte de seus sonhos de reformar a vida empobrecida dos camponeses oprimidos do Chile. Eles, assim com milhares de outros, estavam condenados a passar muitos anos no exílio. Seu destino era afortunado, em comparação com aqueles que não conseguiram fugir das represálias cruéis cobradas pela direita do regime Pinochet. Duas semanas depois, Pablo Neruda, um poeta de língua espanhola tão genial como Lorca antes dele, morreu na sequência da revolução de direita.

— 9 —

PISADAS CHEKHOVIANAS

Se as impressões que eu carregava da Polônia eram confusas, Moscou foi perversamente reconfortante no sentido de que não havia margem para dúvidas entre seus cidadãos sobre a própria identidade política ou sobre a nossa. Nós sabíamos – e todo mundo sabia – que a União Soviética era um estado policial totalitário e que havia pouco a ser ganho ao se vangloriar de uma democracia liberal. Os moscovitas educadamente reconheciam que vínhamos de uma sociedade privilegiada sem afrontar isso contra nós. No voo entre Varsóvia e Moscou, Kip nos advertiu a nos comportar como se nosso quarto de hotel estivesse grampeado, não apenas para nossa própria segurança, mas para a de todos os colegas com que nos reuniríamos. Stephen tinha visitado Moscou uma vez antes, como estudante, com um grupo de batistas – estranha companhia para um desses ateus renitentes. Ainda mais estranho foi o fato de que os tinha ajudado a contrabandear Bíblias para a Rússia dentro de seus sapatos.

Essas reminiscências eram pouco adequadas na presente ocasião, que tinha adquirido a importância de um intercâmbio oficial de alto nível, com todo o tratamento VIP concomitante. Em nossa chegada ao Hotel Rossiya, um enorme bloco quadrado entre a Praça Vermelha e o Rio Moskva, olhamos em volta a nossa suíte, equipada com samovar e geladeira, quase esperando para descobrir um microfone estrategicamente colocado para registrar nossos pensamentos privados. Nós, contudo, não recorremos ao expediente do diplomata em uma piada que então circulava: diziam que ele tinha puxado o tapete e cortado os fios que encontrou debaixo dele. Um estrondo e um grito de horror vieram do quarto abaixo, onde o lustre havia caído no chão.

Já havia notado que o elevador passou direto pelo primeiro andar do hotel; este estava fora dos limites e foi dito ser reservado em todos os quatro lados do hotel, cada lado com 40 metros de comprimento, para a "administração", para a qual lemos "dispositivos de escuta". Além disso, muitos dos russos que vieram para nos encontrar no aeroporto, trazendo acolhedores buquês de rosas e cravos, estavam relutantes em entrar no hotel além do lobby. Significativamente à luz da sua reticência, o doutor Ivanenko, um cientista idoso de modesta reputação, demonstrou muito prazer em sentar-se no quarto de Kip durante horas, precisamente enunciando, como se para os ouvidos escondidos, tudo o que ele tinha conseguido avançar para a ciência soviética. Era sempre Ivanenko que acompanhava os grupos de jovens astrofísicos russos para os congressos no Ocidente. Nós em geral supomos que ele era sua ama-seca, especialmente porque eles estavam sempre inventando esquemas para fugir dele. Seu próprio comportamento poderia ser misteriosamente imprevisível. Em 1970, enquanto estávamos no centro de conferências em Gwatt na Suíça, ele desapareceu durante o curso de uma viagem de barco ao longo das margens do Lago Thun, para não ser visto novamente até que apareceu, algum tempo depois, em Moscou.

O objetivo da visita de Stephen a Moscou era duplo. Principalmente um teórico, ele começou a se envolver na prática questão de detecção de um buraco negro. Nisso, ele estava seguindo o exemplo de um físico norte-americano, Joseph Weber, que conduzira uma luta solitária para construir uma máquina para a captura das vibrações minúsculas de ondas gravitacionais que se previa que viessem de uma estrela que fosse engolida em um buraco negro. Tínhamos passado várias tardes vasculhando lixeiras em Cambridge em busca de câmaras de vácuo em desuso, que poderiam ser equipadas, na moda de Heath-Robinson, com detector de barras imerso em nitrogênio líquido, para complementar o trabalho de Weber na Europa. Esse aspecto da pesquisa sobre o buraco negro também tinha sido retomado em Moscou, na universidade, por Vladimir Braginsky, um físico experimental que nos mostrou seu laboratório e alegremente me deu os restos de uma vareta de rubi sintético que ele tinha usado em seu experimento. Ele foi abençoado com uma natureza extrovertida que ocultava a extensão de sua visão científica e se revelou na sua propensão para piadas políticas arriscadas, mesmo em um ambiente semipúblico. Foi Braginsky que no jantar, uma noite, manteve a todos cativados com uma torrente de piadas intercalada com uma sucessão de brindes com vodca e champanhe georgiano. Nem todas as suas piadas eram histericamente engraçadas. A maioria tinha uma vertente política, como por exemplo, a piada sobre transportes: um norte-americano, um inglês e um russo estavam comparando métodos de transporte. O norte-americano disse: "Bem, é claro, precisamos de três carros, um para mim, um para minha esposa e um trailer para férias". O inglês disse modestamente: "Bem, nós temos um carro pequeno para andar na cidade e um carro da família para férias". O russo disse: "Bem, o transporte público é muito bom em Moscou, por isso não precisamos de carros na cidade, e quando saímos de férias, nós vamos em tanques..."

Stephen também havia chegado a Moscou para conversar com esses russos, muitos deles judeus, cuja liberdade de viajar tinha sido drasticamente reduzida. Yakov Borisovich Zel'dovich, um personagem ardente, impetuoso, tinha estado na vanguarda do desenvolvimento da bomba atômica soviética nos anos 1940 e 1950. Nos anos 1950 e início dos anos 1960, assim como seu homólogo norte-americano, John Wheeler, ele voltou sua atenção para a Astrofísica, em que as condições dentro de uma estrela implodindo espelhavam os da bomba de hidrogênio. Em consequência disso, Zel'dovich tornou-se uma autoridade em pesquisas sobre o buraco negro. No entanto, por causa do sigilo circundante de seu trabalho anterior, ele nunca imaginou ser capaz de emergir por trás da Cortina de Ferro e vir para o Ocidente para compartilhar plenamente a emoção internacional despertada pelo buraco negro. A pesquisa seminal em implosão de estrelas que seu grupo havia gerado foi transmitida para o mundo exterior em seu nome por um colega mais jovem, tímido e um tanto tenso, Igor Novikov, com quem Stephen desenvolveu forte relação de trabalho.

Como Zel'dovich, Evgeny Lifshitz, também um físico judeu nesse grupo, sofreu restrições de viagem, assim como muitos estudantes eminentes que sabiam que teriam de esperar anos antes de receber a cobiçada primeira autorização de viagem, ela mesma um passaporte para receber ali o carimbo de novas permissões. Alguns eram intensos, outros reservados e pensativos. No entanto, por mais extrovertidas que suas personalidades pudessem parecer, era óbvio que eles viviam sob extrema tensão em uma corrente de medo sub-reptícia. Todos estavam seriamente preocupados com as restrições impostas à sua criatividade pela burocracia incompetente, e todos tinham medo do poder da KGB se eles tentassem melhorar sua situação de alguma forma.

Kip manteve muitas conversas sobre o tema com seus amigos russos, enquanto Stephen e eu fornecemos uma frente útil de atividades sociais. Uma noite esse estratagema anteriormente bem-sucedido saiu pela culatra. Durante a estadia, nossos anfitriões nos presentearam com entradas para o Bolshoi: para a ópera, *Boris Godunov*, *Príncipe Igor*, e para o ballet, *A bela adormecida* e *O quebra-nozes*. Embora Stephen estivesse ansioso para assistir à ópera, ele estava muito relutante sobre o ballet. De fato, na única ocasião anterior em que tínhamos ido juntos ao balé, para uma produção de *Giselle*, no Teatro de Artes em Cambridge, ele se queixou de uma dor de cabeça no primeiro ato e eu tive de levá-lo para casa no intervalo, apenas para descobrir que ele tinha milagrosamente se recuperado. Em Moscou, estávamos em nossos lugares pontualmente para a ópera, mas quando chegamos ao Bolshoi para *O quebra-nozes*, as portas estavam já se fechando. Fomos rapidamente levados a um corredor lateral e as portas se fecharam atrás de nós. Kip, que tivera a intenção de usar o balé para escapar com um colega, Vladimir Belinsky, nas ruas de Moscou para discussões clandestinas sobre questões políticas, bem como científicas, se viu preso. Ele havia entrado no teatro para nos ajudar a nos acomodar, e quando as portas foram fechadas, ele não teve opção a não ser sentar-se pacientemente durante todo o primeiro ato de *O quebra-nozes* até o intervalo, enquanto Belinsky esperou por ele fora, no *foyer*. Pelo menos Stephen tinha um companheiro na adversidade.

Apesar de estarmos bem conscientes dessas operações clandestinas à espreita no fundo, começamos a perceber que os colegas cientistas de Stephen desfrutavam de limitada liberdade que era negada ao resto do povo, a liberdade de pensamento. Na sua ignorância, o oficialismo comunista foi incapaz de medir a importância da pesquisa científica. Consequentemente, eles tendiam a deixar os cientistas em paz enquanto eles se comportassem com cautela e a reboque da linha do partido – a menos, claro, gente como Andrei Sakharov, que falava abertamente contra o regime. De fato, em seu livro *Black Holes and Time Warps*, Kip Thorne refere-se ao medo desnecessário que ele sentia pelos russos Lifshitz e Khalatnikov, quando corajosamente queriam reconhecer o erro de sua afirmação de que uma estrela não poderia criar uma singularidade quando ela implodisse para formar um buraco negro:

> Para um físico teórico é mais do que constrangedor admitir um grande erro em um resultado publicado. É um choque para o ego... Apesar de os erros poderem ser demolidores para um físico europeu ou norte-americano, na União Soviética, eles eram muito piores. Uma posição na hierarquia de cientistas era particularmente importante na União Soviética; isso determinava coisas como possibilidades de viajar para o exterior e a eleição para a Academia de Ciências que, por sua vez, trazia privilégios, como a quase duplicação do próprio salário e uma limusine à sua disposição...

A liberdade de Lifshitz para viagens já havia sido abreviada, quando, para seu imenso crédito e com a maior urgência, ele tinha persuadido Kip em uma visita anterior a Moscou, em 1969, a contrabandear um documento com sua retração e no qual admitia o erro. O documento foi publicado no Ocidente. Como Kip observa agradecido: "As autoridades soviéticas nunca perceberam".

Stephen se dava bem com seus colegas russos, porque eles compartilharam sua abordagem intuitiva à Física. Como ele, eles estavam preocupados apenas com o ponto crucial de qualquer problema; os pequenos detalhes não lhes interessavam, e para Stephen, que levava todas as suas teorias em sua cabeça, detalhes finos eram um obstáculo para a clareza de pensamento. Efetivamente, assim como ele, eles descartavam toda a madeira morta para uma visão mais clara das árvores. Eles adaptaram essa abordagem de qualquer assunto que estivesse em discussão, fosse Física, fosse Literatura. Davam a impressão de ter saído do passado, vindo das páginas de Turgueniev, Tolstoi ou Tchekov. Eles conversavam sobre a Arte e a Literatura – seus próprios mestres russos e Shakespeare, Molière, Cervantes e Lorca também. Tal como meus amigos estudantes na Espanha de Franco, recitavam poesias e versos compostos para qualquer ocasião – incluindo poemas em homenagem a Stephen.

Para eles, assim parecia, mais um regime repressivo significava pouco, porque seu país sempre foi governado por regimes totalitários e não tinha a experiência da democracia, assim, como tantas gerações de russos antes, eles encontraram seu consolo na arte, na música e na literatura. Em uma sociedade dominada pelo materialismo soviético, a cultura era seu recurso espiritual. Através deles, senti que eu poderia tocar a alma do país, a alma melancólica da mãe Rússia, que sempre arrastava suas crianças exiladas de volta para suas paisagens ondulantes solitárias de rios e bosques de bétulas. Suas personalidades brilharam para fora do cenário de suas vidas sombrias, como as cúpulas douradas das bem preservadas igrejas, embora não estivessem mais abertas, e que de repente apareciam por trás dos blocos de concreto da Moscou moderna, iluminando a monotonia cinza com seu reluzente brilho.

Esses colegas pareciam tão felizes de nos levar em expedições culturais assim como em falar sobre ciência. Muitas vezes nossos dias foram uma combinação dos dois: discussões científicas acompanhariam nosso turismo. Vagamos pelas catedrais de cúpula dourada do Kremlin, expurgadas de sua função religiosa por um comunismo oficioso que, no entanto, não conseguiu erradicar seu ar de santidade. Ficamos extasiados diante das paredes do altar de ícones, e examinamos pisos de pedras semipreciosas. Caminhamos pelas galerias de arte, a Tretyakov e a Pushkin, e fizemos a peregrinação para a casa de madeira de Tolstoi, com seu urso de pelúcia em pé no patamar, pronto para receber cartões de visita, e seu pequeno quarto na parte de trás, onde o grande homem se dedicou à sua outra paixão, a sapataria. Do jardim de Tolstoi, eu peguei um punhado de folhas secas de plátano, laranja e amarelas.

Pedi para ver uma igreja em funcionamento e fui levada tanto para a igreja extravagantemente decorada em vermelho, verde e branco de São Nicolau em Moscou e ao Mosteiro Novodevichy na periferia. Apesar dos cânticos chorosos e das lamúrias das velhinhas devotas, nenhuma delas poderia transmitir a essência da santidade com o poder daquelas duas pequenas igrejas vazias que ficaram abandonadas do lado de fora da nossa janela, ofuscadas pelo volume do hotel. Uma delas era de tijolos, encimada por uma cruz de ouro; a outra era pouco mais que uma cúpula dourada. Parecia que, ao proibir a religião organizada, o regime comunista tinha realmente incentivado o crescimento de uma espiritualidade interior, sempre presente para aqueles que eram receptivos a ela e estranha para aqueles que não o eram.

Na era das viagens espaciais, fomos atraídos de volta para o passado através da vida dos indivíduos dignos e poéticos com quem estávamos nos associando. Havia poucos carros nas ruas, seus bens materiais eram escassos e sua roupa era monótona. Os cuidados de saúde estavam disponíveis para eles de graça, mas o que vimos sugeria que os hospitais e os médicos soviéticos deviam ser evitados a todo custo. Durante a segunda semana Stephen precisou de uma dose de hidroxocobalamina, a injeção de vitamina fortificante que, em Cambridge, a irmã Chalmers vinha para dar-lhe todas as quinzenas. Com alguma dificuldade, seus colegas convenceram um médico para ir ao hotel. À primeira vista, pensei que fosse a Miss Meiklejohn, a terrível senhora do colégio de St. Albans que tivesse entrado no quarto. A médica pegou seu equipamento de uma maleta preta: uma bacia de metal, a seringa de metal e uma seleção de agulhas reutilizáveis. Nós dois estremecemos. Estoico como sempre, Stephen sentou-se calmamente enquanto ela espetou a mais cega de suas agulhas em sua carne fina. Medrosa como sempre, virei o rosto.

As filas intermináveis, com pessoas de capa de chuva cinzentas nas lojas onde nossos amigos compravam comida, trouxeram de volta memórias de infância de Londres no pós-guerra. Seja na GUM, a loja de departamentos do governo na Praça Vermelha, seja em lojas de bairro, o sistema parecia expressamente concebido para desencorajar seus clientes de fazer qualquer compra. Primeiro, eles tinham de fazer fila para descobrir se os itens desejados estavam disponíveis nas prateleiras, então eles tinham de ir para a fila para pagar por eles com antecedência no balcão do caixa, e, finalmente, agarrando seus recibos, eles teriam que voltar para a fila original para recolher suas compras. Como estrangeiros privilegiados, poderíamos fazer compras nas lojas para turistas, as lojas Berioska, que estavam ávidas por nossas libras e nossos dólares. Lá, brinquedos de madeira, xales de cores vivas, contas de âmbar e bandejas pintadas eram abundantes. Presumi que todos os bens foram produzidos na União Soviética até que, por acaso, dei com os olhos no rótulo de um par de luvas de couro preto: "Feito pelo Co-op, Blackburn, Lancs".

Em outras lojas Berioska, os visitantes estrangeiros poderiam comprar alimentos importados frescos como uvas, laranjas e tomates, que para o russo médio eram itens de luxo. Se o alimento produzido no hotel, supostamente um hotel de primeira classe, era fora de qualquer critério, o russo médio vivia em uma dieta de subsistência errática à base de iogurte, creme de leite, ovos cozidos, pão preto e pepino. A carne que o hotel conseguia fornecer normalmente era escondida em pequenos pastéis, ou era tão dura e sem gosto que só serviria como couro de sapato. Meu conhecimento de russo, aprendido em aulas noturnas há alguns anos, não era de muita ajuda para escolher entre as várias páginas do menu, porque uma vez feita a seleção, receberíamos a resposta de que estava em "falta".

Nos primeiros dias, desesperados para conseguir uma refeição comestível, descobrimos um restaurante, escondido longe no último andar do hotel, com vista para as estrelas vermelhas das torres do Kremlin. Nós estávamos sentados perto de um francês e vimos com espanto a refeição que lhe foi servida. Com a confiança suave de um parisiense ao jantar em um dos melhores restaurantes em sua cidade natal, ele embarcou em seu primeiro prato, que consistia de um prato de caviar, peixe defumado e carnes frias, com um pequeno copo de vodca. Então, enquanto nós lutávamos com um pedaço duro de frango que nadava em gordura em nossos pratos, veio o prato principal do francês. Fatias de batata assada envolviam um suculento esturjão cozido. Com inveja, nós o assistimos comer, saboreando os aromas que desviavam em nossa direção. Só quando ele se recostou na cadeira com um suspiro gaulês e um gesto de profunda satisfação que me ocorreu que ali estava alguém com quem eu poderia realmente me comunicar. Tudo o que eu tinha a fazer era pedir-lhe em francês onde encontrar esturjão e caviar no cardápio. Gentilmente, ele indicou os itens 32 e 54, mantendo, assim, a promessa deliciosa de uma dieta aceitável para o resto da nossa estadia. Foi nossa má sorte que, logo no dia seguinte, o restaurante no último piso fechou, e os artigos 32 e 54 nunca mais apareceram nos cardápios dos restaurantes menos elegantes.

A desconfiança da refeição seguinte tornou-se uma preocupação constante. No entanto, foi com alguma antecipação que aguardamos com expectativa otimista um dos supostos destaques de nossa estadia, jantar no Sétimo Céu, o restaurante giratório da Torre Ostankino, a torre de rádio na periferia da cidade. A torre, um símbolo da era espacial, era muito bem guardada – supostamente por causa de sua importância estratégica – e apenas alguns convidados especiais foram autorizados a comer lá. Mesmo eles não eram autorizados a aproximar-se da torre diretamente, mas seriam revistados no perímetro a cerca de cinquenta metros de distância, e depois, levados ao longo de um túnel subterrâneo para o elevador. Câmeras eram proibidas, nos foi dito, uma vez que durante o curso de suas revoluções, o restaurante passava por uma fábrica de leite. Para o "leite", leia-se "armamentos", disse Kip. A fábrica de leite dava a volta com frequência desconcertante enquanto nos debruçamos sobre nossa primeira boa refeição em semanas. Nem o passeio foi suave – a torre balançava como um bêbado no meio de cada ciclo – o que pode explicar por que Stephen e eu passamos as vinte e quatro horas seguintes competindo pela vez no banheiro.

Não foi nenhuma surpresa para nós que nossos anfitriões russos não tivessem a liberdade de nos convidar para suas próprias casas, mas houve uma notável exceção. Em nossa última noite em Moscou, fomos convidados para jantar na casa do professor Isaac Khalatnikov. Ele era um homem radiante e expansivo, que tínhamos encontrado pela primeira vez na Conferência Geral da Relatividade, em Londres, pouco antes de nosso casamento, em 1965. O táxi nos deixou diante de um imponente bloco de apartamentos perto do rio, no centro de Moscou. Tínhamos ouvido dos contemporâneos sobre as dificuldades da vida familiar em Moscou. Os apartamentos eram escassos. O direito à moradia dependia de a pessoa estar com um pé no Partido. Recém-casados frequentemente tinham de viver com seus pais em apartamentos de dois quartos. Mais tarde, as famílias muitas vezes assumiam membros sobreviventes da geração mais velha, em particular as *babushkas*, cuja presença era quase essencial, mesmo nessas condições precárias, porque elas geralmente cuidavam da casa e dos filhos enquanto sua filha ou nora estava fora no trabalho. Ficamos espantados, portanto, ao descobrir que o apartamento dos Khalatnikovs era excepcionalmente grande, composto por vários quartos espaçosos e bem decorados, com televisão e hi-fi. Além disso, a comida à mesa era um verdadeiro banquete digno de um jantar ocidental. As porções de caviar, carne, legumes, saladas e frutas foram generosas e apresentadas com bom gosto. Stephen e eu estávamos agradecidos, mas confusos. Por que, em uma sociedade que alardeava sua igualdade, essa família podia desfrutar de um estilo ostensivamente luxuoso? Como de costume, Kip deu a resposta: não tinha nada a ver com Isaac Khalatnikov e seu ilustre status científico. Foi a consequência de conexões de sua esposa. Valentina Nikolaevna, uma senhora loira bastante robusta para quem meu presente de uma bijuteria delicada era singularmente inadequado, não era outra senão a filha de um herói da Revolução. Em uma nação onde todos eram considerados iguais, alguns eram mais iguais do que outros. Em virtude de seu nascimento, Valentina Nikolaevna tinha direito a todas as prerrogativas da nova aristocracia, incluindo habitação preferencial e o direito de comprar sua comida nas lojas Berioska.

As folhas de plátano que coletei no jardim da casa de Tolstoi se mostraram uma metáfora eloquente da Moscou que vimos naquelas semanas de nossa visita. Foi com alívio genuíno que nos juntamos aos aplausos dos passageiros quando o avião com destino a Londres decolou em meio a uma tempestade de neve em meados de setembro. Como a neve, as folhas de outono eram arautos do inverno em um país onde todas as liberdades de expressão, de comunicação, de pensamento, de movimento que nós tínhamos como garantidas estavam permanentemente congeladas. No entanto, suas cores vivas nos lembravam nossos amigos irreprimíveis, aquelas pessoas corajosas aprisionadas naquele terreno baldio da política. Enquanto o inverno se aproximava, em Cambridge, nós nos demos conta de que junto com as folhas e as lembranças, com os ursos dançarinos de madeira e a porcelana pintada à mão, tínhamos trazido de volta conosco um indesejável legado da opressão soviética. Durante várias semanas após nosso retorno, não fomos capazes de comunicar-nos livremente em nossa própria casa, por medo de que as paredes pudessem estar nos ouvindo. Se essa fosse uma medida da pressão psicológica sob a qual nossos amigos viviam o tempo todo, nossa admiração por eles só poderia aumentar. Emocionados como estávamos por estar de volta com nossos filhos, essa percepção foi grave. Como, perguntamos, poderíamos viver nessas circunstâncias?

Na época do Natal daquele ano, minha mãe e eu levamos as crianças para ver a versão londrina do balé *O quebra-nozes* no Festival Hall. Lucy ficou fascinada pelo espetáculo e, posteriormente, insistiu em ser chamada de Clara, como a heroína criança do balé. Ela passava cada tempo livre dançando ao som de um disco bem gasto, e inventou sua própria versão da dança cossaca, correndo todo o comprimento da sala e chutando uma pequena perna no ar antes de se virar e correr de volta para o outro lado. Tal pai, tal filho, Robert ficou menos encantado com o desempenho e teria preferido o deleite favorito do pai em tempos de Natal, a pantomima. Ele se remexeu no assento até a primeira metade do balé, e assim que a segunda parte ia começar, ele arrastou sua avó para fora do auditório, sob o pretexto irrefutável de ter bebido muito suco de laranja no intervalo. Eles não foram autorizados a voltar para seus lugares, então tiveram de assistir o resto da apresentação de longe, no saguão da entrada, enquanto Robert, contente, observava as barcaças que operam para cima e para baixo no rio Tâmisa.

— 10 —

O VENTO FRIO

NAQUELE INVERNO EM CAMBRIDGE ENFRENTAMOS NOSSO PRÓPRIO CONJUNTO DE pressões, embora não de natureza política. A conferência na Polônia e a visita a Moscou, combinadas com as descobertas do ano anterior em Les Houches, abriram novas possibilidades e novos problemas para a pesquisa sobre o buraco negro. O objetivo secreto de todos os físicos era descobrir a pedra filosofal, a ainda não formulada teoria do campo unificado, que uniria todos os ramos da Física. Ela conciliaria a estrutura em larga escala do universo – sobre a qual Stephen e George Ellis tinham escrito um livro – com as estruturas de pequena escala da Mecânica Quântica ou Física Elementar de partículas, e a teoria do eletromagnetismo. Os buracos negros acenavam com a perspectiva tentadora de que poderiam ser a chave para a primeira etapa dessa missão especial – na enigmática semelhança entre a relatividade geral e a termodinâmica contida em suas leis.

Tamanha foi a atração desse objetivo que Stephen não só tinha a intenção de acompanhar suas discussões em Moscou com consultas em todo o mundo em todas as conferências disponíveis, como cada vez mais passou todas as horas imerso nessas deliberações. A questão de viagens ao exterior surgiu com regularidade perturbadora. Eu repeti o cânone das minhas desculpas, mas me pareceu frágil a alegação de que a pressão de deixar as crianças era grande demais quando o futuro da Física estava em jogo.

Ao mesmo tempo, eu estava confusa com a tendência de Stephen de passar tantas horas durante a noite e nos fins de semana como *O Pensador* de Rodin, com a cabeça inclinada descansando na mão direita, transportado para outra dimensão, distante de mim e das crianças que brincavam ao redor dele. Apesar de compreender o desafio intelectual da Física dos buracos negros, eu não conseguia entender as profundezas daquela autoabsorção. Comecei a supor que ele estava envolvido em um problema matemático, por isso perguntaria alegremente em que ele estava pensando, mas muitas vezes ele não respondia, e eu logo ficava ansiosa. Talvez ele estivesse desconfortável em sua cadeira de rodas ou não se sentisse bem, perguntaria. Eu o teria irritado, talvez por me recusar a ir à próxima conferência? Como ele ainda não havia respondido, ou simplesmente dado uma sacudida pouco convincente de cabeça, minha imaginação corria solta quando comecei a suspeitar que fossem todos esses fatores e muitos mais, não menos o desânimo em sua condição de deterioração, e que tudo isso o estivesse oprimindo insuportavelmente. A posição que ele adotou foi, afinal, uma usada tradicionalmente por artistas para retratar a depressão.

É inegável que seu discurso estava se tornando indistinto, necessitando de sessões aborrecidas com uma fonoaudióloga para tentar corrigir o tartamudear. Algumas pessoas, que nós preferimos pensar que fossem surdas ou estúpidas, não o entendiam. Ele exigia minha ajuda com as minúcias de cada necessidade pessoal, como vestir-se e tomar banho, bem como com movimentos maiores. Ele tinha de ser levantado pelo corpo para dentro e para fora da cadeira de rodas, do carro, da banheira e da cama. Os alimentos tinham de ser cortados em pequenos pedaços para que ele pudesse comer com uma colher. As escadas em nossa casa eram agora um importante obstáculo. Ele ainda podia se erguer – que em si foi um exercício recomendado – mas precisava ter alguém parado atrás dele para sua segurança. Era natural que, quando longe de casa, ele me quisesse com ele o tempo todo. Culpa reprimida por causa de minha relutância em tirar proveito de todas essas oportunidades para viajar pelo mundo, e a frustração com a falta de comunicação estavam me amarrando em nós de ansiedade e desespero. Eu me senti como um viajante que havia caído em um buraco negro: esticada, cutucada e puxada como um pedaço de espaguete por forças incontroláveis.

Dois dias depois, Stephen emergiria de seu isolamento. Com um sorriso triunfante, ele anunciaria que tinha resolvido ainda outro grande problema na Física. Foi só depois do evento que esses episódios se tornaram uma piada. Como cada nova situação era ligeiramente diferente da anterior, eu nunca aprendi a reconhecer os sintomas. Na época, eu sempre me preocupava que Stephen pudesse de fato estar se sentindo mal. Cada vez eu ia cumprimentá-lo pelo seu sucesso, mas, secretamente, percebi que as crianças e eu estávamos em uma batalha contra essa deusa irresistível, que encontrei pela primeira vez nos Estados Unidos em 1965, a deusa da Física, que privava as crianças de seus pais e as esposas de seus maridos. Afinal de contas, eu me lembrei de que a senhora Einstein citou a Física como a terceira parte em seu processo de divórcio.

Para Stephen, esses períodos de concentração intensa podem ter sido exercícios úteis para cultivar essa força silenciosa interior que o capacitava a pensar em onze dimensões. Sem ser possível afirmar se era esquecimento ou indiferença para com minha necessidade de conversar sobre o fato de ele fechar-se assim tão hermeticamente, sentia esses períodos como uma tortura, em especial quando, como às vezes acontecia, eles foram acompanhados por longas sessões de ópera wagneriana, em particular o ciclo do Anel, tocado no volume máximo do rádio ou na vitrola. Foi então que, como senti minha própria voz sufocada e minha espontaneidade reprimida dentro de mim, que passei a odiar Wagner. A música era forte, tão forte e poderosa que eu me sentia irresistivelmente atraída para a luxúria sensual daqueles hipnotizantes acordes e daquelas modulações emocionantes, mas minha rotina diária não me permitia um único momento de trégua das exigências intermináveis de fazer compras, cozinhar, realizar os trabalhos domésticos, cuidar das crianças e cuidar de Stephen. Seja da cozinha seja do banheiro, seja até mesmo na sala de jogos no piso superior, eu ficava muito consciente do poder aliciante da música, insinuando-se através de harmonias apaixonantes e dissonantes. Eu tentaria ignorar seu aceno, sua atração ambígua, sabendo que ela era muito manipuladora para meu confuso estado de espírito. A clareza aberta da cultura mediterrânea era a minha medida, não a ameaça sombria dos mitos do norte, onde todos os heróis foram condenados à morte prematura e ao caos e ao triunfo do mal. Stephen poderia estar tão enfeitiçado por essa força como ele estava pela Física – uma vez que tanto uma quanto a outra se tornaram uma religião –, mas eu tinha de manter meus pés no chão. Se eu me permitisse ceder à tirania sombria daquela música, a estrutura que eu tinha construído em torno de mim entraria em colapso e seria reduzida a pó. Wagner veio a representar para mim um gênio do mal, o filósofo da raça superior, o demônio por trás de Auschwitz, e potencialmente uma força alienante. Eu era apenas jovem demais para ser capaz de lidar com tanta pressão emocional.

Felizmente nossa dieta de entretenimento não se limitava a Wagner, ao contrário, era muito eclética. Variou de Wagner, inevitavelmente, e Verdi e Mozart nas casas de ópera, a performances dos oratórios de Elgar na Capela do King's College e Monteverdi em St. Albans Abbey, até *Princesa Ida* no Teatro das Artes – uma vez que, de fato abrangente em seus gostos, Stephen era fã de Gilbert e Sullivan bem como de Wagner. Além de Wagner, o favorito entretenimento dele no verão eram os espetáculos de verão da Footlights, a companhia teatral amadora fundada pelos alunos de Cambridge, e as pantomimas no inverno. Para ambas ele suspendia seu ácido juízo crítico normal. Eu costumava achar aqueles espetáculos na Footlights tediosos, tendo em vista que o padrão de humor nunca correspondia às expectativas irrealistas suscitadas pela geração acostumada a *Beyond the Fringe*, e quanto à pantomima, as piadas obscenas acabavam perdendo a graça de tanta repetição.

Para ocupar as outras noites solitárias em casa quando Stephen estava imerso em seus pensamentos, e Wagner fora misericordiosamente suprimido, quando as armadilhas do dia já haviam sido removidas e as crianças por fim estavam na cama, comprei um piano muito compacto, com o pretexto de que Robert deveria começar a ter aulas. Em um ambiente onde todo mundo era tão naturalmente dotado, foi embaraçoso admitir que eu queria ter aulas. Tive algumas aulas com um professor aposentado que, simpatizando com minhas ambições, absteve-se sensibilizado de me dizer que eu era muito velha para aprender a tocar. Aceitando o desafio, ele me treinou nas noções básicas de teoria e harmonia e, para minha satisfação, permitiu-me escolher meu repertório. Robert também teve aulas – com um jovem professor que desenhava para ele fadas dançando nas claves e gigantes pisando no baixo.

Desde que tinha começado na escola, Robert, anteriormente tão feliz e animado, estava se tornando muito mais silencioso e mais reservado. Ele tinha apenas quatro anos e alguns meses quando, em linha com a política de educação local, foi obrigado a começar na escola. Eu estava convencida de que era muito cedo. Algum tempo depois, li que a diferença psicológica entre uma criança de quatro anos e uma criança de cinco é a mesma diferença entre uma criança de sete anos e um menino de onze anos, e que a escola a partir de uma idade tão tenra é realmente prejudicial para o desenvolvimento de uma criança. Robert era um menino tímido e, quando perguntei o que ele fez na hora do almoço, sua resposta, casualmente dita, deixou-me muito triste.

– Ah – disse ele, com um encolher de ombros – Eu fiquei sentado no degrau.

Sua escola tinha uma excelente reputação em extrair o melhor de crianças de aprendizagem rápida que vinham de uma família acadêmica, e era em essência uma escola literária, onde as crianças que sabiam ler rapidamente faziam rápido progresso. Alguns anos depois, Lucy, borbulhando com talento criativo e literário, floresceu lá. Robert, porém, teve grande dificuldade em leitura. Fiquei com medo de que isso pudesse ser um efeito retardado daquele episódio em que ele engoliu remédios, mas minha sogra fez comentários reconfortantes. Era óbvio que Robert era filho de peixe, disse ela, porque Stephen não tinha aprendido a ler até completar sete ou oito anos. Então entendi por que o inverno passado pelos Hawking com a família Graves em Maiorca havia deixado aquela impressão infeliz em Stephen. Se com nove anos ele tinha acabado de aprender a ler, as sessões diárias consagradas à análise do Livro de Gênesis sob o olho de águia de Robert Graves devem ter sido terríveis. Stephen sabiamente afirmou que não importava o que Robert lesse desde que ele aprendesse a ler, e então nós demos a Robert o *Beano* e todo livro de piadas que existisse, de modo que cada refeição foi acompanhada com piadas intermináveis da série "Toc, toc", "Quem está aí?" e a capacidade de leitura de Robert melhorou drasticamente.

Dislexia não era uma condição médica reconhecida nos círculos educativos no início dos anos 1970. Hoje em dia, diz-se que tanto Leonardo da Vinci quanto Einstein eram provavelmente disléxicos. Nós suspeitávamos que Stephen fosse disléxico e tínhamos bastante certeza de que Robert era também, mas, para além de uma aula de leitura corretiva, não havia nenhuma ajuda específica para disléxicos no sistema educacional do Estado. Eles eram classificados na melhor das hipóteses como alunos preguiçosos, na pior das hipóteses como atrasados, alunos lentos já com a idade de cinco anos, condenados a um futuro de segunda categoria. Eu sabia que Robert não era um aluno atrasado: essa foi a criança que, aos quatro anos, quando estávamos fazendo jardinagem uma tarde, perguntou muito a sério:

– Mamãe, na barriga de quem Deus nasceu?

Essa foi a criança que, aos cinco anos, sentou-se ao piano para explicar o conceito de números negativos para mim.

– Olha, mamãe – disse ele – todas essas notas passando o dó menor são números positivos e todas as notas para baixo são números negativos.

Eu tinha certeza de que a ênfase que a escola colocava nas habilidades de leitura em vez de habilidades numéricas era errada para Robert. Uma nova professora que veio para a escola quando ele tinha apenas seis anos anunciou que ela ia começar um grupo de Matemática Avançada. Implorei a ela para deixá-lo juntar-se ao grupo. Ela claramente achou difícil não rir.

– Mas ele não sabe ler! – protestou: – Como ele poderia aprender Matemática?

Eu perseverei:

– Por favor, apenas deixe-o tentar.

Com o maior ceticismo, ela concordou em deixá-lo participar da classe por três semanas. Durante essas três semanas, Robert não pareceu ter nenhum problema com a Matemática Avançadas e parecia muito menos tenso. No final das três semanas, meu filho trouxe para casa uma mensagem da nova professora, que dizia que gostaria de falar comigo depois das aulas. Ela veio ao meu encontro na porta da escola.

– Senhora Hawking, devo-lhe um pedido de desculpas – começou a falar servilmente. – Eu de fato não achava que Robert seria capaz de lidar com a Matemática Avançada quando me pediu para deixá-lo vir para a classe, mas devo pedir-lhe desculpas porque eu estava tão errada. Ele é extraordinariamente bom em Matemática, e está muito à frente de todos os outros.

Contudo, a aula de Matemática chegou a um fim prematuro depois de apenas dois períodos letivos, quando a professora saiu para ter um bebê, e então Robert estava de volta à estaca zero. Como Stephen e eu alegremente assumimos que, de acordo com nossos princípios socialistas, nossos filhos seriam educados em escolas estaduais, estávamos então diante de um confronto retumbante de lealdades porque as necessidades de nossos filhos não eram compatíveis com nossos princípios políticos. O sistema educacional estatal não tinha servido Robert muito bem até aquele momento. Ele precisava ser louvado pelas matérias que ele poderia fazer bem, em especial Matemática, e precisava de incentivo, não de castigo, naquelas que encontrava dificuldades, em especial a leitura e a escrita. Só no setor privado poderíamos ter certeza de que as classes seriam pequenas o suficiente para que ele pudesse receber a devida atenção. A Sociedade para Distinção em Ciência, mesmo com esse nome pomposo, não pagava um salário alto o suficiente para que fôssemos capazes de pagar a escola particular, nem o de Assistente em Pesquisas para o qual Stephen foi posteriormente nomeado – no Instituto de Astronomia, em 1972, após a saída de Fred Hoyle, e também no Departamento de Matemática Aplicada em 1973. Contudo, por outra daquelas reviravoltas irônicas do destino, o fundo necessário tornou-se disponível – de uma forma que nós lamentamos.

Em 1970, pouco depois do nascimento de Lucy, a tia solitária de Stephen, Muriel, morreu. Em vez de desfrutar de sua liberdade recém-descoberta após a morte de sua mãe, ela simplesmente foi aos poucos se tornando mais magra e fraca. O dinheiro que poderia ter gasto consigo mesma, fazendo uma viagem ao redor do mundo, por exemplo, ela guardou com cautela para prover as incertezas do futuro. O futuro nunca veio e o dinheiro foi deixado para alguns de seus sobrinhos-netos e sobrinhos, entre eles Robert, a quem ela adorava. Por si só, a herança não foi suficiente para financiar longos anos de educação, mas quando se somou a uma parte igual doada pelo pai de Stephen, o total dava para comprar uma pequena casa que poderia ser alugada de forma bastante rentável. Metade da renda foi para os pais de Stephen, enquanto a outra metade contribuiu substancialmente para a mensalidade da escola de Robert. Cambridge era um bom lugar para esse empreendimento, pois os imóveis ainda eram relativamente baratos e a população flutuante de acadêmicos demonstrava que havia uma demanda constante por imóveis alugados. Com minha experiência de reformar a nossa casa, fiquei encarregada do projeto. Comprar e reformar outra casa e, em seguida, colocá-la para alugar tornou-se um encargo adicional quando minhas mãos e meu tempo já estavam cheios. O insight que isso me deu quanto às necessidades da vida de outras pessoas era desanimador, mas uma vez que eu estava muito consciente da necessidade de economizar dinheiro para as mensalidades escolares sempre crescentes, eu não tinha opção a não ser assumir o pincel para uma semana intensiva de decoração da casa uma ou duas vezes por ano. Às vezes esse exercício tinha de ser realizado até com mais frequência para satisfazer os visitantes do verão.

Essa atividade desgastante e as preocupações que me assolavam me deixavam cada vez menos tempo e energia para a tese. Eu consegui montar material para o primeiro capítulo e tinha avançado com algumas ideias próprias. Tracei algumas reminiscências verbais muito próximas entre os *kharjas* e os *Cantares de Salomão*, e detectei notáveis semelhanças entre os *kharjas* e os hinos moçárabes da população cristã nativa sob a dominação moura. Com sorte, todas as outras coisas continuando iguais, eu conseguiria reservar uma hora para a tese na parte da manhã, enquanto Lucy estivesse na creche depois de ter levado Stephen para o Departamento. Continuar fazendo minha pesquisa levou-me ao limite. Não havia mais nenhuma chance de ampliar meu espectro de entendimento de outras áreas de pesquisa medieval, muito menos de investigar as outras áreas e os temas que surgiram para discussão nos jantares da Lucy Cavendish. Eu estava fora de sintonia com a política e a cena internacional e tinha tempo escasso para a leitura. Tinha pouco a oferecer e pouco a ganhar, além de uma consciência deprimente da minha própria inadequação, seja na Lucy Cavendish ou nos seminários medievais nos Dronkes. Quando eu ia assistir a um ou ao outro, tinha de blefar durante discussões e conversas ou então manter um silêncio sem graça. Era uma situação desconfortável na qual eu me sentia uma fraude, e minha participação em ambos começou a se tornar relapsa.

Na Lucy Cavendish, eu tinha apenas uma amiga, Hanna Scolnicov, com quem me sentia à vontade. Hanna, uma estudiosa elisabetana de Jerusalém, estava curtindo o descanso que encontrou em Cambridge por causa das tensões de sua terra natal devastada pela guerra. Hanna e eu descobrimos que tínhamos muito em comum. Embora nossas circunstâncias fossem inevitavelmente díspares, nós duas estávamos tentando viver uma vida normal e criar nossos filhos de três anos, Robert e Anat, contra um cenário de tensão e incerteza. Quando nos conhecemos, eu tinha acabado de dar à luz Lucy e Hanna estava esperando seu segundo filho. No momento em que Ariel nasceu no verão seguinte, nós duas nos tornamos amigas para a vida toda. Além disso, no marido de Hanna, Shmuel, um filósofo clássico, Stephen tinha encontrado um parceiro de disputa intelectual. Tanto Hanna quanto Shmuel eram muito mais intuitivos e perspicazes do que muitas pessoas que nos conheciam há mais tempo e supostamente melhor. Quando o ano sabático de Shmuel chegou ao fim e eles voltaram para Israel com sua jovem família, havia ainda menos incentivo para eu frequentar a Lucy Cavendish, e fiquei ainda mais isolada e fora de contato.

Não importava muito. A carreira de Stephen era tão obviamente mais importante do que a minha. Ele estava destinado a provocar um grande impacto na lagoa da Física, ao passo que eu teria a sorte de fazer a menor ondulação na superfície dos estudos linguísticos. E, como eu lembrava a mim mesma muitas vezes, tinha o consolo das crianças, as duas animadas e divertidas, amorosas e adoráveis. Muitas pessoas que poderiam muito bem ter olhado cruelmente para Stephen, absorvidas pela esquisitice daquela deficiência – as mesmas pessoas que teriam chamado a ele de aleijado – ficavam visivelmente perplexas com a visão de um pai seriamente portador de necessidades especiais com essas crianças tão belas, cada uma delas um milagre de perfeição lúcida. Stephen ganhava confiança através de seu orgulho delas. Ele podia confundir aqueles duvidosos espectadores ao anunciar:

– Estes são meus filhos.

A alegria aguda que nós compartilhávamos de sua pureza e inocência, de seus ditos pitorescos e de sua capacidade de admiração nos dava, por sua vez, momentos de profunda ternura. Nesses momentos, o vínculo entre nós era reforçado até que não abarcasse apenas a nós mesmos, mas nossa casa e nossa família, chegando a incluir todas as pessoas que nós mais valorizamos. A família, nossa família, tornou-se minha razão de ser.

Eu me consolei com a certeza de que nenhuma quantidade de reconhecimento acadêmico poderia ter igualado a realização criativa que eu derivava de minha família. Se, por vezes, as longas horas de cuidados infantis pareciam que nunca terminaria, eu estava sendo bem paga pelo privilégio de estar redescobrindo o mundo, suas maravilhas e inconsistências, por meio dos olhos das crianças. Felizmente, meus pais também tinham prazer nisso. Nunca os avós foram tão interessados em desfrutar a companhia de seus netos e nunca os netos foram tão paparicados pelos avós. As crianças traziam a meus pais algum alívio de suas ansiedades, que estavam focadas na minha avó, cujas saúde e memória estavam falhando rapidamente. Quando, por fim, ela se mudou para St. Albans de sua casa em Norwich, já era muito tarde para ela se estabelecer com confiança em qualquer outro lugar, e muito em breve, em sua desorientação, ela caiu e quebrou um braço. Eu já sabia, quando eu disse adeus a ela em uma tarde de domingo no início de dezembro de 1973, que nunca mais a veria novamente. Chorei durante toda a semana por causa disso, aquele espírito afável que eu amava tanto. Veio como uma grande tristeza, mas nenhuma surpresa, quando minha mãe ligou na sexta seguinte, 7 dezembro, para me dizer que vovó tinha morrido durante o sono.

— 11 —

A ARTE DO EQUILÍBRIO

O GRADUAL DESAPARECIMENTO DOS NOSSOS AMIGOS MAIS PRÓXIMOS DO NOSSO MEIO social não ajudou em nada para aliviar meu desânimo. Raramente eu via meus amigos de escola ou da universidade; ou eles tinham ido para o exterior ou se mudaram para outras cidades com a família. Os amigos dos últimos anos foram indo embora, deixando Cambridge para ascensão profissional, caso aparecesse um trabalho. Rob Donovan, que havia sido o padrinho de Stephen do nosso casamento, com sua esposa Mariah e sua pequena filhinha Jane, tiveram de trocar Cambridge por Edimburgo. A partir daí, nosso contato com eles se tornou esporádico, mas quando nós tínhamos a oportunidade de nos encontrar, a força da amizade retornava viva e estimulante como sempre. Ficamos com eles fora de Edimburgo no verão de 1973, pouco antes da viagem planejada para Moscou. Como sempre na companhia de velhos amigos, nossas conversas percorriam todos os lugares, lembrando as visitas de domingo à tarde, logo após nosso casamento. Gostávamos de fofocar sobre o cenário de Cambridge, as últimas convulsões em Gonville e Caius, a evolução da ciência, a complexidade dos pedidos de subvenção e os amigos dispersos por todo o globo.

Quando nós falamos sobre a viagem para Moscou, Rob insistiu que não deveríamos ser envolvidos pela falta de cobertura da mídia a supor que, na era pós-Crise dos Mísseis de Cuba, a corrida armamentista havia desaparecido no sótão da história. Sub-repticiamente, as duas superpotências estavam desenvolvendo uma enorme variedade de armas cada vez mais sofisticadas. Embora a ameaça da guerra nuclear ainda pairasse sobre todos nós cada vez que as superpotências, como se fossem dragões rosnando, sentiam o cheiro da presença uma da outra em algum canto controvertido do mundo, o fato de que elas de verdade estavam ampliando e aperfeiçoando seus já enormes arsenais nucleares não foi uma coisa amplamente divulgada. Os comentários cheios de preocupação de Rob me irritaram. Como se já não bastasse que nós tivéssemos crianças, ultrapassava os limites do tolerável pensar que tudo e todos poderiam vir a explodir. Eu não estava preparada para recuar e deixar que o apocalipse monstruoso destruísse a vida de minha preciosa prole, mas o que eu poderia – ou nós – fazer? Haveria pouca razão em apelar para os cientistas que desenvolveram essas armas, nos anos 1940 e 1950 – muitos dos quais eram conhecidos por nós em ambos os lados da Cortina de Ferro – porque as decisões estavam agora nas mãos de políticos indignos de confiança, o desonesto Nixon, nos Estados Unidos, e o inescrutável Brezhnev, na União Soviética. Era um tanto mais difícil digerir essas desagradáveis verdades num cenário de montanhas na Escócia onde o ar carregado de mel cantava a simplicidade bíblica, do que em qualquer outro cenário urbano feito pelo homem.

Os Carters, Brandon e Lucette, com quem também costumávamos passar tantas tardes de fim de semana, haviam se mudado para a França com sua filha, Catherine. Brandon tinha conseguido um cargo de pesquisa no Observatório de Paris em Meudon. O Observatório foi criado nas terras de um castelo, um pouco como sua contraparte em Cambridge, e proporcionava uma vista magnífica sobre Paris. Eu sentia muito a falta de Lucette por diversas razões, além do fato de que ela era a única pessoa que eu conhecia em Cambridge com quem eu poderia conversar em francês. Matemática respeitada, ela era inteligente e articulada sem ser pretensiosa. Seu interesse sincero pelas pessoas e seu senso entusiasta pela família não eram típicos dos acadêmicos de Cambridge com quem havia se misturado. Ela era musical, imaginativa e abençoada com um delicado senso de poesia. Foi Lucette que, através de seu prazer rapsódico em árvores e flores, cores e perfumes do adro da igreja, apresentou-me a Proust.

O maior choque veio com a perda dos Ellis. Sua partida foi especialmente aflitiva porque eles não estavam deixando Cambridge porque iam para outro emprego, mas porque seu casamento tinha chegado ao fim. Nós nos identificávamos tanto com eles que, quando George e Sue separaram-se, nossa família também parecia estar sob ameaça. Nossas duas famílias, cada uma com dois filhos pequenos, tinham compartilhado tanto que se tornaram parte do sistema de apoio mútuo. Sue foi madrinha de Lucy. Tínhamos comprado e reformado nossas casas, tivemos nossos bebês, saído de férias e participamos de conferências, quase simultaneamente. Por um lado, George e Stephen tinham escrito um livro juntos, *The Large-Scale Structure of Space-Time*, e, por outro, Sue e eu tínhamos discutido em confidencialidade sobre muitas das crises da maternidade e a luta para competir com a deusa chamada Física. George e Stephen eram semelhantes na capacidade de isolar-se das realidades básicas do mundo exterior, mergulhando profundamente para longe do alcance de suas famílias nos reinos do universo teórico. As muitas experiências compartilhadas e as experiências paralelas tinham construído uma interdependência em nossos casamentos, e quando o deles falhou, a solidez do nosso foi abalada.

Todas essas amizades com casais que já haviam deixado Cambridge foram formadas em circunstâncias especiais. Eles eram o produto de contatos de Stephen no Departamento ou em uma ou outra das faculdades. Ele compartilhava interesses comuns geralmente de cunho científico com os maridos e eu descobria interesses comuns com as esposas. Com a partida dos Ellis, nossos amigos tão próximos, a amizade do quarteto se esgotou. Apesar de estarmos em boas relações com muitos dos companheiros mais jovens de Caius e suas esposas, e de termos feito novos amigos entre os mais recentes pós-graduandos no Departamento, ocorreu uma sutil mudança. Fiz muitas amigas por intermédio das crianças, mas os maridos e os pais dessas famílias não tinham muito em comum com Stephen, e eles estavam compreensivelmente desencorajados pelas dificuldades de comunicação. Além disso, eu tendia a fazer amizades entre as pessoas com quem havia um vínculo perceptível de simpatia. Eles ou tinham motivo para tristeza em sua própria vida ou tinham algum conhecimento específico das necessidades das pessoas com necessidades especiais. De todas essas várias amizades valiosas, duas em particular, as mais leais e mais duradouras, tinham pontos muito relevantes do contato com Stephen.

Entre a equipe de assistentes de Constance Willis – "os caras dos exercícios do papai" como Robert chamava – havia uma menina magra, de cabelos louros com aproximadamente a minha idade, Caroline Chamberlain. No verão de 1970, Caroline deixou de exercer a profissão de fisioterapeuta porque ela estava esperando um bebê ao mesmo tempo em que eu estava esperando Lucy. Como morava perto da Escola Leys – a escola pública de meninos onde seu marido ensinava geografia – mantivemos contato e fomos levadas para a amizade mais estreita logo após nossas filhas nascerem. Minha mente estava focada cada vez mais intensamente sobre os problemas de deficiência que, por vezes, parecia uma armadilha que se fechava sobre todos nós, sobre nossos filhos bem como Stephen. A informação necessária era praticamente inexistente e eu comecei a depender muito do conhecimento profissional de Caroline para orientação. Ao mesmo tempo prática e alegre, mas muito sensível, ela estava bem consciente do conjunto de dificuldades que enfrentamos em cada turno e, apesar de todas as pressões de ser a esposa de um professor, faria o possível para chegar a uma resposta, fosse ela uma postura mais confortável, um item de equipamentos – como uma almofada de cadeira de rodas ou uma pinça – fosse o endereço de alguma organização pioneira útil.

No portão da escola, o lugar de encontro tradicional para as mães, encontrei outra amiga fiel em Joy Cadbury, cujos filhos, Thomas e Lucy, tinham a mesma idade de Robert e nossa Lucy. A gentileza de Joy confundiu minha imagem preconcebida dos formandos em Oxford. Longe de ficar alardeando sua capacidade intelectual em detrimento de outros, ela jogou-a para baixo, como se isso fosse de absolutamente nenhuma relevância para seu estilo de vida atual. Filha de um médico de Devon, ela realizara sua verdadeira ambição – a de se tornar enfermeira pediátrica – depois de se formar em Oxford. Joy lidou com nossa situação com muita solidariedade, sempre pronta para levar as crianças de minhas mãos em tempos de crise, sempre pronta a dar uma mão discreta quando a tensão era esmagadora. Ela não estava pouco familiarizada com a doença degenerativa ELA (esclerose lateral amiotrófica) – doença incurável sobre a qual tão pouco se sabe. A pouco mais de quatrocentos quilômetros, longe de onde vivia, estava seu pai idoso já em seus estágios terminais dessa doença.

Em Devon, não muito longe da casa da família de Joy, eu tinha outros aliados: meu irmão e sua esposa Penélope. Depois de seu primeiro emprego temporário em Brighton, Chris foi transferido para Devon quando se juntou a um consultório dentário em Tiverton. Artista por natureza e interessada em pessoas e suas relações, Penélope entendeu minha necessidade de falar sobre personalidades, influências e emoções e como as pessoas se comunicavam com o outro – assuntos que, na família Hawking, eram praticamente proscritos. Em Chris e sua esposa encontrei um poço profundo de compreensão e apoio; o problema é que eles viviam bem longe.

Nem todos os novos conhecidos poderiam se dar ao luxo de me trazer o incentivo que encontrei em Caroline, Joy e meus parentes. Alguns dos meus novos amigos estavam tão marginalizados como eu estava, embora de maneiras diferentes. Muitas vezes, eles próprios precisavam de apoio e se voltavam para mim para pedir ajuda. Do ponto de vista da doença física, que dominou nossa vida e que era tão imediatamente óbvia e claramente definida, eu tinha apenas no passado vislumbrado outras tragédias. Com maior maturidade, comecei a despertar para as muitas causas e complicações do sofrimento. Algumas pessoas lutavam com seu mundo emocional, com a pobreza gerada por um divórcio traumático, outras estavam separadas de suas famílias, outros estavam simplesmente muito longe de casa. Essas situações e muitas outras eu podia encarar com objetividade, então eu tentava dar algum tipo de incentivo razoável para as pessoas que viviam essas experiências. De maneira irônica, as situações que eram mais próximas das minhas eram as mais difíceis de lidar.

Alguns amigos bem-intencionados prometeram me apresentar a uma enfermeira cujo marido estava sofrendo de esclerose múltipla. Eu logo me dispus a esse encontro, esperando que fosse possível sermos capazes de trazer uma à outra o consolo da experiência compartilhada. Era difícil até mesmo de mencionar os problemas – a esmagadora responsabilidade, a tensão emocional, as dores, a fadiga de educar duas crianças pequenas sem ajuda e, ao mesmo tempo, ter de cuidar de uma pessoa gravemente portadora de necessidades especiais que estava piorando a olhos vistos – sem uma pontada de deslealdade. Stephen nunca falou sobre sua enfermidade, e nunca reclamou. Seu estoicismo heroico aumentou meu sentimento de culpa por ainda dar voz aos meus menores receios, mas foi a própria falta de comunicação que foi mais difícil de suportar, por vezes, mais difícil do que todas as tensões físicas e as tensões combinadas. Considerando que eu tinha esperado inicialmente que houvesse mais realização em termos de uma unidade de propósitos, no combate conjunto contra todas as probabilidades tão unidas contra nós, parecia que agora eu era pouco mais que um burro de carga, efetivamente reduzida ao papel que em Cambridge os círculos acadêmicos chamavam de o lugar da mulher. Fundamentalmente, eu sabia que eu precisava de ajuda – ajuda física e apoio emocional – para manter minha amada família caminhando em frente.

Apenas uma vez eu tive a coragem de falar de meus problemas – com a máxima cautela – para Thelma Thatcher. Sua resposta, se não uma rejeição, foi decisiva em sua gravidade.

– Jane – ela disse – vou dizer a você o que eu sempre costumo falar quando as coisas não podem ser alteradas, conte as bênçãos.

Sua resposta foi honesta e ela estava certa. Eu tinha muito a agradecer – não menos importante, minha família e o trabalho dedicado e a coragem de Stephen. Eu não era uma pessoa desprovida de recursos e não tinha outra alternativa senão aceitar meu destino escolhido, manter a fé, trabalhar duro e fazer o melhor possível – como eu descobri, Thelma teve de fazer ao perder os dois filhos. Além do mais, eu não era infeliz: eu vivia uma intensa felicidade através das duas mais belas e encantadoras crianças que alguém poderia desejar – Robert com seu cabelo loiro prateado, rosto redondo angelical e olhos grandes cheios de curiosidade e Lucy, de cabelos ruivos como uma rosa e pele tão branca e suave como as plumas do cisne. Eu estava apenas cansada, exausta pelas noites maldormidas, pelo esforço físico extenuante e a sensação incômoda e constante de preocupação e responsabilidade. Fiquei envergonhada por ter até tentado desabafar, e escapuli para ir contar minhas bênçãos.

Prática com sempre, Thelma me telefonou no dia seguinte.

– Estive pensando, querida, você precisa de mais ajuda. Eu posso telefonar para Constance Babington-Smith e pedir que ela lhe envie sua faxineira. O que você acha? – sugeriu.

A faxineira de Constance Babington-Smith, a apressada senhora Teversham, era um tesouro de primeira ordem, assim como foi sua sucessora um ano mais tarde, a alta e angular Winnie Brown. Uma vez por semana, a limpeza e a ordem eram restauradas em nossa casa. No entanto, o trabalho doméstico era apenas uma parte do problema. Eu ainda precisava de um ouvinte simpático, alguém que pacientemente fosse capaz de ouvir minhas angústias íntimas com compreensão e sem repreensão. Eu não estava esperando o florescer de uma varinha mágica, que de repente colocasse tudo em ordem, mas eu acalentava a esperança de que talvez um novo contato, a mulher com o marido inválido, seria a pessoa que ouviria e responderia com mais entendimento do que qualquer outra, e, possivelmente, poderia ser capaz até de sugerir novas formas de lidar com algumas das dificuldades práticas de cuidar mais ou menos sozinha de uma incapacidade grave. Não era para ser. No momento em que nos conhecemos, ela estava de partida para os Estados Unidos com um novo parceiro, deixando o marido em uma casa para portadores de necessidades especiais.

A filosofia de Thelma Thatcher de contar as bênçãos que temos era o único caminho válido que estava aberto para mim. Eu tinha me comprometido com Stephen. Ao fazê-lo, eu mesma havia me comprometido a proporcionar-lhe uma vida normal. Estava começando a parecer que essa promessa significava apenas manter uma fachada de normalidade, enquanto uma vida anormal estaria sobre todos nós no resto do processo. Eu não tinha intenção de renegar minha promessa, mas vislumbres isolados na vida dos outros – como aquele que eu tinha acabado de experimentar – serviram para enfatizar, em vez de aliviar, o isolamento que me consumia. Há muito tempo tínhamos descoberto que não havia nenhuma organização, nenhuma autoridade médica a quem pudéssemos recorrer para aconselhamento e assistência. Agora, uma vez que não havia ninguém a quem eu pudesse recorrer para obter apoio pessoal para encontrar um caminho através do labirinto de problemas, resolvi confiar no meu próprio conselho interior, afastando-me de pessoas e situações perturbadoras, fingindo mais do que nunca que nossa família era uma família normal, cercada de uma dificuldade que seria melhor se fosse confinada ao fundo do quintal.

— 12 —

HORIZONTE DE EVENTOS

NUMA NOITE ESCURA E TEMPESTUOSA – EM 14 DE FEVEREIRO DE 1974 – EU LEVEI STEPHEN de carro para uma conferência em Oxford, no Rutherford Laboratory no local da Atomic Energy Research Establishment, em Harwell. Ficamos na Cozener's House de Abingdon, uma antiga casa de campo às margens do Tamisa, que naquele inverno estava em cheia. A chuva torrencial que vinha do céu pesado não amorteceu nossos espíritos, pois Stephen e eu – e também boa parte dos estudantes – sentíamos uma mistura de tensão e entusiasmo, que antecipava uma ocasião importante: Stephen estava prestes a produzir uma nova teoria. Por fim, ele tinha alcançado uma resolução sobre a mecânica dos buracos negros contra o paradoxo da termodinâmica, que o vinha incomodando desde a escola de verão em Les Houches. Ele havia sido estimulado a mergulhar em cálculos obsessivos pelas expressas dúvidas vexatórias sobre suas conclusões anteriores por um estudante de Princeton de John Wheeler – que tinha ficado tão impressionado com a semelhança entre as leis da termodinâmica e o resultado de 1971 sobre os buracos negros de Stephen, que ele alegou que às leis da termodinâmica e as leis que regem os buracos negros eram, na verdade, as mesmas leis. Na opinião de Stephen, a intervenção foi um absurdo, uma vez que para obedecer às leis da termodinâmica, os buracos negros precisavam ter uma temperatura finita e teriam que irradiar; isto é, os dois conjuntos de leis teriam de coincidir em todos os aspectos, e não apenas em um. Em sua resolução da questão, a elaboração de Stephen era inovadora para além de qualquer expectativa.

Esses intensos períodos de concentração total, que as crianças e eu tínhamos testemunhado, levaram-no à conclusão de que, ao contrário de todas as teorias anteriormente apresentadas sobre os buracos negros, um buraco negro pode irradiar energia. Conforme ele irradia, ele evapora, perdendo massa e energia. Proporcionalmente, sua temperatura e a gravidade da superfície aumentam enquanto o buraco negro encolhe até o tamanho de um núcleo, ainda pesando entre um milhão e cem milhões de toneladas. Finalmente, a uma temperatura inimaginável, ele desaparece em uma explosão maciça. Assim, buracos negros não deveriam mais ser considerados impenetravelmente negros e suas atividades poderiam ser vistas para obedecer, em vez de conflitar, às leis da termodinâmica. A longa gestação dessa criança em particular tinha sido envolta em segredo. De minha parte, eu senti certo interesse em participar de seu nascimento, uma vez que sua rivalidade para conseguir a atenção de Stephen já tinha me causado muita dor de cabeça. Bernard Carr estava lá para atuar como assistente de parteira, projetando uma transcrição da palestra de Stephen em slides para o público.

Na manhã do dia da palestra, sentei-me fora da sala de aula, na sala de chá, preguiçosamente folheando um jornal enquanto esperava a sessão de Stephen, que começaria às onze horas. Minha concentração foi interrompida pela conversa estridente de um bando de faxineiras no canto mais distante da sala. As colheres tilintavam ruidosamente contra a lateral de suas xícaras conforme mexiam o café e seus cigarros enchiam a sala de fumaça. Irritantemente, sua fofoca era tão difundida como a fumaça de seus cigarros, e me vi obrigada a ouvir enquanto elas refletiam sobre a conferência e os delegados. Para meu espanto, uma delas observou para as duas companheiras:

– E há um deles lá, aquele cara mais jovem, ele está vivendo seus últimos dias, não é?

Momentaneamente, eu não conseguia pensar sobre quem estavam falando.

– Ah, sim – acrescentou uma das suas companheiras – nesse estado que ele se encontra, parece que está caindo aos pedaços, mal consegue erguer a cabeça.

Ela riu seu riso mais cruel, divertindo-se com a própria invenção cômica. Isso me lembrou de um comentário que Frank Hawking, já de cabelos brancos e com setenta anos, me havia feito ouvir, de que Stephen estava propenso a morrer antes dele. Aquilo abalou meu senso de segurança e, em seguida, como agora, a condenação informal de Stephen pelas costas e a rejeição de nossa visão para o futuro me fez sofrer em silêncio.

Quando Stephen veio rolando para fora da sala de aula em sua cadeira de rodas, pronto para um café rápido antes de embarcar em sua palestra, eu o examinei cuidadosamente da cabeça aos pés. Ele estava vivo, com certeza – vivo com entusiasmo e expectativa – mas eu tive de me perguntar se ele de fato parecia como se estivesse vivendo seus últimos dias, e se ele estava realmente caindo aos pedaços. Eu tinha de admitir que, para um observador casual, é provável que ele parecesse estar assim, e essa concessão para as percepções exteriores me deixou muito triste. Para meu alívio, essas preocupações estariam bem longe de sua mente. Firmemente enraizado no mundo físico e inconsciente, como Don Quixote, do ceticismo cruel pouco amável com seu aspecto e seu propósito, ele estava pronto para avançar na batalha, acompanhado por seu fiel Sancho Pança, Bernard Carr. Ainda abalada, eu os segui para o salão de palestras. Consolei-me com a reflexão de que aquelas mulheres só tinham visto o estado deplorável daquele corpo frágil e ignoravam o poder da mente e a força do seu espírito, transmitidos de forma tão eloquente nesse crânio imperioso e naqueles olhos inteligentes. Minha convicção de que Stephen era imortal foi se recuperando de mais um golpe.

Com ironia requintada, Stephen reafirmou sua imortalidade naquela mesma palestra, embora na época o presidente e algumas pessoas do público tenham dado a impressão de que eles achavam que o palestrante havia perdido o juízo. Sentei-me na ponta da cadeira enquanto ouvia Stephen, curvado em sua cadeira sob as luzes no palco, e lia os slides que Bernard mostrava no retroprojetor, esclarecendo o conteúdo da fala sussurrante de Stephen. Com efeito, a palestra foi ministrada duas vezes, uma pelo próprio Stephen e novamente pelos slides, por isso não houve a menor dúvida sobre a mensagem: os buracos negros não eram tão negros quanto pareciam.

Apesar da clareza da apresentação, o silêncio reinou quando a palestra chegou ao fim. O público parecia estar tendo dificuldade em digerir a mensagem simples que tinha sido passada. O presidente, professor John G. Taylor, do King's College, em Londres, no entanto, não ficou em silêncio por muito tempo. Horrorizado com aquele ataque herético ao evangelho do buraco negro, ele ergueu-se, vociferando:

– Bem, isso é muito ridículo! Nunca ouvi falar nada parecido! Eu não tenho nenhuma outra alternativa senão encerrar esta sessão imediatamente!

Seu comportamento pareceu *a mim* ser bastante ridículo, que lembrava, de fato, o ataque de Eddington em Chandrasekhar, em 1933, com a diferença de que Eddington tinha usado "absurdo" em vez de "ridículo" para descrever a teoria de Chandrasekhar. Não é apenas usual para um presidente dar tempo para perguntas após a palestra, como também é uma cortesia comumente aceita de que ele agradeça ao palestrante por sua "fala extremamente estimulante". J. G. Taylor (não confundir com o professor J. C. Taylor, o físico de partículas que, com sua esposa Mary, se tornou um amigo próximo alguns anos mais tarde) não estendeu nenhuma dessas cortesias para Stephen; ao contrário, ele deu a impressão de que estaria disposto a vê-lo queimado na fogueira por causa dessa heresia. Aquele insulto consciente a Stephen era tão insuportável como as observações estúpidas das senhoras da limpeza. Implicava uma tentativa deliberada de depreciá-lo, sugerindo que ele já tinha se provado ser incapacitado tanto mental quanto fisicamente.

Considerando que no auditório se poderia ouvir um alfinete cair, no refeitório após a palestra havia um tumulto. Era como se as partículas de buracos negros irradiantes estivessem girando em todas as direções, derrubando os delegados de lado, como no boliche. Bernard colocou Stephen tranquilamente em uma mesa de canto, enquanto eu fui para a fila no balcão de comida. Ainda vociferando e indignado, resmungando para seus alunos, J. G. Taylor estava atrás de mim na fila, sem saber da minha identidade. Eu estava ensaiando algumas observações agudas em defesa de Stephen quando o ouvi explodir ruidosamente:

– Temos de eliminar essa palestra de imediato!

Pensei que melhor do que chamar a atenção para mim seria relatar a Stephen o que eu tinha ouvido falar. Embora ele encolhesse os ombros de uma forma bem-humorada, ele enviou seu trabalho para a *Nature* imediatamente em nosso retorno a Cambridge. Uma vez que foi revisado para a revista por ninguém menos que J. G. Taylor, não foi surpresa que o artigo tenha sido rejeitado. Stephen então pediu que ele fosse enviado a um árbitro independente e, na segunda vez, foi aceito. O trabalho de Taylor também foi aceito, mas morreu de morte natural, enquanto o de Stephen marcou o primeiro passo no caminho para a unificação da Física, a reconciliação da estrutura em larga escala do universo com a estrutura de pequena escala do átomo – por meio do buraco negro. Sem dúvida, a experiência de Rutherford serviu também para reforçar a determinação de Stephen para lutar contra todas as probabilidades, sejam físicas, sejam na Física. A mesma experiência me deixou orgulhosa, mas perturbada por tantas sugestões ocultas que havia revelado. A teoria da evaporação de buracos negros abriu o caminho para a eleição de Stephen para a Royal Society na primavera seguinte, na tenra idade sem precedentes de trinta e dois anos. Nas instituições, no século XVII, membros haviam sido eleitos com doze anos, mas isso foi na época em que privilégio, em vez de mérito, era o que assegurava a eleição. No passado mais recente, essa honraria era algo que os cientistas aspiravam no fim, e não no início das carreiras, geralmente depois de adquirir um punhado de títulos de doutorado e de terem servido em alguns comitês científicos consultivos ao longo do tempo. É o coroamento de uma carreira científica, perdendo apenas em prestígio para um Prêmio Nobel.

Fomos informados da eleição em meados de março, duas semanas antes do anúncio oficial, dando-me tempo para organizar uma festa surpresa. Planejei uma recepção com champanhe no cenário digno do Senior Parlour em Caius, para a qual a família, os amigos e os colegas de Stephen foram convidados, e eu preparei um jantar para um grupo menor, mais íntimo da família e amigos em casa, mais tarde. Não havia nenhuma ocasião mais adequada do que essa para abrir as duas garrafas de Château Lafitte 1945 que tinham aparecido um par de anos atrás na lista de vinhos dos Fellows ao preço notável – embora errôneo – de quarenta e cinco xelins a garrafa. O número de convidados para o jantar foi limitado, portanto, não pela capacidade da casa, nem pela quantidade de louça que possuíamos, mas pela quantidade do extremamente raro clarete nas duas garrafas, apenas o suficiente para que todos pudessem ter um gostinho.

Na noite de 22 de março de 1974, os alunos de Stephen diplomaticamente conduziram-no na direção da Faculdade, onde ele foi saudado como um herói conquistador por amigos e familiares, alunos e colegas. As crianças fizeram seu melhor para passar sem mexer nos pratos de canapés, torradas de caviar, *vol-au-vents* e as miniaturas de salmão defumado e rolos de aspargos em que o departamento de cozinha da Caius se destacava. Dennis Sciama concordou em propor o brinde para Stephen e ele fez isso muito generosamente, listando as muitas realizações científicas de Stephen que, segundo ele, teriam mais do que justificado sua fé nele, sem culminar com a honra de ser nomeado para a Royal Society. As crianças e eu ficamos juntas brilhando de orgulho.

Foi a vez de Stephen responder. Foi uma medida da mudança nele desde nosso casamento, o fato de estar bem acostumado a fazer discursos em público naqueles dias, mas, é claro, nessa ocasião, a festa tinha sido uma surpresa e ele não teve chance de preparar o que ia dizer. Ele realmente fez um discurso bastante longo, falou devagar e de forma clara, embora com voz fraca. Falou sobre o curso de sua pesquisa e a maneira inesperada em que a pesquisa tinha se desenvolvido ao longo dos últimos dez anos ou mais, desde que chegara a Cambridge. Ele agradeceu a Dennis Sciama por seu apoio e inspiração, e agradeceu a seus amigos por terem ido à festa, falando como era seu hábito sempre em termos de "eu" e não "nós". Com meus braços em volta de cada uma das crianças, eu esperava em um lado da sala que ele se virasse para nós com um sorriso, um aceno de cabeça, ou apenas uma breve palavra de reconhecimento pelas realizações durante os nove anos do nosso casamento. Pode ter sido um mero descuido na empolgação do momento o fato de ele não fazer menção a nós. Stephen acabou de falar em meio a aplausos gerais, enquanto eu mordia o lábio para esconder minha decepção.

Na mesma semana da publicação da lista da Royal Society, Stephen recebeu uma abordagem – sem dúvida instigada por Kip Thorne – do Caltech, o Instituto de Tecnologia da Califórnia em Pasadena, convidando-o a aceitar a oferta de uma bolsa de visitante para o ano letivo seguinte. A oferta era generosa ao extremo. Para além de um salário no padrão norte-americano, incluía uma casa totalmente mobiliada sem custo de aluguel, o uso de um carro e de todos os aparelhos possíveis, incluindo uma cadeira de rodas com motor elétrico para permitir a máxima independência a Stephen. Fisioterapia e assistência médica seriam organizadas para ele, assim como escola para as crianças. Dois alunos de Stephen, Bernard Carr e Peter De'Ath, também foram convidados para acompanhá-lo. Nós precisávamos de uma mudança, uma mudança que nos traria uma renovação do compromisso, uma nova perspectiva e um novo impulso. A mudança seria boa para as crianças também, e aquele era o momento apropriado para fazê-lo. Lucy ainda não tinha começado a escola e Robert sairia do sistema de ensino estatal no ano seguinte. A oferta dos norte-americanos, que adotaram nossa causa com generosidade e imaginação, foi ainda mais oportuna – e nossa situação em Cambridge muito mais precária – do que imaginávamos. Anos mais tarde, um grande amigo relatou-me uma cena testemunhada em um jantar um pouco gelado em Cambridge naquele período, no início dos anos 1970. Para a surpresa daquele convidado do jantar, o provável destino de Stephen foi indicado em uma observação feita com indiferença consumada por um reitor sênior.

– Enquanto Stephen Hawking puder carregar seu peso, ele pode ficar nesta universidade – anunciava o reitor. – Mas assim que ele deixar de fazer isso, ele terá de ir embora...

Felizmente para nós, fomos capazes de ir embora por nossa própria vontade, sem ter certeza do que o futuro nos reservaria, mas, na verdade, seríamos convidados a voltar um ano depois.

Se uma oportunidade para trocar o frio gelado dos ventos do charco pelos desertos cálidos do sul da Califórnia foi bem-vinda, os obstáculos associados com esse empreendimento não poderiam ser levianamente descartados. Pesando as vantagens contra as desvantagens me preocupava demais. Mesmo que Stephen pudesse ter dominado a história do universo de quinze bilhões de anos, minha visão do futuro tinha ficado restrita a apenas a perspectiva previsível dos dias seguintes. Eu tinha aprendido a não especular sobre um futuro mais distante, ou planejar para dois, cinco, dez ou vinte anos, portanto. No entanto, os próximos dezoito meses exigiriam cuidadosa consideração, em especial à luz das minhas experiências caóticas do passado na costa oeste dos Estados Unidos. Eu me preparei para enfrentar meu problema pessoal, o medo de voar. Pelo menos dessa vez eu não teria de abandonar meus filhos, porque eles, é claro, viriam com a gente – mas essa era a menor das minhas preocupações. Muito mais preocupante foi a questão de como eu conseguiria viajar para quase o outro lado do mundo sendo a única responsável por Stephen em seu estado bastante debilitado, bem como pelas crianças. Em segundo lugar, como eu poderia enfrentar um ano inteiro sozinha, sem os pais nem os vizinhos à disposição para ajudar em tempos de crise? Frequentemente, nos últimos dois anos, quando eu fui derrubada com gripe, dor de cabeça, dor nas costas e até mesmo pleurisia, eu pude contar com minha mãe ou com os Thatcher para ajudar. Eu não teria essa ajuda na Califórnia.

Além disso, um dos obstáculos mais complicados por algum tempo havia sido a recusa absoluta de Stephen de aceitar qualquer ajuda externa com seu cuidado. Ele firmemente se recusou a aceitar qualquer ajuda, além de pequenos conselhos de seu pai, o que poderia sugerir tanto um reconhecimento de sua condição, por si só, ou do fato de que ela estava piorando. Essa atitude, juntamente com sua recusa em falar da doença, foi um dos suportes que sustentaram sua coragem e foi parte de seu mecanismo de defesa. Eu bem compreendi que, uma vez que ele admitisse a gravidade de sua doença, a coragem poderia faltar. Eu entendia bem também que a mera luta para sair da cama de manhã poderia derrotá-lo, caso ele desse a mínima atenção para sua situação. Como eu queria que ele, por sua vez, entendesse que apenas uma pequena ajuda poderia me aliviar um pouco daquele esmagamento físico que estava abafando meu verdadeiro eu otimista, e que isso poderia contribuir para uma melhoria no nosso relacionamento.

Meu médico tinha escutado meus problemas e tinha falado com o médico de Stephen. Juntos, eles tentaram iniciar uma rota de enfermeiros domiciliares masculinos para erguer Stephen para dentro e para fora da banheira, pelo menos duas vezes por semana. Esse plano embrionário foi abortado logo depois que ele foi concebido, pois o enfermeiro agradável, mas idoso, só podia chegar às cinco horas da tarde, e uma interrupção tão abrupta ou uma conclusão de sua jornada de trabalho era, compreensivelmente, um anátema para Stephen. Somente um milagre poderia resolver os problemas que enfrentávamos. No entanto, naquela Páscoa o milagre de uma ideia brotou em minha mente como uma semente de cardo que desliza pela terra. Isso iluminou meus passos e removeu minhas ansiedades na impraticabilidade das tentativas do outro lado do mundo para nos oferecer uma mudança bem-vinda de cenário. A ideia era muito simples: deveríamos convidar os alunos de Stephen para viver conosco em nossa enorme casa californiana. Nós poderíamos oferecer-lhes alojamento gratuito em troca de ajuda com a mecânica de erguer o professor, dar-lhe banho e vestir-lhe. Isso era o mais essencial, uma vez que Stephen não era mais capaz de alimentar-se sozinho e precisava de um olho constantemente vigilante sobre ele. Com a ajuda de Bernard, ele não seria humilhado pela indignidade inominável de ter de receber ajuda de enfermeiros – que ele considerava um passo maléfico, uma aceitação da piora da sua condição – mas seria assistido por pessoas de seu próprio círculo, se não família, então, pelo menos, amigos que eram parte da família. A primeira reação de Stephen com a ideia foi de rejeição automática, mas quando teve tempo para pensar sobre isso e percebeu que o destino da aventura californiana poderia depender de sua decisão, ele mudou de ideia. Eu lancei a ideia a Bernard Carr e, em seguida, a Peter De'Ath que, após a devida consideração, concordaram que isso poderia atender a todas as partes muito bem.

Restava uma importante função a ser cumprida naquele verão: a admissão de Stephen na Royal Society no dia 2 de maio, uma quinta-feira. Partimos de Cambridge a tempo para o almoço em Carlton House Terrace, o quartel-general do século XVIII da Royal Society com vista para o Mall. Quando nos aproximamos do norte de Londres, o carro começou a oscilar descontroladamente e a direção tornou-se mais e mais pesada. Não tivemos outra alternativa senão seguir com a viagem, na esperança de que conseguíssemos chegar ao nosso destino. Por fim, segurando com força o volante resistente, virei o carro com alívio no pátio do Carlton House Terrace, para então embarcar na sequência ensaiada de procurar o grupo habitual de porteiros idosos, tirar as várias partes da cadeira de rodas para fora do carro, montando-a, estacionando a cadeira ao lado do banco do passageiro e em seguida, levantando Stephen sob os braços e colocando-o de volta na cadeira. Em seguida, os porteiros tiveram de ser instruídos no levantamento cuidadoso da cadeira até o inevitável lance de escadas da entrada principal. Dessa vez, a sequência foi mais complicada, pois o carro, assim como Stephen, precisava de atenção: o pneu dianteiro do carro estava furado.

Como em muitas outras ocasiões, a ajuda veio do lugar de onde menos se espera. Foi o secretário da própria Royal Society – um homem de poucas palavras, perturbado com as demandas dos convidados mais importantes e do significado da ocasião, pelos quais ele era o responsável – quem ficou de mãos e joelhos no chão, vestido em seu belo terno cinza-escuro, e trocou o pneu para nós quando, sem sabermos, estávamos sendo regiamente entretidos em um almoço formal por outro cientista de Cambridge, o presidente da Royal Society, Sir Alan Hodgkin. A admissão ocorreu no início da tarde em meio a muito cerimonial no auditório. Discursos foram feitos para apresentar cada novo membro que, em seguida, subia à plataforma para assinar o livro de admissões. Quando chegou a vez de Stephen, caiu um silêncio sobre o público e o livro foi levado para baixo do pódio para sua assinatura. Ele inscreveu seu nome devagar e com cuidado em meio a um silêncio tenso. Seu toque final foi saudado por uma explosão de aplausos, que trouxe um sorriso exultante em seu rosto e lágrimas aos meus olhos.

Stephen não foi o único cientista de Cambridge a ser homenageado naquele ano, nem mesmo o único físico do Departamento. John Polkinghorne, o professor de Física de Partículas, também estava sendo admitido na Royal Society, e na mesma ocasião. Tendo atingido o apogeu de sua carreira em ciência, ele estava a ponto de desistir da Física para assumir a Teologia; isto é, deixaria de ser o professor Polkinghorne e se tornaria um estudante de novo, embarcando em um longo período de estudos para a ordenação, com a motivação particular de resolver o cisma entre a ciência e a religião que se originou com Galileu. Em sua opinião, a ciência e a religião não estavam na oposição, mas eram dois aspectos complementares de uma mesma realidade. Essa tese se tornaria o tema de seus escritos como um padre-cientista. Apesar de não conhecê-lo bem, eu admirava sua convicção e fui muito encorajada ao ver que o ateísmo não era um pré-requisito essencial da ciência, e nem todos os cientistas eram tão ateus quanto pareciam.

Terceira parte

— 1 —

CARTA DA AMÉRICA

— OLÁ! MEU NOME É MARY LOU E MORO EM SIERRA MADRE. E QUEM SÃO VOCÊS? De onde são?

A pessoa, uma figura pequena e bronzeada, convidou-nos a responder com um largo sorriso. Como havíamos acabado de chegar à festa, organizada por alguns expatriados ingleses uma semana após o desembarque em Los Angeles, ainda não estávamos acostumados a uma abordagem tão direta. Houve uma longa pausa enquanto superávamos nossa surpresa e notamos que a pessoa esperava uma resposta igualmente espontânea. Afinal, levara quase dez anos para que fôssemos reconhecidos em festas em Cambridge, e, mesmo assim, a abordagem sempre era tingida de certa desconfiança. Ultimamente, alguns dos membros mais antigos – e em especial suas esposas – mostravam com regularidade um benevolente interesse em nós, mas, ao longo dos anos, nós nos acostumamos a sentar nas pontas das mesas, ou nos cantos, sozinhos, nunca esperando que alguém fosse falar conosco, sempre agradavelmente surpreendidos quando no decorrer da noite acontecia de encontrarmos um rosto amigo. De fato, um dos gerentes da cozinha uma vez me confidenciara que era difícil nos colocar à mesa em festas da Faculdade, porque ninguém queria se sentar conosco. Não era de admirar, então, que não estivéssemos preparados para a iniciativa de Mary Lou. Sua exuberância era contagiante e eu tentava transmitir nosso júbilo por todas as coisas californianas em minhas cartas para nossa família e nossos amigos, como, por exemplo, em minha primeira carta aos meus pais, escrita nos dias anteriores aos contatos telefônicos regulares financeiramente viáveis:

535 South Wilson Avenue
Pasadena, CA 91106 EUA

30 de agosto de 1974

Queridos papai e mamãe,

É tão emocionante! O voo foi muito longo, mas muito tranquilo em comparação com a última vez que sobrevoamos o Polo, quando Robert era bebê. Como um viajante nato refazendo seus passos, Robert ficou fascinado com a paisagem, os picos negros que se elevam de campos de neve, as montanhas que se erguem de um mar congelado, onde nascentes ocasionais brilham em um tom profundo de esmeralda no gelo, pontas brancas de icebergs em Hudson Bay, e depois os desertos da América, o Salt Lake e, por fim, as montanhas costeiras. Em contraste, quando estávamos sobre o Atlântico, Lucy, bastante impressionada com a aventura, perguntou se estávamos no solo ainda.

Todos acordamos na aterrissagem, embora tenha sido mais ou menos às duas da manhã (no horário daí), e ficamos de olhos arregalados com a visão de tanta coisa nova e desconhecida – palmeiras, carros enormes, nossa própria SUV reluzente na qual Kip foi nos buscar, autoestradas tecendo-se dentro e fora da cidade em todas as direções, arranha-céus e, por fim, a casa com suas paredes brancas, muito mais bonita que nas fotos. Já estava anoitecendo quando chegamos e havia uma luz em cada janela – uma fantasia da Disney transformada em realidade! É tão elegante por dentro quanto bonita por fora. E tão confortável! Sofás enormes onde afundamos e banheiros em todos os lugares, todos com cores que combinam, é claro! Tudo é novo, todos os móveis imitam os antigos, as toalhas, a porcelana, até as panelas! Essas pessoas devem pensar que estamos acostumados a um padrão de vida astronômico. Se soubessem! Da pia da cozinha eu posso olhar para as montanhas lá fora, e Stephen está mais perto de seu escritório do que em Cambridge, pois a casa fica em frente ao campus. Como uma criança pequena com um brinquedo novo, ele está entusiasmado aprendendo a manobrar sua cadeira de rodas elétrica, igual à que ele tem no Instituto, mas muito mais rápida. Faz anos que ele não tem tanta liberdade de movimento, embora a cadeira tenha de ser levantada no meio-fio e nos degraus, o que é meio problemático, porque as calçadas são muito altas aqui, tendo em vista que ninguém anda na rua, e a estrutura é muito pesada. As duas baterias de gel sólido pesam uma tonelada cada, para não falar do próprio cadeirante. Os engenheiros ficaram aqui o dia todo cuidando da cadeira de rodas e fazendo ajustes em todos os outros aparelhos. Nada parece complicado demais.

O jardim é bastante vazio, e é cuidado por uma equipe de jardineiros, que vieram com tesouras, vassouras e aspirador de pó. Eles cortam, arrumam e passam o aspirador no gramado, mas nunca reconheceriam uma erva daninha se a vissem. O gramado precisa de uma grande quantidade de água, que vem de um sistema subterrâneo de irrigação – sem necessidade de mangueiras ou regadores. É tudo tão exótico! Na primeira manhã, saímos ao pátio e encontramos um colibri pairando sobre uma planta de aparência esquisita, com espinhos laranja e flores azuis. Em volta da casa toda há arbustos de camélias do tamanho de árvores, e no pátio há um enorme carvalho californiano seco, só esperando para ser escalado. Ao redor do jardim temos uma laranjeira em flor e frutos ao mesmo tempo, dois abacateiros, um pinheiro e uma pequena palmeira. Até agora, como está muito quente, temos feito todas as nossas refeições no pátio – a sala de jantar é tão bonita, com seu tapete vermelho felpudo e sua mesa de mogno, que dificilmente nos atrevemos a entrar nela, muito menos a comer lá.

As crianças e eu fomos à piscina do Caltech essa tarde. Lucy caiu na água, e não gostou nem um pouco. Ela é considerada terrivelmente atrasada porque aos três anos não sabe nadar, mas Robert estará nadando dentro de uma semana. Ele já nada debaixo d'água. Estamos todos tão atordoados, com um cansaço saudável e feliz, que Lucy adormeceu na frente da televisão (por mais novidade que seja, nós quase nunca assistimos por causa dos anúncios intermináveis), e até Robert mostra sinais de querer cochilar. Acho que talvez eu durma antes dele, mesmo assim.

Com muito amor, Jane

Meu pai deveria se aposentar do Ministério da Agricultura em seu sexagésimo aniversário, em dezembro de 1974, depois de uma longa e dedicada carreira, e ele e minha mãe planejavam celebrar sua aposentadoria indo ficar conosco na Califórnia. Nesse meio-tempo, tivemos um fluxo constante de visitas; algumas ficaram uma semana, mais ou menos, enquanto outras fixaram residência, como Peter De'Ath, estudante de doutorado de Stephen, que ajudou Bernard a cuidar dele até que encontrou as próprias acomodações. Eu fiquei mais confiante para dirigir e não achei difícil fazer compras para tantas visitas, porque tudo é cuidadosamente embalado em sacos de papel pardo (não de plástico) e levado para o carro por assistentes sorridentes. Além disso, Robert – de sete anos –, era um copiloto brilhante: ele parecia carregar o mapa da estrada na cabeça, e, ao contrário de seu pai, dizia-me aonde virar com antecedência.

Na primeira manhã das crianças no Town and Country School de Pasadena, eu as deixei, um pouco apreensiva, no portão da escola, e ao meio-dia voltei para pegar Lucy no berçário e me juntar à fila de carros de mães que esperavam, contornando o quarteirão com seus automóveis. Quando cheguei ao portão da escola, dei o nome dela ao professor que estava na calçada e ele chamou pelo alto-falante: "Loossee Hokking, Loossee Hokking", ele gritou. Ninguém se apresentou, e não havia nenhum sinal de Loossee Hokking entre a multidão de criancinhas esperando pacientemente ali dentro. Um grande tumulto se seguiu. Poderia Loossee Hokking ter sido sequestrada – o pior medo da escola – em seu primeiro dia? O lugar estava um caos. Estacionei o carro e entrei. O diretor saiu correndo de sua sala e um bando de senhoras de meia-idade se espalhou em todas as direções na busca frenética pela criança perdida. Não foi difícil encontrar Loossee Hokking. Ela havia gostado tanto da escola que saíra do almoço e tinha a intenção de ficar até as 14h30. Depois disso, ela saía da escola às vezes temperamental, exausta, pois era um longo dia para uma criança de três anos.

As crianças encontraram um novo amigo em Shu, de oito anos, filho de nossos vizinhos japoneses, Ken e Hiroko Naka, que haviam vivido durante algum tempo em Cambridge antes de se mudarem para os Estados Unidos. Ken era biólogo especializado em olhos de peixe-gato, uma espécie de raridade científica muito semelhante ao olho humano. Os Naka não só levavam Robert e Lucy para a escola todas as manhãs depois daquele primeiro dia, como também planejavam todos os tipos de expedições a parques de diversões e praias para as três crianças. Como descobri quando buscava as crianças na escola no período da tarde, a conversa de Shu era salpicada com jargão de computador. Enquanto Lucy balbuciava incontrolavelmente, Shu realizava seu próprio monólogo e Robert assentia com sabedoria; sem dúvida, foi por isso atraído para sua primeira introdução à Tecnologia da Informação, ciência que viria a ser sua carreira. Deliciando-se com sua recém-encontrada independência, Stephen também em segredo se alegrava por ser a estrela do campus – onde ficava sentado em uma sala com ar-condicionado durante o dia todo. Rampas surgiram por todos os lugares no campus, bem como na entrada da garagem de casa. Ele tinha a própria secretária, Polly Grandmontagne, e uma fisioterapeuta regular, Sylvie Teschke, cujo marido, um relojoeiro suíço, com ansiedade antecipava o fim de sua vida com o advento dos relógios de quartzo. Bernard Carr, aluno de Stephen, começou a se adaptar à rotina de nossa casa, infalivelmente alegre apesar de seu regime um tanto errático, que consistia em me ajudar a colocar Stephen na cama à noite e depois ir a festas, depois das quais ele ficava até altas horas assistindo a filmes de terror, segundo ele, por causa de sua insônia. E, então, dormia até a hora do almoço. Uma vez, subi para acordá-lo no meio da manhã e o encontrei dormindo profundamente com o corpo na cama e a cabeça no chão!

Naquele outono Mary Thatcher fez uma turnê pelos Estados Unidos para falar sobre seu arquivo de filmes recém-lançado sobre a vida dos britânicos na Índia. Como a todas as nossas visitas, nós a levamos para ver a atração local, os jardins e a galeria de Huntington, fundados pelo senhor Huntington, que havia feito sua fortuna nas ferrovias e se casara com sua tia para manter o dinheiro na família. Seu retrato sugere que ele pagou um preço muito alto pelo privilégio, mas a acumulação de riqueza lhe permitiu comprar para sua galeria o *View on the Stour*, de Constable, vários manuscritos de Chaucer e a Bíblia de Gutenberg, entre outras obras notáveis, bem como criar um belo jardim. Este era dividido de forma fascinante e especializada em áreas geográficas e botânicas: um ferozmente espinhoso jardim desértico de cactos, uma área com eucaliptos australianos, mas não cangurus; uma área de selva, fileiras após fileiras de camélias, um *knot garden* shakespeariano, um jardim japonês clássico completo, com ponte, casa de chá e gongos; e um jardim zen misteriosamente filosófico – basicamente cascalho arado pontilhado com algumas rochas estrategicamente localizadas. Na verdade, algumas das melhores obras da arte europeia encontravam-se ao alcance. Se não fosse na galeria Huntington, seria no Museu de Arte da Califórnia em Pasadena, no Museu J. Paul Getty, em Malibu, ou no Hearst Castle, no caminho de São Francisco. Às vezes eu ficava muito sentimental, se não um pouco nostálgica, ao ver a arte europeia, em particular Constable, no brilho impetuoso da Califórnia.

Havia pouco espaço para as sutilezas da vida que nós conhecíamos tão bem; o céu cinzento, a mesquinhez respeitável, os edifícios em ruínas, a desconfiança, o esnobismo. Os céus da Califórnia, as cores, a paisagem, as pessoas, seu comportamento e seu uso da linguagem que achei fortemente bem definido, honesto e sem nuances. Quanto à comida, tudo era gigantesco, mas tão recheado com aditivos que foi um prazer poder plantar um pouco de nossas próprias frutas. Cinquenta e dois abacates caíram da árvore em um fim de semana de outubro, quando estávamos longe, em Santa Barbara. Com pressa pegamos todos quando voltamos e os guardamos no fundo da geladeira para salvá-los da operação de limpeza semanal dos jardineiros.

Em novembro daquele ano, escrevi para avisar a mamãe e papai o que esperar.

> Queridos papai e mamãe,
>
> Estamos muito ansiosos para vê-los daqui a duas semanas, mas espero que vocês possam suportar o ritmo daqui. Não venham para a Califórnia para descansar! Vivemos em um redemoinho social constante. Como nossa casa é a maior e a mais próxima do campus, tornou-se palco de entretenimento do Grupo da Relatividade este ano. Kip e Linda têm uma casa adorável, no velho estilo espanhol, em Altadena, mas fica meio fora da cidade e a área em torno é tão cheia de ladrões que assim que compram algo novo, logo desaparece. O mesmo vale para qualquer carro estacionado na rua. Portanto, fazemos aqui algumas das festas, coquetéis, jantares, happy hours – para não falar da festa de aniversário de Lucy, para a qual ela insistiu em convidar toda a classe mais os professores. Em breve assaremos um peru de Ação de Graças. Não sei quantas pessoas vão chegar, mas vou deixar os acompanhamentos tradicionais, como torta de abóbora, para os norte-americanos, que sabem fazer essas coisas. Não há explicação para alguns gostos que eles têm, de qualquer maneira. Algumas pessoas vieram jantar na semana passada e eu servi uma carne de panela. Para minha surpresa, eles pegaram morangos de outono de uma tigela na mesa e acrescentaram no ensopado!
>
> Vocês vão conhecer nossos novos amigos também, em especial o outro bolsista no campo de Stephen, os Dicke e os Israel. Bob e Annie Dicke, de Princeton, são muito parecidos com vocês. Ele é intelectual e excelente pianista, e ela é amorosa como uma vovozinha. As crianças e eu muitas vezes vamos tomar chá com ela e nadar na piscina de seu bloco de apartamentos, grandiosamente conhecidos aqui como "condomínios". Vocês conheceram os Israel, de Edmonton, quando eles chegaram a Cambridge com o filho de dez anos, Mark, em 1971? Eles são muito cosmopolitas, mas gentis, bem-humorados e extremamente versados, sem um traço de afetação.
>
> Ah, um recado especial para Chris: Robert teve dor de dente na semana passada, embora eu o houvesse levado ao dentista da escola pouco antes de virmos para cá, por isso, na quinta-feira fomos a outro. Estilo Califórnia. Vasos de plantas, tapetes

felpudos, sofás macios e música ambiente nos receberam. O dentista foi falar comigo depois de inspecionar os dentes de Robert. "Bem, senhora Hokking", começou, e parou para que suas palavras causassem efeito, "vai ser um grande investimento... Esses jovens molares precisam de odontologia corretiva, coroas de aço inoxidável... Cerca de cento e oitenta dólares, eu estimaria...". Posso imaginar a reação de Chris, mas que escolha eu tenho a não ser pagar?!

As crianças e eu ficamos sócias da biblioteca local. Robert pegou um livro sobre o Império Britânico, o que me pareceu excessivamente patriótico, mas não é ruim para uma criança que apenas um ano atrás foi acusada de ser atrasada. Eu também tenho um novo interesse viciante graças a outra esposa do Caltech, Tricia Holmes. Tricia, que é irlandesa, levou-me à aula noturna de coral no Pasadena City College. Uma vez por semana, nós lemos a partitura e cantamos uma grande obra de coral. Eu não sou boa em ler partitura, mas é muito emocionante. Na semana passada foi um réquiem alemão de Brahms, esta semana o réquiem de Mozart, e assim por diante. No final do ano apresentaremos *A paixão segundo São Mateus* por duas semanas. A abordagem me faz lembrar o jeito como os norte-americanos viajam na Europa: um dia em Paris, um dia em Londres, dois dias em Veneza, talvez.

Lucy também tem uma atividade especial, graças também a Tricia Holmes, cuja filhinha, Lizzie, tem mais ou menos a mesma idade. Lizzie e Lucy fazem balé juntas, de modo que as sapatilhas estão em uso novamente, e desta vez é de verdade, não ficar brincando com cantigas de ninar e livre expressão; mas sem lágrimas também. A professora é uma jovem norte-americana bastante séria. Minha reserva em relação a ela é que talvez esteja ensinando Lucy pelo método errado... Desde a última vez que escrevi recebemos outro migrante para encher um pouco o espaço nesta casa. Anna Zytkov, uma jovem astrofísica polonesa, mudou-se para cá até conseguir encontrar um lugar para alugar. Assim que ela chegou, sugeri um jogo de tênis, apesar de eu não ter jogado nos últimos anos. Mal havíamos começado a jogar quando Anna caiu e quebrou o tornozelo. Desde então, imobilizada, ela construiu a mais linda casa de boneca, toda mobiliada, com uma grande caixa de papelão para o aniversário de Lucy. É uma verdadeira obra de arte, tão delicada e criativamente trabalhada que faz com que os espalhafatosos artefatos plásticos que se vê nas lojas pareçam monstruosamente vulgares e malfeitos.

Teremos a casa cheia no Natal. Acho que Anna terá partido até então, mas, além de nós seis e Bernard, George Ellis vem para ficar uns dois dias, quando ele e Stephen voltarem de uma conferência em Dallas no dia 21; e no dia 23, Philippa Hawking chegará de Nova York, onde está trabalhando no momento.

Estaremos no aeroporto às cinco da manhã do dia 16 para buscar vocês! Estejam preparados para todas as atividades habituais de fim de ano na escola – Robert vai recitar a Batalha de Bunker Hill –, e para uma grande festa aqui no dia 21.

Com muito amor, até dia 16 de dezembro,
Jane

No início de dezembro, Stephen partiu com sua comitiva para a conferência de Dallas. Enquanto as crianças e eu estávamos sozinhas em casa, acordei uma noite e senti a cama e o chão tremendo debaixo de mim. Nossas instruções eram que devíamos correr para a varanda em caso de terremoto, mas eu estava apavorada demais para me mexer, literalmente petrificada. Quando por fim me recuperei, corri para cima para ver se as crianças estavam bem, e fiquei surpresa ao encontrá-las dormindo. Voltei para a cama, apaguei a luz e aconteceu de novo. Até o abalo secundário foi imenso, bem ao contrário dos pequenos tremores que sacudiam as janelas regularmente todas as tardes. No entanto, se houvesse terremotos no Natal, provavelmente não os teríamos notado (assim como Stephen não notou um grande terremoto na Pérsia, em 1962, porque estava atravessando o país de ônibus no momento e sofrendo de disenteria). Mamãe, papai, George Ellis e Stephen, de volta de Dallas, e a irmã de Stephen, Philippa, chegaram no meio das noites seguintes, e demos uma festa para quarenta ou mais amigos e colegas, que se divertiram tanto que ficaram até passadas as duas da manhã. Para provar, temos a foto de um físico idoso muito distinto, Willy Fowler, fazendo ioga no chão da sala de estar às duas da manhã, exatamente!

Dezesseis pessoas vieram para o jantar de Natal, o que significava que as crianças tinham uma audiência pronta para seu show de mágica. Robert ganhou um kit de mágica, e ele, com sua entusiástica assistente, alegrou-nos com sua bem-sucedida e inocente primeira tentativa com prestidigitação – diferente da dieta constante de charadas e pegadinhas, que nos deixou perplexos e manteve as crianças rindo em êxtase. O contraste entre sua semiprofissional estratégia de abertura – "se quiserem fazer perguntas, por favor, façam após o show, e não antes" – e a desordem de sua caixa de truques; seu prazer quando um truque dava certo e sua irritação reprimida quando sua assistente roubava a cena, para não falar de seu sorriso desdentado escancarado, foi tudo muito cativante.

Depois do Natal e do Desfile de Pasadena no dia de Ano-Novo, reunimos energia para levar a família a passar o dia na Disneylândia. As filas eram enormes e as crianças conseguiram ir a apenas duas atrações cada. Pegamos um ótimo lugar para ver o desfile da Disneylândia, ricamente produzido, mas até isso foi meio desastroso, porque foi a desgraça de Lucy terem lhe oferecido uma maçã da Malévola na seção da Branca de Neve. Ela ficou tão apavorada que se escondeu atrás de minha saia. Depois, no início do novo ano fomos de carro ao Vale da Morte, o parque do deserto, a trezentos quilômetros ao nordeste. Foi um grande alívio ter meus pais comigo para revezar ao volante, para ajudar a carregar Stephen e a cadeira de rodas – para não falar das baterias – para dentro do carro, e para manter as crianças entretidas enquanto eu cuidava dele. Ficamos impressionados com a estranha paisagem primitiva, uma área gigantesca onde o solo está repleto de dunas de areia aqui, crateras vulcânicas ali, e seixos e protuberâncias de rocha cor de areia em todos os lugares. Vastas planícies de sal abaixo do nível do mar é tudo que resta de um profundo lago glacial. Por todos os lados, o vale é cercado por montanhas acidentadas cobertas de neve, cujas diversas estratificações de inúmeros tons testemunham enormes convulsões geológicas na aurora dos tempos. No verão, o Vale da Morte é o deserto mais quente do mundo, quase desprovido de vegetação: só cactos, *atriplex hymenelytra* e a planta de creosoto sobrevivem entre suas rochas e pedras hostis, e só o pequeno e pré-histórico pupfish pode suportar a extrema salinidade de seus poucos e rasos riachos. Constantemente mudando de cor com o movimento do Sol, a paisagem é magnífica, mas não bonita. As tristes histórias dos pioneiros que tentaram cruzar o vale em 1849 e os restos da cidade fantasma dos sonhos dos garimpeiros de ouro, juntamente com a esterilidade e o silêncio do lugar, revestem-no de uma atmosfera ameaçadora e proibitiva. Minha mãe comentou como esses pioneiros devem ter sido dinâmicos, fortes e perseverantes, e acrescentou que não devemos ficar surpresos ao encontrar essas mesmas qualidades em californianos modernos, em especial nas mulheres, descendentes daqueles pioneiros.

Chegamos à casa e tivemos uma agradável surpresa. Já havíamos organizado uma pequena festa de despedida para meus pais, e foi uma feliz coincidência que na mesma ocasião pudemos celebrar o prêmio que Stephen e Roger Penrose receberam, a medalha Eddington da Real Sociedade Astronômica. Foi tudo muito prestigioso, mas nós não sabíamos ao certo o que significava, de modo que o anúncio foi uma total surpresa. No entanto, teve o efeito de lembrar Stephen de pagar sua assinatura atrasada. Lucy estava determinada a voltar para a Inglaterra com seus avós e empacotou sua maleta. Ficou tão indignada quando o avião decolou sem ela que tivemos de dar uma corridinha até o KFC mais próximo para acalmá-la.

Martin Rees – agora é presidente da Royal Society e professor do Trinity College, em Cambridge, mas em 1975 era simplesmente um dos nossos melhores, mais simples e mais amáveis amigos – havia concordado em aceitar nossos votos no referendo sobre a entrada britânica no Mercado Comum Europeu. É provável que tenha sido um total desperdício de tempo, visto que o voto de Stephen deve ter anulado o meu (Stephen tinha o hábito de fazer isso nas eleições). Em minha maneira de pensar, da Califórnia, a Grã-Bretanha parecia uma pequena ilha europeia, que faria bem de se estabelecer em seu lugar de direito no âmbito do mercado comum, em vez de se apegar às glórias do passado e à grandeza perdida. Felizmente, foi isso o que aconteceu, apesar da tentativa de Stephen de sabotar meu voto.

Enquanto isso, Stephen se preparava para todos os tipos de travessura. Como uma espécie de apólice de seguro, ele apostou com Kip Thorne que a constelação Cygnus X-1 *não* contém um buraco negro, porque ele sentiu que ia precisar de algum consolo na forma de uma assinatura de quatro anos da *Private Eye* se, na verdade, se provasse ser esse o caso. Kip, por sua vez, contentou-se com uma assinatura de apenas um ano da revista *Penthouse* se, como parecia provável, a Cygnus X-1 contivesse um buraco negro. Em contrapartida, Stephen estava fazendo contatos com os físicos de partículas, o que significava que seus interesses estavam se movendo muito além do horizonte de eventos no coração do buraco negro. Ele estava assistindo a palestras de dois eminentes físicos de partículas, Richard Feynman e Murray Gell-Mann, cujo comportamento cavalheiresco para com o outro escondia uma arquirrivalidade. Stephen estava presente quando Feynman apareceu na primeira de uma série de palestras de Gell-Mann. Notando Feynman na plateia, Gell-Mann anunciou que usaria sua série de palestras para realizar um levantamento sobre a atual pesquisa em Física de partículas, e procedeu à leitura de suas anotações em um tom monótono. Depois de dez minutos, Feynman se levantou e saiu. Para grande diversão de Stephen, Gell-Mann, a seguir, deu um suspiro e declarou: "Ah, bom, agora podemos continuar com as coisas de verdade!". E começou a falar sobre sua pesquisa recente na vanguarda da Física de partículas.

O inverno era assustadoramente evidente, porém chovia forte, às vezes por dois ou três dias seguidos. E então o sol voltava a brilhar em um céu azul e as nuvens se abriam diante das montanhas, revelando o esplendor dos picos que brilhavam com neve fresca.

A chuva subitamente trouxe a primavera para os desfiladeiros, que, tão marrons quando chegamos, estavam agora verdes e exuberantes, enquanto os acostamentos das estradas e as falésias à beira da praia agitavam suas flores silvestres: papoulas cor de laranja, tremoços azuis, girassóis e margaridas. Não deixamos que a chuva interferisse em nossas atividades. No aniversário de George Washington, em fevereiro, fizemos um passeio e voltamos várias horas depois, após dirigir quase seiscentos quilômetros – a distância mais longa que eu já dirigi em um dia. Subimos o gelado e enevoado monte Palomar até o maior telescópio do mundo, e atravessamos a secura escaldante do deserto de Anza-Borrego, onde uma grande quantidade de botões estava florescendo. Quando a mãe de Stephen e sua tia Janet vieram para passar o mês de março, pegamos o carro e fomos ao parque nacional de Joshua Tree, uma área desértica acima de três mil metros, onde a árvore-de-josué produz suas flores que parecem lírios. Em uma elevação menor há uma floresta de cactos apropriadamente chamados "*jumping chollas*" [cacto saltador]. Um deles pulou em mim, enfiando seus espinhos em minha perna; nada do que eu pensei em fazer em meu aniversário, em especial porque as crianças já haviam se sentado em meu bolo que estava na parte de trás do carro. Tia Janet, perita médica, veio para o resgate – de minha perna, não do bolo.

Em abril, Stephen recebeu a medalha de ouro Papa Pio XI de ciência, em uma sessão plena da Pontificial Academy. Parece que a ideia do Big Bang como ponto de criação chamou a atenção do Vaticano, e por fim Galileu encontrou um defensor quando Stephen, em seu discurso para a assembleia, fez um apelo especial para a reabilitação da memória do cientista – trezentos e trinta e três anos depois de sua morte.

Enquanto Stephen estava na Europa, as crianças, Annie Dicke e eu atravessamos de barco um mar muito agitado rumo à ilha de Santa Catalina. Naquela época a ilha era uma joia, intocada, livre de trânsito, mas o que mais nos impressionou foi a viagem que fizemos em um barco com fundo de vidro. A visão do mundo tranquilo e reluzente do fundo do mar, onde as algas cresciam a uma altura de seis metros, e os peixes, sem notar nossa presença, disparavam com uma graça arrebatada entre seus cardumes, deixou-nos encantados. Eu me perguntava como podíamos ser tão ignorantes da beleza silenciosa e misteriosa desse outro mundo que estava literalmente aos nossos pés e em nossas costas. Quando voltei à ilha de Santa Catalina, em 1996, ela havia perdido sua beleza original e o oceano era tão poluído sob a superfície como em terra. Essa mudança foi uma imagem poderosa do modo como nossa vida mudou nesse ínterim.

Quando esse ano na Califórnia chegou ao fim, senti que, embora tenha sido positivo e emocionante, de muitas formas, havia começado a definir uma fenda crescente entre nossa brilhante imagem pública e nossa triste face privada. Ele também me jogou de maneira brusca contra minhas próprias limitações. Aos três anos, Lucy poderia ter sido uma nadadora de costas, mas, aparentemente, eu era uma mãe muito retardada. Na América, nos primeiros dias de liberação feminina, uma mulher que não trabalhasse quando seu filho tinha dois anos era considerada um tremendo fracasso, inevitavelmente carente de "realização pessoal". Então, eu me joguei de cabeça em um ritmo louco de atividades. O fluxo interminável de visitas, a socialização frenética, os livros da biblioteca e, claro, as crianças, mantinham-me mais ou menos ocupada, distraindo minha mente do efeito desanimador que a vida na beira do vórtice Caltech tinha sobre quem não era um gênio científico internacional. A Caltech, o templo onde os devotos iam adorar no altar da ciência, em especial da Física, excluía todo o resto. O Wives' Club [Clube das esposas] lutava bravamente para entreter os cônjuges com viagens para lugares como o Museu J. Paul Getty e o ocasional concerto ou peça no teatro, mas havia um monte de esposas infelizes, descontentes, desmoralizadas pela obsessão total de seus maridos pela ciência.

Consegui evitar ser engolida pelo abismo Caltech, mas, mesmo assim, isso me fez questionar minha situação. Certo fim de semana em Santa Barbara, enquanto Stephen estava ocupado com discussões intermináveis com seu colega Jim Hartle, eu me sentei na praia, agasalhada contra o vento gelado, olhando para o mar, enquanto as crianças brincavam. Ao deixar correr a areia solta por entre meus dedos, eu me perguntei para onde estava indo minha vida. O que eu tinha para mostrar aos trinta anos? Eu tive filhos, "minhas bênçãos" como a querida Thelma Thatcher diria, e Stephen. Apesar de orgulhosa das realizações extraordinárias dele, eu não sinto que compartilhei seu sucesso – mas, ainda assim, tudo o que aconteceu com ele foi fundamental para mim, seja uma homenagem, o brilho de sua fama e glória, seja um daqueles ataques de asfixia com risco de morte que o pegava de surpresa. Eu o amava por sua coragem, sua inteligência, seu senso de ridículo e absurdo, e aquele seu terrível carisma que lhe permitia – e ainda permite – enrolar a maioria das pessoas, inclusive a mim, em volta de seu dedo mindinho. Então eu alcancei o que me propus a alcançar – dedicar-me a Stephen, dando-lhe a chance de realizar sua genialidade. Contudo, no processo, eu estava começando a perder minha identidade. Não podia mais me considerar uma hispanista, nem mesmo uma linguista, e sentia que não impunha respeito em lugar nenhum, nem na Califórnia nem em Cambridge. Talvez toda a frenética socialização e entretenimento tenha sido só minha maneira freudiana de dizer: "Por favor, notem-me também!".

Foi na Califórnia que pela primeira vez encontramos uma família em circunstâncias semelhantes às nossas. Os Ireland, David, Joyce e John, que viviam em Arcadia, a poucos quilômetros de Pasadena. Como Stephen, David era cientista de formação. Ele estudou e ensinou Matemática. Confinado a uma cadeira de rodas, ele também foi severamente incapacitado por uma doença neurológica e pouco podia fazer por si mesmo. Muito positiva nas atitudes, Joyce era uma pessoa organizada e cheia de energia e se casara com David com pleno conhecimento de sua doença. Stephen estava muito nervoso por conhecer os Ireland e eu lamentava sua ansiedade, queria protegê-lo, mas embora ele tenha ficado claramente abalado pela condição de David, conseguiu abrir um sorriso alegre, e juntos, mantivemos a brilhante fachada da normalidade. Fiquei imaginando o que os Ireland teriam pensado de nós. Talvez tenham admirado nossa determinação, mas a fachada não os enganou. Eles conheciam muito bem as batalhas e as lutas.

Em muitos aspectos suas batalhas espelhavam as nossas, mas havia uma diferença fundamental entre nós. A diferença era que sua abordagem da doença de David era bastante aberta – aberta para eles e para o mundo exterior, e não escondiam as dificuldades e a dor por trás de um sorriso corajoso. David registrou esse espírito de franqueza em um livro, escrito para se apresentar a seu filho, John, caso ele morresse antes que este nascesse ou tivesse idade suficiente para conhecê-lo. *Letters to an Unborn Child* é um autorretrato muito honesto e um relato comovente das batalhas a que David e Joyce foram submetidos. Também relata uma viagem de autoconhecimento quando David confronta seu grande fracasso, a ocultação de seu verdadeiro eu por trás de um exterior popular e jovial. Por meio de seu eventual trabalho como conselheiro, David descobriu uma fé reforçada no amor de Deus, um amor pessoal, incondicional, fora dos domínios do tempo e do espaço, e por meio dele ele pôde enfrentar o futuro sem medo ou rancor. O livro de David me ensinou que minhas frustrações chorosas, os ataques de raiva que eu tinha pelo descuido e a falta de consideração, em geral quando eu estava cansada além da minha resistência, eram todas as emoções válidas, uma vez que, nas palavras de David, "elas liberam os venenos que nos deixam doentes ou matam". Em contrapartida, de acordo com David, o autocontrole imperturbável, o ato de engarrafar emoções poderosas e reprimir as emoções dos outros é insalubre e perigoso. Fiquei impressionada com a ironia de descobrir essas verdades por meio das palavras de alguém que era, talvez, ainda mais portador de necessidade especial que Stephen, alguém que por meio do próprio sofrimento havia aprendido a estender a mão e ajudar outras pessoas.

Uma pessoa que também estendeu a mão a outras pessoas foi Ruth Hughes, organizadora voluntária do local de brinquedos e bicicletas infantis dos visitantes da Caltech. Refugiada dos nazistas, Ruth era notavelmente perceptiva e preocupada tanto comigo como com as crianças. Ela me surpreendeu quando fomos apresentadas dizendo que havia visto Stephen pela primeira vez no Athenaeum, o Caltech Faculty Club, e enquanto todo mundo elogiava sua coragem e seu brilho – em uma terra onde o sucesso é adorado e a insuficiência lamentada –, ela dissera a si mesma que devia haver alguém igualmente corajoso por trás dele, ou simplesmente ele não estaria ali. Ninguém nunca me havia dito nada assim antes, e me deixou desconcertada. Mais tarde, quando Stephen foi condecorado com a medalha do Papa, Ruth me deu de presente um broche de pérolas, porque, segundo ela, eu devia ganhar alguma coisa também.

— 2 —

EDIFÍCIOS

ANTES DE SAIRMOS DE CAMBRIDGE RUMO À CALIFÓRNIA, NO VERÃO DE 1974, EU SABIA que não voltaria à Little St Mary's Lane número 6, porque a casa era muito pequena para nossa família em crescimento e as escadas muito perigosas para Stephen, mas Cambridge tem muito poucas propriedades residenciais de fácil acesso ao centro da cidade, por isso a questão de para onde nos mudaríamos não foi facilmente resolvida. Embora nossa casa pudesse obter um preço bastante razoável no mercado, nós nunca poderíamos nos dar ao luxo de comprar uma casa maior, mais adequada, em qualquer lugar perto do Departamento, e por certo não na área da Grange Road, onde, antes do nosso casamento, Stephen se alojou. Dessa vez, no entanto, não tive escrúpulos de ir a Gonville e Caius College, que teve de engolir a refletida glória dos repetidos sucessos de Stephen, e seria improvável que nos tratassem com a mesma dura indiferença que haviam demonstrado nos anos 1960, quando éramos jovens, desconhecidos e lutávamos para fazer milagres para viver.

Eu soube que o tesoureiro não mais cuidava das admissões da escola. Felizmente, estavam a cargo do Reverendo John Sturdy, que havia sido nomeado decano pouco antes da introdução de Stephen como pesquisador, em outubro de 1965, e que com sua esposa havia nos ajudado desse momento em diante, sempre apoiando, sempre preocupada com as crianças, sempre profundamente solidária. John, um estudioso de hebraico, erudito, de outro mundo, com aparência de santo, era bem complementado por sua agitada e intensamente prática esposa, Jill. Naqueles primeiros anos, os Sturdy já tinham dois filhos e estavam esperando o terceiro, ao mesmo tempo em que eu esperava Robert. Ao longo dos quinze anos seguintes, eles adotaram mais nove, de todas as origens, cores e credos. Jill tinha licenciatura em Inglês, fez um curso de formação de professores e, a seguir, montou a própria escola para apoiar e educar sua família. No Natal, os Sturdy instituíram uma festa na Faculdade para os filhos de todos os membros e funcionários, fossem membros, funcionários da cozinha ou da limpeza. John Sturdy ou seu filho mais velho, John Christian, vestia-se de Papai Noel, e as crianças passavam bons momentos brincando ruidosamente do jogo da cadeira em volta da mesa dos membros.

Eu tinha certeza de que poderia contar com a simpatia de John. Mesmo assim, a velocidade de sua resposta foi surpreendente.

– Vocês já pensaram onde gostariam de viver? – perguntou, como se o leque de escolha fosse ilimitado, quando nos reunimos para discutir as perspectivas, em junho de 1974.

Achando meu pedido bastante desesperado, suspirei:

– Algum lugar na área da Grange Road, imagino.

– Bem – respondeu ele calmamente –, vamos olhar as propriedades da área e ver se há algo adequado para vocês.

Olhamos uma meia dúzia de casas, anteriormente casas de família que agora pertenciam à Faculdade, na zona oeste de Cambridge, na periferia da aldeia vitoriana de Newnham. Algumas eram muito distantes do Departamento de Stephen, algumas ficavam muito perto de ruas principais, barulhentas, e outras não eram suficientemente espaçosas no térreo para uma cadeira de rodas. Havia uma casa, no entanto, na West Road, perto de Backs, que imediatamente me chamou a atenção. Sólida e extensa, com uma autoconfiança vitoriana, plantada em grandes jardins ao lado da Harvey Court, um monstruoso condomínio que foi destaque da *Cambridge New Architecture* nos anos 1960. Nós já estávamos bem familiarizados com esses jardins, uma vez que havia sido o local das festas de aniversário de Robert todos os verões. Minha mãe chegava carregando um lindo bolo de aniversário decorado – às vezes em forma de trem, às vezes de carro, às vezes um forte –, e meu pai e eu organizávamos jogos e entretenimento suficientes para manter mais de uma dúzia de crianças pequenas ocupadas por duas horas, as mais exigentes duas horas de toda a agenda social, além das dedicadas à festa de aniversário de Lucy, que por ser no inverno, no mínimo era ainda mais desafiadora.

Com algumas modificações, o térreo da West Road número 5 poderia ser bem apropriado para nós, em especial porque tinha um número suficiente de quartos amplos e bem iluminados para acomodar toda a família, além de todas as outras instalações necessárias, deixando ainda espaço de sobra para festas para todas as idades. Era mais longe do Departamento que a da Little St Mary's Lane, mas não inconvenientemente longe, e quase à mesma distância da escola primária que Lucy ia frequentar. Os jardins ofereciam espaço para festas e jogos de todos os tipos – em especial críquete, praticado com a maior relutância no colégio St. Albans, mas agora vital para a correta criação de meu filho. A casa havia sido vagamente ameaçada de demolição no início dos anos 1970, eu me lembrava, quando o terreno onde estava havia sido indicado como possível localização de uma nova faculdade, o Robinson College. No entanto, o local era muito pequeno e a casa foi poupada.

E apenas cinco anos antes ou mais, a West Road número 5 havia sido um próspero hotel familiar, o West House Hotel, mas quando o contrato venceu, a Faculdade a retomou para usar como alojamento de estudantes. Os alunos haviam recebido carta branca para escolher suas próprias cores e, a antes vitoriana sala de jantar, agora tinha teto preto e paredes vermelhas. Isso não me incomodou, visto que a tinta era superficial e podia facilmente ser mudada. Eu estava muito mais impressionada com as dimensões da casa, por isso, no final do nosso passeio, optei por ela sem hesitação, secundariamente silenciando a facção da Faculdade que queria demolir qualquer edifício, incluindo a casa, que houvesse sido construído antes de 1960. As negociações correram sem problemas, e ficou acordado que quando voltássemos da Califórnia, em 1975, ocuparíamos o piso térreo. Em troca pelo aluguel, a Faculdade usaria nossa casa na St Mary's para os membros, uma vez que haviam relaxado suas regras e permitiam que os membros alugassem acomodações.

Durante nossa ausência, paredes divisórias foram erguidas na escadaria para separar os estudantes do térreo dos do andar de cima; o apartamento recém-criado foi todo redecorado, e rampas foram construídas na frente e nas portas do jardim. Dirigindo as operações da Califórnia, contei com o apoio de um jovem corajoso, Toby Church, que quando era estudante sofreu uma doença paralisante que o privou do poder de expressão e do uso das pernas. Toby utilizou seu conhecimento de engenharia para adaptar seu ambiente às suas necessidades para que pudesse cuidar de si mesmo – com uma pequena ajuda de enfermeiros – e também para construir sua própria invenção, o *lightwriter*, um pequeno teclado portátil com uma tela digital no qual ele podia digitar suas palavras. Infelizmente, a invenção não foi de muita ajuda para Stephen, visto que operar o teclado exigia muita destreza, e Toby não estava particularmente interessado em cadeiras de rodas elétricas, pois estava preocupado em manter seus músculos do braço em boa forma, impulsionando-se por aí com a própria força, mas como meu intermediário, Toby foi se impulsionando pelas ruas do oeste muitas vezes no decorrer do verão de 1975, e quando voltamos da Califórnia, foi um prazer entrar nesse ambiente encantador. Durante os dezesseis anos que a ocupamos, tínhamos ciência de nossa boa sorte de poder viver naquela casa. Os quartos eram enormes, de pé-direito alto, com molduras de gesso decorativas e rosas centrais delicadamente gravadas ao redor dos lustres. As altas janelas de guilhotina davam para um verdadeiro gramado inglês, emoldurado com coníferas cuidadosamente selecionadas e caducifólias: teixos de um negro ameaçador misturados com as claras folhas do salgueiro. Uma sequoia gigante – da Califórnia, evidentemente, uma muda recém-introduzida na Europa quando a casa foi construída – erguia-se acima do conservatório em ruínas em um canto do edifício, em comunhão com sua parceira, uma *Thuja plicata,* ou cedro vermelho ocidental, de altura comparável, na ponta do gramado. A velha macieira retorcida produzia fielmente suas flores e seus frutos com tanta abundância que a cada dois anos o solo debaixo dela ficava atapetado com um excesso de maçãs de outubro a dezembro. "Compota de maçã, de novo, não!", diziam em coro as crianças à mesa do jantar, enquanto o pai sorria em travesso conluio. A certa altura, ele decidiu que era alérgico a compota, mas isso não foi desculpa para que as crianças se safassem.

No verão pendurávamos uma rede, balanços e cordas de escalada nos galhos da macieira e ouvíamos o gorjeio dos filhotinhos de melro dentro do tronco oco. À esquerda da macieira, a plena vista da janela da sala de estar, jazia o gracioso limite herbáceo curvo, com seu cenário de árvores e arbustos floridos, lilases, amêndoas e espinheiros. Mesmo nas profundezas do inverno mais severo, a beleza do jardim ainda era mágica. Tarde da noite, depois de uma nevasca persistente, eu espreitava pelas cortinas pesadas e estremecia de espanto ao ver a transformação do úmido, marrom jardim de inverno exterior. A lua cheia no céu sem nuvens iluminava uma manta brilhante de neve, que cobria o gramado e as árvores com uma pureza encantada, deslumbrante. Em seu auge, o jardim devia ter sido uma visão esplêndida. Apesar das desenfreadas ervas daninhas e do solo velho dominante, ainda transmitia indícios de sua antiga glória em sua miríade de plantas perenes. Como as árvores, elas deviam ter sido plantadas como parte de um esquema global, talvez há um século, quando a casa foi construída. Tentei suplementar os esforços dos jardineiros superatarefados da universidade capinando e plantando um pouco, em uma tentativa de dominar as ervas daninhas. Jeremy Prynne, um colega de Stephen no programa e na biblioteca da universidade, aplaudiu meus esforços e propôs que fosse eleita para o comitê de jardinagem, pois, como ele observou, muitos dos seus membros não conseguiam distinguir um dente-de-leão de um narciso. No entanto, sua proposta foi rejeitada porque era inconcebível que um não membro, muito menos uma mulher, fosse eleito para um comitê universitário. A partir do momento de nossa chegada, no outono de 1975, a casa, assim como o jardim, prestou-se com entusiasmo para inúmeras festas. Eram festas de família, festas de aniversário e jantares de Natal. E também obrigações – eventos de angariação de fundos quando me voltei para o trabalho de caridade –, cafés da manhã e noites musicais, festas de departamentos, de início e final do ano letivo, recepções de conferências e jantares. No verão, havia chás (de novo, normalmente para conferências, em especial para cientistas norte-americanos e russos em visita) no gramado com sanduíches de pepino e croquet, e noites de folk, ceias de churrasco e festas com fogos de artifícios. Essas ocasiões eram divertidas e geralmente apreciadas, mas era um trabalho duro, pois eu não tinha ajuda nenhuma com o bufê até anos depois. Não era de surpreender que, às vezes, os acompanhantes não oficiais dos convidados oficiais, os puxa-sacos, me confundissem com uma empregada da faculdade (por causa do avental), e, condescendentes, pedissem outra taça de vinho ou outro sanduíche, com pouco respeito, não percebendo que eu era a anfitriã.

Parecia que vivíamos em um ambiente privilegiado, mas havia desvantagens. Apesar de nossa ocupação, a casa permanecia sob ameaça de demolição. Após a conclusão das reformas realizadas para nosso benefício, só trabalhos mínimos de manutenção eram autorizados. No inverno, o sistema de aquecimento central, baseado nos radiadores vitorianos originais, era pouco adequado quando o vento norte soprava neve pelas frestas das portas e janelas mal ajustadas. A certa altura as lareiras a gás, utilizadas para complementar os radiadores, soltavam mais fumaça nos quartos que a que mandavam pelas chaminés. A fiação consistia em uma combinação excêntrica de tomadas modernas encaixadas em fios antigos dos quais ninguém sabia a procedência.

Muito mais alarmante era que os tetos tendiam a cair ao chão com regularidade preocupante, apesar de meu pai, com sua catastrófica história de provocar o colapso gravitacional de mais de um teto, não estar por perto. Pela graça de Deus, o dano nunca foi mais que material. Certa noite de julho, em 1978, o teto da sala de estar desabou com um baque todo-poderoso em meio a uma nuvem de fuligem e pó de gesso, quebrando o aparelho de som em pedacinhos na sala embaixo e fazendo o lustre sair rodando. Felizmente, nós havíamos acabado de ir para a cama e as crianças estavam dormindo em segurança em seus quartos. Também por sorte, ninguém estava no banheiro quando, um pouco mais tarde, seu teto também desabou.

Do lado de fora, o telhado regularmente perdia suas telhas. Esse último risco foi corrigido graças a uma oportuna visita de Sua Alteza Real, o duque de Edimburgo, chanceler da Universidade de Cambridge, que foi retribuir a Stephen a visita privada de junho de 1982. Tínhamos tanto medo que uma telha esmagasse sua cabeça quando Sua Alteza entrasse pela porta da frente que pedi uma tela de proteção para pôr em volta das calhas. O recado foi dado e, uns meses depois, o telhado foi refeito. Graças à visita real também adquirimos novos acessórios para banheiro.

Nós não éramos os únicos moradores da casa, visto que ocupávamos apenas o andar térreo. Os estudantes, que tinham uma entrada separada, moravam nos andares superiores, e os ratos viviam nas profundezas escuras da adega entre equipamentos pertencentes ao University Caving Club. Os ratos passaram a manter distância depois que Lucy adquiriu um gato predatório, mas foi menos fácil atingir um *modus vivendi* satisfatório com os estudantes. Como indivíduos, eles eram um grupo tão deliciosamente amigável quanto se pode esperar, como descobrimos nas ocasiões em que os convidamos para um drinque, ou os encontramos no gramado no meio da noite, quando o intermitente defeito do alarme de incêndio acordava a casa toda sem motivo, mas, inevitavelmente, o estilo de vida dos estudantes, sua rotina e seus hábitos estavam muitas vezes em desacordo com os nossos. Houve ocasiões em que sua presença se fazia sentir de uma forma mais perceptível que apenas ruídos altos e solavancos na noite. Pelo menos uma vez por ano alguém deixava a água do banho correndo no banheiro lá de cima, bem acima de nossa cozinha. Da última vez que isso aconteceu, eu cheguei à casa na hora do almoço com quinze minutos de sobra antes da chegada prevista de uns primos de Stephen da Nova Zelândia. Ouvi o barulho de água correndo no momento em que virei a chave na porta e senti um cheiro de mofo quando atravessei o corredor até a cozinha. O piso já estava alagado e os melhores pratos e tigelas, prontos na bancada, coletavam poças sujas. Queijo, tomate, alface e pão nadavam em piscinas quentes e cinza, enquanto mais água caía pelo teto e escorria pela instalação elétrica...

Esses inconvenientes ainda não haviam chegado ao nosso conhecimento, no entanto, quando, em setembro de 1975, minha mãe e eu limpamos a casa da Little St Mary's antes de entregá-la à faculdade, e eu arranjei a remoção de nossas posses para West Road 5. Depois da Califórnia, nossas circunstâncias mudaram drasticamente. Tínhamos de voltar para a Inglaterra, para os alojamentos que pareciam mais com uma minimansão, ou um Master's Lodge, e Stephen tinha assegurado seu primeiro cargo oficial na Universidade, professor adjunto, uma vez que enquanto estávamos longe circulara um rumor em Cambridge de que estávamos pensando em ficar na Califórnia para sempre. Imediatamente, o velho adágio bíblico sobre um profeta sem honra no próprio país se provou verdadeiro, e o cargo de professor adjunto, que mais tarde seria substituído por uma cátedra própria, materializou-se. Longe de querer que Stephen fosse, como previra antes um professor antigo, a Universidade estava realmente impaciente por seu retorno.

O cargo de professor adjunto trouxe consigo os serviços tão necessários de uma secretária – sob a forma de Judy Fella, que introduziu uma nova vitalidade e um glamour nada costumeiro aos reinos monótonos do Departamento de Matemática Aplicada e Física Teórica. Judy trabalhou para Stephen por muitos anos, com lealdade e eficiência incansáveis. Finalmente havia alguém para assumir a administração de sua vida oficial na Inglaterra, assim como Polly Grandmontagne havia feito na Califórnia. Ela digitava suas dissertações, incluindo os hieróglifos, cuidava de sua correspondência, organizava suas conferências, suas viagens, requisitava seus vistos, coisa que passou a ser uma ocupação em tempo integral, visto que ele era agora muito mais procurado, com status de celebridade.

A América não era a única na adulação do sucesso. De uma forma mais discreta, camuflada em uma respeitabilidade tímida, a mesma atitude prevalecia na Grã-Bretanha. Com medo de ser superadas na luta por reconhecer a brilhante estrela científica que cruzava seus horizontes, sucessivas instituições científicas se revezavam em premiar Stephen com suas medalhas de maior prestígio. Em muitas ocasiões ao longo dos anos que se seguiram, meus pais foram a Cambridge a tempo de pegar as crianças na escola, enquanto eu pegava Stephen no Departamento, carregava-o e à cadeira de rodas até o carro, e íamos a algum elegante hotel londrino – o Savoy, o Dorchester ou o Grosvenor – onde o jantar de apresentação aconteceria. Às vezes nos hospedavam durante a noite, o que aliviava a pressão sobre mim, visto que eu era motorista, enfermeira, manobrista, copeira e intérprete, bem como acompanhante-esposa, tudo ao mesmo tempo. Quando, por fim, todos os obstáculos que se interpuseram entre o estilo de vida de Cambridge e o deslumbrante cenário social de Londres haviam sido superados, nós aparecíamos, sempre atrasados, em traje de gala – completo, com a gravata-borboleta que Stephen fazia questão – no cintilante salão de baile ou na sala de jantar para ser saudados pela nata da intelectualidade científica, pares do reino e dignitários variados. Todos muito elegantes e suas esposas muitas vezes eram gentis, mas, para mim, tudo parecia tão velho, mais velho que meus pais: não eram o tipo de pessoas que eu provavelmente encontraria na rua ou na porta da escola, onde meus verdadeiros amigos estavam. As mesmas pessoas, e os membros mais afetados da celebridade londrina, também apareciam em outras ocasiões sociais notáveis no calendário científico, particularmente a *Conversazioni*, reuniões noturnas no verão na Royal Society, onde ricos e famosos se acotovelavam na fila de bebidas e canapés, enquanto os expositores, que guardavam suas exposições cuidadosamente preparadas, esperavam com paciência que a audiência tagarela mostrasse algum interesse por sua meticulosa investigação.

O glamour artificial dessas ocasiões era ao mesmo tempo divertido e irritante. Enquanto eu me divertia, tinha inevitável consciência das horas seguintes. Não haveria cocheiro para nos levar de Londres para casa depois da meia-noite, ou para ajudar a pôr Stephen na cama, e na manhã seguinte estaríamos de volta à nossa rotina. Eu vestiria Stephen, daria seu café da manhã, seus comprimidos e seu chá, depois limparia a casa e lavaria duas ou três máquinas de roupa antes de descascar as cebolas e as batatas para a próxima refeição. Do outro lado da rua, a torre da biblioteca da universidade pairaria acusadora, uma lembrança silenciosa, mas eloquente, de minha tese negligenciada. Não haveria sapatinho de cristal, embora pudesse haver uma medalha de ouro reluzente, descansando em uma almofada de cetim e veludo, para nos lembrar que a noite anterior não havia sido apenas um sonho passageiro. Até as medalhas desapareciam de vista depois de um dia ou dois. Como a casa estava sujeita a ocasionais e oportunistas roubos mesquinhos – bolsas roubadas no hall, bicicletas roubadas na varanda –, as medalhas tinham de ser levadas para o cofre do banco, e raramente voltavam a ser vistas.

— 3 —

TESOURO ENTERRADO

A REALIDADE DA VIDA COTIDIANA SEMPRE COMEÇAVA NA NOITE ANTERIOR, QUANDO, depois de dar a Stephen seus medicamentos e colocá-lo na cama, eu preparava as coisas para o café da manhã das crianças. Por fim, o entusiasmo de Robert para se levantar cedo encontrou seu verdadeiro propósito, pois ele era confiável para fazer o próprio café da manhã e supervisionar Lucy também. De manhã, eu tirava Stephen da cama, vestia-o e lhe dava uma xícara de chá e suas vitaminas matinais, antes de levar Lucy para a escola na garupa de minha bicicleta. Quando voltava, geralmente carregada de compras, dava o café da manhã a Stephen e atendia às suas necessidades pessoais antes de ele ir para o trabalho. Depois da liberdade que ele havia usufruído na Califórnia, Stephen não estava mais no espírito de suportar as frustrações de empurrar uma cadeira de rodas e solicitara ao Departamento de Saúde um modelo elétrico, veloz, uma vez que, de acordo com a propaganda, esses aparelhos estavam disponíveis gratuitamente. No entanto, a verdade não tinha muito a ver com as promessas da publicidade. Toda a força da considerável persistência e obstinação de Stephen não foi suficiente para fazer que os grisalhos funcionários desse departamento governamental concedessem sua requisição, com medo de criar um precedente que abriria as comportas para os semelhantes pedidos. Disseram-lhe que ele poderia apresentar um novo pedido de um carro de três rodas, com bateria, que ele não tinha força para controlar; ou, de fato, de uma cadeira de rodas elétrica – mas só o modelo lento, projetado para uso em ambientes internos, como a que ele já tinha no instituto, comprada por um fundo filantrópico. Perdemos horas argumentando pela cadeira mais rápida, sem sucesso. Era demais para a Previdência Social. Ela havia contribuído tão pouco para nosso bem-estar que se poderia supor que seu objetivo era, na verdade, evitar que as pessoas com necessidades especiais trabalhassem em sua capacidade máxima e, consequentemente, atuassem como contribuintes para o erário nacional. Um punhado de pílulas de vitamina sob prescrição médica parecia ser o melhor que podiam oferecer, com o mínimo apoio físico, prático, moral ou financeiro.

Ficamos ainda mais dependentes de parentes, estudantes e amigos na batalha diária para funcionar como uma família. Stephen adquiriu a cadeira de rodas que ele queria graças a fundos filantrópicos, não ao Serviço Nacional de Saúde – e discretamente acompanhado por um estudante, ia trabalhar todas as manhãs. Sua rota o levava através do King's College, onde delfínios e campânulas brancas florescem no inverno e narcisos, na primavera, atravessando o rio sobre a ponte corcunda, e fora da faculdade, por uma entrada lateral, até sua sala no Departamento, do lado oposto da Silver Street. O fato de Stephen por fim poder desfrutar o direito humano básico de se mover livremente, como, quando e onde escolhesse não foi resultado de nenhuma disposição ou benefício do governo; foi resultado apenas de seu trabalho e do próprio sucesso na Física.

O transporte das crianças era outro problema. Eu levava Lucy para a escola na garupa de minha bicicleta todas as manhãs, mas a escola de Robert ficava a uma distância maior. Graças a um parente recém-chegado de Cambridge, John Stark, Robert chegava à escola no horário. Jean e John Stark e seus dois filhos haviam ido para Cambridge de Londres no início dos anos 1970, quando John assumira o cargo de médico torácico no Hospital de Addenbrooke; eles haviam se mudado para a casa que Fred Hoyle havia construído para si mesmo uma década antes. John gentilmente pegava Robert no caminho para o trabalho, e o deixava junto com seu filho, Dan, na Perse Preparatory School. Eu retribuía a ajuda de Stark pegando os meninos à tarde e levando Dan para casa. De vez em quando, eu entrava e conversava com Jean, enquanto as crianças brincavam. Formada pela Escola de Economia de Londres, ela achava as atitudes chauvinistas do sexo masculino prevalentes em Cambridge, e sua dominação de todas as esferas da vida da Universidade, desanimadora. Compartilhávamos nossa frustração com um sistema que nos educara para competir com os homens até a idade de vinte e um, vinte e dois anos, e depois sumariamente nos consignava a um status de segunda classe. Nem por um momento nos lamentávamos de nossos papéis como esposas e mães, mas nos ressentíamos da baixa estima que a sociedade, em especial a de Cambridge, concedia a essas funções essenciais.

Foi Jean quem insistiu que eu devia trabalhar em minha tese de novo, mas achei tolo sequer pensar na possibilidade de um empreendimento tão desesperador, que havia sido uma presença em minha vida, às vezes bem-vinda, às vezes ressentida, quase dez anos antes. Eu havia terminado só um terço do projeto, embora houvesse acumulado grande quantidade de material, e não poderia sequer imaginar terminá-lo. O único tempo livre que eu tinha era o escasso período entre a saída de Stephen ao meio-dia e uma rápida passada nas lojas no início da tarde antes de pegar Lucy na escola às três e quinze – duas horas e meia, no máximo. No entanto, graças à insistência de Jean – e ao extraordinário exemplo de Henry Button, um dos antigos colegas de Serviço Civil de meu pai que havia começado sua pesquisa sobre o *Minnesänger* alemão em 1934 e o concluíra já aposentado, quarenta anos depois –, a perspectiva começou a parecer menos ridícula.

Como as três áreas e os períodos de minha pesquisa estavam tão claramente definidos, o retorno à tese foi menos exigente do que eu temia. Eu já havia documentado minhas ideias sobre as primeiras composições líricas, as *kharjas* moçárabes, e poderia então voltar minha atenção para a segunda área de floração lírica medieval – a Galícia, o canto noroeste da Península Ibérica. Ali a linguagem era mais parecida com o português que com o castelhano, e a cidade de Santiago de Compostela havia alcançado fama internacional e sucesso comercial por causa do santuário de Santiago, cujo caixão, de acordo com uma lenda local, havia sido lavado nas costas da Galícia em 824. Por volta do século XIII, as canções dos trovadores galegos substituíram a declinante poesia de Provença como o divertimento favorito na corte castelhana, e sua composição se desenvolveu como mais uma das indústrias de grande escala desse notável rei, Afonso X, o Sábio. Entre muitas composições díspares há um grande grupo, as *cantigas de amigo*, que consistem em canções de amor manifestadas por mulheres e que contêm muitos dos temas e das características dos *kharjas* – os amantes muitas vezes se encontram na madrugada, a garota confia em uma figura materna ou em suas irmãs, o amante muitas vezes é ausente. Também apresentam elementos folclóricos no estilo e na linguagem que parecem remontar aos antecedentes tradicionais. Naquelas poucas horas à minha disposição todos os dias, era minha tarefa filtrar os elementos tradicionais das 512 *cantigas de amigo*, avaliar as características estilísticas e linguísticas importantes que compartilhavam com os *kharjas*, comparar sua língua com a aprendida de seus precedentes clássicos ou bíblicos e situá-las em um contexto europeu mais geral.

Encontrei muitas semelhanças entre as *kharjas* e as *cantigas de amigo*, que eram possivelmente o resultado de migrações moçárabes do norte, longe de ondas posteriores de fanática opressão árabe. Também encontrei diferenças marcantes: as cantigas não contêm nada do nítido brilho das imagens *kharjas* ou nenhum senso de antecipação urgente. As imagens derivam do fundo natural de montanhas e riachos do canto norte-ocidental da Península, expostos à turbulência dos ventos do Atlântico, e se identificam com as emoções dos protagonistas. Poetas cultos teriam deduzido alusões clássicas e bíblicas para essas imagens de ventos e ondas, árvores, montanhas e riachos, onde cervos iam perturbar as águas. Contudo, muito mais persuasiva na busca das origens dessa poesia é a influência de um passado pagão distante, velado nas brumas de um tempo muito mais anterior às confiantes certezas cristãs dos *kharjas*.

A garota, intimamente identificada com a beleza e a brancura da madrugada, acorda cedo e vai lavar túnicas no riacho, uma correnteza dedicada, talvez, a um dos antigos deuses da fertilidade celtas ou deusas da Galícia, cujas pedras e inscrições ainda sobrevivem:

Levantou-s' a velida,
levantou-s' alva,
e vai lavar camisas
em o alto:
vai-las lavar alva.

Em alguns desses poemas ela é interrompida pelas brincadeiras burlescas do vento – em termos pagãos, o veículo de espíritos malignos. Em outros, pelo cervo da montanha. O cervo que agita a água é um símbolo tanto da presença do amante quanto de sua atividade apaixonada, mas esconde qualquer referência explícita à sexualidade:

Passa seu amigo
que a muit' ama;
o cervo do monte
volvia a augua
leda dos amores'
dos amores leda.

A aparência do cervo na fonte como uma reminiscência bíblica recorda o Cântico dos Cânticos e os Salmos, mas, em nível popular, poderia muito bem ser um vestígio dos persistentes ritos de fertilidade pagãos condenados por vários bispos escandalizados nos séculos IV e V – muitos dos poemas transmitiam uma desolação e uma melancolia que os diferenciava do brilhante imediatismo dos *kharjas*. Eis aqui os obstáculos ao amor verdadeiro, inconstância, infidelidade e rejeição, bem como as realidades práticas da guerra ou da convenção social, e encontram expressão por meio de árvores, pássaros e fontes. Examinando o deserto emocional em que sua vida se transformou, a garota apaixonada chama seu amante negligente, lembrando-lhe como os pássaros costumavam cantar a seu amor. Ela o acusa de destruir a paisagem do amor deles com sua crueldade. O refrão repetido, *leda m' and' eu*, expressa seu anseio pela felicidade que perdeu.

Vós lhi tolhestes os ramos en que siian
e lhi secastes as fontes en que bevian;
leda m' and' eu.

Embora o retorno à tese tenha reavivado meu moral intelectual, era um trabalho solitário, sentada a uma mesa na biblioteca, cercada por livros amarelados, tentando avaliar a importância relativa de cada uma das inúmeras influências que contribuíram para a composição desses poemas. A atitude de Stephen em relação aos estudos medievais não havia amadurecido com os anos. Em sua opinião, eles ainda eram tão inúteis quanto pegar pedrinhas na praia. O seminário medieval, anteriormente uma fonte de encorajamento e entusiasmo, havia sido dissolvido; minha ligação com o Departamento de Espanhol de Cambridge nunca havia sido mais que tênue, e apesar de minha mãe ainda lealmente cuidar das crianças nas tardes de sexta-feira, eu me sentia isolada dos seminários de Londres.

As vozes plangentes das cantigas enchiam meu mundo interior e me acompanhavam em minhas atividades solitárias. Eles estavam comigo quando cuidava de meus afazeres domésticos, ocupavam minha mente enquanto eu dava a Stephen suas refeições intermináveis – pequenos cubinhos, colher por colher, bocado por bocado – e sempre que um momento oportuno, ainda que breve, se apresentava, eu corria para minha mesa à janela da sacada da sala e anotava algumas coisas, algumas ideias, algumas referências. Contudo, estudar as músicas, anotá-las, analisá-las não era suficiente. Apaixonadamente, eu queria ser capaz de expressar eu mesma essas emoções por meio da música, a música de qualquer período. Depois de minha introdução à música vocal na Califórnia, eu desejava ser capaz de cantar bem. Técnica vocal era portátil, ao contrário do piano, e podia ser praticada em qualquer lugar, a qualquer momento, mesmo à frente da pia da cozinha.

Embora o desprezo de Stephen pelos estudos medievais fosse implacável e sua devoção à grande ópera, especialmente Wagner, continuasse inabalável, ele incentivava meu novo interesse. Uma vez por semana ele e um estudante voltavam para casa mais cedo para cuidar das crianças, para que eu pudesse sair por uma hora e fazer uma aula noturna de técnica vocal, ministrada por um distinto barítono, Nigel Wickens, que era ao mesmo tempo professor de canto e artista. Sua figura alta, ereta, fazia-se mais imponente por seu crânio abobadado, e no contato inicial não era nem um pouco intimidante, em especial por causa da precisão exagerada de sua dicção. Isso, no entanto, era apenas uma das características de sua personalidade expansiva. Bem versado nas artes da performance, ele podia manter sua classe em sujeição reverente em um minuto, e no próximo levá-la ao riso convulsivo. Um verdadeiro mago musical, Nigel abria sua caixa de truques a cada semana e revelava uma riqueza de cintilantes pedras preciosas, exibindo todos os tons e as cores do espectro emocional e encapsulando o rico legado de uma sucessão de gênios musicais: Schubert, Schumann, Brahms, Fauré, Mozart... Gênios cujas músicas tocavam o interior, alcançando o âmago da alma, expressando esperanças e medos, tristeza e uma sensação de tragédia para a qual só palavras eram inadequadas. Às vezes, a tristeza das canções e o sentido mal definido de desejo que evocavam eram tão dolorosos que chegavam a ser insuportáveis. Depois de algumas aulas, eu sabia que queria aprender a cantar corretamente, treinar minha voz partindo do zero e criar meu próprio instrumento.

4

UM JOGO DE TABULEIRO

Bem adaptado ao novo ambiente e seguro em seu emprego na universidade, Stephen foi mudando de direção na Física, virando as costas para as leis macrocósmicas da relatividade geral e mergulhando cada vez mais na mecânica quântica – as leis que operam no nível microcósmico da partícula elementar, a Física dos quanta, os blocos de construção da matéria. Essa mudança, que foi uma consequência tanto de sua pesquisa sobre o buraco negro quanto de seus contatos com os físicos de partículas na Califórnia, foi atraindo-o a uma nova busca; a busca por uma teoria quântica da gravidade que ele esperava que conciliassem as leis de Einstein da relatividade geral com a Física da mecânica quântica. Einstein havia desconfiado profundamente da teoria da mecânica quântica, desenvolvida por Werner Heisenberg e Niels Bohr, em 1920. Ele desconfiava dos elementos de incerteza e aleatoriedade implícitos nesse avanço científico porque minavam sua crença na natureza maravilhosamente bem ordenada do universo. Ele expressou essa aversão à força a Niels Bohr, dizendo que "Deus não joga dados com o universo.".

As origens do universo dominaram minha imaginação durante toda a minha vida de casada e antes disso. Minha mãe costumava apontar as constelações, cintilantes contra a clareza brilhante não poluída do céu noturno de Norfolk quando Chris e eu éramos crianças. Ainda nos anos 1970, a iluminação terrestre era escura o bastante para que Robert, Lucy e eu fôssemos capazes de olhar para o céu à noite e nos maravilhássemos com a remota beleza das estrelas como lantejoulas que brilham na escuridão. Podíamos especular sobre distâncias imensuráveis e intervalos de tempo incompreensível e admirar o gênio – pai deles e meu marido – que podia transformar esse infinito espaço e tempo em equações matemáticas e logo em seguida decorá-las – como se, de acordo com Werner Israel, estivesse compondo uma sinfonia inteira de Mozart na cabeça. Essas equações tinham a chave para muitas questões sobre nossas origens e nossa posição no universo, não menos que para a questão mais importante da natureza de nosso papel como minúsculos habitantes de um planeta insignificante que gira em torno de uma estrela comum nos confins de uma galáxia normal. Essas perguntas apelavam à minha imaginação, mesmo sendo meu conhecimento sobre Física e Matemática apenas rudimentar. Em contraste, as colisões de partículas invisíveis, principalmente quando essas partículas não eram apenas invisíveis, mas imaginárias, não despertavam meu interesse com a mesma paixão que a extraordinária viagem mental através de bilhões de anos-luz até o início do espaço e do tempo. E tenho de confessar, nem o conjunto de cientistas com quem Stephen se associava agora me atraía. Em geral, os físicos de partículas eram um bando seco e obsessivo de cientistas pouco preocupados com o contato pessoal, mas muito preocupados com as próprias reputações científicas. Eles eram muito mais agressivamente competitivos do que os descontraídos e amigáveis relativistas com quem nos havíamos associado no passado. Eles assistiam às conferências e compareciam aos eventos sociais organizados em sua homenagem, mas, além de um punhado de russos fervorosos e joviais, suas personalidades deixavam uma impressão muito pouco duradoura. No meio desse pântano cinzento era um prazer ocasional ver os rostos daqueles cultos, articulados e encantadores velhos amigos dos tempos da relatividade – os Israel, os Hartle, Kip Thorne, George Ellis, os Carter e os Bardeen.

Pelo menos o mais famoso físico quântico de todos eles deixou uma impressão duradoura, embora fosse taciturno. Paul Dirac, um físico de Cambridge, que em 1920 havia reconciliado a mecânica quântica com a teoria especial da relatividade de Einstein e, em 1933, ganhado o Prêmio Nobel, era considerado uma figura lendária na Física. Stephen e Brandon se consideravam netos científicos de Dirac, tendo em vista que o supervisor deles, Dennis Sciama, havia sido supervisionado por Dirac. Eu fui apresentada a Dirac e sua esposa, Margit Wigner, irmã de um distinto físico húngaro, em Trieste, em 1971. Dizia-se que quando Dirac apresentou Margit a um colega logo após o casamento, ele não disse "esta é minha mulher", e sim "Esta é a irmã de Wigner". Depois que Paul se aposentou, em 1968, da cátedra lucasiana – cadeira de Newton –, os Dirac se mudaram de Cambridge para a Flórida, onde ele se tornou professor emérito. Contava-se que Dirac uma vez havia visto sua esposa tricotando uma peça de roupa. Quando ela chegou ao fim da carreira, seu marido, que havia descoberto a teoria matemática do tricô, imediatamente a instruiu a como virar as agulhas e "laçar" a próxima carreira.

Os Dirac nos visitaram uma tarde em Cambridge. Margit não era muito diferente de Thelma Thatcher em seu porte aristocrático. Com seu cabelo castanho fluido, porém, tinha uma personalidade ainda mais incontrolável, descontraída e dotada de uma facilidade natural de conversa que contrastava muito com o silêncio do marido. Enquanto estávamos sentados tomando chá no gramado, ela falou sobre suas viagens, sua família e sua casa na Flórida, e admirava as crianças, conversando com elas livre e abertamente enquanto o marido ouvia e observava. Margit mais que compensava seus períodos de taciturnidade, atribuídos à pressão aplicada sobre ele por seu pai, um professor suíço, que só lhe permitiria falar em francês impecavelmente em casa quando criança, em Bristol. Ela sempre falava pelo marido, assim como eu muitas vezes me vi atuando como porta-voz de Stephen, em especial quando o assunto não dizia respeito à Física. Stephen e Paul Dirac não eram diferentes no fato de ambos serem homens de poucas palavras que preferiam pôr suas bem consideradas declarações a serviço da Física ou à vitória em uma discussão sinuosa. Contudo, em um aspecto particular eles se diferenciavam drasticamente.

Na semana de sua estadia em Cambridge, Margit Dirac telefonou convidando-nos ao balé no Arts Theatre. Hesitei, sabendo muito bem que Stephen não ficaria muito satisfeito em passar uma noite assistindo *Coppélia*, mesmo na companhia de um dos cientistas mais famosos do mundo.

– Não, não, querida, não é a ele que estamos convidando! – exclamou Margit enfaticamente em resposta às minhas desculpas em nome de Stephen. – Paul quer que você venha conosco!

Os desejos de Paul não admitiam mais hesitações. Duas noites depois, fui com eles ao teatro, um pouco surpresa ao descobrir que Paul realmente estava lá também, porque eu suspeitava que ele partilhasse o desprezo de Stephen pela dança que eu tanto amava. Eu estava errada: ele parecia apreciar a performance tanto quanto qualquer outra pessoa. Apesar de sua taciturnidade, ele e Margit exalavam uma tranquilidade reconfortante, fazendo que eu me sentisse muito bem-vinda, e por uma noite eu não era obrigada a fazer nada, muito menos me preocupar se meus acompanhantes estavam se divertindo.

Em casa, a rotina ficou mais fácil quando um novo aluno de pós-graduação de Stephen, Alan Lapedes, de Princeton, concordou em ir morar em nosso quarto de hóspedes e, como Bernard na Califórnia, ajudar com as tarefas mais custosas, em especial levantar Stephen. Reservado e autossuficiente, Alan era um ajudante que não reclamava, mas eu estava preocupada de explorar sua boa vontade, uma vez que, junto com outros colegas, muitas vezes ele ajudava no cuidado diário de Stephen no Departamento também. Na verdade, os problemas com conforto físico de Stephen eram consideráveis agora, pois, como manda o figurino, ele se recusava a recorrer a quaisquer medidas paliativas e muitas vezes nos mantinha presos em casa nos fins de semana. Durante a semana isso era uma fonte permanente de ansiedade e frustração, apesar dos esforços da última assistente de Constance Willis, Sue Smith; ela tentou fazê-lo praticar mais exercícios regulares endireitando seu corpo e ajudando-o a percorrer o trajeto do corredor sustentado por um ajudante de cada lado. Por mais que Sue, com seu contagiante sendo de humor nortista, divertisse Stephen contando-lhe todas as fofocas, em sua própria forma de entretenimento, ela nunca pôde convencê-lo a se dedicar a seus exercícios mais que as duas horas de suas visitas a cada semana. “Agora você vai fazer, não vai? Por mim?”, ela implorava, mas ele simplesmente a deliciava com um de seus mais encantadores sorrisos de esfinge.

O fato é que como Stephen era sedentário durante todas as horas de vigília, seus membros ficaram muito prejudicados pela doença e a falta de exercícios. Para quem via de fora, as vantagens mecânicas da cadeira de rodas elétrica e a independência que conferia escondiam a verdadeira extensão dos estragos da ELA – porque ele conseguiu ganhar bastante liberdade, girando para lá e para cá atravessando o rio, indo e voltando do Departamento. Qualquer obstáculo no caminho desse veículo revolucionário, no entanto, precisava da assistência não só de um homem vigoroso, mas de dois ou três para levantar seus cento e vinte quilos para passar um trecho íngreme ou para subir um lance de escadas. Se, quando saíamos juntos à noite, encontrássemos um único degrau, estávamos em apuros.

Ao contrário de mim, Stephen, surpreendentemente, em geral pegava as inúmeras doenças mais simples que as crianças traziam da escola para casa. Ele mantinha um apetite saudável e uma constituição robusta, orgulhando-se de nunca perder um dia de trabalho. Gente de fora não tinha noção, no entanto, de como seu corpo havia se tornado dolorosamente emaciado, nem era comum que testemunhassem os ataques horrendos de asfixia que apareciam na hora da ceia e duravam até a madrugada, quando então eu o embalava nos braços como uma criança assustada, até que os sibilos diminuíam e sua respiração entrava no ritmo fácil do sono. Tentamos evitar esses ataques experimentando diferentes dietas, primeiro eliminando o açúcar, a seguir os produtos lácteos, e, por fim, o glúten, a proteína da farinha que dá liga a pães e bolos. Eram todos suspeitos de irritar a hipersensível mucosa de sua garganta. Embora as crianças e eu continuássemos a comer pães e bolos, e cozinhar sem açúcar não tenha sido difícil, o desafio da culinária sem glúten na década de 1970 – muito antes do advento dos produtos "livre de" nas prateleiras dos supermercados – exigiu alguns ajustes importantes na cozinha, pois farinha sem glúten naqueles dias era um pesadelo culinário. Mesmo assim, o desafio era infinitamente preferível a esses terríveis ataques de asfixia com risco de morte.

Bem quando achávamos que havíamos escapado do pior dos males do inverno, a primavera de 1976 nos esperava com uma série de pegadinhas cruéis que fizeram dela uma pista com obstáculos parecida com um tabuleiro do jogo Rampas e Escadas, mas com muito mais rampas que escadas e com os dados viciados para cair sempre nas primeiras. Em 20 de março caímos na primeira rampa do tabuleiro, quando Lucy pegou catapora. Essa banal, mas chata, doença certamente era mais bem superada na primeira infância que aos vinte anos, como eu sabia por minha própria experiência quando estudante em Valência. Na segunda-feira seguinte, 22 de março, a pobre Lucy estava miseravelmente coberta de manchas vermelhas, exigindo toda a atenção que eu pudesse lhe dar dia e noite. Quanto à catapora, nós não éramos diferentes de nenhuma outra família com crianças pequenas, mas as similaridades acabavam aí. Foi uma sorte Lucy ter se recuperado rapidamente ao longo da semana, visto que o próximo lance de dados nos arremessou direto para uma rampa muito mais íngreme.

No sábado de manhã todos nós acordamos com dor de garganta, e no dia seguinte, Alan e Stephen estavam nitidamente mal. As gargantas inflamadas foram acompanhadas por uma febre alta. Inerentemente desconfiado da profissão médica, ainda ressentido por causa do terrível tratamento que recebera em 1963 no momento do diagnóstico, e com a mesma fobia de hospitais que eu tinha de avião, Stephen me proibiu de chamar um médico, mesmo ele não conseguindo comer nem beber e tossindo cada vez que respirava. No dia seguinte, em desespero, liguei para o médico de plantão, mas Stephen balançava a cabeça rejeitando furiosamente todas as suas sugestões de medidas paliativas, como xarope ou qualquer tipo de supressor da tosse, porque ele havia formulado uma teoria segundo a qual essas medidas, ao suprimir seus reflexos naturais, podiam ser mais perigosas que a própria tosse. Efetivamente, ele havia se tornado seu próprio médico e estava convencido de que sabia mais sobre sua condição que qualquer membro da classe médica. A mãe de Stephen, que havia ido para o chá da tarde no domingo, ficou conosco, e juntas cuidamos de Stephen durante uma noite bastante conturbada. No dia seguinte – meu aniversário –, apesar de muito doente, pálido, magro e torturado pela asfixia, Stephen ainda se recusou a me permitir buscar ajuda, até o final do dia, quando, como uma grande concessão de aniversário para mim, ele me deixou chamar o médico. Quando por fim o doutor Swan teve permissão para pôr os pés na casa, às 19h30, sua reação foi pragmaticamente simples: ele chamou uma ambulância imediatamente, tranquilizando Stephen dizendo que ele estaria em casa de novo em dois dias.

Certamente foi providencial que, naquele mais negro momento quando chegamos para a internação – com Stephen pensando que estava prestes a ser confinado a uma maldita cela, e eu, na angústia da incerteza, impotente, acariciando seu braço –, o som de uma voz familiar, confiante e autoritária surgisse da sala dos médicos. Pertencia a John Stark, o médico torácico que levava Robert para a escola todos os dias. Stephen não podia deixar de respeitar John como amigo, fosse qual fosse sua opinião sobre os médicos em geral, e eu estava muito feliz por encontrar alguém com autoridade que pudesse tomar conta da situação sem exigir longas explicações; alguém com competência médica para me aliviar da responsabilidade impossível de cuidar de um paciente muito doente sem ajuda. No entanto, como Stephen era tão impotente para se comunicar com mais que poucas pessoas, e por causa de seu terror de receber alimento ou medicação que pudesse ter efeitos nocivos, fiquei no hospital ao lado da cama a noite toda. O dia seguinte trouxe discreta melhora de sua condição – havia sido diagnosticada uma infecção torácica aguda –, conforme ele gradualmente começava a subir os primeiros degraus da escada rumo à recuperação, e dois dias depois, estava muito mais alegre e parecia suficientemente bem para voltar para casa.

Nesse meio-tempo, a vida em casa havia retomado uma aparência de ritmo normal. Meus pais haviam ido cuidar das crianças, Lucy fora para a escola e Robert a uma excursão da escola para York. Quando Alan e eu pegamos Stephen no hospital, em 1º de abril, acalentamos a ingenuamente otimista esperança de que poderíamos voltar ao normal imediatamente. Nem bem chegamos à casa, tão ansioso, Stephen começou a engasgar violenta e incessantemente e quase imediatamente caiu para trás em um estado de desespero. Não havia nada que pudéssemos fazer para ajudá-lo em seu sofrimento, apesar de todos os conselhos dos médicos especialistas. Ele engasgava em qualquer posição que adotasse, fosse sentado fosse deitado. Não conseguia comer nem beber e estava fraco demais para suportar a fisioterapia. Minha mãe, Bernard Carr, Alan e eu adotamos um sistema de revezamento. Um ou dois se sentavam com Stephen o dia todo e a noite toda enquanto os outros dormiam. Havia pouca dúvida de que a situação era extremamente crítica. Eu praticamente não precisava que os médicos me dissessem que devia me preparar para o pior.

Onde a ciência médica havia admitido a derrota, a preocupação demonstrada por amigos trouxe um inesperado renascimento da força, inspirando uma renovação espontânea da esperança. John Sturdy, decano de Caius, e sua esposa Jill apareceram uma noite, silenciosa e discretamente, para oferecer apoio por meio de suas orações. Alunos e colegas de Stephen foram inabaláveis em sua devoção, visitando-o regularmente e ajudando a cuidar dele, muitas vezes durante a noite. Aos poucos, embora ainda muito frágil e propenso a ataques de asfixia, Stephen começou a melhorar, até que no dia 4 de abril, um domingo, ele passou o dia inteiro sem engasgar e conseguiu comer um pouco de comida amassada. Contudo, nessa noite seu estado se deteriorou de novo, e no dia seguinte estávamos de volta à estaca zero. Robert acordou naquela manhã com temperatura elevada, coberto da cabeça aos pés de bolhas de catapora, e durante o dia teve delírios.

Como meu pai estava prestes a se internar no hospital de St Albans para fazer uma cirurgia, ele e minha mãe haviam voltado para casa quando Stephen começara a mostrar sinais de recuperação. Em sua ausência, tive de me apoiar em meus bons amigos para ajudar com as crianças, em especial em Joy Cadbury, que havia vários anos estava por ali, sempre pronta para ajudar, com o máximo de sensibilidade, quando surgia a necessidade. Em 1973, Robert havia ficado com os Cadbury enquanto estávamos na Rússia, e ele e Lucy sempre se sentiram muito à vontade com os filhos deles, Thomas e Lucy Grace. Eles já haviam passado algumas noites com os Cadbury quando Stephen estava na UTI e eu com ele no hospital. A magnanimidade com que Joy se ofereceu para cuidar de Robert, todo cheio de bolhas vermelhas como estava, foi muito além de qualquer senso de amizade, uma vez que era previsto que seus dois filhos pegariam catapora dentro das próximas três semanas. Eu não tive outra opção a não ser deixar Robert ir, pois as exigências sobre mim eram tão grandes, e meus próprios recursos tão esgotados, que eu mal podia registrar o que estava acontecendo conosco.

Sob o terno cuidado de Joy, Robert recuperou a saúde, mas, claro, os filhos dela sucumbiram. Meu pai fez sua cirurgia, e quando, um dia depois, eu consegui tirar uma tarde para fazer-lhe uma visita expressa no St Albans, fiquei feliz por encontrá-lo ativo de novo, andando pela ala. A recuperação de Stephen era mais lenta e menos previsível, principalmente porque ele se recusava a tomar a penicilina que lhe haviam prescrito. Ele ficava sentado em silêncio em sua cadeira, descansando a cabeça na mão, na mesma postura melancólica que adotara pela primeira vez nos anos 1960. Ele não falava, engasgava com frequência, e comia e bebia em pequenos e cuidadosos goles. Não estava forte o suficiente para sair, de modo que o Departamento foi até ele e realizou seus seminários em nossa sala de estar. No último fim de semana da Páscoa, ele começou a mostrar sinais de estar ganhando força. Só então pudemos começar a dormir à noite e eu pude relaxar a guarda um pouco. As crianças voltaram para casa, e na última semana de férias escolares esperávamos recuperar o atraso com algumas atividades.

Stephen tinha outras ideias. Naquela segunda-feira da semana da Páscoa, ainda nos estágios iniciais de convalescença, ele convocou seus alunos, requisitou o carro e partiu para uma conferência de cinco dias em Oxford. Na porta, observando-os partir, minha descrença em tamanha imprudência se condensava em uma necessidade desesperada de fugir dali, para o mais longe possível. Dennis e Lydia Sciama, que ficaram horrorizados com a temeridade de Stephen, recomendaram-me um hotel em St Ives, na Cornualha. Atordoada pela miserável incompreensão, mal sabendo aonde estávamos indo ou por quê, impulsionada por um desejo maluco de ficar longe de Cambridge, as crianças e eu fugimos para Londres e pegamos um trem em Paddington para a região oeste. O trem nos levou mais e mais ao sul. Depois de Exeter desacelerou, arrastando-se a passo de caracol, serpeando pelas sinuosas linhas secundárias. Alheia à passagem lenta do tempo, aos jogos das crianças, às risadas e às conversas, eu olhava fixamente pela janela, observando os campos da Cornualha salpicados de prímulas sem de fato vê-los, mergulhada em um estado de estupor de desânimo e exaustão.

— 5 —

FLORESTA CÉLTICA

ERA ÓBVIO: ESTÁVAMOS VIVENDO À BEIRA DE UM PRECIPÍCIO. AINDA ASSIM, É POSSÍVEL, mesmo à beira de um precipício, fincar raízes que penetram rochas e pedras, que se insinuam até mesmo nos solos mais pobres para formar uma base suficientemente segura para os galhos acima, por mais atrofiados que sejam, para produzir folhagem, flores e frutos. No final de abril, quando retornamos da Cornualha e Stephen de Oxford, as crianças voltaram para a escola como se o pesadelo das férias da Páscoa nunca houvesse acontecido. Silenciosamente calmo e pouco exigente, Robert sempre aceitou a doença e a incapacidade de seu pai, e, felizmente, ele fora para uma escola que proporcionava muitas possibilidades de fazer todas aquelas atividades físicas que ele e Stephen não poderiam fazer juntos. Como Lucy seguia os passos do irmão em tudo, ela apresentou poucos sinais de perturbação na natureza não convencional de seu contexto. Nossa vida parecia ter retomado seu ritmo habitual, mas, talvez, com uma determinação ainda maior para nos concentrarmos em cada momento de cada dia. Quando Stephen e as crianças se acomodaram em suas rotinas, usei cada segundo livre para anotar algumas ideias sobre a tese; redecorei, mais uma vez, a casa alugada de propriedade conjunta de Robert e seus avós, da qual dependíamos para pagar parte de suas despesas escolares; eu ia à aula de canto sempre que possível; cozinhava para jantares para as crescentes hordas de visitas de verão ao Departamento.

Em pleno verão, uma equipe de televisão da BBC apareceu para fazer um filme sobre Stephen, como parte de um documentário de duas horas sobre as origens do universo. Por coincidência, a produtora, Vivienne King, havia sido aluna de Westfield no mesmo ano que eu. Apesar de ter estudado Matemática, ela não adotava uma abordagem científica linha dura nas filmagens; queria apresentar Stephen de forma simpática, como uma pessoa bem desenvolvida, tendo como pano de fundo sua vida familiar. Essa imagem me atraiu, porque eu temia que uma rigorosa abordagem científica o apresentasse como um personagem sinistro, como o malévolo doutor Strangelove, do filme de Stanley Kubrick, de cadeira de rodas. O produto final, o primeiro e melhor de sua espécie, continha os elementos de um idílio poético – ainda que em um contexto científico. Via-se Stephen, claro, no trabalho no Departamento, interagindo com seus alunos, dando seminários, expondo suas teorias mais recentes. Ele também foi entrevistado em casa com a participação ao fundo das duas crianças brincando ao sol do verão entre as flores do jardim. Quando o filme foi exibido em todo o mundo, no inverno seguinte, como parte de um grande documentário da BBC – *The Key to the Universe* –, uma amiga de escola de Lucy, filha de uma professora visitante, assistiu-o quando voltou ao Japão. A mãe nos escreveu para dizer que sua filha ficou paralisada na frente da televisão quando viu Lucy sentada em seu balanço debaixo da macieira. "Lucy, Lucy...", era só o que ela conseguia dizer, e as lágrimas corriam por seu rosto.

Essa era, sem dúvida, a imagem de autossuficiência a que nós continuamos a aspirar, apesar de que ela e a doce ilusão de sucesso foram ficando mais difíceis de sustentar. Alan Lapedes estava tão exausto quando voltou da conferência de Oxford, depois da Páscoa, que passara duas semanas fora para se recuperar. Afinal, ele também estava doente, com uma infecção no pulmão, mas ninguém dera atenção a seu estado de saúde, pois sua ajuda era urgentemente necessária no atendimento a Stephen. Ele generosamente ajudou durante todo o período crítico – e mais além, porque quando Stephen decidiu ir para Oxford, Alan não teve escolha senão acompanhá-lo.

As corajosas tentativas de Stephen de parecer em forma e bem podiam tê-lo deixado em uma boa posição no Departamento, mas, em casa, seu ânimo estava assustadoramente baixo e sua constituição perigosamente enfraquecida. Ele falava apenas para expressar suas demandas, nem bem tinha uma necessidade atendida, uma ordem cumprida, outra surgia, levando-me até o limite de minha resistência. Precisávamos de ajuda mais que nunca, mas não havia nenhuma no horizonte, apesar do apelo conjunto dos nossos médicos ao Serviço Nacional de Saúde. De qualquer maneira, Stephen ainda se recusava terminantemente a aceitar qualquer ajuda externa. Meu médico requereu à autoridade local uma ajuda em casa, para auxiliar com as tarefas domésticas, uma vez que toda nossa renda extra era gasta nas crescentes taxas escolares de Robert e não podíamos nos dar ao luxo de uma ajuda diária. Contudo, nenhuma ajuda se materializou, porque quando a assistente social foi nos avaliar, um simples olhar em nosso entorno foi o suficiente para nos desqualificar para quaisquer benefícios. Ela era apenas uma de uma longa lista de pessoas que não conseguiam distinguir entre a ilusão dourada que lutávamos para manter e a realidade brutal no cerne de nossa situação.

A ajuda, quando chegou, assumiu uma forma que, em sua inocência, era tão preciosa que embora aliviasse a tensão física, aumentou cem vezes mais minha culpa por ser incapaz de me virar sozinha. Robert, com quase nove anos, saiu da infância e começou a levar e buscar, levantar e empurrar, alimentar e lavar, e até mesmo levar seu pai ao banheiro quando eu estava sobrecarregada com o peso de outras tarefas, ou simplesmente esgotada demais para responder. Na pragmática filosofia de sobrevivência de Stephen, os braços e as pernas de Robert eram um bom substituto para os seus próprios como os de qualquer outra pessoa, e certamente melhor que ter uma enfermeira em casa, mesmo que temporariamente. Contudo, perturbou-me muito que a infância de Robert, esse período único de liberdade, tenha tido uma conclusão tão abrupta.

Para a semana de recesso escolar, no final de maio, organizei as férias de família que não tivemos na Páscoa – cinco dias de descanso em nosso hotel favorito, o Anchor, em Walberswick, a apenas duas horas e meia de carro de Cambridge. Apesar de todos os esforços do pessoal do hotel para atender a todas as nossas necessidades, incluindo a dieta, o feriado foi um desastre. Stephen engasgou do início ao fim, mas ficou ressentido com a sugestão de que talvez preferisse fazer suas refeições na privacidade da nosso próprio chalé. Consequentemente, todas as refeições eram uma provação, como seus sibilos convulsivos ricocheteando nas paredes e distraindo os outros hóspedes de sua comida. Ele caiu em uma letargia deprimida e construiu um muro em torno de si, comunicando-se apenas para expressar suas necessidades em um jogo mórbido de "O mestre mandou...". A ajuda de Robert foi requisitada mais e mais quando cheguei ao ponto de ruptura – como fiz muitas vezes, quando essa situação exigia mais resistência e coragem do que eu possuía.

Eu estava desesperada por ajuda e me perguntava muitas vezes onde poderia encontrá-la, ficando quase sempre sem resposta. Nossos amigos estavam todos bastante ansiosos para ajudar no curto prazo, mas tinham suas famílias, a própria vida para cuidar. Não havia ninguém que pudesse dispor de tempo ou energia para nos dar a dedicação de que tanto necessitávamos – acima de tudo para aliviar Robert dos prematuros encargos e das responsabilidades que estavam sendo jogados sobre seus jovens ombros. Em meu desespero, falei com os pais de Stephen, pois eram as únicas pessoas a quem eu poderia recorrer. Meus pais haviam nos ajudado muito durante todo o nosso casamento e eram avós maravilhosos, mas havia pouco que pudessem fazer nessa situação extrema em que a intervenção médica era muitas vezes necessária, nem eu sentia que era justo lhes pedir mais. O pai de Stephen havia prometido ajudar no que fosse possível naquele período de euforia antes do nosso casamento, em 1965. De fato, Frank Hawking havia pintado o banheiro para nós quando nos mudamos para a Little St Mary's Lane; ele e Isobel haviam pago minha estadia na casa de repouso quando Robert nasceu, e também pagaram uma faxineira uma vez por semana quando Robert era bebê. Eles nos deram uma grande soma em dinheiro para nos ajudar a comprar nossa casa, e generosamente deram duas antiguidades da família para enfeitar nossa sala de estar. Isobel viera cuidar de

Stephen quando as crianças nasceram, e ela também havia se preparado para viajar de avião com ele para as conferências no mundo todo quando as crianças pequenas e a fobia de voar me mantinham de castigo. Em nossa viagem anual para a casa de campo no País de Gales, ela e Frank poderiam ser invocados para ajudar com os cuidados a Stephen; ela, com uma controlada boa natureza, muitas vezes acalmava a impaciência de seu marido, a quem claramente custava um esforço emocional considerável e muita autodisciplina reconciliar-se com as restrições da grave deficiência de Stephen, que consumiam muito tempo. Apesar de a propriedade deles ser tão assustadoramente inadequada para uma pessoa portadora de necessidades especiais em cadeira de rodas, eles eram curiosamente meticulosos na inspeção de castelos e lugares bonitos para excursões, contando os degraus e registrando quaisquer outros obstáculos antes de nossa chegada.

Suas visitas a Cambridge, no entanto, foram sempre muito mais formais que as dos meus pais. Mamãe e papai eram avós que demonstravam sua paixão, envolvendo-se em todos os aspectos da vida das crianças e da nossa, enquanto os pais de Stephen se comportavam como convidados em vez de manter relações estreitas, e acabei sentindo um distanciamento na atitude deles, como se o verniz de normalidade que se esforçavam para manter fosse tão convincente que não mais era necessário o envolvimento de sua parte. Quando voltamos de Walberswick, eu escrevi uma carta desesperada para eles pedindo que trouxessem sua sanidade mental e seus conhecimentos médicos para cooperar com a situação e ajudar a aliviar as dificuldades avassaladoras que nos ameaçavam. Minha promessa a Stephen não havia mudado, mas mesmo com a melhor boa vontade do mundo, foi se tornando muito mais difícil de sustentar, em especial em face do estresse implacável durante todo o dia, todos os dias, e grande parte da noite também. No mínimo, o ritmo de vida acelerou desde a recente infecção pulmonar de Stephen, com uma grande conferência em Cambridge, mais jantares, mais coquetéis e mais recepções. Eu estava no ponto de ruptura, mas Stephen ainda rejeitava todas as propostas para aliviar-me, tanto quanto as crianças – especialmente Robert – do esforço. Sua rejeição constante à nossa necessidade de mais ajuda era uma força alienante, que desgastava a empatia com a qual eu havia compartilhado cada etapa desanimadora no desenvolvimento de seu estado. Em resposta a minha carta, Frank Hawking prometeu conversar com o médico de Stephen sobre os aspectos médicos do caso e disse que teríamos uma grande oportunidade de discutir outros assuntos com mais profundidade durante nossas próximas férias de verão em Llandogo.

Houve, na verdade, muito pouca oportunidade de discutir esses problemas em Wales, por causa da característica relutância dos Hawking de discutir qualquer coisa de natureza pessoal. De forma responsável, Frank ajudava com os cuidados a Stephen todas as manhãs, e a seguir, geralmente usando botas e casaco impermeável, ele desaparecia no deserto para atacar as ervas daninhas que estavam debochando de suas tentativas de cultivar vegetais nas condições tropicais da íngreme encosta voltada para o leste. Isobel corajosamente fazia seu melhor para organizar passeios interessantes para nós, evitando as chuvas no período da tarde – piqueniques, uma visita ao Castelo de Goodrich, caça ao trevo de quatro folhas –, todos passeios agradáveis, familiares, realizados sem nenhuma referência aos problemas subjacentes e às tensões. Certa manhã, ela veio até mim e em um tom de desafio confuso, disse:

– Se quiser falar com ele, é melhor agora.

Ela apontou para fora onde Frank estava, na chuva. Vesti minha capa de chuva e me juntei a ele sob as árvores gotejantes. Caminhamos ao longo da estrada, sem falar, espirrando água ao atravessar os regatos que corriam em linha reta até o morro para inchar o rio no vale abaixo. Meus pensamentos e minhas emoções se debatiam em um redemoinho tão caótico que não seriam tão facilmente canalizados para um fluxo coerente. Eu tinha medo de parecer desleal com Stephen, mas tinha de convencer sua família de que nem tudo estava bem, que formas e meios tinham de ser procurados e, se necessário, impostos, para aliviar as cargas. No mínimo, era essencial aliviar Robert das tarefas que o oprimiam.

Não atingi nenhum dos meus objetivos. A mera sugestão de insatisfação com nossa situação foi rapidamente interpretada como deslealdade com Stephen, sumariamente descartada com a implicação de que era um sintoma de minha inadequação. Frank pelo menos se ofereceu para discutir a situação com Stephen, mas eu duvidava que suas palavras tivessem algum efeito. De qualquer forma, afirmou ele, nem pensar em forçar Stephen a aceitar mais ajuda. Seus únicos outros comentários foram que Stephen era muito corajoso, que ele tirava coragem de sua determinação, e que ele próprio, Frank, tinha certeza de que o filho estava fazendo o melhor que podia por sua família. Ele nos sustentava, tínhamos dois filhos adoráveis e muita sorte na posição que ocupávamos. Eu não contestei a veracidade de tudo isso, e em comparação a muitas famílias com necessidades especiais, nós, sem dúvida, estávamos bem de vida, mas havia pouco conforto na repetição dessas banalidades. Essas eram as bênçãos com que eu mesma havia me condicionado a contar por tantos anos. Eu sabia muito bem que a determinação de Stephen era sua defesa contra a doença, mas não entendia por que ele tinha de usá-la como uma arma contra sua família. Quanto a Robert, Frank expressou sua preocupação com ele. Robert era muito introvertido, disse ele; tinha de ser levado para fora de seu escudo para que, no futuro, a inépcia social não prejudicasse sua carreira como Frank acreditava que havia prejudicado a sua, privando-o do reconhecimento por seu importante trabalho em Medicina tropical.

Não adiantava discutir. Apesar de robusto e saudável, Frank era velho, uns dez anos mais velho que meu pai. Talvez ele estivesse velho demais para entender como eu me sentia e para se ajustar ao que eu lhe estava pedindo. Independentemente de sua genuína preocupação com Stephen, de modo evidente ele achava difícil ver o que estava diante de seus olhos. Tentar explicar o óbvio, repetir o conteúdo de minha carta – que a introversão de Robert era principalmente resultado da situação em casa – teria sido impossível; ainda mais considerando que minha sugestão puramente prática de que talvez Frank e Isobel pudessem começar a participar da administração da casa alugada em Cambridge, em especial visto que eram necessárias tanta redecoração e reformas entre os aluguéis, havia sido descartada imediatamente por causa da distância – cerca de oitenta quilômetros – entre St. Albans e Cambridge. A conversa se esgotou e voltamos para casa.

Mais tarde o céu clareou. Eu estava sentada no terraço debulhando ervilhas para o almoço quando Isobel veio e sentou-se ao meu lado.

– Então, falou com ele? – ela perguntou olhando-me fixamente.

– Não exatamente – respondi.

Ela apertou os lábios e com o mesmo desafio que havia demonstrado anteriormente e anunciou com ferocidade:

– Você sabe que ele nunca permitirá que Stephen seja colocado em uma clínica, não é?

Assim dizendo, ela se levantou, girou nos calcanhares e marchou para dentro de casa. Sua observação me deixou com raiva. Eu nunca sequer havia pensado em uma clínica para Stephen, muito menos mencionado uma ideia tão absurda. Eu havia simplesmente pedido ajuda para proteger meu próprio filho tão novo dos estragos psicológicos da doença física que afligia o filho deles. Humilhada e ainda mais desanimada, eu me levantei. Abandonando a panela quase cheia de ervilhas, afastei-me lentamente da casa e adentrei a floresta de Cleddon, e ali, em completa desolação, sentei-me em uma grande pedra achatada, mal consciente do ruído das quedas d'água que ecoavam em meus ouvidos. Nunca estive tão sozinha – sozinha lá na floresta, na encosta do córrego de águas rápidas. Havia simpatia na natureza quando os seres humanos não podiam oferecer nenhuma, porém ela era impotente para influenciar seres intelectuais, cujo único critério era o pensamento racional, que se recusavam a reconhecer a realidade quando se erguia, nua, diante deles, pedindo ajuda.

Na segunda semana do feriado, quando o sol brilhava confiável no céu claro, parecia que eu poderia ter julgado mal a mãe de Stephen. Ela nos levou a um hotel à beira-mar e dividiu os cuidados a Stephen durante grande parte do tempo, às vezes dando-lhe suas refeições, ajudando a vesti-lo e sentando-se ao lado dele na trilha acima da praia para que eu pudesse brincar com as crianças nas areias abaixo e tomar banho de mar. Meu ânimo cresceu quando minhas energias começaram a reviver. Parecia que Isobel estava respondendo aos meus apelos, afinal, e ela estava realmente se esforçando para ajudar. Fiquei grata, mas sorri com perplexidade por causa de algumas das observações que ela fez.

– Cuidar de Stephen não é tão difícil, sabe? – observou despreocupadamente. – Robert não parece se incomodar de ajudar o pai. Na verdade, acho que é bom para os dois – foi sua próxima alegre observação. Eu estava preparada para ver nessas observações a gentileza que queriam transmitir, tendo em vista que o feriado que ela generosamente nos fornecera havia sido tão divertido e tão benéfico para todos nós. No entanto, a insistência sobre a facilidade com que todas as minhas responsabilidades poderiam ser realizadas, e a implicação de que meus gritos de socorro não precisavam ser levados a sério, minaram minha revivida confiança nela. Isobel parecia não entender que, enquanto minha ingenuidade da infância havia muito morrera e meu inerente otimismo juvenil desaparecera, a ideia de que isso já estava acontecendo com Robert com menos de dez anos era insuportável.

– A cadeira de rodas não é tão pesada quanto eu imaginava – anunciou ela alegremente no final da semana. – Lucy me ajudou a colocar a cadeira e as baterias no carro e juntas conseguimos perfeitamente bem.

Lucy tinha cinco anos; o peso da cadeira e suas baterias de gel sólido já havia feito muitos estudantes robustos empalidecer.

Uma triste notícia nos recebeu em Cambridge no final de agosto. Durante nossa ausência, Thelma Thatcher havia sido internada para uma cirurgia da qual não se recuperou. Nos dez anos que nos conhecemos, embora fosse uma grande parte de nossa vida, eram apenas uma pequena parte da dela, mas ela nos tratou como se fôssemos de sua família. Sua alma era grande, abrangente, afetuosa e prática, sempre pronta para prestar ajuda em tempos de crise, sempre pronta a ajudar aqueles em situação pior que a dela, sempre pronta com seu senso de humor rápido para identificar o ridículo ou absurdo. As crianças a adoravam como uma avó adotiva. Para mim, ela foi uma verdadeira amiga e uma aliada incondicional, cujo julgamento, eu sabia, era sempre sensato, mesmo que às vezes fosse difícil de digerir. Eu a vira pouco antes de irmos ao País de Gales. Ela era calma, considerava seus problemas de saúde insignificantes, embora já soubesse que eram sérios. Normalmente ela estava mais interessada em falar sobre nós.

– Eu queria que a velha Thatcher fosse mais forte e pudesse ajudar mais sua brava menina – disse ela enquanto me abraçou pela última vez.

6

OLHANDO PARA TRÁS

NAQUELE OUTONO, MUITOS CIENTISTAS SE JUNTARAM A NÓS NAS REFEIÇÕES EM FAMÍLIA no final de longos dias cheios de toda a azáfama habitual relativa às crianças e às escolas, aos clubes e às atividades extraescolares, bem como das necessidades de Stephen. Pouca coisa havia mudado em nossa situação – e a ajuda de Robert ainda era frequentemente solicitada em casa –, mas aquela semana à beira do mar, a segunda semana do feriado no País de Gales, havia restaurado tanto minha força e minha determinação, que eu estava mais capaz de lidar com tudo. Stephen também estava melhor de saúde e ânimo, mas sua recuperação da crise de pneumonia da primavera não significava que a ELA – que continuava cobrando seu implacável tributo de degeneração muscular –, as dificuldades alimentares, os ataques de asfixia e os problemas respiratórios houvessem diminuído.

No Departamento, o último exercício acadêmico a ganhar popularidade era o simpósio, uma espécie de conferência prolongada que se estendia ao longo de um ano inteiro. Esse exercício era muito atraente para Stephen, pois, com o aumento do financiamento agora a sua disposição, ele poderia trazer cientistas de todo o mundo para Cambridge e trabalhar com eles quando quisesse em longos projetos, como livros e dissertações – algo que teria sido uma tarefa impossível na atmosfera apressada da conferência de quatro ou cinco dias habituais. Embora ele ainda oscilasse entre seus interesses pela relatividade geral e a mecânica quântica, a maioria das visitas do grupo da relatividade no início do ano letivo foi dos velhos rostos familiares, e a maioria provinha da América do Norte.

Do meu ponto de vista, os mais desafiadores deles foram os modestos e amáveis Chandrasekhar, não por causa de algum conflito de personalidade, mas porque pouco antes de chegarem para um jantar, descobri que eram vegetarianos. Supus que eram vegetarianos depois de equivocadamente lhes servir um sanduíche de peixe em um chá, mas não suspeitara de complicações futuras. Foi necessária a revisão de última hora do cardápio. Descartei minhas receitas previstas, e fui atrás de pratos livres de carne, leite e peixe – e que também não levassem glúten nem açúcar. Meu velho espanhol em *stand-by*, o gaspacho, deu um toque de distinção a um risoto de cogumelos e cebola. Era, na verdade, mais apropriado para a mesa da ceia de domingo que para um jantar para esses ilustres convidados.

No meio do trimestre, a panelinha de Cambridge fugiu para Oxford, para onde Dennis Sciama havia se mudado para assumir uma bolsa de estudos no All Souls College. Roger Penrose foi nomeado professor de Matemática lá, e ele e Dennis regularmente organizavam conferências de um, dois e três dias. Enquanto Stephen e seus colegas davam seus seminários, aproveitei a oportunidade para conhecer melhor os museus e os monumentos de Oxford. Ao longo dos últimos anos nós havíamos feito visitas semestrais aos encontros de Oxford, mesmo quando as crianças eram muito pequenas, e eu também havia começado a apreciar o encanto do lugar, ao mesmo tempo mais cosmopolita e animado que seu homólogo pantanoso. Stephen adorava estar de volta a Oxford. Ele tinha o layout da cidade na cabeça, e com um toque de orgulho, podia me guiar infalivelmente para qualquer local, sugerindo travessas, ruas e ruelas com calma confiança. Com nostalgia ele apontava a parede que uma vez havia escalado, para cair nos braços de um policial; e a ponte onde ele e alguns amigos picharam o símbolo da paz no meio da noite, quando um policial passou e prendeu seus amigos, que deixaram Stephen pendurado em uma gaiola debaixo da ponte. Essas e outras lorotas similares tinham uma aura meio apócrifa para eles, embora houvesse muitas fotos para atestar as desastrosas brincadeiras de Stephen no rio. Havia pouca dúvida também de que ele fora um ansioso participante de uma espécie de competição de cerveja, imposta como uma multa por uma violação de comportamento. O deleite de Stephen nessas memórias era comovente: elas davam uma pequena amostra do antigo garoto rebelde e despreocupado por quem eu havia me apaixonado. Relacionavam-se, é claro, aos dias de sua juventude hedonista, antes do diagnóstico da ELA, que foi, em termos cronológicos, um fenômeno Cambridge.

Para conferências e viagens mais distantes agora havia uma abundância de colegas e alunos felizes com a oportunidade de viajar e conhecer os nomes famosos da Física. Isso foi um grande alívio para mim, pois eu ainda tinha medo tanto de aviões como de deixar meus filhos. Eu tentava ser pai e mãe para cada um deles e não queria que sofressem por ter um pai com uma deficiência grave, mas, naturalmente, encorajei-os a amá-lo e respeitá-lo. Sem o conhecimento de Stephen, eu compartilhei minhas preocupações com os professores das crianças na vã esperança de protegê-las contra as provocações no parquinho. Ocasionalmente – como em dezembro de 1976, quando Stephen foi com seus alunos para Boston para uma conferência antes do Natal – eu pude me dedicar ao meu papel materno, assistir às peças natalinas, às apresentações de balé e hinos natalinos da escola e levar as crianças à festa de Natal da faculdade.

Em dezembro daquele ano, Alan Lapedes, que nos dera pacientemente sua ajuda dedicada durante todo o período de crise, voltou para sua casa em Princeton. Então, limpei o quarto de hóspedes, nosso quarto na parte de cima da casa, para a chegada do novo físico residente, Don Page, que havíamos conhecido na Califórnia, onde havia sido aluno de pós-graduação de Kip Thorne. Ele e sua mãe haviam ido a Cambridge em uma viagem de inspeção. Naturalmente, eles queriam ver se o acordo que estávamos oferecendo era adequado – e, desconfio, para avaliar se eu era uma senhoria suficientemente respeitável. É evidente que passei no teste, e Don pulou energeticamente para dentro de nossa casa, como o Tigrão de A. A. Milne. Ele chegou com Stephen de Boston no dia 18 de dezembro, e participou ansiosamente de todas as nossas festividades de Natal.

Eu vivia entre físicos há tempo suficiente para saber que a maioria deles tem origens pouco comuns. O passado de Don Page era tão incomum que chegava a ser excepcional, até mesmo para os físicos. Nascido de pais missionários e professores, ele foi criado em isolamento em uma parte remota do Alasca, onde seus pais lhe proveram sua primeira escolarização. Mais tarde, frequentou um colégio cristão em Missouri, estado de origem de seus pais, e de lá foi para a Caltech, onde se juntou ao grupo de Kip como estudante de pós-graduação. Suas crenças fundamentalistas estavam tão firmemente arraigadas que o aparente confronto entre elas e seu campo de estudo – a Física gravitacional e as origens do universo –, embora paradoxais para muitos espectadores, não parecia incomodá-lo demais, porque ele era capaz de compartimentar suas atividades. Por um lado, seu cristianismo era devoto, baseado em princípios acordes com os valores absolutos que, até então incontestados em sua rigidez, podiam parecer falta de sensibilidade; por outro, suas sérias convicções evangélicas exigiam dele um zelo incansável em todos os seus empreendimentos.

Embora eu respeitasse seu fervor – ele ia à igreja duas vezes aos domingos e fazia aulas complementares de estudo da Bíblia no meio da semana – e saudasse a solidária influência religiosa que ele trouxe para nossa vida, eu estava ao lado de Stephen na recusa a ser evangelizada, em especial na hora do almoço. Sem dúvida bem-intencionado, Don alimentava a esperança de promover uma conversão espetacular – comparável à de Saulo a caminho de Damasco – por meio de suas leituras bíblicas e orações matinais. Eu poderia ter dito a ele que estava condenado ao fracasso, que por sua ampla estrada iluminada pelas certezas bíblicas era ainda menos provável que eu encontrasse o sucesso que por meu próprio caminho, um tranquilo e despretensioso passo lento por pistas sinuosas de simples confiança na fé e nas obras. Stephen não tinha paciência com nada além do poder racional da Física, de modo que eu duvidava muito que as sinceras leituras e os sermões literais de Don – às oito e meia da manhã, quando eu voltava depois de levar Lucy à escola – fossem iluminar o caminho adiante. De qualquer forma, Stephen sempre se escondia atrás do jornal, que ficava apoiado em uma estrutura de madeira por falta de um e-reader, no café da manhã. O jornal em pé era uma barreira que a colher cheia tinha de vencer para levar seu substancial café da manhã de pílulas, laxante, ovos cozidos, costeletas de porco, arroz e chá, e também era uma barreira para a conversa.

Don não havia previsto essa barreira quando desceu para o café, nos primeiros dias, armado com a Bíblia e folhetos edificantes. Eu não disse nada, deixando-o dirigir-se a sua congregação invisível da melhor maneira possível. Blindado pelo *Times*, Stephen não seria distraído de seu exame dos assuntos atuais, essencial para um membro que se orgulhava de ter a última palavra nas mesas de discussões – fosse sobre a situação financeira precária da Grã-Bretanha desfalcada por empréstimos dos Estados Unidos, fosse sobre os testes do ônibus espacial. Eu normalmente conseguia não muito mais que dar uma olhada rápida nas manchetes, enquanto Stephen lia devagar, fotografando mentalmente e digerindo cada trecho de informação, todos os fatos e as imagens, para regurgitá-los em alguma ocasião mais tarde, provavelmente na mesa dos membros.

Conforme Don foi descobrindo que sua tarefa era árdua, ocorreu-me que era necessária uma distração, de modo que o convidei a se servir de cereais, granola, ovos cozidos e torradas, e perguntei-lhe se já havia experimentado Marmite. Ele pegou o pote marrom redondo de tampa amarela.

– Não, não temos isso nos Estados Unidos. Imagino que seja algum tipo de chocolate – respondeu ele, avidamente passando grandes colheradas da substância escura e melada em sua fatia de pão.

– Experimente – disse eu, e ele deu uma grande mordida.

Sua expressão aberta, infantil, dobrou-se em rugas de nojo pelo assalto salgado e pungente a suas papilas gustativas. Até Stephen levantou os olhos do jornal, e seu largo sorriso revelou aquelas covinhas sedutoras em suas bochechas. Bem-humorado, depois de um momento de perplexidade, Don foi capaz de levar na boa a brincadeira, e nunca mais levou seu zelo proselitista para a mesa do café da manhã.

A grande vantagem de ter um norte-americano da Caltech em casa era que sempre que Stephen queria ir a Los Angeles – ou a qualquer outro lugar nos Estados Unidos no interesse da ciência –, o norte-americano ia querer ir também. Assim, embora no verão seguinte Stephen tenha me pressionado para que o acompanhasse aos Estados Unidos por três semanas, Don estava muito mais preparado para ir no meu lugar. Essa fácil solução inesperadamente para um problema previamente intratável abriu meu caminho para realizar um desejo adormecido por muitos anos. Passaram-se, de fato, treze anos desde que eu havia posto os pés no continente espanhol, e eu desejava renovar meu contato com esse país e sua civilização, que havia desempenhado um papel tão importante em minha formação antes que todas as minhas modestas pretensões e aspirações fossem engolidas. As gentilezas trocadas nas noites de jantares com o mordomo espanhol da Caius mal haviam bastado para manter meu domínio uma vez fluente da língua falada, e ao longo dos anos minha habilidade havia diminuído lamentavelmente até um punhado de fórmulas polidas insubstanciais. A tese estava sofrendo de uma grave falta de inspiração e motivação, em parte por causa de sua extensão, que havia se tornado incômoda, e em parte por causa das enormes quantidades de notas desconexas que deviam ser incorporadas em algum tipo de ordem; e também porque os temas eram tão remotos que eu estava perdendo o contato com eles.

Como sempre, meus pais vibraram à mera sugestão de umas férias com seus netos, e juntos, eles e eu planejamos uma longa turnê pelo norte da Espanha e Portugal, coincidindo aqui e ali com o Caminho Francês, a antiga rota de peregrinação a Santiago de Compostela. O simples exercício de planejamento trouxe de volta lembranças daquelas maravilhosas férias europeias dos tempos antigos – em especial porque meu pai, com seu faro de historiador, não havia perdido seu talento para encontrar tesouros históricos singulares que o turista comum teria ignorado.

Uma vez livre de todas as atividades de verão – jantares para uma miniconferência, churrascos, almoços, chás das crianças, dias de esportes na escola, apresentações na faculdade, considerações banais, mas necessárias, como a manutenção do carro e a limpeza da casa alugada para alugar de novo, e, em última análise, um violento ataque de sarampo que deixou Lucy de cama pouco antes do fim do trimestre –, Stephen partiu para a Califórnia e nós, por fim, para Bilbao. Apesar de a encardida cidade industrial na costa norte da Espanha ter nos dado uma recepção nublada e úmida, meu coração disparou quando pisei solo espanhol de novo. E continuou pulando durante toda essa viagem, não só pela redescoberta da Espanha, um país liberto, onde o fascismo estava morto e a democracia havia sido hesitantemente estabelecida, mas também pelos vislumbres perceptíveis de meu eu anterior, a adolescente um dia esperançosa, aventureira, havia muito tempo enterrada sob uma pilha de fardos exigentes e prioridades mais urgentes. Aos poucos recuperei minha compreensão da língua espanhola, sua gramática, sintaxe e vocabulário, que também faziam parte de minha redescoberta. Com sua vitalidade, a língua despertou minha voz linguística, por tanto tempo reduzida a um silêncio tímido pelo peso opressivo do preconceito intelectual em Cambridge, onde logo se aprendia a ficar quieto em vez de fazer papel de bobo.

Cidades com nomes sonoros – Burgos, Salamanca, Santiago, León, Coimbra e Porto – e catedrais extravagantes, mosteiros medievais, capelas moçárabes, procissões de peregrinos, planícies banhadas pelo sol e olivais retorcidos abriam caminhos de luz ofuscante e calor tórrido na monotonia fria de nossa vida no norte. Nas enseadas, rios, pinheiros e montanhas rochosas, descobri a paisagem e as tradições de vida das *cantigas de amigo*. A sensação de que o grande peso da bolsa de estudos que eu estava tentando moldar em uma tese tinha alguma base na realidade, que os estudos medievais eram, afinal, uma atividade mais relevante e produtiva que pegar pedrinhas na praia, deu-me um grande impulso. Prometi a mim mesma que terminaria a tese, não importava o que acontecesse, mesmo que ela não pudesse me levar a lugar nenhum, mesmo que fosse simplesmente um fim em si mesma. Eu me sentia impaciente para registrar tudo o que via e relacionar com os textos, mas não tanto a ponto de querer correr de volta para Cambridge antes que houvéssemos espremido cada grama de benefícios daquelas semanas na Espanha e em Portugal. As crianças, afinal, precisavam de alguma compensação, na forma de alguns dias à beira-mar, por todas as horas que haviam passado na parte de trás do carro sem reclamar. Lucy, cuja imaginação era tão fértil que era capaz de manter a si mesma e a todo mundo entretido, não importava quanto tempo durassem as viagens ou quão escaldante fosse o calor, ficou fascinada pela concha que ornamentava a rota de peregrinação ao túmulo de Santiago. Ela prestou atenção nas conchas, nos edifícios, nas estátuas e nas placas, deixando escapar um grito de triunfo quando avistava uma. Talvez não seja surpreendente, depois de tantos monumentos religiosos, que ela e Robert tivessem uma compreensão bastante confusa da vida dos santos e, como resultado, quando chegamos à praia de Ofir, em Portugal, eles inventaram um jogo maluco no qual Lucy desempenhava o papel de João Batista, encharcando seu irmão com água do mar, enquanto ele, enrolado em uma toalha, fez o papel de um estoico peregrino a caminho do túmulo de Santiago. Qualquer conotação religiosa para esse jogo era, desnecessário dizer, totalmente espúria. Enquanto as crianças estavam ocupadas com essa atividade herética e turbulenta, um quase desastre aconteceu quando papai se viu involuntariamente trancado em seu quarto por causa de uma fechadura com defeito. Não havia telefone no quarto e a única saída possível era pela varanda: a única maneira de sair de sua varanda era pulando para a nossa, a vinte metros de altura, e saindo por nosso quarto. Ele se juntou a nós na praia, explodindo de orgulho pelo feito temerário – e todos nós tivemos de concordar, divertidos e atônitos, que não era tarefa fácil para um homem de sessenta e três anos.

— 7 —

IMPASSE

NAQUELE OUTONO DE 1977, COM MINHA MENTE MAIS UMA VEZ EM DISPARADA PELAS impressões brilhantes da Península Ibérica, eu estava determinada a atacar a tese com uma visão e um vigor frescos, embora a organização do material ainda fosse assustadora e o tempo um fator crucial. Stephen voltou da Califórnia para uma promoção – uma cátedra própria de Física gravitacional. Sua elevação à categoria de professor teve implicações além de um modesto aumento de salário, pois o título e a posição lhe garantiram mais respeito e reconhecimento aonde quer que fosse – com algumas exceções, uma delas dentro do próprio Departamento. Sua promoção coincidiu com a redecoração e a remodelação do Departamento, e por algum tempo ele esperou que o tapete – ao qual, como professor, ele tinha direito – fosse colocado em sua sala. Depois de alguns meses de espera, em vão, ele decidiu abordar o assunto com o chefe do Departamento, que protestou com rabugice:

– Só professores têm direito a tapetes – disse ele.

– Mas eu sou professor! – protestou Stephen.

No fim, confirmando um pouco tardiamente seu status, seu tapete professoral chegou.

Tapetes à parte, Stephen tinha medo de que a nomeação impusesse uma distância entre ele e seus alunos, mas se confortou com o fato de que a ajuda física que ele exigia deles desarmava qualquer desconfiança criada por sua reputação elevada. Apesar de um potentado intelectual indiscutível, ele estremecia diante da ideia de se adaptar à imagem de um professor do *establishment*, distante de alunos e colegas. Ele preferia a imagem da juventude eterna, com o sorriso de menino, zombando da autoridade da qual ele próprio fazia parte agora.

Embora a condição física de Stephen possa ter sido um equalizador eficaz na esfera do Departamento, sua promoção, apesar de bem-vinda, criou problemas sutis para mim em nossas relações com o mundo em geral, até porque sua crescente reputação excedia totalmente nossas circunstâncias. Só nossos amigos mais próximos perceberam que em casa a luta pela sobrevivência diária continuava inabalável como antes. Apesar dos impiedosos ataques da ELA, Stephen se tornou uma figura nacional, o membro mais jovem da Royal Society, destinatário de inúmeros prêmios e medalhas, sucessor de Einstein e professor da Universidade de Cambridge. O paradoxo de sua situação fez dele o queridinho da mídia. E não só na percepção popular, mas também – eu começava a suspeitar – aos olhos da própria família, seu sucesso era a prova de que ele havia dominado a ELA – e, portanto, a batalha estava ganha: não era possível que precisássemos de ajuda. A ironia mais cruel foi nos tornarmos vítimas inocentes de nosso próprio sucesso. Não era simplesmente um cisma entre a face pública e a imagem privada; as duas estavam em real conflito uma com a outra. Certamente, os eventos públicos – como a ocasião memorável, no verão de 1978, quando Stephen recebeu um título de doutorado honorário da Universidade de Oxford – foram agradáveis e gratificantes, mas ser o centro das atenções nesse sentido não contribuiu em nada para a ajuda, tanto física quanto emocional, de que necessitávamos mais que nunca, porque a ELA não havia sido dominada; ainda estava avançando em um ritmo lento, mas implacável. Para o círculo familiar imediato, os efeitos foram devastadores e as demandas punitivas. Eu já não podia manter a imagem de que isso era apenas um inconveniente, um fato da vida. A doença dominava nossa vida e a das crianças, apesar de todos os nossos esforços na manutenção de um precioso verniz de normalidade.

Inicialmente alegre, depois reservado, Robert estava se tornando tão fechado que eu temia que estivesse sofrendo de depressão, uma doença que, de acordo com meu médico, não era desconhecida em crianças. Para se distrair ele se absorvia em manuais de computador, excluindo-se de outras diversões. Stephen se esforçava para cumprir seu papel de pai e comprava elaborados trens elétricos e longas e complicadas estradas de ferro, que Robert não era hábil o suficiente para operar. Mesmo com seu velho amigo Inigo que trouxe seu conhecimento elétrico mais avançado para ajudar, os trens nunca rodaram, e Robert rapidamente perdeu o interesse. Além de Inigo, que foi para outra escola, ele tinha poucos amigos e não parecia interessado em cultivar novos. Era óbvio que Robert precisava de um modelo masculino, alguém que brincasse e brigasse com ele, alguém que o aliviasse de uma infância já perdida para a adolescência, alguém que não esperaria dele nada em troca, muito menos ajuda com as próprias necessidades físicas.

Lucy, efervescente e sociável, desenvolveu um senso precoce de independência, o que lhe permitiu cultivar um amplo círculo de amigos no qual encontrou algumas compensações para as lacunas de sua vida em casa. Desde a tenra idade, ela aplicou todas sua energia borbulhante em um frívolo ciclo social de brownies, competições de natação, guia de acampamentos, corridas patrocinadas, jogos escolares, peças e apresentações da escola, música e drama no Saturday Music For Fun Club, bem como inúmeras festas. Sem dúvida, sua enorme coleção de bichinhos de pelúcia e o mundo de fantasia que ela e Lucy Grace Cadbury inventaram para seus bonecos do Snoopy também desempenharam um papel no desenvolvimento de métodos subconscientes para lidar com sua vida incomum; entretanto, ela permaneceu muito sensível a suas circunstâncias. Tanto sua idade quanto seu gênero lhe permitiram evitar algumas das pressões que recaíam sobre os ombros de Robert.

Meus pais preenchiam muitas das lacunas na vida das crianças com viagens a Londres, chás no Ritz e idas ao teatro. No entanto, havia um profundo buraco na minha vida que eu não podia sequer começar a dizer a eles. Thelma Thatcher foi astuta e franca o suficiente para identificá-lo em uma de suas últimas observações antes de morrer, no verão de 1976. "Minha querida", ela disse inclinando-se sobre sua mesa, muito polida e me olhando diretamente nos olhos, "Eu não posso imaginar como você sobrevive sem uma vida sexual adequada". Eu fiquei tão surpresa com tamanha franqueza de uma octogenária que só pude responder dando de ombros. Eu mesma não sabia o que dizer, mas meu senso de lealdade para com Stephen proibia qualquer discussão aberta sobre o assunto, que para ele era um tabu tanto quanto sua doença. Eu não me permiti confiar em Thelma Thatcher naquela ocasião e nunca houve outra oportunidade. No entanto, eu precisava urgentemente de uma confidente, em cuja idade e sabedoria eu pudesse confiar. Para além dos aspectos físicos, minha relação conjugal foi adquirindo conotações profundamente irreconciliáveis. Intelectualmente, Stephen era um gigante altaneiro que sempre insistia na própria infalibilidade e para cujo gênio eu sempre ficaria para trás; fisicamente ele era indefeso e dependente como as crianças haviam sido quando recém-nascidas. As funções que eu cumpria para ele eram as de uma mãe que cuida de uma criança pequena, responsável por todos os aspectos do seu ser, incluindo sua aparência – pouco menos que uma enfermeira, tendo em vista que eu me recusava a aplicar injeções ou intervir em assuntos médicos para os quais eu não tinha nenhum treinamento. Os problemas foram se agravando pela pura impossibilidade de falar sobre eles. Essa era uma parte intrínseca de sua batalha contra a doença, contra a qual, com uma melhor comunicação, poderíamos ter lutado juntos, lado a lado, apoiando-nos mutuamente e desenvolvendo estratégias para lidar com as dificuldades. Em vez disso, tornou-se uma força alienante, erguendo uma barreira de angústia entre nós.

Não era a primeira vez que eu aguçava meus olhos e ouvidos, atenta a situações semelhantes, palavras de conselho ou migalhas de conforto. Minhas esperanças renasceram em uma rara visita a Lucy Cavendish não muito tempo depois de uma espécie de aposentadoria de Kate Bertram, quando a nova presidente se apresentou em um banquete, um evento singular para essa Faculdade, e que apesar de minhas reservas a respeito de meu fracasso acadêmico, eu relutava em perder. Depois do jantar, a nova presidente se levantou e contou os acontecimentos de sua vida e de sua carreira acadêmica. Lágrimas brotaram em meus olhos enquanto ela falava de seu casamento: seu marido também sofria de uma doença incapacitante incurável. Mais uma vez, por um breve momento me pareceu que eu havia encontrado alguém com quem poderia falar livremente, alguém que entenderia intuitivamente o cansaço e o desespero por trás da fachada sorridente, mas agora hesitante. Para meu aturdimento, ouvi-a convidar a simpatia do público por uma escolha que ela havia enfrentado – entre sua carreira acadêmica e seu marido – quando lhe ofereceram participação em um prestigiado programa norte-americano de bolsa de estudos. Ela escolhera a bolsa.

Por fim, em vergonhoso desespero, falei com o doutor Swan no âmbito clínico da sua sala de cirurgia matutina. Se seu tom de voz era de interessada indiferença, suas palavras foram tão sinceras quanto as de Thelma Thatcher.

– Os problemas que você está enfrentando, Jane, são muito parecidos com os associados à idade avançada – disse ele candidamente. – A ironia é que você é uma mulher jovem com necessidades e expectativas normais. – Ele fez uma pausa. – Tudo o que posso sugerir – disse olhando para mim por cima dos óculos de aros dourados – é que você tenha vida própria.

Em um momento ímpar de camaradagem naquele mesmo outono, Philippa friamente me aconselhou que era hora de eu abandonar Stephen.

– Ninguém a culparia – acrescentou, condescendente, como se esse conselho medíocre fosse a solução para todos os problemas.

Fossem quais fossem suas razões – e certamente eu tive poucos motivos para confiar nelas –, seu conselho me pareceu singularmente fruto de um mau julgamento. Com certeza essa solução teria me expulsado do círculo familiar Hawking com vivacidade. Ela não entendeu que eu não poderia abandonar Stephen mais do que poderia abandonar uma criança. Eu não poderia destruir minha família, a família que eu mesma, com meu otimismo, havia criado. Isso equivaleria a destruir a conquista de minha vida e a mim mesma.

Fingir que eu nunca havia achado outros homens atraentes seria desonesto. No entanto, nunca tive um caso, e meu único relacionamento foi com Stephen. Essas atrações passageiras nunca haviam sido mais que um breve encontro que consistia em nada além de um contato visual fugaz. Na verdade, fazia tempo que eu havia perdido meu senso de individualidade e qualquer percepção de mim mesma como uma jovem atraente ou desejável. Eu me via como parte de um casamento, que com base no vínculo original entre duas pessoas havia crescido como uma extensa rede, como um jardim cheio de diversas plantas e flores, não compreendendo só os pais e os filhos, mas os avós, os amigos leais, os estudantes e os colegas. A árvore central daquele jardim era o lar, que eu havia criado ao longo dos anos, fosse na Little St Mary's Lane, em Pasadena ou na West Road. O relacionamento do qual tudo havia brotado agora era só um aspecto dessa complexa diversidade, e embora essa relação houvesse mudado drasticamente, o próprio casamento era muito mais importante e transcendente que as necessidades pessoais das duas pessoas que o haviam iniciado. Como uma concha frágil, vazia, sozinha e vulnerável, impedida de me jogar no rio só pelo pensamento em meus filhos, eu rezei para obter ajuda com a insistência desesperada de um suicida em potencial. A situação era tal, que eu duvidava que até o próprio Deus, quem quer que fosse ou onde quer que estivesse, pudesse encontrar uma solução para ela; isso se é que ele podia ouvir minha oração. Contudo, alguma solução tinha de ser encontrada se nossa família tivesse de sobreviver, se Stephen tivesse de dar continuidade a seu trabalho e viver em casa, e se eu tivesse de continuar sendo uma mãe saudável e capaz para as crianças.

Foi uma amiga excepcional, Caroline Chamberlain – ex-fisioterapeuta de Stephen –, ao mesmo tempo sensível e prática, que sugeriu que eu poderia me beneficiar com alguma distração, como cantar no coro da igreja local.

– Venha cantar na St Mark – disse ela –, precisamos de sopranos extras para os hinos natalinos.

Em um fim de tarde, em meados de dezembro, deixamos as crianças com o marido dela, Peter, e fomos aos ensaios finais. Essa foi a primeira vez que eu cantava em um coro de verdade, em oposição à aula de coral de Pasadena, e embora minha voz estivesse se desenvolvendo muito bem, ler partitura e fazer a contagem não faziam parte de minhas habilidades, seriamente me fazendo lembrar minhas experiências de adolescente como secretária irremediavelmente incompetente. As outras sopranos pacientemente mediam a batida para mim, disléxica musical, enquanto o jovem maestro, pálido e magro, educadamente engolia seu desânimo para com o musical do Patinho Feio que Caroline havia introduzido em sua organização. Com a prática meus esforços melhoraram, de modo que quando chegou a apresentação dos hinos natalinos, minha contribuição não foi tão terrível como ele temia, e fui convidada a participar do coro cantando os hinos ao redor da paróquia naquela semana.

Lucy me acompanhou e corria pela rua, de porta em porta, batendo em várias casas, onde os membros do coro e seu maestro pareciam ser não só bem conhecidos, mas também bem recebidos. Isso foi na área de Cambridge, onde era a escola de Lucy, mas além da escola e das lojas, eu não conhecia nada. Era uma comunidade muito unida de amigos e vizinhos, idosos e famílias, para quem a igreja eduardiana de tijolos vermelhos parecia representar um núcleo, quer a frequentassem regularmente, quer não.

Na noite escura de inverno, quando o maestro, Jonathan Hellyer Jones, caminhava ao meu lado e de Lucy, equilibrando-se na beira da calçada para nos proteger do trânsito que passava, começamos a conversar. Eu falei o que havia anos não falava, e tive a estranha sensação de que havia encontrado um amigo íntimo de longa convivência, uma lembrança nublada que bruscamente voltava ao foco, personalizando-

-se na forma desse estranho. Nós conversamos sobre canto, música, conhecidos em comum – eram vários – e viagens, particularmente à Polônia, onde ele havia cantado com o Coro de Câmara da Universidade, no verão de 1976; ele me contou sobre a St Mark e seu extraordinário, dedicado e acolhedor vigário, Bill Loveless, que lhe tinha dado grande apoio e fortalecido sua fé durante um período muito difícil. Ele não disse que período foi esse, mas eu sabia por Caroline que dezoito meses antes, Janet, esposa de Jonathan, havia apenas um ano antes, morrera de leucemia.

Não nos vimos de novo por várias semanas, e nosso próximo encontro foi por acaso. Em janeiro de 1978, quando Stephen esteve nos Estados Unidos com seu séquito por três semanas, eu, Nigel Wickens e um grupo de sua aula de canto fomos a um evento de entretenimento vitoriano oferecido pelo barítono solista Benjamin Luxon no Guildhall. No auditório lotado, notei Jonathan imediatamente, uma figura impressionantemente distinta, alto, barbudo, de cabelos encaracolados, do outro lado do corredor. Fiquei surpresa quando, no intervalo, ele me reconheceu, e o apresentei a Nigel. "Que homem legal!", comentou Nigel no caminho de volta pelo King's College até a West Road, onde ele havia estacionado seu carro. Concordei com cautela, preferindo me concentrar no outro tópico principal da conversa, o futuro casamento de Nigel com uma talentosa cantora norte-americana, Amy Klohr.

Como resultado desse encontro casual, Jonathan começou a dar aula de piano a Lucy aos sábados ou domingos à tarde, dependendo de sua disponibilidade. Ela rapidamente se entusiasmou com ele e sua seriedade foi logo dissipada pela vivacidade dela. No começo, ele ia exclusivamente pelo tempo de duração da aula, depois foi ficando um pouco mais para me acompanhar nas canções de Schubert que eu estava aprendendo – enquanto Stephen alternadamente dirigia as operações ferroviárias no quarto de Robert e nos fornecia público para uma das nossas próprias *Schubertiades* privadas, como as chamávamos. Depois de algumas semanas dessa rotina, Jonathan começou a vir para almoçar antes ou ficar para jantar depois, e para ajudar com as necessidades de Stephen, aliviando Robert de todas as tarefas que o haviam oprimido durante tanto tempo. Então, quando já conhecíamos Jonathan um pouco melhor, Robert ficava à espreita na porta da frente e pulava sobre ele quando chegava, jogando-o no chão e lutando com ele. Jonathan aceitou bem essa forma não convencional de saudação e respondia na mesma moeda à crescente necessidade de um menino de uma boa luta livre para liberar seu excesso de energia.

Muitas vezes no decorrer de cada semana nos cruzávamos por acaso e admirávamos as extraordinárias coincidências que pareciam nos reunir. Ficávamos na calçada conversando, alheios ao que deveríamos estar fazendo ou aonde estávamos indo. Tínhamos muito o que discutir: seu luto, sua solidão, suas ambições musicais, por um lado, e meus medos por Stephen e meus filhos, e meu desespero diante da dificuldade de fazer tudo o que me era exigido com tolerância e paciência, por outro.

Embora mais novo que eu, ele tinha tanta sabedoria, tão ampla perspectiva de vida com a qual ampliar minha visão restrita; tão forte fé e tão luminosa espiritualidade com a qual iluminar meu negro horizonte, que realmente pisamos o solo sagrado que, nas palavras de Oscar Wilde, está presente onde há tristeza. Eu havia conhecido alguém que conhecia as tensões e a intensidade da vida em face da morte. Outras circunstâncias conspiraram para nos reunir da mais estranha das maneiras. Eu ainda participava, mais ou menos uma vez por trimestre, dos jantares de Lucy Cavendish – só para manter o contato, não porque eu tivesse qualquer prazer neles. Em uma dessas ocasiões, esgotado meu limitado estoque de assuntos, estava ouvindo a conversa do outro lado da mesa quando escutei um membro da faculdade, uma idosa distinta, Alice Heim, elogiar um jovem que visitava sua casa regularmente para tocar duetos de piano com ela. O calor com que o descreveu, sua gentileza para com ela e seu talento musical me deixaram perplexa. Ele era único, um verdadeiro Apolo. Seus colegas de envelhecimento estavam mais que perplexos com as efusões de Alice. "Qual é o nome dele?", perguntaram. Quando ela respondeu: "Jonathan, Jonathan Hellyer Jones," meus ouvidos queimaram e me senti corar de prazer, como se eu fosse a única pessoa presente que poderia partilhar sua apreciação desse herói que entrara em nossa vida. Ninguém poderia ter ficado mais surpresa que eu, tanto com minha reação de rubor quanto com o entusiasmo de Alice Heim. Eu estava desconfortavelmente ciente de que o brilho quente resultava tanto da vergonha quanto do prazer, como se eu fosse acusada de um segredo culpado. Ainda não havia nenhuma razão aparente para que essa amizade fosse um segredo ou tingida de culpa. Baseava-se em nossos interesses em comum, em nossa preocupação com a situação de cada um, no apoio que poderíamos dar um ao outro e, sobretudo, na música. No entanto, embora nunca houvéssemos tocado no assunto e não o fôssemos fazer por muito tempo, estávamos cientes de que o segredo culpado era uma admissão da natureza potencialmente física do relacionamento. A atração entre nós era forte, mas adultério é uma palavra feia, ao contrário da base ética sobre a qual minha vida e a dele foram construídas. Era esse o preço que eu tinha de pagar para reacender a chama do meu espírito apaixonado? Era um preço que, com toda a honestidade, eu poderia permitir que Jonathan pagasse? Se eu me encontrasse na companhia das heroínas adúlteras do século XIX, o preço poderia ser ainda maior. O resultado final poderia ser só o som estridente da chaleira rachada de Flaubert em vez de música para sensibilizar as estrelas.

8

UMA MÃO AMIGA

Durante o trimestre seguinte Jonathan perguntou se eu gostaria de participar do coro da igreja, que estava ensaiando trechos de *Messiah* para uma apresentação orquestral na Páscoa. Como Robert e Lucy tinham idade suficiente para ficar sozinhos por uma hora diante da televisão no início da noite, entrei para o grupo de paroquianos do coral que ensaiava às quintas-feiras na igreja. Para mim, uma iniciante em comparação com eles, a complexidade gráfica dos coros de Handel – nos quais as ovelhas corriam perdidas com uma rapidez alarmante, "cada uma por seu próprio caminho" – representava um desafio ao qual reagi com um entusiasmo obsessivo. Ao juntar-me ao coro, também me juntei à Igreja, onde os cultos se encaixavam imprecisamente dentro dos limites do formato da Igreja da Inglaterra que eu conhecia desde a infância. Contudo, era um anglicanismo desprovido de dogmas hipócritas e pedantismo sufocante, graças ao dinamismo visionário do vigário, Bill Loveless, cujo sobrenome (Sem amor) não poderia ter sido mais inadequado para sua personalidade. Ele havia sido jornalista do *Picture Post*, ator, soldado e homem de negócios, e chegara à ordenação na meia-idade. Felizmente, ainda abençoado com uma vitalidade fenomenal, ele levou toda a sua experiência de outras esferas da vida – e todos os seus contatos também – para ajudá-lo em seu trabalho pastoral e na sua busca incessante por temas relevantes para seus sermões, ao passo que para seu fórum mensal sobre temas da atualidade ele convidava uma sucessão de oradores – médicos, policiais, assistentes sociais, ativistas políticos, e assim por diante. Para Bill, o verdadeiro cristianismo não está relacionado a absolutismo, barganhas com Deus ou castigos divinos. Seu princípio orientador era um amor apaixonado pela humanidade, a afirmação do amor inequívoco de Deus por todas as pessoas, quem quer que fossem, independentemente das suas imperfeições. O único mandamento dessa doutrina de amor era amar o próximo. Nesse reino havia descanso para todos os cansados e oprimidos, e lá encontrei consolo. Por fim, o trapo amassado de meu ser espiritual começou a reviver; mas embora meu retorno à Igreja me trouxesse conforto, também me despertava perguntas imponderáveis. O que me estava sendo pedido? Que grande sacrifício me era exigido? As circunstâncias em que eu havia conhecido Jonathan, quando estava no ponto de ruptura, haviam sido tão extraordinárias – e, ainda assim, tão comuns – que eu não poderia evitar a bizarra, talvez ingênua impressão de que esse encontro havia sido deliberadamente concebido por um poder benevolente, por intermédio de nossos bons e solidários amigos em comum. Éramos ambos pessoas profundamente infelizes, precisando desesperadamente de ajuda. Poderia esse encontro realmente ter sido parte de um plano divino altamente não ortodoxo? Ou eu estava só sendo absurda, até mesmo herética e hipócrita? Eu conhecia meu Molière bem demais para querer ver a mim ou a Jonathan escalados para o papel de Tartufo, o arqui-hipócrita.

Algumas pessoas podem considerar um feliz acaso o apoio que apareceu para mim, tirando um peso dos meus ombros. Para outras, pode parecer só uma coincidência. Para mim, tensa e exausta ao ponto de ruptura, aquilo tinha a marca de uma intervenção divina – embora nessa fase, na primavera de 1978, Jonathan e eu mal havíamos começado a enfrentar nossos sentimentos, muito menos a lhes dar alguma expressão. A questão fundamental era como lidar com esse presente enviado dos céus. Ele poderia ser usado de maneira ferina, destrutiva, com o potencial de acabar com a família na qual eu havia investido tanto de mim, se Jonathan e eu sequer momentaneamente contemplássemos a possibilidade de sair e criar um lar juntos. Não seria suficiente afirmar que eu havia cumprido minha promessa feita a Stephen em circunstâncias escandalosamente difíceis durante um período muito longo, porque essa não era uma justificativa viável em termos dos ensinamentos de nossa Igreja, que tanto eu quanto Jonathan acreditávamos que era a única verdadeira base para a vida humana. O caminho alternativo era o único que poderíamos seguir. Então, aquele presente especial poderia ser usado também para o benefício da família como um todo – para as crianças e para Stephen, se ele estivesse preparado para aceitá-lo como tal. Esse não seria um caminho fácil, pois exigiria uma rigorosa autodisciplina. Em respeito a Stephen, teríamos que tentar manter distância um do outro, vivendo separados e não nos permitindo mostrar nenhum sinal externo de afeto um pelo outro em público. Em princípio, nossa vida social focaria sempre pelo menos três, se não cinco pessoas, nunca dois exclusivamente. O bem-estar de Stephen e das crianças seria a justificativa para nossa relação sem expectativas de futuro. Na verdade, não havia futuro óbvio para nenhuma pessoa que se envolvesse comigo. Se era egoísta de minha parte monopolizar a vida de um jovem que já havia sofrido tanta tragédia, a resposta era sempre a mesma: com sua ajuda poderíamos sobreviver como uma família, sem ela estávamos condenados.

Conforme – hesitantemente – começamos a admitir a atração que nos levava um para o outro, Jonathan dissipou essas dúvidas tranquilizando-me ao dizer que por meio de nós – todos nós – ele havia encontrado um propósito, que o ajudava a aliviar a dor oca de sua perda. Foi durante uma rara visita a Londres, sentado em uma tranquila capela lateral da Abadia de Westminster, que ele anunciou que estava disposto a se comprometer comigo e com minha família, fosse como fosse. Essa promessa tão altruísta e tocante me tirou do vazio escuro em que minha vida havia se transformado. A relação era enobrecedora e libertadora. Ainda era platônica, e permaneceria muito tempo assim. A atração mútua, e as emoções incontroláveis que ameaçava provocar, foram sublimadas na música que ensaiávamos e tocávamos juntos, em geral na presença de Stephen nos fins de semana, e, por vezes, nas noites da semana também. Bastava o fato de ter entrado em minha vida alguém em quem eu podia confiar implicitamente.

Inicialmente Stephen reagiu a Jonathan com certa hostilidade masculina, tentando de um jeito verdadeiramente Hawking afirmar sua superioridade intelectual, assim como fazia quando confrontado com um novo estudante de pesquisa. Foi desarmado ao descobrir que essa técnica era inútil, uma vez que Jonathan não era competitivo por natureza. Muito sensível às necessidades dos outros, ele respondeu muito mais rapidamente à impotência de Stephen e ao encanto de seu sorriso que à sonoridade de sua reputação. Stephen se tornou mais gentil, mais calmo, mais sensível, mais descontraído. E ainda se tornou possível para mim, na calada da noite, confiar nele de uma forma sem precedentes. Generosa e delicadamente ele reconheceu que todos nós precisávamos de ajuda, ninguém mais que ele, e se havia alguém disposto a me ajudar, ele não se oporia, desde que eu continuasse a amá-lo. Eu não poderia deixar de amá-lo sendo que ele voluntariamente mostrou esse entendimento, e, mais importante, comunicou-o a mim. Nos ocasionais dias em que Jonathan era atacado pelo negro cão da depressão, Stephen era quem me tranquilizava dizendo que Jonathan nunca me decepcionaria. Em contrapartida, uma vez aceita, a situação quase nunca era mencionada. No entanto, foi muito reconfortante para mim saber que podia confiar a Stephen meu segredo.

Todos puxando juntos, nós três embarcamos em um período excepcionalmente criativo. Havia ainda aqueles momentos em que a combinação de meu cansaço e a perversidade inata de Stephen me levava à beira do colapso, mas em geral superávamos. Para Stephen, era como se a respeitabilidade que lhe fora conferida por sua bolsa da Royal Society e pela medalha papal constituísse um passaporte automático para uma infinidade de outras honrarias. Enquanto ele continuava a avançar em sua compreensão do universo, todos os tipos de augustos corpos continuavam a tropeçar uns nos outros na ânsia de cobri-lo de medalhas, prêmios e títulos honoríficos. Estes já incluíam o doutorado *honoris causa* por sua *Alma Mater*, a Universidade de Oxford, e sua gratificação especial, um título honorífico no University College. A atmosfera dos banquetes semestrais da Faculdade era calorosa e amigável, e os excessos de graduação de Stephen eram um tema recorrente de jovial reminiscência.

Como para dar corpo às lembranças, éramos regularmente acomodados em quartos de estudantes, a certa distância do banheiro mais próximo do outro lado de lajes frias e úmidas.

Em março de 1978, o Caius College, para não ficar para trás, encomendou a David Hockney o desenho de um retrato de Stephen. Enquanto Hockney esboçava e desenhava, Lucy se acomodava em uma poltrona em um canto da sala de estar lendo e desenhando. Sem dúvida para a surpresa dos colegas do Caius, Hockney a incluiu na versão final, um gentil reconhecimento à família de Stephen para compensar a formalidade oficial do retrato. No segundo dia de sessão, Lucy fez sua própria homenagem a Hockney. Estávamos sentados no gramado, bebendo café e aproveitando um breve período de sol de primavera, quando ela saiu correndo da casa, pulando pelo gramado com seu pula-pula, uma grande bola feita de borracha dura. Seu macacão estava dobrado até o joelho, deliberadamente revelando que, como Hockney, ela também usava meias estranhas, uma branca e uma marrom.

Numa noite de inverno frio naquele fevereiro, Stephen e eu havíamos reunido o distinto grupo de membros em um ônibus rumo à Royal Society para a admissão do príncipe Charles como membro honorário. (Antes de os ônibus serem equipados com elevadores para cadeiras de rodas, Stephen tinha de ser carregado para dentro pelo motorista e eu. Neste, porém, era mais fácil que dirigir e estacionar em Londres.) A ocasião deu a Stephen motivo de muita alegria, uma lembrança bem-vinda do velho estudante irreverente, quase indiscernível para os presentes, por causa de sua fama. Na cerimônia, o novo presidente da Royal Society elogiou o príncipe pelo dedicado real patrocínio à Sociedade, fundada, como ele disse, por um homônimo do príncipe Charles, Charles II, e "continuada por seu filho James II". Stephen deu uma gargalhada e, no mais alto sussurro de que era capaz, alegremente anunciou:

– Ele entendeu tudo errado! James II era irmão de Charles II!

Na recepção após a cerimônia, Stephen se divertiu ainda mais, demonstrando o diâmetro da curva da cadeira de rodas ao príncipe Charles e, ao fazê-lo, passou perto – ou por cima – do calçado real altamente polido, uma preocupação que ele infligiria mais tarde ao arcebispo de Canterbury em um jantar no St John's College, em Cambridge.

A carreira de Jonathan foi muito menos meteórica que a de Stephen; na verdade, ele mal havia começado. Além da tragédia devastadora que havia sofrido, as frustrações de ser um músico com dificuldades contribuíam para a melancolia dos dias sombrios e às vezes negros que ele sofria. Ex-coralista e premiado bolsista do St John College, ele era suficientemente ambicioso para achar desanimadora a perspectiva de uma vida dedicada ao ensino do piano, mas sua reticência natural e sua modéstia tendiam a esconder seu real talento como organista e cravista. Seu amor intenso e seu conhecimento da música barroca, particularmente Bach, e em especial quando executada em instrumentos autênticos, encontrava pouco espaço na rotina monótona das aulas de piano nas escolas. Convencido de que tinha a missão de afastar os ouvidos do público de instrumentos modernos de ressonância e interpretações românticas e levá-los para as sutilezas da execução da técnica barroca, ele não sabia por onde começar. A autenticidade do desempenho se tornou um dos temas de discussão na hora das refeições, quando a tagarelice das crianças permitia que os adultos trocassem algumas palavras. Stephen provocava Jonathan acerca das dificuldades de manejar um cravo, insistindo que uma estrutura de aço resolveria todos os demorados e delicados problemas de afinação e reafinação. Jonathan salientava que o instrumento então seria não só inadequado para a execução do autêntico barroco, como também deixaria de ser portátil. Na verdade, poderia muito bem ser um piano.

Apesar do bem-humorado bate-papo, Stephen e eu inevitavelmente ficamos mais e mais envolvidos com a música e incentivávamos Jonathan a se lançar, a se afastar do ensino e tocar profissionalmente. Essa proposição o deixou em um dilema do qual ele já tinha boa ciência. Para se tornar um artista, ele teria de abrir mão da maioria de suas aulas e dedicar seu tempo aos treinos e aos ensaios, mas ele dependia das aulas para viver. Passaria muito tempo até que ele pudesse ganhar dinheiro suficiente com suas apresentações. Ele tinha uma grande vantagem, no entanto: possuía o próprio instrumento. Não só tinha um piano em sua pequena casa – tão parecida com a de Little St Mary's Lane – do outro lado de Cambridge, como também a maior parte do espaço restante era tomado por um cravo que ele mesmo havia construído. Portanto, estava bem equipado para começar a se apresentar; precisava apenas da oportunidade certa.

Quanto mais nós três discutíamos o dilema, mais percebíamos que a única maneira de Jonathan construir um repertório e se tornar reconhecido como artista em um ambiente altamente competitivo, e ainda ter certa renda com as aulas, era criar as próprias oportunidades. Isso ele poderia fazer de forma gradual, autopromovendo-se e oferecendo seus serviços a instituições de caridade. Uma relação simbiótica se desenvolveu entre ele e as várias instituições de caridade a que se subscreveu, em particular com aquelas preocupadas com a leucemia e outros cânceres. Ele deu recitais gratuitos e, ao fazê-lo, treinava as técnicas de performance, não apenas tocando as notas, mas superando o nervosismo e planejando e apresentando os programas, enquanto as instituições de caridade se beneficiavam com cem por cento dos ingressos, menos os custos de publicidade.

Enquanto isso, eu vislumbrava no horizonte, irresistível, o fim de minha peregrinação intelectual. Não gostava de confessar quanto tempo havia levado para chegar a esse ponto, pois foram doze anos e dois filhos. Alan Deyermond, meu supervisor, estava certo ao insistir que eu me matriculasse na Universidade de Londres, pois qualquer outra universidade teria me chutado há tempo. Havia sido tudo tão difícil e tortuoso, e quando eu estava desanimada, pensando que não havia fim para aquilo, Jonathan apareceu para me animar no trecho final. Ele mostrou suficiente interesse no assunto para me estimular; perguntava-me no final de cada dia o que eu havia conseguido, ouvia só algumas linhas da poesia e me dava uma mão para separar sua ficha e as muitas notas, rabiscadas em pedaços estranhos de papel. Esse interesse e um pouco de ajuda prática era tudo o que eu necessitava para reforçar minha determinação para o obstáculo final, o último capítulo da tese que seria uma análise da linguagem da poesia popular de Castela no final da Idade Média.

As líricas castelhanas eram animadas e coloridas, cheias de iconografia medieval de jardins, plantas, frutas, aves e animais, que simbolizavam a multiplicidade dos aspectos do amor. Muitas delas também tinham importância religiosa e eram comuns ao resto da Europa. O jardim tipifica as atrações do amado, bem como as virtudes da Virgem Maria. A fonte no centro é ao mesmo tempo a fonte da vida e o símbolo da fertilidade. A maçã é o fruto da queda e a pera o da redenção divina, mas, no contexto secular, ambas são metáforas poderosas para a sexualidade. A rosa é o emblema dos mártires e da virgem, mas também é a imagem mais apelativa da beleza sensual do amado. A Espanha apresenta o próprio conjunto de imagens vivas, provenientes de sua paisagem exuberante. O fruto que a freira infeliz prova é o limão amargo, enquanto os amantes felizes andam à sombra do doce laranjal. O olival, da mesma forma, torna-se palco de encontro dos amantes. O fato de que muitas dessas imagens reapareceram na poesia dos judeus sefardis, expulsos da Espanha em 1492, e na poesia do novo mundo, é um indicativo de sua primitiva composição folclórica. Tematicamente, esses poemas apresentam uma tradição ininterrupta com seus antepassados galegos e moçárabes, as cantigas e as *kharjas*. As canções são em geral cantadas por garotas, o motivo da ausência do amante se repete, os amantes se encontram ao amanhecer e a mãe é uma figura constante.

Durante esparsos minutos e meias horas durante a semana, a escrita começou a fluir com uma facilidade inusitada. Nos fins de semana, sábado e domingo à tarde, as músicas começaram a fluir também. Eu vorazmente atacava tudo o que Nigel, meu Svengali pessoal, colocasse diante de mim, fosse Schubert, Schumann, Brahms, Mozart, Britten, Bach ou Purcell. Graças a Stephen, eu rapidamente adquiri minha biblioteca de música, visto que ele me dava livro após livro de música de aniversário e de Natal. Às vezes eu era chamada para cantar um verso solo na Igreja. De início, o medo do palco era aterrorizante, mas, com a prática, ele foi diminuindo, e logo minha voz, que Nigel havia meticulosamente transformado em um instrumento, surpreendeu até a mim. Eu estava produzindo um som que tinha pouca relação com minha suave e incerta voz ao falar. Era forte e confiante, a voz de outra pessoa, equilibrada, segura e firme.

Um fim de semana, naquela primavera, meu irmão, Chris, e sua esposa, Penelope, trouxeram sua filhinha para ficar, e eu lhes apresentei Jonathan como um novo amigo. Eles não pediram explicações de uma situação que eu mesma não podia explicar totalmente. Também foram um público receptivo e grato por algumas canções. Em seguida, Penelope comentou sobre a atmosfera de domingo à tarde na sala de estar. Disse que era mágica, como se uma grande sensação de paz e calma descesse sobre nossa casa. Essa observação reconfortante aumentou minha confiança em minha nova amizade. Chris se deu muito bem com Jonathan, e antes de ir embora chamou-me de lado para deliberadamente me dizer que achara Jonathan uma pessoa maravilhosa, em especial ressaltando seus magníficos olhos bizantinos. Mais tarde, ele me telefonou de Devon. Conversamos por um longo tempo, discutimos minha situação e como estava mudando. Ouvi os conselhos de Chris com muita seriedade, de coração. "Você levou seu barquinho sozinha, por um mar muito tempestuoso e desconhecido, por muitos anos", disse ele, e prosseguiu: "Se houver alguém à mão disposto a embarcar e guiar o barco a um porto seguro, aceite qualquer ajuda que ele possa oferecer."

Mais tarde, naquele verão, recebemos a visita de minha antiga diretora, senhora M. Hilary Gent, que regularmente nos incluía em sua jornada anual pelo país, com a participação de ex-colegas e alunos de sua longa carreira no ensino. A memória da senhora Gent para nomes, rostos e circunstâncias era formidável. Ela transmitia sua própria rede de notícias, ligando alunas antigas com antigos professores e vice-versa, e estabelecendo a convivência entre pessoas de diferentes períodos de sua vida que nunca haviam sequer se conhecido. Profundamente observadora, ela se mostrara sensível ao meu cansaço e baixo-astral ao longo dos últimos anos e havia feito seu melhor para ajudar escrevendo-me cartas formais, mas encorajadoras, e pondo-me em contato com as velhas garotas de St Albans que moravam em Cambridge. Era raro eu dar continuidade aos contatos; como minha vida havia se tornado muito complicada, eu preferia a companhia de idosos – especialmente porque eu mesma, aos trinta e três anos, era reconhecida por viver a vida de uma pessoa velha, e eu precisava da tranquilidade filosófica de alguém que já havia chegado a um acordo com os dilemas da idade e da mortalidade que me afligiam.

Uma vez por quinzena, mais ou menos, eu visitava a pessoa mais velha que conhecia, uma pequena ex-artista de cabelos brancos, Dorothy Woollard. Enquanto eu me sentava com ela em suas acomodações protegidas, ouvindo suas histórias do passado e me solidarizando com seu mal-estar em suas restritas circunstâncias atuais, seu quarto representava um oásis de tranquilidade, solidão e reflexão em minha rotina frenética. D. W., como a chamávamos, havia frequentado a Bristol School of Art, e quando garota, havia visto a rainha Vitória, uma velhinha pequenininha de capuz preto, em uma visita real à Bristol. Ela havia pintado os retratos para a casa de bonecas da rainha Mary, no castelo de Windsor, e durante a Primeira Guerra Mundial trabalhara na Admiralty desenhando gráficos. Nunca se casou, mas dedicou muitos anos de sua vida aos cuidados de seu adorado mestre, preso a uma cadeira de rodas na velhice. O retrato dele era seu maior tesouro, pendurado em seu quarto, entre uma vasta coleção de suas gravuras e aquarelas magistrais. Numa idade em que a maioria das pessoas se aposenta de toda atividade, ela se manteve ocupada traduzindo livros em Braille. Ela ainda era rápida e ágil, mesmo aos noventa anos, tanto que, certa vez, ela deixou a mesa de jantar para demonstrar aos meus pais atônitos sua capacidade de tocar os dedos dos pés. Ela atribuía sua longevidade – ela viveu até os cem anos – e sua vivacidade, em parte, ao seu chá da tarde, erva-mate, a erva do chimarrão, uma bebida sul-norte-americana que ela me servia quando eu a visitava. Entre meus conhecidos idosos, só a senhora Gent, que devia ser pelo menos dez anos mais nova, poderia competir com ela em lucidez, clareza de pensamento e rapidez de raciocínio. Ambas foram abençoadas com a perspicaz sabedoria da velhice e uma sensibilidade para as doenças – atributos que, em minha experiência, as pessoas mais jovens muitas vezes não tinham.

Jonathan estava conosco quando Gent chegou, numa tarde de sábado, para o chá. Imediatamente começaram a conversar. Falaram pelo resto da tarde, enquanto Stephen – o famoso garoto do departamento preparatório do colégio St. Albans para garotas – e eu ouvíamos. Descobrimos que Jonathan, em seus vinte e tantos anos, e Gent, no final da septuagésima década de vida, tinham muitos conhecidos em comum, considerando que a música e a arena musical eram apenas um dos muitos tópicos com que ela tinha íntima experiência. Ela interrompeu a conversa para me seguir até a cozinha quando fui buscar o chá. Sem hesitar, com uma abertura que achei extraordinária para uma enrugada idosa solteirona, e ainda mais para minha ex-diretora, ela declarou:

– Estou muito feliz por você ter Jonathan.

Ela me lançou um olhar penetrante, como se perguntasse se devia ser mais explícita.

– Você vem lutando há tanto tempo sozinha – prosseguiu –, não sei como conseguiu; você realmente precisa de alguém para ajudá-la e apoiá-la. Ele é um jovem maravilhoso.

Era como se Thelma Thatcher, com todos os seus anos de experiência, estivesse falando comigo, dizendo que meu relacionamento com Jonathan tinha a marca do destino, que o presente tinha mesmo de ser aceito.

Meus pais conheceram Jonathan naquele verão. Como de costume, eles foram reticentes para expressar suas opiniões, tradicionalmente indicadas por suas reações, em vez de palavras. Nesse caso eles se comportaram como se Jonathan fosse uma antiga presença em nossa vida; não fizeram cerimônia, nem nenhum comentário sobre suas aparições regulares em nossa casa. Por sua vez, ele diplomaticamente cedeu seu lugar ao piano a meu pai, cuja paixão por Beethoven havia despertado meu amor pela música. Assim, enquanto meu pai martelava ao piano a *Appassionata* e minha mãe punha linha na agulha para substituir os botões que haviam caído e consertar os punhos que haviam se rasgado desde sua última visita, Jonathan discutia os méritos de instrumentos antigos com ela e lhe falava de sua cruzada por uma performance autêntica. Foi depois que conhecemos os pais de Jonathan que comentei com minha mãe que pessoas maravilhosas eram. Minha mãe me olhou com certa surpresa.

– Bem, bobinha, o que você esperava? – disse ela. – Pessoas que têm um filho como Jonathan são obrigadas a ser maravilhosas. Como poderia ser diferente?

No final do verão nos separamos, já antecipando nosso reencontro no outono. Jonathan deixou a Inglaterra para frequentar a escola barroca de verão na Áustria e lecionar nela, e partimos, com a assistência de Don, para a Córsega. Agora que as crianças haviam crescido e minha autoconfiança reemergira, o medo de avião estava começando a se dissipar um pouco. Viajar de avião não representava mais a temida ameaça de separação de pequenos seres dependentes; em vez disso, era a promessa sedutora de umas férias pelo Mediterrâneo em uma ilha de língua francesa. O fato de que na época também houve uma conferência de Física não foi um obstáculo para que nos divertíssemos. Na verdade, foi um acordo perfeito, porque Stephen e seus colegas estariam fazendo aquilo de que mais gostavam – Física –, enquanto as famílias estariam desfrutando o melhor tipo de férias na praia, bem pertinho do centro de conferências. Eu estava particularmente ansiosa para ver os Carter de novo. Pretendia me abrir com Lucette. Com sua compreensão intuitiva de pessoas e relacionamentos, ela sempre me ofereceria bons e sensatos conselhos.

9

O INESPERADO

CARGESE, O LOCAL DA CONFERÊNCIA, NA COSTA OESTE DA CÓRSEGA, FOI, CERTAMENTE, o acordo mais feliz já inventado para os físicos obcecados e suas jovens famílias. Enquanto Stephen se deleitava com a Física, as crianças e eu curtíamos o sol brilhante, a areia e o mar cintilante. As ocasionais explosões de bombas e os preços elevados preservavam a ilha do turismo de massa, mantendo suas praias e enseadas limpas e sem aglomeração, como era Maiorca antes. Cargese foi criada como lar de uma colônia de gregos que buscavam refúgio da perseguição turca no século XVIII. A presença deles ainda era muito evidente nos nomes de ruas, de famílias e do nosso hotel, o Thalassa – o mar. Em promontórios com vista para a cidade, Cargese orgulhosamente ostentava duas igrejas, uma latina e outra grega. O mesmo sacerdote oficiava em ambas, alternando os domingos entre as duas. Lucette e eu assistimos o rito grego, fascinadas com uma exibição tão exemplar de harmonia que poderia haver em uma comunidade dividida. Ambas as igrejas continham imagens de João Batista; o ícone grego era persuasivo por sua nítida clareza bizantina, em especial a representação do assombro nos longos olhos do santo, oblíquos, tão parecidos com os de Jonathan. Contudo, nem a imagem conseguiu me inspirar coragem de contar a Lucette sobre minha amizade com ele. Sempre que eu tentava reunir as palavras, fosse em inglês, fosse em francês, ficavam presas em minha garganta, presas por minha autocensura pela mera sugestão de deslealdade para com Stephen. O glorioso novo relacionamento, que prometia tanto, despertava dúvidas. Isso me obrigaria a viver uma mentira, a levar uma vida dupla? Isso poderia vir a ser tão difícil quanto a tensão e a angústia de meses e anos anteriores. Eu pensei seriamente quando relembrei o conselho de Chris e o incentivo da senhora Gent, mas na companhia de físicos e de suas famílias – entre os quais Stephen era um herói inspirador – a coragem me faltou.

Em uma baía tranquila, longe dos gritos das crianças, eu me enfiei em um canto nas pedras e escrevi uma longa carta a Jonathan, tentando organizar meus pensamentos e dar um jeito em minha consciência problemática. Eu disse a Jonathan quanto sentia sua falta e como seria eternamente grata pela luz que ele trouxe para minha vida, como a luz do sol da Córsega sondando as profundezas verdes do oceano. Falei da gratidão que sentia por toda a ajuda incansável que ele nos dava, da transformação que ele havia trazido para nossa casa, aliviando as tensões e assumindo a maior parte dos esforços. Contudo, também disse que não podia arriscar fazer mal a minha família, que meu primeiro dever era para com Stephen e as crianças, que como Stephen e eu havíamos vivido tantas dificuldades juntos, eu não poderia renegar meu casamento, pois ele, mais impotente que uma criança pequena, precisava de mim mais que nunca. Descansando contra uma rocha quente, com as ondas salpicando aos meus pés, eu estava me preparando para o pior. Eu sabia, no coração, que não seria de todo surpreendente se após um período de reflexão durante sua estada na Áustria, Jonathan acabasse decidindo que a associação com a família Hawking representava muitos desafios físicos e muitas dificuldades emocionais. Essa decisão seria compreensível. Por que ele deveria querer se sobrecarregar com todos os nossos problemas e de bom grado entrar em uma armadilha emocional uma vez que era jovem e livre, com a merecida perspectiva de uma vida plena e feliz à sua frente?

As memórias da Córsega desapareceram rapidamente quando voltamos para casa, mas essas semanas nos legaram uma lembrança duradoura. Ao retomar as rédeas da rotina de Cambridge naquele outono, começou a parecer ainda menos provável que Jonathan quisesse se envolver conosco de novo, e a perspectiva de um reencontro feliz desapareceu nas névoas com a luz minguante do sol de setembro. À medida que os dias se tornavam mais curtos e um frio penetrava o ar, eu ansiosamente observava a data no calendário, começando a suspeitar, assombrada e perplexa, que poderia estar grávida. Já fazia algum tempo que eu deixara de me preocupar com a contracepção, uma vez que não parecia relevante e simplesmente aumentava as dificuldades. Durante o dia todo e nas muitas horas sem dormir à noite, crescia a compreensão de que no aprazível abandono do clima mediterrâneo eu estava errada. Embora houvesse adorado meus bebês, a ideia de cuidar de outra pessoinha, que seria totalmente dependente de mim, em uma situação intoleravelmente demandante, sem o benefício da ajuda de Jonathan, foi aterrorizante. O fato de Jonathan ter considerado escorar a família existente, como havia feito por quase um ano, havia sido notável. Contudo, esperar que ele assumisse outro pequeno Hawking, em especial não tendo seus próprios filhos e sem perspectiva de tê-los desde que se associara conosco, era inconcebível. Eu estava resignada a perdê-lo, e, com sua perda, perder toda a esperança de futuro. Eu ficaria sozinha de novo.

A gravidez havia sido recentemente confirmada quando Stephen partiu para uma conferência em Moscou. Como eu já estava sofrendo de enjoos matinais, sua mãe concordou em ir com ele em meu lugar. Don também foi embora com seu pai, em um merecido descanso de todas as suas funções, que ele realizava criteriosamente. Com a aproximação do inverno em Cambridge, as garras geladas do frio interno, escuro, do qual eu havia quase escapado começou a reafirmar seu aperto. Escrevi para Jonathan contando-lhe sobre o bebê, sentindo-me miserável na certeza de que essa carta equivaleria ao anúncio de um fim abrupto para aqueles poucos meses de recuperação e bem-aventurada felicidade platônica. Eu não sabia se ele havia voltado da escola de verão na Áustria e não esperava uma resposta. Por algum tempo não tive notícias, mas por fim ele respondeu, desculpando-se por ter se permitido um tempo para digerir a notícia e se ajustar a ela. Ele declarou que seu compromisso conosco não havia sido alterado. Embora não soubesse absolutamente nada sobre bebês, ele tinha certeza de que eu precisaria de sua ajuda mais do que nunca, e estava pronto para oferecê-la.

Fiquei profundamente grata e me senti abençoada pelo apoio de alguém cuja própria tragédia precoce havia despertado sua simpatia e consideração pelas desgraças dos outros, que eram excepcionais, quase ao ponto da excentricidade. Ele estendeu a mão e me salvou da morte por afogamento, e não apenas em águas profundas, mas em águas profundas sob uma camada de gelo. Seu apoio transformou os longos meses de gravidez de momentos de ansiedade desesperada e maus augúrios, a um período de expectativa cheia de esperança e até mesmo de prazer. Ele me deu a segurança emocional fundamental que me restituiu meu velho eu otimista e permitiu que eu me preparasse para mais um desafio, com a certeza de que, pela primeira vez em muitos anos, esse era um desafio que eu não teria de enfrentar sozinha.

Não havia como escapar do fato de que um limite de tempo bem definido se estabelecia para a tese. Ela tinha de estar terminada quando o bebê chegasse, caso contrário, poderia muito bem ser jogada no lixo. Recuperei meu incentivo, pondo mãos à obra com renovado propósito, mesmo sendo um trabalho fadado a ser sempre feito aos trancos e barrancos. Como de costume, o trabalho teve de ser encaixado no meio da rodada costumeira de tarefas domésticas, cuidados com Stephen, festas infantis, doenças das crianças, dias de discursos, jantares, almoços, visitas e viagens. Esta última incluiu uma conferência de Física em Dublin. Foi nossa primeira visita à Irlanda e Lucy foi conosco. Sua imagem, não muito diferente do desenho que Hockney fez dela, saiu na primeira página do *Dublin Times*, quando um repórter a encontrou escondida atrás de uma porta lendo um livro em uma recepção formal do governo.

Como Jonathan prestava muita ajuda com as necessidades de Stephen, com as crianças e com as tarefas – até mesmo com as compras –, era possível fazer um bom, porém fragmentário, progresso com a tese; apesar de que meu trabalho também competia por tempo com a música e minhas consultas médicas. Foi na primeira consulta, em novembro, que eu de repente me dei conta da realidade de um embrião de quatorze semanas, uma criatura misteriosa, etérea, sussurrando a mensagem de sua existência por meio de uma nova invenção científica, a ultrassonografia. Depois de me fazer a bateria de exames habituais, os médicos me ligaram a uns fios, e quando ficaram satisfeitos com os resultados, perguntaram se eu gostaria de ouvir também. O tum-tum rítmico daquele minúsculo coração batendo depressa dentro de mim, mais lento e mais alto, foi pungentemente tocante; despertou em mim uma profunda ligação com a nova vida que ouvia, mas não via. Era como se a criança tentasse me atrair por meio da música de seus batimentos cardíacos, e assim, muito antes do nascimento, comecei a valorizar essa presença invisível, a amar a criança tanto quanto amava Robert e Lucy.

A música acompanhou a gestação do bebê durante todo o inverno. Jonathan, nosso autonomeado diretor de entretenimento, frequentemente trazia ingressos para concertos, muitos dos quais aconteciam na sala de concertos da universidade, recém-inaugurada, a apenas cinco minutos de distância. Nós nos sentávamos no palco ao lado dos artistas, à frente do público, pois não havia lugar para cadeirante. Muitas vezes, os artistas – vários músicos célebres, de Menuhin a Schwarzkopf – atrasavam sua saída após a cortina baixar para ir cumprimentar Stephen. Em casa eu cantava sempre que podia, treinando meu repertório para a primeira apresentação pública. O bebê respondia com apreço, animado, chutando forte no ritmo da música. Estávamos ensaiando com dois objetivos musicais em vista. Um era minha entrada no Cambridge Competitive Festival em março, e outro, em fevereiro, era um concerto beneficente que nós e alguns músicos amigos de Jonathan íamos dar em casa. Convidamos quantas pessoas caberiam na sala de estar, e, seguindo a tradição das inúmeras festas em nosso imóvel, servimos comida e bebidas no intervalo. Depois, em um estado avançado de gravidez e mais avançado ainda de nervosismo, fiz minha primeira apresentação pública – além do solo ocasional na Igreja. Ela consistiu em duas canções folclóricas de Benjamin Britten e duas canções de Fauré; com as quais eu também concorreria na competição. O público foi gentilmente apreciativo, e ao sair, fez doações generosas para nossas duas causas beneficentes: pesquisas sobre leucemia e a Motor Neuron Disease Association, que havia sido fundada recentemente e na qual Stephen era patrono dos pacientes. Quando, havia muito tempo, sua doença fora diagnosticada, disseram-nos que era muito rara, que pouco se sabia sobre ela, e que como poucas pessoas padeciam dela não havia base para um grupo de apoio. Nada disso era verdade. Por meio da Associação descobrimos que a doença – também conhecida nos Estados Unidos como doença de Lou Gehrig – nome do atleta que padeceu dela nos anos 1930 – era, de fato, bastante difundida. A qualquer momento poderia haver tantos diagnósticos de ELA quanto portadores de esclerose múltipla, doença que até então recebia muito mais publicidade porque havia mais sobreviventes. A ELA se desenvolve muito mais rapidamente – em geral em dois ou três anos –, distorcendo as estatísticas e deixando os pacientes e suas famílias nas mãos da crise, sem tempo nem oportunidade de criar organizações de apoio ou grupos de autoajuda. Com a fundação da Associação algumas informações, por fim, foram disponibilizadas. Verificou-se que a ELA poderia surgir em uma de duas formas: a forma aguda, que paralisa os músculos da garganta da vítima, precipitando sua morte, e a forma mais rara, aquela que havia atacado Stephen, que resulta em uma paralisia progressiva dos músculos voluntários do corpo inteiro – incluindo, a certa altura, a garganta – por um período mais longo, talvez cinco anos ou, no máximo, dez. A sobrevivência de Stephen – dezesseis anos desde o momento do diagnóstico, em janeiro de 1963 – fez dele um fenômeno médico, tão inexplicável quanto a própria doença.

Ao longo dos anos seguintes Jonathan e eu demos muitos recitais juntos de repertório barroco para a incipiente Motor Neuron Disease Association, em igrejas por toda a Ânglia Oriental, conseguindo arrecadar quantias bastante respeitáveis de dinheiro, e como Stephen geralmente se destacava na plateia, a ELA e a Associação chegaram ao conhecimento do público. Como voluntária, visitei algumas das famílias atingidas na região, cuja vida havia sido abalada por um diagnóstico que deixara a todos chocados e perplexos, como a nós anos antes. Eu sentia que tinha o dever de tentar dar a essas famílias o benefício de nossa experiência, transmitindo-lhes as técnicas práticas que havíamos desenvolvido para o controle da doença, e destacando o fato de que Stephen, o sobrevivente, era a prova viva de que o diagnóstico não era necessariamente uma sentença de morte se a pessoa tivesse vontade de lutar. Talvez porque as pessoas que conheci fossem todas muito mais velhas que nós, não pareciam dispostas a lutar com a mesma veemência. Com certeza ficaram feridas e aturdidas, mas revelavam mais calma e aceitação do que eu esperava. O estilo de vida frenético, que se tornou a marca de nossa rejeição à doença, não era para elas. Viviam tranquilamente, apreciando tudo o que havia sido feito por elas, gratas por todo o amor e carinho que recebiam de suas famílias, muitas vezes à espera de seu destino com resignação. Eu ia com cautela, temendo invadir a privacidade delas ao introduzir propostas brilhantes e bem-intencionadas de exercícios, dietas, injeções ou vitaminas. Havia, ao que parecia, um elemento na vida dessas pessoas que faltava na nossa e que eu me vi invejando. Não era derrotismo, mas paz interior.

A posição de Stephen como patrono da Associação e minhas tentativas de ajudar na arrecadação de fundos e como voluntária colocou-me de novo frente a frente com uma dessas ironias de nossa situação. Mais uma vez éramos elevados em um pedestal e nos sentíamos distantes. Precisávamos de conselho tanto quanto qualquer um, mas não o podíamos procurar, porque a admissão de nossas necessidades teria sido uma negação da fachada confiante da qual outras pessoas dependiam para levantar seu moral. O número de pessoas abençoadas com a perspicácia de ver por trás dessa máscara não era grande. Entre eles, minha família, Jonathan e seus pais e alguns amigos excepcionais.

Pouco antes da data prevista para o nascimento do bebê tivemos a sorte de conhecer novos amigos de sensibilidade incomparável: o colega australiano de Stephen, Bernard Whiting, e sua esposa Mary, quando foram para um dos nossos encontros musicais. Relaxado e descontraído, Bernard foi dar uma mão a Stephen, da mesma forma que George Ellis havia feito no passado. Mary, uma arqueóloga clássica, estava escrevendo uma tese de doutorado e trabalhava no museu Fitzwilliam na catalogação de uma extensa coleção de pedras preciosas. Ela era uma peça de museu não fossilizada. Seu cabelo fluido, prematuramente grisalho, emoldurava feições juvenis finamente entalhadas, dando-lhe uma distinção graciosa, como uma Madonna de Raphael. Sua aparência combinava bem com sua personalidade, pois ela era tanto erudita quanto espirituosa, e seus interesses se estendiam muito além da arqueologia: arte, literatura e música, em especial música barroca; de modo que quando ela e Jonathan se conheceram, imediatamente tiveram muito sobre o que conversar.

No final de março de 1979, Robert, que estava no sexto ano em uma escola em Perse, partiu para um acampamento de escoteiros. Não fiquei muito feliz com esse acampamento para crianças de onze anos porque seria em um campo no norte de Norfolk, exposto aos ventos cortantes de uma primavera relutante. O campo, no fim das contas, ficou alagado, debaixo de alguns centímetros de água. Houve neve durante o acampamento e Robert voltou exausto, molhado até os ossos e com uma tosse persistente. Estoico como sempre, ele declarou que o acampamento havia sido "legal". Depois de alguns dias de cama, ele se recuperou o suficiente para ir com Lucy para a casa de campo no País de Gales, onde deviam passar a Páscoa com os pais de Stephen. Enquanto isso, eu fiz minha estreia no palco do Cambridge Competitive Festival, cantando as canções de Fauré e Britten com o acompanhamento do talentoso Jonathan ao piano, enquanto Stephen sorria – seu animado incentivo – na plateia. O jurado educadamente elogiou meu timbre de voz, mas, afora isso, só se permitiu comentar que percebera que meu controle da respiração estava um pouco inibido. Quando o concurso acabou, de volta à St Mark ensaiamos para o serviço devocional da Sexta-feira da Paixão e para o Festival de Páscoa, quando eu faria um solo, *Now the Green Blade Riseth*, acompanhada na flauta pelo velho amigo de escola de Jonathan, Alan Hardy. Depois de ensaiar na Igreja no início da Semana Santa, estava tudo pronto para a apresentação no Domingo de Páscoa.

A tese estava quase concluída; só o que faltava era a tarefa insuportavelmente chata de ordenar alfabeticamente a bibliografia e revisar todas as minúcias dela, por insistência do meu supervisor. Cada vírgula, ponto final e parêntese tinha de estar no seu devido lugar, caso contrário, ele não apresentaria a tese. Na Quinta-feira Santa, com um floreio, pus o ponto final na última entrada da bibliografia, concluindo, assim, treze árduos anos de seminários, pesquisas, anotação, fichas, organização, elaboração, redação, edição, notas de rodapé e referências.

No dia seguinte, Sexta-feira da Paixão, durante o serviço devocional eu me senti desanimada, à beira das lágrimas. Talvez tenha sido uma reação à força emotiva dessa celebração religiosa em particular e da música que a acompanhava; talvez tenha sido o efeito anticlímax de terminar a tese; ou talvez eu estivesse sentindo falta dos meus filhos, que iam ficar com os avós até depois que o bebê nascesse, em uma semana ou duas. No dia seguinte, a melancolia cedeu. Fortes sintomas físicos tomaram seu lugar, deixando pouca dúvida de que o bebê nasceria muito em breve. Passei a maior parte da tarde no jardim com Stephen ao meu lado, relaxando ao sol e pegando ramos de violetas. Don nos levou para a maternidade no início da noite, mas um exame de rotina não revelou nenhum movimento significativo, de modo que nos mandaram embora de novo. Passamos pela casa de Jonathan na volta e ficamos para comer uma marmita de comida indiana, encaixando-nos o melhor que pudemos entre os instrumentos musicais no espaço restrito da sala de estar. Como Jonathan e Stephen adoravam comida indiana, muitas vezes ele separava um pouco para viagem, em especial nas noites de domingo, quando a cozinha, depois de sete dias produzindo refeições de três pratos para todos os visitantes, só fazia ovos mexidos. Excepcionalmente, essa marmita era de sábado à noite: uma *dupiaza* muito picante.

De volta à casa, passei uma noite bem desconfortável, e, de madrugada, acordei Don e lhe pedi que nos levasse de novo ao hospital. Como Stephen queria estar presente no nascimento de seu terceiro filho, fizeram um arranjo especial para acomodá-lo na sala de parto. Joy Cadbury, presidente da Friends of the Maternity Hospital, gentilmente conversara com a enfermeira-chefe para tomar as providências adequadas para acomodar a cadeira de rodas. O único espaço grande o suficiente para acomodar Stephen e Sue Smith, sua fisioterapeuta, que cuidaria dele – além da equipe médica, para não falar de mim – era a sala de parto, então, eu tive de passar o resto do dia deitada na superfície dura da mesa de parto esperando o nascimento acontecer. Don ficou fora, no corredor, de vez em quando olhando pela porta, enquanto Jonathan sabiamente tirou uma folga para passar aquele domingo de Páscoa quente e ensolarado no interior com seus pais. Nessas condições adversas, o trabalho de parto desacelerou até parar. Mandei mensagens para Don dizendo que ele podia tranquilamente abandonar seu posto no corredor e ir ao culto da manhã em um ou outro dos seus locais eclesiásticos, e enquanto eu estava mal acomodada tentando soltar meu peso em uma posição confortável, lamentei a urgência com que havíamos ido para o hospital, em especial quando percebi que poderia estar cantando na igreja. Lá, Bill Loveless teve de anunciar o cancelamento do interlúdio musical por causa da ausência da cantora, que tinha outro compromisso.

As várias tentativas feitas para acelerar o nascimento tiveram como único efeito transformar-me em uma almofada de alfinetes humana da manhã até a noite. Don voltou e saiu de novo – desta vez para as Vésperas. Enquanto ele estava fora, houve uma crise: o coração fetal, aqueles batimentos cardíacos infantis que se mostraram para mim vários meses antes, apresentou preocupantes sinais de fadiga. Enquanto a equipe médica estava de costas, preparando seus instrumentos de tortura para trazer o bebê ao mundo sem demora, eu rapidamente reuni todas as minhas energias restantes em um impulso todo-poderoso e meu filho pascal nasceu. Quando o deram para que eu segurasse, meu coração se penalizou por ele. Enrolado em um velho cobertor verde, seu rosto estava azul por causa do esforço. Embora ele fosse maior que Robert ou Lucy ao nascer, não exibia a energia com que eles haviam recebido o mundo; jazia inerte, choramingando em meus braços. Por um momento, fiquei alheia à comoção das operações de limpeza em torno de nós, absorvida pela criatura a quem eu já conhecia tão bem. Então, Don irrompeu triunfalmente na sala de parto. Ele teve o prazer de conhecer seu afilhado, e ficou ainda mais satisfeito consigo mesmo por causa de uma pequena cantiga que ele havia criado ao voltar da Igreja. Para minha vergonha, ele a repetia a todos que encontrava durante várias semanas após o parto. Era assim:

On Easter Day,
the disciples went to the garden
and found the empty tomb;
I went to the hospital
and found the empty womb[*]

[*] No dia de Páscoa, / os discípulos foram ao jardim e encontraram o túmulo vazio; / Eu fui para o hospital /e encontrei o útero vazio. (N. T.)

— 10 —

DISSONÂNCIA

DURANTE A SEMANA QUE TIMOTHY STEPHEN (NOME COMPLETO DO BEBÊ) E EU FICAMOS no hospital, Lucy foi levada de volta a Cambridge para conhecer seu irmão mais novo – mas Robert ficou em St. Albans, por razões que não foram mal explicadas. Aparentemente, as crianças haviam brincado descalças no riacho no País de Gales e ele pegou um resfriado. Ele estava tossindo de novo, tanto que quando as crianças pediram o chá aos meus pais em St Albans, minha mãe o colocou na cama. Ali ele ficou pela semana seguinte, até que Mary, irmã de Stephen, médica, decidiu que ele estava suficientemente bem para voltar para Cambridge. Seu retorno coincidiu com nossa volta à casa. Ele embalou o irmão mais novo no colo, sentado em uma poltrona na sala de estar, mas parecia muito corado e indisposto. A mãe de uma das amigas de Lucy, Valerie Broadbent-Keeble, pediatra respeitada, foi nos fazer uma visita social para me ver e ver Timothy. Por coincidência, ela chegou junto com o doutor Wilson, meu clínico geral. Os dois médicos deram uma breve olhada em Timothy, que já havia se ajustado à nova vida e estava radiante e saudável; Robert, em contrapartida, atraiu a atenção deles. Ambos estavam visivelmente alarmados com o estado de saúde dele e tinham quase certeza de que ele estava com pneumonia viral. Valerie foi embora para cuidar da internação imediata de Robert na ala infantil do Addenbrooke enquanto o doutor Wilson fez uma receita de penicilina.

Foi uma bênção que o novo bebê ainda estivesse cansado da provação de seu nascimento, e, por consequência, dormiu por longos períodos durante o dia e, pasmem, à noite também. Senão, as semanas após seu nascimento teriam sido um pesadelo ainda pior do que realmente eram. Eu era necessária para todos o tempo todo. As necessidades de Stephen eram óbvias, as do bebê eram inegáveis. Lucy precisava de conforto agora que havia um rival para usurpar seu lugar de caçula da família. E acima de tudo, Robert estava muito doente no hospital e precisava ainda mais de mim. Depois de uma noite na pediatria, ele acordou coberto de vergões dos pés à cabeça.

Ou ele havia contraído uma doença infecciosa ou era alérgico a penicilina. Como não havia jeito de saber qual das duas havia sido a causa, ele foi transferido para uma ala de isolamento no topo do hospital, pelo medo de que infectasse os outros pacientes críticos na pediatria. Isolado, as refeições eram passadas a ele por uma portinha, e a equipe médica vestia batas, luvas e máscaras quando entrava em seu quarto. Ele só podia receber visitas restritas, que tinham de vestir as mesmas roupas de proteção das enfermeiras. Entediado, solitário e doente, ele ficava deitado na cama com as lágrimas escorrendo por suas bochechas quentes.

Minhas visitas ao hospital tinham de ser cronometradas, precisamente entre as mamadas do bebê de semanas. Depois que ele estava alimentado, trocado e deitado, eu saía correndo para passar as próximas horas na cabeceira de Robert, ler para ele e jogar, antes de correr para casa de novo para a próxima mamada. Essa foi minha rotina até Robert receber alta do hospital. A mãe de Stephen fez seu melhor para manter a casa funcionando, fazer compras e preparar refeições saudáveis mas era coisa demais para ela fazer sozinha. Nunca a ajuda de Jonathan foi mais urgentemente necessária. Ele cuidava de Stephen, fazia as compras pesadas, pegava Lucy na escola e visitava Robert, permitindo-me, às vezes, fazer uma pausa da rigorosa e pressurizada rotina. Foi uma pena que ele houvesse sido apresentado tão brevemente à mãe de Stephen antes de ocorrer essa crise. Uma vez que suas visitas a Cambridge eram muito mais raras que as de meus pais, a oportunidade não surgira antes. Eu percebi que não poderia esperar que qualquer um dos Hawking – ao contrário dos nossos amigos próximos e diplomáticos – adivinhasse o significado da presença de Jonathan em nossa casa. Contudo, esperava, porém, que eu houvesse conquistado o total respeito deles ao longo dos muitos anos em que havia cuidado do filho deles e que confiassem em mim, pelo menos para tentar fazer o meu melhor para Stephen e as crianças na presente situação tão demandante. E confiava que eles pudessem expressar alguma simpatia ou tolerância discreta. Acima de tudo eu queria tranquilizá-los de que eu não abandonaria Stephen ou destruiria o lar, nem Jonathan me incentivava a isso. Não houve oportunidade adequada para abordar o assunto com Isobel. Quando, uma tarde, ela e eu estávamos sozinhas em casa com o bebê, Isobel tomou a iniciativa, pegando-me de surpresa. Ela me olhou diretamente nos olhos:

– Jane – disse ela adotando um tom tonitruante –, eu tenho o direito de saber quem é o pai de Timothy. É Stephen ou Jonathan?

Encontrei seu olhar de aço, consternada por ela ter tão prontamente tirado conclusões, e a conclusão mais insensível possível. Toda a disciplina com que Jonathan e eu havíamos forçado a nós mesmos para tentar sublimar nossos desejos e manter um relacionamento discreto estava sendo pisoteada. A simples verdade é que não havia a menor possibilidade de que Timothy fosse filho de qualquer outro senão Stephen.

No dia seguinte, Frank Hawking atendeu à convocação urgente de sua esposa e chegou a Cambridge no início da manhã. De casa eu os vi, juntos, irem para o gramado e desaparecer entre os arbustos, conversando, conspiratórios. Pouco depois foram, ofensivamente desafiadores, sem sequer se preocupar em me cumprimentar. A combinação de tantos eventos traumáticos em um espaço tão curto de tempo após o nascimento teve o previsível efeito decepcionante de diminuir minha capacidade de amamentar meu bebê de duas semanas, que estava saindo de seu estupor pós-natal, exercitando seus pulmões leoninos e suas cordas vocais com entusiasmo saudável. Stephen não admitia oposição para resolver a situação à sua maneira. Ele arregimentou Lucy, de oito anos, para acompanhá-lo à cidade e ajudá-lo a fazer compras no Boots, onde comprou um conjunto de mamadeiras, bicos, líquido para esterilização e leite em pó. Assim acabaram minhas patéticas tentativas de amamentar meu terceiro filho, e desse modo teve início uma nova tarefa para Jonathan. Todas as noites antes de sair de West Road para sua casa, ele deixava preparado o suprimento de leite para o dia seguinte e o armazenava na geladeira, pronto para o uso.

Algumas semanas depois, quando eu estava cuidando dos preparativos para o batismo de Timothy no início de junho, Stephen recebeu uma carta de seu pai. A carta anunciava que ele havia estado em contato com uma equipe norte-americana de médicos em Dallas, Texas, que estavam tratando a ELA com uma nova droga. Esses médicos convidaram Stephen a se tornar um dos primeiros pacientes a testar a droga. Parecia que era um fato consumado. Nós todos, Stephen, Robert, Lucy, Timothy e eu, com um simples movimento de varinha, iríamos de mala e cuia para o Texas, onde Stephen se submeteria a um programa prolongado de tratamento com duração de meses, se não anos. Ele me passou a carta sem comentários, sem explicação, e a tácita implicação era que a decisão repousava sobre meus ombros.

Minha cabeça rodava e meu coração se apertou com a complexidade da responsabilidade que ele me convidava a assumir. Em primeiro lugar, se havia uma chance de cura para Stephen, eu nunca poderia lhe negar essa oportunidade. Contudo, eu tinha plena ciência de que as exigências sobre a família e sobre mim seriam monumentais, muito além de qualquer coisa que nós já houvéssemos experimentado antes. As crianças seriam sumariamente retiradas da escola, do ambiente e da casa onde estavam felizes e seguras, e despejadas em uma enorme e estranha cidade norte-americana. Não seria Pasadena. Não estava claro do que viveríamos, nem como nosso alojamento ou transporte seriam organizados. Eu, mãe de um bebê de seis semanas, estava sendo convidada a pegar toda a família, os três filhos e o pai paraplégico deles, levá-los a dar um terço de volta ao mundo e fixar residência ali por tempo indeterminado. Não havia nenhuma indicação de como eu poderia atingir esse objetivo, nenhuma promessa nem possibilidade de ajuda nessa tarefa gigantesca que não fosse o jovem Robert, nem qualquer certeza de que o tratamento seria bem-sucedido. As lembranças dolorosas de Seattle em 1967 vieram à tona, multiplicadas milhares de vezes pelas experiências dos últimos anos.

Conforme a data do batismo do bebê se aproximava, eu não conseguia mais esconder dos meus pais esse doloroso dilema. A festa de batismo foi estrategicamente dividida em dois campos opostos. Em uma situação que exigia extremo tato de todos os lados, os Hawking ficaram em um canto da sala de estar, banindo o resto do grupo – meus pais, os padrinhos de Tim e suas famílias, e alguns amigos. A atmosfera era tão insuportável que, em determinado momento, eu saí da sala e me refugiei em meu quarto. Meu pai me seguiu, bastante consciente da pressão intolerável sob a qual eu estava. Em uma semelhança intelectual com os Hawking, mas desprovida de qualquer afetação ou esnobismo, ele puxou um pedaço de papel do bolso.

– Jane – disse ele –, dê uma olhada nisto. Se aprovar, vou mandá-lo para Frank Hawking.

Ao ler o papel, a gratidão pela intervenção de meu pai me dominou. A carta era uma solução magistral para o dilema, sem de forma nenhuma questionar minha lealdade com Stephen. Afirmava que todos nós queríamos o melhor para Stephen, mas que os Hawking deviam estar cientes de que cuidar de duas crianças pequenas e do bebê – seus netos –, além da carga de cuidados com Stephen, tornava inviável que eu fosse para o Texas. Ele sugeria que se eles tinham certeza da eficácia do tratamento, deviam considerar a hipótese de acompanhar Stephen para o Texas. Mais uma vez, meu pai, às vezes exigente, sempre honrado, sempre despretensioso, com calma e inteligência e por trás dos bastidores, veio em meu resgate. A carta foi enviada. Ele não recebeu resposta.

Depois de tantos anos de tolerância velada, eles haviam expressado sua antipatia por mim com franqueza cáustica quando eu estava no meu ponto mais baixo, logo após o nascimento do meu terceiro filho, enquanto meu filho mais velho estava muito doente. A antipatia deles surgira e se espalhara com hostilidade indisfarçável. Foi estúpido de minha parte não ter reconhecido sua animosidade e me resignado a ela antes; foi estúpido de minha parte ter vivido na inocente esperança de que as coisas mudariam. Como eles eram os parentes mais próximos de Stephen, eu fui obrigada a tentar me dar bem com eles, o melhor que pudesse. Na verdade, por isso mesmo eu ainda era obrigada a manter um verniz de civilidade. Gostasse eu ou não, o íntimo laço de sangue era o único fator invariável nessa situação.

A seguinte notícia invernal chegou: a equipe texana estava oferecendo enviar seu tratamento para Cambridge. Contudo, o neurologista do Addenbrooke declarou com firmeza que o tratamento não havia sido testado, nem comprovado, e era impróprio para a ELA. Ele suspeitava que Stephen seria usado como cobaia, e que os pesquisadores estavam procurando a respeitabilidade científica e a publicidade associada a seu nome, possivelmente para atrair financiamento. O tratamento teria de ser administrado no hospital e o tempo necessário seria considerável, com possibilidade mínima de um resultado positivo, mesmo no curto prazo. A esclerose lateral amiotrófica já havia feito seu pior em Stephen; havia pouco mais que pudesse fazer, e era um fato bem conhecido da ciência médica que o corpo não era capaz de reparar o tecido nervoso danificado. O maior risco para sua sobrevivência nessa época era a pneumonia, e não a ELA em si. O tratamento proposto seria uma perda do precioso tempo de Stephen e pouco mais que uma dessas quimeras contra as quais Frank Hawking havia alertado a si mesmo de forma tão decisiva nos anos 1960.

— 11 —

TURBULÊNCIA

Talvez eu tenha ficado menos triste com o comportamento dos Hawking ao me dar conta de como implicitamente podia contar com a família de Jonathan. Com uma bondade despretensiosa, eles se dedicavam de modo incansável a outras pessoas, quem quer que fossem, independentemente de suas origens. Eles não faziam distinção entre família, amigos, paroquianos ou estranhos. Qualquer pessoa com problemas, rico ou pobre, podia bater à sua porta de dia ou de noite e ter a certeza da ajuda e de um ouvido simpático, e provavelmente de uma refeição. Eu não podia acreditar que quaisquer pais, por mais bem-intencionados que fossem, gostariam de receber o tipo de família com que seu filho mais velho estava envolvido. Eu estava errada. Em nossa primeira visita a sua casa paroquial, eles nos trataram – a Stephen, as crianças e a mim – como se fôssemos as visitas mais bem-vindas do mundo, como se estivessem mesmo felizes em nos ver. Nunca demonstraram o menor sinal de julgamento acerca de nós ou de nossa situação.

Como Bill Loveless, John Jones havia se ordenado tarde. Ele chegara a Cambridge para se preparar para o ministério, após sua carreira inicial de dentista em Warwickshire. Nessa mudança de direção à meia-idade, ele foi incentivado de forma inequívoca por sua esposa Irene, assim como por sua própria mãe, em sua fé silenciosa e garantida. Do alto da colina, nos arredores de Cambridge, eles atendiam a seu rebanho no pantanal circundante e se devotavam com uma tenacidade prática que já teria sido extraordinária em um jovem incumbente, imagine só em uma pessoa mais velha. John, com a ajuda de Irene, não só cuidava das almas a seu cargo em Lolworth e suas freguesias associadas, como também recuperou a estrutura do edifício medieval que lhe foi confiado por uma diocese sem dinheiro. No início dos anos 1980, a torre da igreja Lolworth precisava muito de reparos. Como não havia fundos disponíveis para isso, John e Irene vestiram capacetes e macacões e começaram a remover várias toneladas de excrementos de pássaros de dentro antes de revesti-la e reforçar sua estrutura eles mesmos.

Para mim parecia inacreditável que essas pessoas não relacionadas a nós de forma nenhuma pudessem encontrar alguma boa razão para receber bem a mim e a minha família, e eu não conseguia entender por que demonstravam tanto interesse genuíno em nós e tanta preocupação conosco. Eles espalhavam a luz da bondade, simpatia e altruísmo na escuridão. Não foram só os pais de Jonathan que nos receberam em seu coração, mas, inexplicavelmente, toda a sua família, suas tias, seus tios e seus primos, seu irmão Tim e sua irmã Sara. Antes fisioterapeuta, Sara foi abençoada com o mesmo tipo de bom senso intuitivo de Caroline Chamberlain em sua abordagem das deficiências graves; ela sabia o alto preço que uma doença paralisante poderia cobrar da família próxima, bem como do paciente. Sara e eu rapidamente nos tornamos amigas íntimas. Tínhamos mais ou menos a mesma idade e havíamos tido bebês mais ou menos ao mesmo tempo. A primeira filha de Sara, Miriam, nasceu em fevereiro de 1979, dois meses antes de Timothy.

Assim, eu já não precisava do apoio dos Hawking. Em vez disso, comecei a nutrir o distanciamento frio que eles mostravam havia anos. Surpreendentemente, outros parentes mais distantes de Stephen entraram no espaço deixado pela ausência dos pais dele. Michael Mair, um primo de Stephen que havia estudado em Cambridge no final dos anos 1960, quando Robert era recém-nascido, voltou a trabalhar no departamento de Oftalmologia do Hospital Addenbrooke. Ele e sua noiva sul-africana, Solome, radiógrafa, adoravam cozinhar. De vez em quando eles traziam uma refeição deliciosa rica em calorias, feita na hora, para toda a família. Antes que chegassem, Robert e Lucy ficavam na varanda olhando através da porta de vidro e salivando antes mesmo de eles aparecerem na calçada. Nunca essas refeições expressas foram mais bem-vindas que nos meses após o nascimento de Timothy, quando lutávamos para retomar o rumo, desesperadamente cansados do esforço extenuante de levar nosso pequeno barco por mares turbulentos.

A verdade é que um adulto era obrigado a assistir em tempo integral a cada um dos membros menos capazes da família. Incapacitado a ponto de não conseguir fazer nada sozinho – exceto manipular os controles simples de sua cadeira de rodas e do computador que ele havia comprado para celebrar o nascimento de Timothy –, Stephen precisava da presença constante de uma pessoa conhecida, eu, Don ou Jonathan. O bebê, antes tão dócil, estava começando a reivindicar seus direitos, respondendo a todas as atenções dispensadas a ele com enormes sorrisos cativantes, tão grandes que poderiam nos engolir, mas protestava quando desviávamos a atenção para outra coisa. Nessas ocasiões, minha mãe ria e apontava a semelhança dele com o pai. Certamente ele herdou as covinhas angelicais de Stephen, mas também como o pai, tinha o engraçado hábito de inclinar os cantos da boca para baixo para expressar indignação, em especial quando estava com fome. Em outros aspectos, apesar de ser um bebê maior do que Robert havia sido, ele era a imagem exata do irmão mais velho. Eu os chamava de meus gêmeos – gêmeos com quase doze anos de diferença. Na verdade, mais de uma vez conhecidos passavam, olhavam para Tim e com alegria diziam: "Olá, Robert!", e, perplexos, achavam que deviam ter caído em uma armadilha do tempo antes de perceber o erro.

Felizmente, agora podíamos nos dar ao luxo de uma babá duas manhãs por semana, então eu podia cuidar das coisas necessárias para produzir as quatro cópias encadernadas da tese exigidas pela burocracia. Minha ajudante, Christine Ikin, mais tarde batizada de Kikki por Tim, também era mãe de três filhos. Ela vinha para a cidade com a regularidade que lhe permitia o imprevisível serviço de ônibus, e alegremente aspirava, limpava e cuidava do bebê, enquanto eu contatava datilógrafos, revisava seus trabalhos, cotejava centenas de páginas e procurava encadernadores. Minha relação com a poesia medieval espanhola seguia seu curso e estava chegando ao *grand finale*. Uma vez que uma tese não é uma promessa muito óbvia de carreira, eu já havia aceitado o fato de ela ser um fim em si mesma, e não um meio para um avanço maior. De qualquer forma, ter uma carreira estava completamente fora de questão, uma vez que 99% de minha atenção tinha de estar na casa e na família. Eu tinha de dividir minha atenção de forma equitativa entre as crianças e Stephen, e ainda encontrar tempo para manter meu cérebro vivo.

Robert e Lucy estavam com dificuldades para se ajustar às novas circunstâncias. Lucy se via em uma posição incerta, no meio da família, nem a mais velha nem a mais nova, e foi só quando Robert foi para outro acampamento de escoteiros no fim do verão que ela demonstrou interesse no bebê. Então, de repente, ela tinha de buscar e levar mamadeiras, fraldas, alfinetes e talco – tarefas que Robert fazia antes. No início, ela resistiu de maneira desafiadora, e então caiu em pranto. Nesse momento eu percebi quanto ela também havia sido afetada pelo trauma que havia sofrido desde a chegada do pequeno Tim. Lucy havia sido deixada por conta própria, quando, na verdade, ela precisava tanto de tranquilidade quanto qualquer outra pessoa. Eu a abracei e disse que não havia deixado de amá-la só porque havia outra pessoa para cuidar na família. Ela se enterneceu com seu irmão mais novo de imediato, como se em todas aquelas miseráveis semanas ela estivesse louca para mostrar seus verdadeiros sentimentos, mas não soubesse como. Ela pegava e levava as coisas de tão bom grado quanto Robert fazia, e depois disso, ninguém era mais dedicada a Tim nem se comovia mais com seus avanços do que ela.

Robert esteve muito doente, e apesar de ter se recuperado bem e voltado às aulas, às vezes ele parecia fraco e esquecido. A dislexia ainda era uma deficiência grave em seus estudos. A escola marcou algumas sessões com uma psicopedagoga, que tentou incutir nele técnicas para lidar com a dislexia, mas ela não conseguiu identificar a verdadeira extensão do problema. Só muitos anos depois eu descobri que na raiz do problema estava uma enorme sensação de inadequação. A uma idade muito precoce ele tinha consciência de que seu pai era um gênio científico, e que as pessoas, em especial os professores – não seus pais – tinham expectativas que ele sabia que não poderia atender. Sua crença em si mesmo estava afogada em dúvidas, e sua solução foi não se preocupar com seus estudos, tendo em vista que se sentia condenado ao fracasso aos olhos do mundo, por mais que tentasse. A parte mais triste foi que desde os sete anos, quando teve ciência de que seu pai era um gênio, ele se sentia inferior. Robert tinha a duvidosa vantagem de uma inteligência ágil, científica, que o destinou a uma carreira científica, mas sem alcançar a fama de seu pai. Quanto a Lucy e Tim, mais tarde sofreriam por não ser cientistas, e os dois se sentiam gravemente humilhados quando contavam quão desapontados seus professores ficaram com neles. Realmente, as três crianças estavam em uma situação sem possibilidade de vitória. Contudo, apesar de os preconceitos de seus professores terem lançado uma sombra sobre a educação deles, Lucy e Tim não sofreram tanto quanto Robert, para quem as expectativas da sociedade em geral lançavam uma longa sombra da reputação de seu pai.

No outono de 1979 a reputação de Stephen foi muito reforçada publicamente em Cambridge por sua nomeação à presidência da cobiçada cátedra lucasiana em Matemática. A cátedra, subvencionada em 1663 com cem libras por Henry Lucas, foi uma das de maior prestígio em uma das universidades de maior prestígio: era a cadeira de Newton. Stephen era agora inequivocamente equiparado a Newton. Ele celebrou sua elevação à vertiginosa altura acadêmica valendo-se da oportunidade para dar uma aula inaugural, um costume que havia caído em desuso, pelo menos entre os cientistas. Um estudante esteve ao lado dele no palco do auditório Babbage e interpretou seu discurso, que já havia se tornado tão fraco e indistinto que só um punhado de estudantes, colegas e a família poderiam entendê-lo. A plateia extasiada de cientistas, muitos deles jovens otimistas, esforçou-se para entender seu discurso. As palavras não foram projetadas para lhes oferecer a perspectiva confortável de um futuro seguro, visto que Stephen alegremente previu que o fim da Física estava próximo. O advento de computadores mais rápidos e mais sofisticados significava que até o final do século, em apenas vinte anos, todos os grandes problemas da Física teriam sido resolvidos, incluindo a teoria do campo unificado, e não haveria nada que os físicos fizessem. Ele próprio ficaria bem, declarou Stephen jovialmente, tendo em vista que ia se aposentar em 2009. O público adorou a brincadeira, embora eu não achasse que eles tivessem muito do que rir...

Nem Stephen, de fato, tinha muito do que rir. Sumariamente prevendo o fim da Física ele se fazia um refém da sorte, e sua Nêmesis, a deusa ofendida da Física, o pegaria muito depressa. Poucas semanas depois, a nova década se abriu pouco auspiciosamente para todos nós, em especial para Stephen. Depois do Natal, todos pegamos resfriados fortes, incluindo o bebê. Com a chegada do Ano-Novo a gripe se instalou no peito de Stephen, judiando de seu corpo com asfixias angustiantes a cada gole de água ou a cada colherada de comida picadinha; até mesmo a cada respiração. Esses ataques ocorriam no final do dia e duravam até a noite. Usando as técnicas que eu havia aprendido na ioga, eu tentava fazê-lo relaxar os músculos da garganta calma e monotonamente repetindo frases calmantes. Às vezes eu tinha sucesso e registrava a mudança do pânico ofegante para a respiração regular, quando então o sono tomava conta de sua triste e tão perseguida estrutura. Às vezes, o tédio da repetição me fazia cochilar intermitentemente, enquanto ele continuava tossindo e bufando ao meu lado até a madrugada. Na manhã seguinte estávamos os dois exaustos, embora ele, com verdadeira coragem, nunca admitisse, e embarcasse em sua programação normal, sem medo dos acontecimentos da noite anterior.

Enquanto todos nós temíamos uma repetição do ataque de pneumonia de 1976, Stephen, previsivelmente, não me deixou chamar o médico, nem queria tomar nenhum medicamento, uma vez que ainda tinha receio de que o adoçante do xarope para tosse – mesmo no xarope sem açúcar – irritasse a mucosa de sua garganta e os ingredientes do remédio para suprimir a tosse confundissem seu cérebro ou o levassem a um estado de coma. Assim, ele tossia e engasgava, e engasgava e tossia, dia e noite, enquanto o bebê fungava e gemia com o nariz entupido e eu ofegava para respirar, tendo em vista que eu mesma não estava me sentindo muito bem.

Como sempre, minha mãe veio prontamente de St Albans para cuidar da casa, enquanto Jonathan, Don e eu tentávamos, contra todas as probabilidades, cuidar de seus ocupantes em dificuldade. Mamãe insistiu em me mandar para a cama, pelo menos entre as várias tarefas que eu tinha para fazer. Bill Loveless foi me visitar na tarde seguinte, sábado. Deitei-me na cama, prostrada de cansaço e falta de ar, enquanto Stephen, o paciente real, estava sentado lendo o jornal na cozinha, determinado a vencer sua crise. Eu derramei meus problemas sobre Bill. Ainda queria apaixonadamente cuidar de Stephen, dar-lhe uma vida familiar feliz, fazer todo o possível por ele, dentro da razão. Às vezes, como no presente, suas demandas eram superiores a todo o razoável, e o muro de sua obstinação foi tornando a vida insuportável. Em consequência, eu estava ficando cada vez mais dependente de Jonathan para preservar minha sanidade mental, para compartilhar meus fardos e para me sentir amada. Essa dependência só aumentava meu sentimento de culpa.

Bill pegou minha mão.

– Jane – disse ele, pensativo, mas com firmeza –, quero que saiba de uma coisa.

Se eu esperava, nervosa, uma severa repreensão, estive completamente enganada. Com delicadeza, ele prosseguiu:

– Aos olhos de Deus todas as almas são iguais. Você é tão importante para Deus quanto Stephen.

Dizendo isso, ele me deixou refletindo sobre essa revelação surpreendente, e foi falar com Stephen. Mais tarde, o doutor Swan foi chamado e recomendou um curto período na casa de repouso local para Stephen, e ele, embora ferozmente indignado, relutantemente aceitou seu conselho. Em certo sentido, eu sabia que Stephen tinha razão, porque na clínica ele não era conhecido. As enfermeiras não entendiam sua fala nem dominavam as técnicas muito precisas necessárias para cuidar dele. Assim que se espalhou a notícia de que o catedrático lucasiano havia sido levado para uma casa de repouso, não houve escassez de ofertas de ajuda. Mais uma vez, os leais alunos e os colegas, em especial Gary Gibbons, ex-aluno de pesquisa de Stephen, estabeleceram um esquema de atendimento para que Stephen nunca ficasse impossibilitado de comunicar suas necessidades às enfermeiras. O diretor da escola de Robert, Antony Melville, lembrando circunstâncias trágicas semelhantes em sua família, espontaneamente se ofereceu para levá-lo para sua casa em caso de necessidade. John Casey, um colega da Caius que ocultava simpatia genuína por trás de uma fachada pouco educada, decidiu que a Faculdade devia pagar as despesas de Stephen na casa de repouso e se comprometeu a convencer o órgão executivo e o tesoureiro. Talvez essa tarefa fosse menos difícil do que parecia, pois é digno de nota que o vice-marechal da aeronáutica reformado, Reggie Bullen, foi o tesoureiro mais humano a ocupar esse cargo na Faculdade.

Na semana seguinte, enquanto Stephen estava na casa de repouso, aceitei um convite de Rees Martin, professor plumiano de Astronomia e Filosofia experimental desde 1973, para encontrá-lo no Instituto de Astronomia. Gentil, dúbio em seus esforços para parecer um cientista intransigente, Martin me fez sentar em sua sala e declarou enfaticamente:

– Aconteça o que acontecer, Jane, você não deve deixar a situação derrubá-la.

A ironia não intencional de suas palavras me deixou perplexa, mas como eu estava cansada e consternada demais para comentar, não disse nada, simplesmente esperando que ele continuasse. Ele repetiu o que havia dito e chegou a sugerir que já era tempo de Stephen ter atendimento de enfermagem domiciliar. Se eu encontrasse as enfermeiras, ele se ofereceu para arranjar a verba – de várias fontes filantrópicas – para pagá-las. Fiquei profundamente grata por sua preocupação e sua oferta muito prática, proposta com tanto cuidado e consideração. Minha gratidão era mais pelo fato de ele ter percebido que eu precisava de ajuda que pela própria ajuda.

Havia três fatores a considerar na oferta de atendimento médico domiciliar, e certamente o benevolente Martin cuidaria de um deles: o financeiro. Eu não tinha ideia de como cuidar dos dois restantes. Onde eu encontraria enfermeiros adequados, e mais importante, como ia convencer Stephen a aceitá-los? Sempre que eu e o bebê íamos visitá-lo, ele rangia os dentes de raiva em sua prisão temporária, mantendo os olhos fixos na tela da televisão a sua frente e se recusando a olhar para nós. Eu podia lhe propiciar um pouco de consolo, mas, em vez disso, minha presença parecia enlouquecê-lo; mas se eu não o visitasse seria logo acusada de negligência. Ofegante com o peso do bebê robusto, eu me esforçava pelo longo corredor, duas vezes por dia, ensaiando todos os pedaços de informações e mexericos que eu havia coletado para ele. O modo como ele nos recebia sempre tinha um efeito amortecedor, lavando a cor e a vida desses pequenos fios, diluindo seu impacto, até que eram quase tão interessantes quanto uma queima de fogos durante uma tempestade. Os pais de Stephen foram visitá-lo um dia sem se preocupar em nos ligar na West Road.

Estávamos esperando meu pai chegar a Cambridge para o almoço do próximo fim de semana quando ouvimos a campainha. Mamãe e eu ficamos perplexas ao encontrar um carro desconhecido na garagem e uma mulher de meia-idade do lado de fora da porta. Seu marido estava trazendo meu pai para casa. Esse casal havia viajado cerca de dez quilômetros até Cambridge depois de ver o carro de meu pai deslizar na estrada em um pedaço de gelo preto e colidir com a margem oposta. Eles o socorreram. Embora o carro de meu pai fosse uma lata velha, milagrosamente ele parecia ileso, mas muito abalado. No entanto, achamos melhor chamar um médico para verificar se tudo estava bem de verdade. John Owens, o médico que fizera o parto de Robert doze anos antes – e que, coincidentemente, também havia atendido à esposa de Jonathan, Janet – chegou prontamente e disse que papai estava em notável bom estado, considerando o risco de morte que havia corrido. Só dois dias depois, tivemos razão para chamar o médico de novo. Lucy, que também estava com um forte resfriado, deu-nos um susto quando um capilar se rompeu em seu nariz e começou a sangrar. Nem bem secou a abundante hemorragia nasal, outra começou. Dessa vez, o médico era novo para nós. Como ele estava na meia-idade, foi surpreendente quando ele se apresentou como um estagiário. O doutor Chester White tinha escolhido a Medicina como uma segunda carreira na meia-idade, e havia se formado recentemente. Ele fez um check-up em Lucy, assegurando-nos que não havia motivo para alarme.

Quando estava prestes a sair, ele voltou sua atenção para mim.

– E você? Está se sentindo bem? – perguntou ele, para minha surpresa. – Você parece exausta.

Ele se sentou, e eu contei sobre Stephen e a crise em que estávamos. Não foi necessária muita explicação, visto que ele conhecia a reputação de Stephen e já o havia visto na rua. Ele não sabia, no entanto, que nós havíamos lutado por anos com a ajuda mínima do Serviço Nacional de Saúde, e ficou chocado ao saber que tínhamos o benefício do *home care* só duas manhãs por semana, quando a enfermeira da região ajudava Stephen a sair da cama e lhe dava um banho e uma injeção de hidroxocobalamina. Stephen havia sido obrigado a deixar que esses enfermeiros lhe dessem banho quando, em um estado avançado de gravidez, eu vi meu espaço de manobra no banheiro severamente restringido.

Eu contei a mesma velha história de nossa cansativa luta para continuar e encontrar um caminho nessa pista de obstáculos em que nossa vida havia se transformado, mas não tinha ilusões: o doutor White quis ouvir com a maior simpatia, mas seria incapaz de realizar alguma melhoria. Quem poderia, mesmo com os recursos que Martin Rees havia prometido? Eu previa o que ele ia dizer, como tantos outros já haviam dito antes: "Bom, sinto muito, mas não sei o que sugerir". Eu quase não o levei a sério, então, quando, com uma percepção incomum, ele refletidamente sugeriu dois cursos de ação. Primeiro, disse ele, ia prescrever uma medicação para mim, e depois, entraria em contato com um enfermeiro de sua lista que fazia atendimento particular e poderia organizar uma equipe regular para cuidar de Stephen.

A esperança de que essas propostas fossem mantidas era sedutora demais para que não fossem consideradas brevemente, mesmo com o velho ceticismo. Havia uma chance de que a dificuldade de encontrar enfermeiros adequados fosse superada como resultado desse encontro casual; e o último obstáculo – e, sem dúvida, o mais alto –, a resistência de Stephen, também poderia ceder em face dessa iniciativa, uma vez que estava sendo imposta por uma autoridade externa. A culpa por esse pior passo não recairia totalmente sobre meus ombros. Em poucos dias Martin Rees arranjou uma fonte provisória de renda para financiar alguns cuidados profissionais para Stephen quando voltasse para casa – mas, como eu temia, levou mais tempo para Chester entrar em contato com os enfermeiros que ele conhecia. Essa perspectiva, ao que parecia, era, afinal, mais um daqueles enganosos fogos-fátuos, um vislumbre de esperança extinta antes mesmo de se incendiar. Talvez fosse melhor assim: em meu coração, eu não gostava de conspirar contra aquilo que sabia ser a vontade de Stephen, por mais intolerável que fosse a situação.

Então, certa manhã, no final de janeiro, o contato do doutor White, Nikki Manatunga, o enfermeiro, materializou-se do nada. O tranquilo e trabalhador enfermeiro do Sri Lanka, que se instalara com sua esposa e dois filhos em uma vila na periferia de Cambridge, não demonstrou preocupação com meu relato das dificuldades e demandas. Ao contrário, tinha confiança de que seria capaz de montar uma equipe de enfermeiros entre seus colegas do Fulbourn, hospital psiquiátrico local, onde ele trabalhava. Uma semana depois, quando chegou para o primeiro turno, Stephen se recusou terminantemente a olhar para ele ou a se comunicar de qualquer maneira, exceto atropelando seus pés com a cadeira de rodas. Eu me desculpei com Nikki, que perseverava com um sorriso, imperturbável.

– Está tudo bem – disse ele –, estamos acostumados a lidar com pacientes difíceis.

Na semana seguinte, ele trouxe e nos apresentou outro enfermeiro para o sistema de turnos, e depois outro. Um enfermeiro já estabelecido vinha com cada novo recruta e lhe passava os detalhes da rotina, de modo que sempre havia uma transição harmoniosa com a mínima exigência de intervenção nossa, dos cuidadores residentes. Lentamente a irritação de Stephen foi diminuindo e aumentava a aceitação da presença dessas pessoas pacientes e dedicadas; e ele acabou percebendo que poderia chamá-los se precisasse de ajuda fora do horário estrito de trabalho deles. Ele poderia levar os enfermeiros nas viagens para o exterior e ficar independente de seus alunos e colegas, até mesmo de sua família. Não precisaria mais confiar em um pequeno grupo de amigos íntimos para ajudá-lo com suas necessidades pessoais. Uma nova era estava surgindo para o mestre do universo, e, por extensão, para o resto de nós.

— 12 —

AD ASTRA

TIRANDO DOS NOSSOS OMBROS O PESO DOS CUIDADOS DE ENFERMAGEM A STEPHEN, A equipe de Nikki nos permitiu começar a viver a vida como família, em vez de só lutar para sobreviver. Cuidar de Stephen era relativamente fácil em comparação com a rotina anterior, em especial desde que Jonathan estava quase sempre conosco, na maioria das noites e durante os fins de semana inteiros, ajudando a alimentar Stephen, levá-lo ao banheiro e levantá-lo para sair e entrar no carro. Ele também era testemunha impotente dos aterrorizantes ataques de asfixia, que a cada refeição pareciam espremer os últimos sopros de ar de sua vítima. Aguardávamos, na esperança de que o ataque passasse, prontos para chamar a emergência, sabendo que nesses momentos críticos o fio pelo qual Stephen se agarrava à vida ficava mais tênue. O ataque passava por fim, e depois de alguns goles de água morna ele retomava sua refeição, descartando qualquer item que ele suspeitasse que irritava sua garganta. E então, quando todos começávamos a relaxar, ele era vítima de outro ataque.

Jonathan era, por natureza, sensível a dificuldades e lutas, percebendo onde e como ele era necessário, ajudando com todas as tarefas domésticas que antigamente eu fazia sem ajuda: ele trazia sacos de batatas, esvaziava lixeiras, trocava lâmpadas, checava a calibragem dos pneus e abastecia os carros. Agora havia alguém para me ajudar a arrastar para casa as montanhas de compras semanais feitas no mercado e no Sainsbury. Durante anos eu havia puxado as pesadas sacolas em um carrinho atrás de mim ou carregando-as no carrinho de bebê, penduradas na alça e espremidas na bandeja da parte inferior. Agora, juntos, cuidávamos dos três filhos, mas era geralmente Jonathan quem provinha o serviço de motorista para levar Robert e Lucy a seus vários compromissos, e ele mimava o bebê com suas atividades favoritas: Timmie adorava ser jogado para o alto, até o teto, abandonando-se, de boca aberta e olhos arregalados, a essa fração de segundo de suspense antes de voltar para a terra e cair na segurança dos braços de Jonathan.

Ao longo dos anos 1980, as ambições de Stephen e seus sucessos continuavam a não conhecer limites. O catálogo de instituições, universidades e entidades científicas que disputavam entre si para cobri-lo sonoramente de medalhas – Prêmio Albert Einstein, medalha Einstein, medalha Franklin, medalha James Clerk Maxwell – e outras honras, graus honoríficos, parecia a lista de conquistas amorosas de Leporello, de *Don Giovanni*, a ópera de Mozart. Ao contrário de *Don Giovanni*, no entanto, as conquistas de Stephen não se restringiam à Europa. Contudo, não houve falta de cerimônias de premiação na Grã-Bretanha, e quando estávamos perto de casa, eu mesma levava Stephen. Em uma ocasião memorável, fomos de Leicester a uma cerimônia de formatura na Universidade, onde o chanceler era *sir* Alan Hodgkin, professor do Trinity College, em Cambridge; ele havia sido anteriormente presidente da Royal Society, quando Stephen se tornou membro em 1974. Genial e despretensioso, com um sorriso radiante, mesmo em pé no palco vestido de gala de preto e dourado, ele recebeu Stephen nas fileiras dos doutores *honoris causa* da universidade, apertando firmemente sua mão – a mão que Stephen usava para controlar a cadeira de rodas. A pressão fez Stephen, a cadeira de rodas e *sir* Alan Hodgkin – que ainda estava, por assim dizer, ligado ao aparelho – saírem em um *pas de deux* rodopiante, levando o conjunto de vestes cerimoniais, divisórias de tijolos, corpos e cadeira de rodas perigosamente perto da borda do palco. Eu me levantei correndo e desliguei o *joystick* bem a tempo de evitar uma catástrofe horrível.

No entanto, a maioria das cerimônias acontecia nos Estados Unidos, e era uma sorte que Nikki e sua equipe fossem companheiros de viagem bem dispostos. Graças a eles, Stephen pôde aproveitar cada cerimônia de entrega do outro lado do Atlântico para as quais sua passagem e as deles haviam sido pagas. A seguir, ele se voltava para o sério propósito de sua viagem: discussões científicas com seus colegas em outros locais mais interessantes. Nessa época, ele estava particularmente envolvido na produção – muitas vezes como coeditor com Werner Israel – de vários volumes de ensaios e conferências sobre relatividade, e na tentativa de conciliá-la com a Física quântica. As conferências – ou melhor, workshops – registradas nesses volumes eram a nova paixão de Stephen, pois ele descobriu que sua fama internacional e sua posição de destaque como professor lucasiano lhe proporcionavam uma vantagem para atrair fundos para o Departamento; apesar de que uma de suas queixas favoritas era *ainda* a falta de dinheiro para a ciência. Havíamos sido usados para receber e entreter os delegados de conferências e seminários regulares durante anos em uma escala modesta. Nesses dias, Stephen poderia convidar seus colegas – até mesmo seus adversários – a ir a Cambridge em uma escala maior e presidir todas as suas deliberações como a autoridade final. Os workshops se desenvolveram para assuntos muito maiores e de muito mais prestígio, com o dinheiro não só para convidar os palestrantes e delegados mais eminentes, mas também para oferecer jantares e entretenimento. Por consequência, meu papel como anfitriã da conferência foi misericordiosamente diminuído. Acabaram-se os dias de ficar preparando bufê para jantares para quarenta ou mais pessoas; com o novo sistema, os jantares dos workshops costumavam ser realizados na Faculdade, onde os delegados estavam hospedados. Meu envolvimento era geralmente limitado às recepções de hospedagem e aos chás no jardim, e para tanto, encomendava sanduíches de pepino, como de costume, na cozinha da Caius. Em contrapartida, os jantares em casa eram mais íntimos, para nossos amigos mais próximos do exterior.

A maior parte das decisões administrativas complexas para esses workshops – viagens dos delegados, alojamento, locais, métodos de pagamento e todo o material impresso para a conferência –, bem como a transcrição após o evento, passaram para a esforçada secretária de Stephen, Judy Fella, embora em teoria ela só trabalhasse meio período. Isso tudo ia além de sua carga de trabalho regular como secretária do grupo da relatividade. Seus filhos tinham a mesma idade de Robert e Lucy, porém ela muitas vezes trabalhava até tarde da noite, às vezes tendo de recorrer à mais avançada tecnologia experimental – instalada pelos dinamistas no porão do departamento – para produzir cópias dos hieróglifos e diagramas das conferências. Embora Stephen apreciasse sua dedicação, muitos colegas dela não conseguiam entender as pressões não convencionais sob as quais trabalhava, e tornavam a vida bastante desconfortável para ela.

Foi no Departamento, e não em casa, que uma nova onda de pressões, na forma da mídia mundial, surgiu. Por algum tempo, as descobertas de Stephen haviam sido bem documentadas na imprensa científica britânica e norte-americana; a postura era sempre de consideração e respeito, o contexto estritamente científico, com pouca ou nenhuma referência à condição física de Stephen. No início dos anos 1980, a imprensa popular começou a ter um interesse mais ativo no fenômeno do próprio homem. O contraste entre as restrições impostas a ele por sua postura encolhida e seu discurso truncado de um lado, e o poder de sua mente, que lhe permitia vagar pelos confins do universo, de outro, representou uma fonte fértil para muitos voos imaginativos de prosa fantástica. Além disso, o próprio sujeito estava longe de ser avesso à publicidade; na verdade, era um entrevistado bem disposto, apesar das incursões que as entrevistas faziam em sua agenda já sobrecarregada. Judy encaixou em sua agenda as demandas extras decorrentes do influxo de jornalistas e equipes de televisão – e não apenas das redes nacionais, mas de todo o mundo –, porém houve alguns acadêmicos do Departamento que, compreensivelmente, contestaram, achando que a sala de chá havia sido transformada em um estúdio de televisão mais uma vez.

Stephen gostava da desconcertante visita de jornalistas. Ele pedia desculpas por não poder levar um modelo do universo em quatro dimensões a sua sala para demonstrar suas teorias; ou, quando perguntado sobre o infinito, respondia que era um pouco difícil falar sobre isso, visto que estava muito longe dali. Abertamente ele admitia a decepção pelo fato de os buracos negros até então não poderem ser detectados, uma vez que a prova de sua existência lhe asseguraria um Prêmio Nobel. Os jornalistas faziam o que podiam com essas respostas muitas vezes enigmáticas, espirituosas, a suas perguntas, e a seguir, retiravam-se para compilar matérias reverentes de sua quantidade desconcertante de anotações. Poucos deles conseguiam alcançar um equilíbrio em suas reportagens. Muitas vezes faltava sensibilidade em suas tentativas de descrever a presença física de Stephen, ao passo que o que diziam da ciência, talvez compreensivelmente, baseava-se nas interpretações de alunos e colegas de Stephen.

O jornalista mais insensível de todos foi um produtor de televisão da equipe do programa *Horizon,* da BBC. O primeiro filme, feito cerca de seis anos antes por minha amiga da Faculdade, Vivienne King, fora um sucesso retumbante; ela havia mostrado Stephen em contexto e evitara a armadilha – ou a tentação – de retratá-lo como doutor Strangelove. Ainda era um dos meus piores temores que nas mãos do produtor errado Stephen fosse retratado como uma espécie de cientista grotesco de cadeira de rodas, retorcido de corpo e mente, destrutivamente decidido a sair em busca da ciência a todo custo, que foi mais ou menos o que aconteceu no segundo filme do *Horizon*. Quando perguntei se ele gostaria de incluir brevemente a família no filme, o produtor observou de maneira depreciativa que as crianças e eu não éramos nada mais que papel de parede na vida de Stephen, e quando o filme saiu, seis meses depois, a cena do almoço no Centro Universitário na qual Tim e eu estávamos presentes foi narrada pela voz ao fundo de um dos alunos de Stephen. Ele disse: "Nem a senhora Hawking nem seu filho Timmie estão particularmente interessados em Matemática, por isso, quando eles vêm para o almoço, tentamos não falar sobre trabalho". Mais tarde, eu soube que, para seu grande embaraço, o aluno em questão havia sido obrigado pelo produtor a ler isso. Meu ex-supervisor, Alan Deyermond, galantemente escreveu para a BBC protestando contra a injustiça de um insulto tão deliberado. Ironia das ironias, a abertura do filme *Professor Hawking's Universe* começava com uma das nossas fotos de casamento. As únicas pessoas que tiraram algum proveito disso foram meus pais, que estavam na foto do casamento: de uma hora para outra eles se tornaram as celebridades da televisão em St Albans.

Mesmo antes do programa *Horizon*, Stephen tornou-se um nome familiar. No verão de 1981, o príncipe Philip, chanceler da Universidade de Cambridge, expressou seu desejo de conhecer Stephen em suas rondas pelos departamentos universitários. Parecia mais adequado convidá-lo a uma visita privada à nossa casa, onde ele poderia falar com Stephen sem perturbações. Robert, definitivamente um cientista iniciante aos quatorze anos, interpretou as respostas de seu pai às perguntas do chanceler sobre a idade do universo e a natureza dos buracos negros. A visita, em 10 de junho, coincidiu com o sexagésimo aniversário de nosso convidado, e eu fiz um bolo gelado de frutas, decorando-a com meia dúzia de velas que Timmie e o príncipe Philip sopraram juntos antes de o visitante real ser precipitadamente levado para seu próximo compromisso.

Quando o nome de Stephen apareceu como Comandante do Império Britânico na Lista de Honra do Ano-Novo de 1982, decidimos que, dado o potencial de calamidade envolvido no controle da cadeira de rodas, Stephen não devia ir para frente sozinho para cumprimentar a rainha, e Robert deveria acompanhá-lo. A investidura no Palácio de Buckingham foi marcada para 23 de fevereiro. A ocasião exigia roupas novas para todos nós, exceto para Timmie, que era novo demais para ser convidado e teve de ficar com meus pais. Robert usou seu primeiro terno – que nunca usou de novo, tendo em vista que na outra ocasião formal que surgiu já estava pequeno para ele. Lucy, que estava passando por uma fase Tomboy, deixou bem claro que ela só seria forçada a pôr um vestido e um casaco, em vez de seus jeans e camiseta habituais, como uma exceção que nunca mais se repetiria.

Como Robert e eu estávamos cuidando de tudo sozinhos, sabíamos que seria uma grande pressão para chegarmos ao Palácio de Cambridge às dez horas, de modo que fomos para Londres na noite anterior. Ficamos no apartamento reservado para uso dos membros, no piso superior da Royal Society, com vista para as copas das árvores da avenida e as torres e ameias ao redor do Horseguards Parade. Só quando estava ocupada guardando todas as novas roupas e seus acessórios no guarda-roupa, tarde da noite, foi que percebi que os sapatos novos de verniz de Lucy estavam faltando. Ela estava inocentemente com seus surrados coturnos e parecia muito contente de ir ao Palácio com a aparência de quem acabou de subir nas árvores do jardim. A mulher do zelador achava que talvez houvesse uma loja de sapatos no fim da Regent Street, mas duvidava que vendessem calçados infantis. Nós nos resignamos a começar ainda mais cedo que o planejado na manhã seguinte. Deixando Robert dando a Stephen seu café da manhã, Lucy e eu corremos até a Regent Street quando as lojas estavam abrindo, e compramos o único par de sapatos disponível do tamanho de Lucy. Eram sérios e normais, de couro marrom, devidamente elegantes, mas não tão bonitos quanto os de fivelas brilhantes que haviam ficado em casa. Ironicamente, foram usados demais, ao passo que os sapatos de verniz ficaram intactos no fundo do guarda-roupa e acabaram sendo doados.

Apesar da crise de última hora, ainda estávamos dentro da programação quando partimos para o Palácio. Nós não contávamos, porém, com o maior engarrafamento de todos na avenida: toda a população parecia estar convergindo para o Palácio de Buckingham, dando à avenida o mesmo ar de urgência frenética das estradas que levam ao aeroporto de Heathrow. Assim como no aeroporto, a maioria dos recém-chegados era deixada no portão, mas foi um privilégio dirigir através desses tantas vezes televisionados portais ornamentados que davam para um mundo à parte. Era um mundo que parecia funcionar em uma escala de tempo diferente da nossa, um mundo onde tudo corria com a precisão de um relógio, mesmo sem que ninguém mostrasse o mínimo sinal de perturbação ou impaciência; uma cortesia insossa e um charme moderado eram as características de todos.

Deixando o carro, que de repente parecia embaraçosamente velho, surrado e sujo, no meio do pátio, mostraram-nos uma entrada diferente da dos outros, e subimos vários andares em um elevador antigo. Lacaios nos conduziram com rapidez e gentileza por um labirinto de corredores, onde só pudemos fazer uma pausa momentânea para olhar os móveis, os quadros, os vasos chineses e os requintados marfins em armários de vidro que cobriam as paredes. Quando chegamos à galeria principal, fomos separados: Robert e Stephen foram levados para se juntar às filas de espera dos heróis e heroínas nacionais, enquanto Lucy e eu fomos deixadas em nossos lugares felpudos e cor-de-rosa na parte lateral do magnífico salão de baile.

Havia o bastante para absorver nossa atenção enquanto esperávamos que começasse. Lustres de cristal enormes brilhavam contra a decoração branca e dourada. Uma extremidade da imensa sala consistia em uma espécie de templo de veludo vermelho, banhado por uma luz dourada suave, onde *beefeaters* (guardas da torre de Londres) idosos da Torre montavam guarda sobre o estrado onde a rainha ia ficar. Em uma varanda, na outra ponta, uma banda militar tocava um repertório festivo antes de executar o hino nacional no momento da chegada da rainha. O tema da manhã foi rapidamente introduzido e a investidura assumiu um formato muito familiar, combinando as honradas tradições britânicas de entrega de prêmios e as cerimônias de formatura com a tendência nacional de pompa em grande escala, conforme cada candidato dava um passo à frente de uma aparentemente interminável fila, para seu momento de glória, cara a cara com sua majestade a rainha. Lucy me cutucou, espantada, quando viu um *beefeater* idoso, que estava em pé atrás da rainha, capotar – vítima do calor, do peso de seu traje e das horas passadas em pé. Ele foi discretamente removido do palco, primeiro os pés, sem nenhuma interrupção da cerimônia.

Quando Robert e Stephen apareceram na entrada lateral esperando sua vez, mais ou menos no meio do procedimento, minha espinha se arrepiou de amor e orgulho. Ao atravessarem o salão até o centro e se voltarem para a rainha, formavam uma dupla dramaticamente impressionante – o cientista indomável, mas frágil, largado em sua cadeira com um largo sorriso, acompanhado por nosso alto e tímido filho de cabelos louros. Stephen tinha todo o direito de sorrir de prazer pelas próprias realizações. Talvez ele também estivesse sorrindo pela ironia. O ex-iconoclasta, o antigo jovem socialista fervoroso havia sido indicado por um governo conservador para receber uma das mais altas honrarias do soberano e estava sendo levado para o seio da instituição que ele desprezara com tanta veemência.

Mais tarde, durante o almoço em um hotel de luxo no centro de Londres, inspecionamos a insígnia, uma cruz finamente trabalhada com esmalte vermelho e azul suspensa por uma fita vermelha com bordas cinza. A inscrição: "A Deus e ao império", como o próprio palácio, pertencia aos mistérios e à mitologia de outra era. Quando lemos o livreto com informações que vinha com a insígnia, como era chamada, o único privilégio que pudemos descobrir que poderia ser remotamente relevante para nós foi que Lucy, como filha de um CBE [Commander of the (order of the) British Empire], poderia se casar na capela da ordem na cripta da Catedral de St Paul.

– Tomara que ela se lembre dos sapatos – observou Robert secamente.

Não foi só o *establishment* britânico que fez questão de incluir Stephen entre seus descendentes. Ele já havia recebido a medalha do papa em 1975, e no outono de 1981 fora convidado a participar de uma conferência organizada pelos jesuítas na Pontifícia Academia do Vaticano. A Pontifícia Academia é um grupo unido de eminentes cientistas de caráter irrepreensível que assessoram o papa em questões científicas. Essa conferência foi organizada para a atualização papal sobre o estado do universo. Nessa fase inicial, os enfermeiros de Stephen ainda não haviam começado a acompanhá-lo nas viagens ao exterior, de modo que Bernard Whiting, o pesquisador australiano de pós-doutorado que estava trabalhando com Stephen, concordou em acompanhá-lo à conferência, interpretar sua palestra para o público e me ajudar com os cuidados gerais.

Desde o nascimento de Timothy, todas as minhas ansiedades sobre deixar as crianças sozinhas voltaram, e eu só poderia ir a Roma levando um ou todos comigo – se não Robert, para quem a escola era um negócio sério agora, pelo menos Lucy e Timmie. Felizmente, Mary Whiting, que conhecia bem Roma, foi também. Sem os Whiting, a viagem teria sido um desastre absoluto. O Hotel Michelangelo, supostamente o mais próximo do Vaticano, embora para nossos padrões uns bons vinte minutos de distância do local da conferência, não servia refeições, nem mesmo café da manhã. Havia um elevador, mas para chegar a ele era preciso primeiro subir um lance de escadas. Como se não bastasse, Roma estava em época de chuvas cataclísmicas. Os dias amanheciam claros e ensolarados, e nós alegremente acompanhávamos Stephen ao Vaticano, deslizando diante dos guardas suíços no portão, atravessando o solo da residência do Pio IV, uma linda e rústica construção renascentista erguida para o papa no século XVI. Mais tarde, acomodava visitantes ao Vaticano do sexo feminino e, desde 1936, abrigava a sede da Pontifícia Academia. Ali deixamos Stephen alegremente se preparando para lutar pelo lado galileano e instruir os papais cosmólogos em sua visão revisada do universo que não tinha começo nem fim, nem nenhum papel para um Deus criador.

Até a hora do almoço na Academia, a confiável boa refeição do dia, eu passeava pelos bosques de loureiros e as crianças brincavam nos córregos ornamentais que escorriam pela encosta. Contudo, todas as boas manhãs se deterioravam em tardes nubladas e abafadas, quando as majestosas nuvens dignas de Michelangelo pairavam sobre a cúpula de São Pedro. Explodiam espetacularmente deslumbrantes em meio a raios e trovões, e rasgavam os céus da noite. Mary nos levou a excursões aos locais que ela amava e conhecia tão bem – o Coliseu, o Fórum, as Termas de Caracalla e as Catacumbas de São Calixto –, mas nossos passeios eram sempre temperados pelo conhecimento de que estaríamos encharcados até os ossos se não estivéssemos de volta ao hotel até as quatro horas da tarde. A partir de então, tínhamos de esperar uma pausa nas nuvens, por volta da hora do jantar, para nos permitir sair, com a cadeira de rodas e o carrinho de bebê a reboque, para a ceia. Desnecessário dizer que o estado permanente de engarrafamento romano tornava impossível chegarmos perto do hotel antes da chuva. Normalmente, às quatro horas e aos primeiros relâmpagos e trovões nos encontrávamos nas imediações da estação ferroviária em busca de um ônibus para nos levar para o outro lado do rio Tibre.

O pequeno Tim provou ser um herói inesperado: ele amava os ônibus, por mais lentos, cheios de gente e sufocantemente embaçados que fossem, e os passageiros italianos o adoravam. *Che bel bambino!*, exclamavam abrindo espaço para eu me sentar com ele em meu colo. *Carissimo, carissimo!*, sorriam, acariciando seus cabelos loiros e fazendo cócegas em seu queixo. Ele havia acabado de começar a descobrir a arte de formar frases em um inglês preciso, gramatical, e adorava ter um público cativo com quem treinar seu talento recém-descoberto. "Você tem casa?", perguntava ele, perscrutador, a seus adoradores, fossem secretárias incompreensíveis, estudantes, empresários ou avós corpulentas. "Você tem carro?", continuava com as próprias respostas. "Nós temos uma casa. Temos um carro. Temos uma garagem. Temos um jardim." Eles riam, meneando a cabeça com emoção enquanto a chuva escorria pelas janelas e o trânsito romano buzinava na paralisia da noite escura lá fora.

Mary assumiu seu papel de guia tão conscienciosamente que ela não descansaria até que Lucy, Timmie e eu houvéssemos visto todas as igrejas notáveis de Roma, incluindo a sua favorita, a igreja de San Clemente. A igreja medieval, conhecida por seus radiantes mosaicos coloridos do século XI da Exaltação da Santa Cruz na abside, foi construída sobre a antiga igreja, e seus primeiros afrescos datam do século VI, ao lado dos restos de uma casa romana. Depois de ter admirado o brilho dos mosaicos, seguimos Mary com cautela para dentro da mal iluminada igreja inferior de tijolos vermelhos, que inexplicavelmente fazia ecoar o som de água corrente.

– Ah – disse Mary alegremente –, é a Cloaca Maxima, o principal dreno construído pelos romanos. Venham por aqui.

O principal dreno parecia para mim mais um poderoso rio correndo, mas imaginei que Mary sabia do que estava falando.

A viagem de ônibus de volta ao hotel, na chuva, foi ainda mais demorada que o normal naquela noite. A cidade inteira estava paralisada. Pela conversa dos outros passageiros com o motorista Mary descobriu que o atraso se devia a inundações – a Cloaca Maxima havia estourado os limites de seu canal romano e estava se derramando nas ruas da cidade. Para passar o tempo, divertidos, discutimos se isso seria um presságio, um sinal, uma indicação da ira divina pela temeridade de Stephen de professar suas teorias heréticas dentro das paredes santificadas do próprio Vaticano.

O Vaticano, um dos estados mais poderosos, dogmáticos e ricos já conhecidos, era presidido por um homem cujos atributos pessoais de santidade e coragem não eram questionados; porém, ele tentou impor limitações à liberdade de pensamento – rigidamente como esses cientistas ateus que questionavam nosso direito de perguntar por que o universo existe. O mesmo homem que deveria abordar a questão "por que" estava ocupado dizendo aos cientistas que eles não tinham o direito nem de perguntar "como" em relação a certos aspectos da criação. No final da conferência, o papa disse à assembleia, em seu discurso, que embora os cientistas pudessem estudar a evolução do universo, não deviam perguntar o que aconteceu no momento da criação, no Big Bang, e certamente nem antes, porque isso era preservado por Deus. Nem Stephen nem eu ficamos impressionados com aquelas injunções; eram todas muito reminiscentes das atitudes por trás da prisão e do confinamento de Galileu, trezentos anos antes. Só agora a Igreja estava começando a se atualizar com a história das descobertas de Galileu. Havia um constrangimento detectável por suas teorias terem sido proscritas por tanto tempo. Embora fossem mantidos a sete chaves, os documentos relativos ao destino de Galileu foram prontamente, quase desculpando-se, apresentados ao escrutínio de Stephen – o que implicava que havia sido simplesmente um descuido ninguém ter pensado em reabilitar sua reputação mais cedo. No entanto, o pronunciamento papal indicou que a Igreja ainda estava tentando restringir o pensamento, dando a impressão inegável que não muito se aprendeu nesses trezentos anos.

— 13 —

HARMONIA RESTAURADA

A MÚSICA, POR MEIO DA QUAL EU HAVIA VOLTADO PARA A IGREJA NA INGLATERRA, TORNOU-SE a porta de entrada para meu renascimento e crescimento espiritual, e foi graças a Mary Whiting que consegui fazer minhas aulas de canto de novo logo após o nascimento de Timothy. Ela implorou para levá-lo para um passeio uma vez por semana, na esperança de que o relacionamento com bebês pudesse ajudá-la a ter um filho. Nas tardes de quarta-feira, portanto, apesar de muitas vezes cansada, retomei minhas aulas com Nigel Wickens, que conhecia bem as demandas da paternidade após o nascimento de sua filha Laura. Sob sua orientação e o acompanhamento sensível de Jonathan – como e quando seus compromissos com o ensino lhe permitiam –, voltei para a alegria de Schubert, Schumann, Brahms e Mozart. As emoções se intensificavam e depois se suavizavam, competindo dentro do meu eu mais profundo. Enquanto isso, Mary e Tim iam alimentar os patos, caminhar no parque, sentar-se sobre os balanços e enterrar o rosto em sorvetes.

Houve muitas oportunidades para executar o repertório solo em concertos de angariação de fundos para as causas que Stephen e eu defendíamos, e às vezes me chamavam para preencher lacunas em outros programas, e foi como minha carreira de cantora atingiu seu extraordinário apogeu no verão de 1982, com uma breve explosão de canções na capela do King's College no interlúdio de um recital de órgão que Jonathan estava dando para uma conferência médica. Minha confiança tanto em minha voz como em minha capacidade de aprender rapidamente a música crescera o suficiente para eu sentir que era hora de diversificar, entrando em uma sociedade de coral. Era-me possível cogitar dar esse passo porque eu agora gozava de um grau de liberdade sem precedentes. Enquanto Stephen se deleitava com a glória merecida da aclamação internacional, aqueles primeiros anos da década de 1980 testemunharam minha transformação. Por um lado, a equipe de enfermeiros me deu o alívio que eu precisava desesperadamente das exigências físicas implacáveis que antes haviam consumido toda minha energia disponível. Por outro, com o apoio inabalável de Jonathan e sua devoção à família como um todo, aspectos de mim mesma que havia muito tempo foram suprimidos, estavam adormecidos em um canto escuro da luta diária, emergiram para a luz. Eu não precisava mais viver parcialmente. Estava começando a experimentar a plenitude da vida, percebendo que as areias que haviam corrido entre meus dedos na praia de Santa Barbara anos antes não haviam, com o passar do tempo, decretado o fim das minhas aspirações individuais.

Em um concerto na igreja Great St Mary, na universidade, encontrei o tipo de coro que estava procurando – um grupo misto, de pessoas de todas as idades e de todas as esferas da vida –, executando um vasto repertório e aspirando a um alto padrão. O jovem maestro, dinâmico, Stephen Armstrong, recentemente formado pela Universidade, aceitou-me, e depois disso, passei a frequentar os ensaios uma vez por semana, o que exigia aplicação intensa durante duas horas, no final de um longo dia, e muito estudo no meio da semana. O dia da apresentação, normalmente um sábado, era agitado. Com concerto ou sem, a família tinha de ser alimentada e cuidada, e o ensaio final sempre era cansativo. Daí, o concerto em si acabava em um piscar de olhos, e o trabalho de oito semanas desapareceria em uma única noite, às vezes criando uma sensação de euforia selvagem em partes que haviam saído excepcionalmente bem, às vezes deixando reflexos de frustração de outras que não haviam alcançado as expectativas. Um concerto sucedia outro, com mudanças rápidas de expressão e personalidade musical, do barroco ao moderno, atravessando os períodos clássico e romântico. De Bach a Benjamin Britten, a alegria de cada bom desempenho era inebriante. Não me importava o que cantávamos; cada obra sucessiva, cada compositor sucessivo se tornava minha paixão favorita pela duração dos ensaios e do concerto, provocando uma destilação atemporal do *páthos* frágil de nossa vida, transformando intensidade dolorosa em espiritualidade consoladora.

Foi nesse tempo, quando minha estrela estava em ascensão, que minha mãe adoeceu com gravidade. Recentemente, ela e seu único primo vivo, Jack, andaram preocupados por causa de tia Effie, que já estava com seus noventa anos. Eu sabia que não era preciso procurar fora de minha própria casa para encontrar uma causa óbvia da ansiedade crônica que podia ter agravado a doença de minha mãe. Pelo menos, a profunda mudança em nossas circunstâncias ocasionadas pelo advento da equipe de enfermagem de Nikki me permitiu dar aos meus pais algum apoio moral nesse momento mais crítico e tentar retribuir um pouco do cuidado que eles demonstraram conosco durante tanto tempo. O novo regime também significava que, menos cansada e menos abatida, eu também poderia dar mais atenção às crianças. O bebê havia crescido e se tornado a criancinha mais irresistivelmente engraçada, observadora, que fazia perguntas sem parar e dançava com uma vitalidade travessa. Por volta dos dezoito meses, muito antes de seu encontro com amorosos passageiros no ônibus italiano, ele havia começado a desenvolver um fascínio precoce pela

Astronomia. No início da noite ele ficava vendo a Lua em sua cadeira na cozinha, seguindo seu curso, distraído do mais importante que era seu jantar. Enquanto ela atravessava o céu – e a janela –, ele ficava impaciente com a comida, clamando para ser liberado de seu cinto de segurança. Quando a Lua desaparecia de vista, ele corria animadamente para a sala para esperar o reaparecimento de seus veios brancos pelas janelas de lá. Cada noite era, para ele, um triunfo da expectativa. Até que a Lua minguava, abandonando-o na escuridão da decepção mistificada. Então, aos vinte e dois meses, ele demonstrou uma poética, embora não científica, consciência de outros fenômenos naturais. Em uma tarde fria, em fevereiro de 1980, quando enormes flocos de neve caíam vagarosamente, brancos e delicadamente geométricos em contraste com um céu de chumbo, ele correu para a janela da sala, gritando:

– Estou vendo *tars*! Estou vendo *tars*!

Tars era seu jeito de dizer *stars* [estrelas]. Ele dançou pela sala, cantando animadamente o pequeno refrão da música silenciosa daquelas constelações estelares que caíam suavemente.

A exuberância de Tim era encantadora, mas podia levá-lo a tentar proezas potencialmente perigosas de independência, à imitação de seus irmãos, se deixado sozinho por um segundo sequer. Duas semanas antes de seu segundo aniversário, eu estava preparando o jantar na cozinha quando, de repente, a casa parecia estranhamente calma. Não havia barulho de brincadeiras infantis – carrinhos de brinquedo sendo arrastados pelo chão, o tambor de lata sendo tocado, vozes conversando e risadas. Meu sangue gelou nas veias no terrível silêncio. Corri para a porta da frente e a encontrei aberta. Timmie havia fugido.

Robert, disparando à minha frente e à de Stephen, fugia com frequência quando era pequeno, mas sempre com algum propósito, e sempre se deixava ser facilmente encontrado. Lucy desaparecera só uma vez – um belo dia no meio do verão, quando ainda morávamos na Little St Mary's Lane. Thelma Thatcher e eu saímos ansiosas atrás dela na rua e no pátio da igreja, sem sucesso, quando uns norte-americanos que passavam disseram que havia uma garotinha com um carrinho de boneca na Mill Bridge. Lá estava ela, de bermuda, uma mão apoiada na alça do carrinho e a outra segurando o guarda-chuva verde transparente. Ela estava cercada por um grupo de alunos admirados, claramente querendo saber o que fazer com esse fenômeno infantil tão senhor de si mesmo.

Cerca de dez anos depois, no isolamento da West Road, onde não havia avós adotivos amigáveis para pedir ajuda e onde o gramado corria por acres sem um muro ou um portão, eu estava parada com a porta aberta em um frenesi de indecisão, sem saber que caminho tomar. Timmie teria corrido para a estrada e para o rio, ou em volta da casa, para o jardim? O pessoal da universidade, já fechando seus escritórios no fim do dia, ouviu-me freneticamente chamar seu nome e eles foram me ajudar. Pat, da manutenção, seriamente me advertiu a chamar a polícia. Ele ficou ali por algum tempo; com minha pulsação retumbando em meus ouvidos e as mãos trêmulas, liguei para a polícia. Fiquei chateada porque o policial que atendeu à ligação não reagiu de forma mais dramática. Ele não parecia notar a urgência da situação.

– Espere um minuto senhora – disse ele jovialmente.

Voltou ao telefone um momento depois.

– Pode descrever seu filho e o que ele está vestindo? – perguntou, ainda no mesmo tom irritantemente alegre.

– Cabelos louros, olhos azuis, blusa azul e calça verde – respondi distraída pela preocupação.

– Tudo bem – disse o policial –, estamos com um menino em uma das nossas viaturas, mas como ele não sabia dizer onde morava, a policial ficou rodando na esperança de encontrar a mãe.

Timmie foi levado para casa pela viatura da polícia, por uma policial e a gentil pessoa que o havia recolhido quando ele estava prestes a pôr o pé na estrada, ao que parecia, para visitar sua madrinha, Joy Cadbury. Essa pessoa o segurara no colo até que o menino molhado, louro, de roupa azul e verde foi entregue de volta aos meus braços trêmulos.

Apesar de serem menos dependentes de minha presença física, meus dois filhos mais velhos precisavam de uma grande dose de compreensão. Robert parecia destinado a ser uma criança solitária, com alguns companheiros, ao passo que a transferência para a escola de ensino fundamental II separou Lucy de seu querido grupo de amigos que ela conhecia desde que nascera. Como Robert havia recebido uma educação privada, graças a sua herança, nós sentimos que não poderíamos fazer menos por Lucy, porém ela foi a única de sua turma a ir à escola Perse para meninas. Nós lhe demos um gatinho para confortá-la e distraí-la e, na esperança de que ajudasse a pagar suas mensalidades escolares, Stephen decidiu que havia chegado a hora de escrever um livro popular, que descrevesse sua ciência – o estudo das origens do universo – ao público em uma linguagem acessível, evitando as barreiras do jargão técnico e das equações. Eu havia lhe pedido muitas vezes para aceitar o desafio de explicar sua pesquisa, argumentando que, em particular, eu me beneficiaria de ler um livro assim, do mesmo modo como os contribuintes em geral, que financiavam a pesquisa por meio do custeio do governo.

Robert e Lucy às vezes iam comigo à St Mark, onde, sempre inventivo, Bill Loveless continuava a atender a todas as idades e todos os gostos. Ele não só mantinha a congregação de Newnham moral e intelectualmente desperta com seus comentários mensais acerca do estado da nação, como também fazia um esforço prodigioso para atrair as famílias para a Igreja por meio do culto familiar. Esse culto, sempre divertido, às vezes imprevisível nas respostas que poderia provocar, influenciou toda uma geração de crianças em uma era cada vez mais secular. Lucy, que sempre tinha um papel a desempenhar, acendendo as velas do altar ou apagando-as, lendo o sermão, participando dos testes ou de várias dramatizações, adorava. Num domingo, quando eu havia deixado as crianças cochilando preguiçosamente em casa, Bill anunciou a sessão inaugural de um novo clube de jovens a ser liderado por ordenandos da faculdade de Teologia local; o objetivo era combinar jogos, diversão e discussão séria. Robert mostrou pouco interesse quando lhe contei, mas com relutância concordou em ir àquela noite só para me agradar. Às sete horas eu o levei à casa paroquial prometendo esperar fora dez minutos para o caso de ele não gostar. Ele gostou bastante, e fui para casa sozinha depois de esperar dez minutos, e depois disso, ele nunca perdeu um encontro. Ele reviu velhos conhecidos do ensino fundamental e fez novos amigos, meninas e meninos. Eles formaram um grupo coeso e leal daquele dia em diante, incentivando Robert a desenvolver a autoconfiança e a sociabilidade que antes lhe era tão difícil. Só duas semanas depois, ele conheceu Bill Loveless quando ia de bicicleta da escola para casa, e disse-lhe que queria receber o sacramento da confirmação. Bill se tornou o amigo de confiança e mentor de Robert e Lucy. Muitas vezes ele os tranquilizou e gentilmente explicou as complexidades da vida adulta quando as anomalias de sua origem – o flagelo da doença de Stephen ou a natureza não convencional da presença de Jonathan na família – perturbavam suas noções idealizadas, preconcebidas, acerca de como a vida familiar e os pais deviam ser.

A atmosfera daquele tempo era normalmente muito mais descontraída, e eu consegui retomar o contato com minhas amigas de escola de novo. Elas vinham com seus maridos e a família para uma visita de domingo, uma ou duas vezes por ano. Depois de um lento almoço, durante o qual muitos temas – políticos, ambientais, científicos, literários ou musicais – eram intensamente discutidos, os adultos passeavam pelo jardim e se juntavam às crianças para brincar de esconde-esconde por entre as clareiras e os arbustos do Harvey Court, propriedade da Caius, ao lado. Essa brincadeira se tornou uma tradição. Com Stephen atuando como vigia, o resto de nós perdia nossa reserva de adultos e recuperava por apenas uma hora a intensa excitação da infância.

Na comparativa harmonia desse período, minha relação com Stephen entrou em uma nova fase, na qual nossa tendência de assumir os papéis de senhor e escravo foi controlada. Éramos companheiros e iguais de novo – como havíamos sido nos anos 1960 e início dos 1970. O emblema da CND [Campaingn for Nuclear Disarmament], que Stephen usava regularmente na lapela em programas de televisão, era apenas uma indicação das várias causas que defendíamos em conjunto. O aumento inexorável de armas nucleares, do qual Rob Donovan havia nos advertido assustadoramente no início dos anos 1970, havia crescido para uma corrida armamentista de pleno direito, uma competição louca, descontrolada entre o leste e o oeste para chegar ao Armagedon o mais rapidamente possível e aniquilar todos os seres vivos do planeta. A campanha de desarmamento nuclear se tornou de novo uma força nacional e grupos locais brotaram por todo o país.

Nosso grupo, Newnham Against the Bomb [Newnham contra a bomba], reunia-se uma vez por mês na casa de Alice Roughton, uma médica aposentada. Uma figura de energia imensa e generosa, convicções incisivas e excentricidade mítica, tinha fama de servir esquilo recheado com urtiga nos jantares. Seu marido era conhecido por preferir o galpão do jardim à casa. Nós, a dúzia de membros da Newnham Against the Bomb, nos sentávamos em volta de sua fogueira aquecendo as mãos em um copo de vinho quente, enquanto ouvíamos as apresentações de palestrantes experientes, mas pessimistas. Então, planejávamos estratégias, discutíamos o que poderíamos fazer para deter a corrida armamentista. As perspectivas não eram animadoras. Estávamos, afinal, colocando-nos contra os complexos industriais militares das duas superpotências. Havia o leve consolo derivado do fato de que nós, pelo menos, fazíamos um esforço – e, de qualquer maneira, Stephen e eu estávamos acostumados a brincar de Davi contra um monolítico Golias.

Juntos, ele e eu redigimos uma carta e a enviamos a todos os nossos amigos em todo o mundo, em particular aos dos Estados Unidos e da União Soviética. Pedimos a eles que protestassem contra a escalada de armas nucleares que ameaçava destruir a população do hemisfério norte e produzir tanta radiação que as perspectivas de vida restante em outro lugar seriam insignificantes. Apontamos que existiam quatro toneladas de explosivos para cada homem, mulher e criança no planeta, e que o risco de uma guerra nuclear ser desencadeada por erro de cálculo ou falha de computador era inaceitavelmente alto. Stephen usou o mesmo tema em seu discurso para o Instituto Franklin, na Filadélfia, quando foi premiado com a medalha Franklin, em 1981. Ele comentou que os mamíferos e o homem haviam levado cerca de quatro bilhões de anos para evoluir, e nossa civilização científica e tecnológica cerca de quatrocentos anos. Nos últimos quarenta anos, o progresso na compreensão das quatro interações da Física havia avançado para um estado com uma chance muito real de descobrir uma completa teoria do campo unificado, que descreveria tudo no universo. E isso tudo poderia ser dizimado em menos de quarenta minutos no caso de uma catástrofe nuclear, e a probabilidade de que uma catástrofe dessas ocorresse, por acidente ou de propósito, era assustadoramente alta. Ele concluiu dizendo que esse era o problema fundamental de nossa sociedade e muito mais importante do que quaisquer questões ideológicas ou territoriais.

Defendemos mais ou menos os mesmos pontos quando conhecemos o general Bernard Rogers, formado pela Rhodes Scholar e supremo comandante das forças aliadas na Europa, em uma festa na University College, em Oxford. Após a refeição, Stephen barrou seu caminho com a cadeira de rodas quando estava prestes a deixar a mesa de jantar. O general escutou atenciosamente enquanto eu, com certo embaraço, recitei meu discurso em nome da Newnham Against the Bomb. Então, educadamente reconheceu que ele mesmo estava muito preocupado com a situação e tinha de fato se envolvido em discussões com seu homólogo soviético. Dentro de alguns anos, a rápida mudança da situação econômica e política por trás da Cortina de Ferro ultrapassaria nossos esforços locais. Nunca saberemos se nossos modestos protestos individuais e grupais tiveram o menor impacto no curso da história, se qualquer uma das nossas cartas chegou a seus objetivos ou se nossas mensagens chegaram ao coração dos *establishment* políticos do leste ou do oeste.

Mais perto de casa, nossas campanhas diziam respeito a questões menos apocalípticas, apesar de serem igualmente apaixonadas, em especial quando relacionadas com os direitos dos portadores de necessidades especiais. As faculdades de Cambridge eram tão incrivelmente lentas na implementação da Lei dos Deficientes – que em sua forma inicial havia chegado ao estatuto em 1970 – que na década de 1980 novos edifícios sem nenhuma estrutura para pessoas portadoras de necessidades especiais ainda estavam sendo encomendados. Um deles, o do Clare College, a menos de cem metros de nossa casa, havia feito um apelo para atrair fundos para um edifício que contivesse uma biblioteca e uma sala de recital, anunciados como lugares públicos, mas não fizera nenhuma instalação para pessoas portadoras de necessidades especiais. Nós fazíamos vigorosas campanhas na mídia contra essa atitude dúbia e éramos recebidos com comentários como "Se Stephen Hawking quer um elevador para portadores de necessidades especiais, ele mesmo deve pagar.". Quando, por fim, lorde Snowdon – que havia ido fotografar Stephen para uma célebre revista – divulgou nossa causa no rádio, a Faculdade foi obrigada a capitular.

Stephen e eu – e Jonathan – havíamos apoiado as atividades de angariação de fundos da Motor Neuron Disease Association desde sua criação, em 1979. Por algum tempo, Stephen foi patrono dos doentes e eu participava de reuniões e conferências. No início dos anos 1980, ele foi convidado a ser vice-presidente do Leonard Cheshire Foundation, e em outubro de 1982, a participar do Comitê de Apelação para arrecadar fundos para a conversão de uma casa vitoriana em Brampton, perto de Huntingdon, em uma casa para portadores de necessidades especiais em Cheshire. Eu participei de reuniões mensais em Huntingdon e logo descobri que minha área para captação de recursos não era outra senão a Universidade de Cambridge – cada faculdade dentro da Universidade e cada membro dentro de cada faculdade. Armada de uma cópia do livro de matrículas da Universidade, minha tarefa era vasculhar centenas de prováveis doadores e enviar cartas implorantes para cada um, em preparação ao lançamento público do apelo, no verão de 1984. O lançamento em Hinchingbrooke House era um bom augúrio para o apelo, mas, infelizmente para a instituição de caridade, coincidiu com um período de seis semanas de greve dos correios, enquanto a consciência nacional estava distraída demais com as diárias imagens horrendas na televisão sobre a fome na África para doar a instituições de caridade locais. Consequentemente, foram muitos anos de angariação de recursos antes de a casa ser aberta. Para Stephen e eu, no entanto, essas campanhas foram uma atividade totalmente positiva e unificadora que nos deu um papel conjunto fora da Física.

— 14 —

ASSUNTOS PENDENTES

No início dos anos 1980 havia dois assuntos pendentes que eu tinha de resolver. Em primeiro lugar, a tese. Fui convocada por Westfield para meu exame oral em junho de 1980, na presença de Stephen Harvey, professor de espanhol do King's College, e do meu supervisor, Alan Deyermond. Na noite anterior, em Cambridge, Stephen e eu havíamos assistido a uma apresentação de uma ópera de Handel, *Rinaldo*, como parte das comemorações de fim de ano na Caius. Embora muito elogiado, o desempenho não conseguiu me impressionar, porque a música, até mesmo a famosa ária *Lascia ch'io pianga*, havia perdido temporariamente seu apelo. Como naquelas ocasiões em que Stephen estava de má vontade no balé, eu me contorcia de impaciência na cadeira, lamentando o uso indevido de meu tempo valioso. Eu estava preocupada pensando que no dia seguinte, às quatorze horas, nunca seria capaz de lembrar cada ponto, cada data, cada referência das 336 páginas da tese.

No dia seguinte, tensa e meio míope, pois perdera uma lente de contato a caminho de Londres, eu tateava durante o exame, até que, com um sorriso maroto, Stephen Harvey perguntou se eu havia lido um livro do autor David Lodge. Um tanto surpresa, procurei em seu rosto pistas sobre o significado da pergunta. Certamente ele não estava se referindo a *Invertendo os papéis*, a hilariante e autêntica história de um intercâmbio acadêmico entre Philip Swallow, da Rummidge University (conhecida como Birmingham) e Maurice Zapp, da Euphoric State University (conhecida como Berkeley). Eu não consegui nem remotamente detectar nenhuma conexão entre *Invertendo os papéis* e a poesia medieval espanhola; mas criei coragem para perguntar se ele estava se referindo a algum dos romances de David Lodge.

– Não, não – respondeu ele –, eu me referia a *Modes of Modern Writing*.

Eu tive de admitir que não havia lido seu estudo crítico. Depois disso, o exame correu em um ambiente mais descontraído. Depois, Alan Deyermond confessou que não havia lido *Invertendo os papéis*.

Na primavera seguinte, Jonathan e Stephen – que me comprou a túnica vermelha de doutor em filosofia – acompanharam-me até o Albert Hall e ficaram pacientemente sentados durante a demorada cerimônia. Esse era o fim de uma longa e árdua jornada. O fato de ter acabado em um beco sem saída não era significativo. Eu não havia acalentado nenhuma grande esperança de um cargo de professora, nem mesmo de supervisões pagas por hora na Universidade de Cambridge, tendo em vista que minhas preliminares investigações para saber se haveria algum cargo no Departamento de Espanhol haviam sido educadamente ignoradas.

A chance de dar início a uma atividade profissional, se não uma carreira, chegou de forma inesperada e centrada em minha outra língua, o francês; a língua que eu havia encontrado pela primeira vez, com certa perplexidade, no vidro de molho HP aos três ou quatro anos. Felizmente, o fascínio pelo francês engendrado pelo molho HP – junto com o ensino simpático da primeira infância – havia sido forte o suficiente para superar o poderoso desencorajamento da senhora Leather, a macilenta e felina professora francesa que solicitava "cinquenta verbos franceses" como sua forma preferida de punição. Seu obituário dizia que ela conseguia manter uma sala de aula em silêncio absoluto, mesmo em sua ausência.

No início dos anos 1980, quando terminei a tese e Lucy e seus contemporâneos estavam ansiosos para aprender francês no ensino fundamental, ensino de línguas foi sumariamente retirado do currículo – uma vítima das medidas econômicas do governo conservador. Uma das minhas mais valiosas amigas de portão de escola, Christine Putnis, era uma australiana, mãe de uma grande família de filhos inteligentes, convenceu a mim e a Ros Mays, outra mãe, a ensinar francês a um grupo de crianças depois do horário escolar. Com alguma apreensão, demos início a um projeto que devia durar dez anos. Toda tarde de segunda-feira recebíamos nossos alunos com bebidas e biscoitos, e a seguir, nós os submetíamos a uma hora de aprendizagem intensiva, engenhosamente escondida em quebra-cabeças, jogos, músicas, desenhos e histórias.

Um ou dois anos depois, eu fui obrigada a revisar o francês do nível GCE O [nível básico] com Robert. Foi seu boletim, pouco antes do fim do nível básico, que me estimulou a isso. "É improvável que ele passe no exame", diziam sobre seu francês. A ideia de um filho meu não passar em francês foi tão terrível que foram necessárias medidas drásticas. O amigo de Robert, Thomas Cadbury, foi chamado para fornecer algum estímulo competitivo e assegurar seriedade de propósito, e um mínimo de cinquenta verbos foi conjugado em todas as pessoas e em todos os tempos. Esse ataque linguístico atingiu seu alvo com tanto sucesso que o resultado do exame sugeria, tal pai tal filho, que ele poderia fazer francês de nível A; sugestão que só recebeu frívola consideração, tendo em vista que ele havia sido inserido, desde o nascimento, na Física, Química, Matemática, mais Matemática e, claro, na Computação.

Quando eu estava começando a me sentir confiante o suficiente para assumir o ensino mais formalmente, de francês ou de espanhol, outra reunião na porta da escola proporcionou uma oportunidade de ouro. Uma das mães me colocou em contato com uma recentemente estabelecida escola onde ela trabalhava, o Cambridge Centre for Sixth-Form Studies (também conhecido como CCSS). A conclusão surpreendente de uma entrevista informal com o diretor foi que acabei concordando em lecionar para candidatos à Oxbridge, uma proposta desafiadora, e que eu suspeitava que era uma espécie de teste de iniciação. Se eu pudesse fazer com que os alunos entrassem em Oxbridge, provavelmente seria contratada. As vantagens eram que eu poderia fazer meu horário, e como a organização tinha instalações limitadas, poderia lecionar em casa.

Passei horas olhando antigos exames de admissão na biblioteca da universidade, elaborando programas de ensino e ruminando sobre as questões morais e filosóficas estabelecidas na prova, que giravam, de uma forma ou outra, em torno desses quebra-cabeças filosóficos e linguísticos tão amados de Bertrand Russell, tais como: "Há um barbeiro em Atenas que barbeia todo aquele que não quer se barbear sozinho. Quem barbeia o barbeiro?". Ou "as generalizações são falsas". Citações epigramáticas também eram umas das favoritas dos examinadores, que encontravam ampla oferta nas obras de Oscar Wilde: "A verdade é raramente pura e nunca simples", por exemplo. Essas formulações eram acompanhadas de títulos de ensaios que convidavam a discussões sobre a ética da dissuasão nuclear ou os valores positivos e negativos da ciência, como, por exemplo, "A genialidade de Einstein leva a Hiroshima". Todos esses temas e muitos outros como eles eram alimento para meu cérebro faminto.

Com o apetite aguçado por exames de admissão na universidade, devorei o material do programa de nível avançado. Gramática, tradução, compreensão, textos literários – todas as horas necessárias de pensamento, preparação e revisão forneciam um suntuoso banquete para eu alimentar meu intelecto faminto. Além do mais, eu realmente achava que gostava de lecionar, e gostava da faixa etária dos jovens de dezesseis aos dezoito anos que foram colocados sob minha responsabilidade. Como meus alunos eram sempre da mesma idade de um ou outro dos meus próprios filhos em algum estágio acadêmico, eu sentia uma afinidade natural com a faixa etária de adolescentes e rapidamente descobri que até os alunos mais difíceis respondiam a uma abordagem amigável. Muitos deles haviam sido colocados em internatos aos seis anos, e aos dezesseis haviam demonstrado sua frustração de uma ou outra maneira dramática, e, portanto, haviam sido expulsos. Agora, tinham uma segunda oportunidade e era preciso facilitar as coisas para que a agarrassem. Havia também alguns alunos estrangeiros, muitas vezes multilíngues, cujos pais queriam que seus filhos se beneficiassem de uma educação inglesa dentro da segurança de um alojamento supervisionado. Esses alunos eram geralmente os mais motivados e os mais estimulantes, mas, muitas vezes, por causa de suas origens multinacionais, tinham incertezas acerca de sua verdadeira identidade nacional e não tinham fluência escrita em nenhuma das suas línguas. A força do curso de nível avançado era que ensinava os alunos a pensar analítica e criticamente para si mesmos e introduzia literatura a pessoas que talvez nunca houvessem lido um livro na vida. Era especialmente gratificante quando, depois de dois anos de estudo, o aluno me agradecia por abrir seus olhos para as maravilhas da leitura.

O prazer era mais intenso quando um dos alunos era disléxico. Em minha família, tive ampla experiência com a multiplicidade de problemas associados à dislexia e sabia que poderia oferecer incentivo especial. Em um sistema educacional incompreensivo, seja estatal seja privado, os disléxicos de uma classe, como meus próprios filhos, normalmente eram chamados de lentos, estúpidos ou preguiçosos, e mandados sentar-se no fundo da sala. Disléxicos não são estúpidos. Seu QI costuma ser maior do que o do resto da população, mas seu cérebro superdesenvolvido descarta outro mecanismo, geralmente associado com a linguagem ou a memória de curto prazo. Uma criança inteligente, cujos poderes de comunicação são limitados e que é mandado para o fundo da classe, torna-se uma criança frustrada que precisa de ensino paciente e atencioso para recuperar sua autoestima e expressar sua inteligência latente.

Lecionar em casa por algumas horas por dia segundo minha conveniência foi o arranjo perfeito. A sucessora de Kikki, Lee Pearson, uma garota delicada e confiável, encarregava-se de Timmie no período da manhã enquanto eu lecionava. Meus alunos chegavam quando Stephen estava saindo para o trabalho, e quando a campainha tocava, eu só precisava tirar o avental antes de atender à porta. Eu me sentia intensamente feliz: as habilidades que eu tinha para oferecer estavam sendo mobilizadas. Conquistei o respeito dos meus alunos e, aos poucos, descobri uma identidade profissional para mim, como se acordasse de um coma intelectual.

— 15 —

PARTIDAS

Por meio do ensino, primeiro de nível básico e mais tarde de nível avançado, eu estava começando a encontrar meu valor, mas havia outro assunto pendente, a maior barreira para a recuperação do meu verdadeiro eu: o medo de avião. A fobia de avião, negra consequência daquela fatídica viagem a Seattle logo após o nascimento de Robert, quando eu amamentava meu bebê em aviões que atravessavam todos os Estados Unidos, havia me privado de muitas excelentes oportunidades de acompanhar Stephen – para a Califórnia no meio do inverno, para Creta na primavera, ou para Nova York, de Concorde. Isso havia me forçado a inventar desculpas evidentemente frágeis, porque todas as sugestões de viagem de avião me davam arrepios, colocando-me imediatamente na defensiva. Havia causado tensão na casa e me deixado muito infeliz. A ansiedade começou a produzir sintomas físicos tão marcantes que antes da viagem a Roma, no outono de 1981, fiquei doente de verdade. Eu estava desesperada para encontrar uma cura.

Foi com grande entusiasmo que, folheando despreocupadamente uma revista na sala de espera do dentista no fim do inverno, eu me deparei com uma referência a uma clínica onde a fobia de voar era aceita sem constrangimento, como uma condição tratável. Algumas perguntas e uma carta do meu médico me colocaram em contato com a York Clinic, no Guy's Hospital, onde Maurice Yaffe, um psicólogo, tratava vítimas em particular ou em grupos pelo Serviço Nacional de Saúde, com uma variedade de técnicas. Não havia nada de clínico em Maurice Yaffe: sua personalidade e seu jeito eram distraidamente pedantes; ele nunca mencionava a palavra "fobia", só "dificuldade". Depois de nos entusiasmar com as delícias das tarifas aéreas mais baratas, nós, seus pacientes, fomos incentivados a focar os prazeres de Paris, Roma ou Nova York, em vez das agonias de chegar lá. A seguir, um curso básico de aerodinâmica não deixou nenhuma dúvida na mente dos céticos de que os aviões foram feitos para voar. Por fim, Maurice Yaffe revelou sua própria ideia, o simulador de uma cabine de avião, situado em uma pequena sala no subsolo do Guy's Hospital. Poucos minutos depois de nos acomodarmos no simulador, encontramo-nos voando para Manchester – porque o vídeo que aparecia na janela da cabine era o de um voo para Manchester, com todos os sons e as sensações da decolagem e do voo: os anúncios, os motores acelerando, os bebês chorando, a inclinação do solo, os solavancos da turbulência quando o avião supostamente passava por uma nuvem. Depois de uma sensação inicial de pânico seguida de mais ou menos doze voos para Manchester, a coisa toda ficou tão chata que esqueci de ter medo e comecei a relaxar. O ponto culminante do curso foi um fim de semana em Paris, organizado nos pequenos detalhes por Maurice Yaffe, mas, naturalmente, não pago pelo Serviço Nacional de Saúde.

Se Paris foi o primeiro passo em meu caminho rumo à libertação, a Califórnia foi outro passinho em termos psicológicos. No verão de 1982, renovamos velhas amizades por todo o estado e revisitamos velhos fantasmas. Jonathan havia feito arranjos para participar de uma conferência sobre música antiga em Vancouver nesse agosto, e combinou seu evento com uma visita nossa a Santa Barbara, onde muitas vezes foi tomado por um dos alunos de Stephen. Na verdade, ele morava com os estudantes em seu alojamento, e para todos os efeitos, partilhava suas obrigações, mas, ao contrário deles, Jonathan pagava a própria viagem.

O pequeno Tim ficou surpreso com o tamanho do país. "Eles construíram um grande país", ele murmurava para si mesmo enquanto olhava pela janela do carro os desertos e as montanhas. Enquanto observávamos o pôr do sol sobre a cordilheira de Santa Inés de nosso apartamento todas as noites, ele declarava solenemente: "É o fim do mundo, é o fim do mundo!". Algum tempo depois, perguntei do que ele mais gostava da Califórnia: o J. Paul Getty Museum, os desertos, as montanhas, o mar ou o museu e os jardins de Huntingdon. Era uma pergunta estúpida para uma criança de três anos. Ele respondeu com o que achava que eram meus próprios termos, pois, rápido como um raio, disse: "O museu Mickey Mouse...".

Eu já estava pronta para voar tanto para o leste como para o oeste de novo. Cautelosamente com vistas às possibilidades de emprego, Lucy começou a estudar russo. Em retrospecto, não foi uma boa escolha, pois, apesar da mudança dos tempos, isso não a levou a uma carreira brilhante e só lhe causou muita frustração. No entanto, os rigores de estudar a igreja russa do século XVII em Oxford e um inverno passado em Moscou, em meio às privações de 1992, ainda estavam no horizonte distante, quando Lucy foi com seu pai, um bando de enfermeiros e eu a uma conferência nessa cidade em outubro de 1984. As tentativas de Lucy de falar russo foram recebidas com alegria em êxtase, em especial quando ela se levantou para propor um breve brinde à *Mir i Drujba* – paz e amizade – no banquete de encerramento da conferência. Foi um desses banquetes russos onde os *hors d'oeuvre* são pródigos – caviar, peixes defumados e carnes, nozes, picles e, claro, o onipresente pepino – e duram horas, interrompidos por brindes, discursos e, no caso de um delegado japonês equivocado, um canto fúnebre interminável de interpretação monocórdia que ele mesmo havia composto em ininteligível inglês. O prato principal, a massa habitual de carne não identificável e o purê de batata, chegou às mesas quando todo mundo estava indo embora.

Onze anos antes, nossos conhecidos demonstravam a máxima cautela nas suas relações conosco. Agora pareciam não se importar nem um pouco com a oficialidade. A jovem guia que foi mandada para "cuidar" de Lucy e de mim estava muito mais interessada em nos acompanhar a comprar roupas nas lojas de moeda forte a que tínhamos acesso, que em dirigir nossos movimentos. Dois dos colegas mais próximos de Stephen, Renata Galosh e seu marido, Andrei Linde, convidaram-nos para jantar em seu pequeno apartamento na periferia de Moscou. Ofereceram uma refeição deliciosa, em parte graças a uma relação amigável com o gerente de um ou outro restaurante, e em parte por causa das conservas da *dacha* de Renata no país, entre elas, o suco de morango caseiro extraído de preciosas frutas e engarrafado em casa.

Embora a fobia de voar estivesse mais ou menos sob controle, simplesmente não era possível acompanhar Stephen em cada uma de suas expedições internacionais: viajar tornou-se uma obsessão para ele, e parecia passar mais tempo no ar que no solo. Foi difícil para ele aceitar que, além de Lucy e Tim, eu não estava preparada para abandonar Robert ou meus alunos de nível avançado na primavera de 1985, um período que ele havia designado para uma extensa turnê pela China. Bernard Carr e Iolanta, uma de suas enfermeiras, corajosamente assumiram o comando, levando Stephen para dentro e fora de aviões e trens, e valentemente manobrando a cadeira Grande Muralha acima. Voltaram exaustos, nem Stephen estava na melhor condição, mas sentia-se triunfante por sua realização. Ele tossia com frequência e parecia estar ainda mais sensível a substâncias irritantes nos gêneros alimentícios. Muitas noites passei cuidando dele em meus braços, tentando acalmar o pânico que precipitava ainda piores crises de asfixia.

No entanto, as férias de verão prometiam uma trégua. Íamos passar agosto inteiro em Genebra, onde Stephen planejava manter discussões com os físicos de partículas do Conseil Européen pour la Recherche Nucléaire (CERN), enquanto o resto de nós poderia apreciar os arredores do Lago de Genebra. No CERN, Stephen trabalharia com as implicações da direção da flecha quântica do tempo e as observações do acelerador de partículas. Esse foi um tema sobre o qual ele falou havia algum tempo, com a ajuda de Robert, para a Sociedade Astronômica da Perse School. Foi nessa palestra que eu me resignei à conclusão de que a Física se tornara tão abstrata que mesmo explicada de forma pictórica, ia além da minha compreensão. Não importava a quantidade, nenhum filme passado de trás para frente com copos e pires quebrados pulando de volta para as mesas e se remontando poderia me convencer de que a direção do tempo poderia ser revertida. Essa suposição poderia alterar o curso da história humana se visitantes do futuro pudessem interferir no passado. Contudo, parecia essencial provar matematicamente que isso não era uma possibilidade, uma vez que a prova garantiria que nada pode viajar mais depressa que a luz.

Apesar das viagens de Stephen no tempo e no espaço, foi um bom verão: começou quando a gata teve uma grande ninhada no chão da cozinha. Os mais bonitinhos foram dados a vários amigos e conhecidos, até que, por fim, só restou um preto e branco de tom indistinto, que um dos meus alunos mais suscetíveis, Gonzalo Vargas Llosa, um jovem peruano, insistiu em levar para fazer companhia a seu coelho, criado solto em seu quarto. Lucy completou seu primeiro intercâmbio francês com uma garota bretã cujo pai, barqueiro, havia ganhado na loteria. E houve festas. Robert definiu o estilo celebrando seu décimo oitavo aniversário, pouco antes do início de seus exames, com uma *ceilidh*, festa tradicional irlandesa, no jardim em uma noite clara e quente sob a lua cheia. Houve também concertos de todos os tipos, corais e instrumentais, recitais e até um show pop no Albert Hall para comemorar o aniversário de seis anos de Tim, que havia se tornado um grande fã da banda Sky, dedicando-se única e exclusivamente, durante todo o seu tempo acordado, a imitar seu incrível rufar de tambor. Um concerto inesperado, de uma natureza diferente, ocorreu em nosso gramado, num domingo, no início de julho, quando Stephen e eu estávamos voltando para casa de uma expedição à Suffolk medieval com os delegados da conferência de Física desse verão, apagaram-se as luzes do University Concert Hall até a estrada. Jonathan ia tocar cravo no concerto naquela noite e nos deu a notícia do desastre. O tempo estava bom e seco, de modo que a solução óbvia era que os artistas se acomodassem com seus instrumentos no gramado enquanto o público se reuniria em volta, sentados ao ar livre em quaisquer tapetes, almofadas e esteiras que pudéssemos arrumar.

Embora Jonathan fosse regularmente chamado a tocar com orquestras modernas e amadoras, como fez em nosso gramado, havia muito tempo que ele lamentava a falta de uma autêntica apresentação barroca em Cambridge, na qual muitos jovens esperançosos que tocavam teclado disputavam as poucas oportunidades disponíveis. Em contrapartida, ele estava muito distante do cenário londrino para que isso fosse uma perspectiva viável. Não fosse seu compromisso conosco, em especial comigo, claro que ele poderia muito bem ter se mudado para Londres, onde poderia ter avançado em sua carreira com muito mais facilidade. O único caminho para ele era formar a própria orquestra, mas era uma perspectiva assustadora em termos de tempo, compromisso e dinheiro necessários. Ele estava ficando muito frustrado com o isolamento musical em que se encontrava, ansiava desesperadamente tocar em uma orquestra, quando, na primavera de 1984, internou-se para fazer uma cirurgia, e eu decidi tomar conta da situação. Primeiro, peguei o telefone e reservei o University Concert Hall; a seguir, liguei para vários contatos e reservei uma orquestra pequena, mas completa, de músicos barrocos. Jonathan voltou da anestesia e recebeu a notícia de que durante sua temporária ausência de consciência, havia sido nomeado diretor da recém-formada Cambridge Barroque Camerata, e que daria seu concerto inaugural no dia 24 de junho. O planejamento, a programação e a publicidade frenética encheram as semanas seguintes, que foram também as semanas de sua convalescença.

Na noite de estreia, Robert ficou na bilheteria, Lucy vendia programas e vários amigos atuaram como lanterninhas, enquanto eu corria para lá e para cá, fazendo a ligação entre a frente da casa e os bastidores e cuidando de Stephen, sentado ao lado do palco. Para nossa surpresa, a fila para comprar ingressos se estendia até o pátio. Contamos cada membro da plateia conforme entravam na sala de concertos naquela noite de junho, visto que a casa cheia era crucial para o sucesso financeiro da empreitada. "Sucesso financeiro" não significava ter lucro; significava só cobrir os gastos. Todas as poltronas estavam ocupadas e a apresentação, intitulada *The Trumpet Shall Sound*, foi aplaudida. Entusiasmada com o sucesso do concerto de 1984, a Cambridge Barroque Camerata se aventurou nos palcos de novo em 1985, com mais uma promoção própria – um programa para marcar o tricentenário do nascimento de Bach, Handel e Scarlatti. Felizmente, a aposta valeu a pena uma segunda vez – embora, em algumas ocasiões posteriores, atrações inesperadas rivais, como a final de futebol televisionada, diminuíssem deprimentemente o tamanho da audiência. A estreia da orquestra em Londres, prevista para outubro de 1985 no Queen Elizabeth Hall, devia ser considerada um investimento para o futuro, pois certamente as contas não fechariam, mas atrairia para a Cambridge Barroque Camerata a atenção de um amplo público.

Nosso lar parecia ter recuperado um considerável grau de equilíbrio. Ninguém teve resultados mais satisfatórios que o próprio Stephen, que havia acabado de escrever o primeiro rascunho de um livro popular sobre Cosmologia e as origens do universo. O tamanho do livro mudou com uma discussão com os primeiros cosmólogos modernos sobre as teorias da Física de partículas e da flecha quântica do tempo – com especial referência, é claro, ao significado dos buracos negros. Em conclusão, o autor aguarda com expectativa o momento em que a humanidade será capaz de "conhecer a mente de Deus" através da formulação, em alguma data não muito distante no futuro, de uma teoria unificada completa do universo, a teoria de tudo. Stephen havia recebido o nome de um agente em Nova York, onde o livro estava sendo oferecido aos editores, e enquanto isso, na Inglaterra, discutíamos métodos tributariamente eficientes de receber direitos autorais, o que esperávamos que representasse uma modesta renda complementar regular ao longo dos anos, visto que diziam que livros didáticos eram muito mais confiáveis no longo prazo que best-sellers. Era improvável que atingisse o objetivo inicial de pagar os estudos de Lucy, visto que ela já estava no fundamental II.

No final de julho, poucos dias antes do resto de nós, Stephen, sua nova secretária Laura Ward, alguns estudantes e enfermeiros, foram para Genebra. Eu estava ansiosa para ficar e esperar Robert partir em uma expedição de escoteiros para a Islândia antes de sair de Cambridge. O plano era que em uma semana encontraríamos Stephen e sua comitiva na Alemanha, em Bayreuth, a meca wagneriana, para uma apresentação de *Ring Cicle*, e depois, voltaríamos para Genebra, para uma casa alugada para o feriado. Finalmente eu começava a alcançar um feliz equilíbrio em minha vida, e sentia que com a ajuda de Purcell, Bach e Handel eu poderia lidar com os efeitos das modulações sinistras de Wagner com um espírito de bem-humorada tolerância.

Foi muito casualmente, sem pensar duas vezes, que eu disse adeus a Stephen quando ele saiu de casa no dia 29 de julho. Genebra, afinal, era perto em comparação com a China, e famosa por seus padrões de higiene. Estávamos todos preocupados com o pai de Stephen, que tinha uma doença crônica, e temíamos que ele morresse durante nossa ausência. Ele encarou sua doença com o mesmo estoicismo rude e pragmático com que lidava com todas as situações e que usava para esconder a dor ou o constrangimento. Apesar das vicissitudes de minha relação com a família Hawking, eu não deixara de respeitá-lo, ainda mais porque nos últimos tempos ele havia começado a me escrever cartas sinceramente gratas, elogiando meus cuidados a Stephen e às crianças e minha administração da casa. No entanto, minha maior ansiedade nesse momento era por Robert, meu filho mais velho, a quem eu vira partir em companhia dos escoteiros três dias após a partida de Stephen. Seus planos – uma caminhada por uma geleira e um passeio de canoa pelo litoral norte da Islândia – encheu-me de silentes maus agouros.

Quarta parte

— 1 —

A NOITE MAIS ESCURA

ERA RARO QUE JONATHAN E EU FICÁSSEMOS SOZINHOS POR QUALQUER PERÍODO DE TEMPO. Tentávamos seguir um código de conduta na frente de Stephen e das crianças, graças ao qual nos comportávamos apenas como bons amigos, suprimindo, às vezes com dificuldade, qualquer demonstração de carinho mais íntimo na tentativa de evitar ferir alguém. Todas as noites eu ficava atrás de Stephen na porta da frente quando via Jonathan partir, despachando-o para sua casa, do outro lado da Cambridge. Em nossos esforços para manter o lar funcionando por esse método não convencional tivemos o apoio de muitas pessoas, entre elas, minha antiga ajudante em casa, Eve Suckling. Eram pessoas que testemunharam a situação de perto e que eram sábias o suficiente para não tirar conclusões precipitadas. Até mesmo Don, cujos valores absolutos haviam sido abalados certa noite, na primavera de 1978, pouco antes do nascimento de Tim, quando encontrou Jonathan e eu confortavelmente apoiados um no outro no sofá, admitira que a situação muitas vezes exigia dele muito mais do que ele esperava, e às vezes mais do que podia dar – com certeza mais do que poderia dar indefinidamente. Ele admitia que vivera conosco tempo suficiente para saber que os rigores incessantes de nosso modo de vida muitas vezes o colocaram em um desconfortável conflito com sua consciência. Sabíamos também que sempre poderíamos contar com a orientação de Bill Loveless para fortalecer nossa determinação e ajudar a manter nossa perspectiva no âmbito disciplinado que havíamos tentado estabelecer para nós, enquanto via nossas fraquezas com compaixão. Mais de uma vez ele disse que nossa situação era única e que ele não saberia dizer como devíamos agir.

Ocasionalmente, quando Stephen ia para o exterior ou quando íamos de carro encontrá-lo em algum lugar do continente, hesitantes permitíamos que nossa relação florescesse. Contudo, eu era tão sensível à natureza pouco ortodoxa da relação que a experiência muitas vezes era regada a lágrimas de culpa, uma vez que uma palavra impensada de uma das crianças, ou um encontro inesperado em uma praia ou em um acampamento poderia destruir rapidamente a breve e inebriante ilusão de liberdade e fazer minha consciência cair no desespero. Discrição e enganação dividiam-se por uma linha tênue, e nunca era fácil julgar de que lado da linha estávamos. Havia outras celebridades que ficaram gravemente deficientes, e era de conhecimento público que seus cônjuges haviam encontrado consolo com outros parceiros enquanto ainda cuidavam com responsabilidade e carinho deles. Talvez fosse porque esses cônjuges eram maridos, em vez de esposas, e era mais fácil para eles deixar que suas novas relações aparecessem para o exterior.

No entanto, esses curtos períodos de trégua, passados sob uma barraca sob um vento furioso ou às vezes compartilhando um pequeno quarto de hotel estrangeiro com duas ou três crianças, permitiam-nos momentos de liberdade da ansiedade persistente e dos constantes cuidados. Restauravam nosso enfraquecido ânimo e, paradoxalmente, reforçavam nossa lealdade para com Stephen. Nossas viagens muitas vezes nos levaram pela França, dando-me a oportunidade de apresentar Jonathan a Brandon e Lucette, que agora viviam nos arredores de Paris; e a Mary e Bernard Whiting, que com seus dois filhos pequenos viviam no coração dessa cidade mágica. Todos eles receberam sinceramente bem Jonathan como um elemento essencial em nossa vida familiar. Em 1985, no entanto, nosso percurso nos levou à Bélgica e à Alemanha, em vez de à França. Tornou-se uma parte integrante da rotina da família Stephen participar de um curso de verão em alguma parte desejável da Europa, indo de avião com seus alunos e enfermeiros, e eu, Jonathan e as crianças íamos de carro, de uma forma mais descontraída, tirando alguns dias de férias no caminho. Então, na sexta-feira, 1º de agosto de 1985, após a partida de Robert para a Islândia com os escoteiros, Jonathan, Lucy, Tim e eu partimos para Felixstowe a bordo da balsa, fazendo a travessia noturna para Zeebrugge.

Havíamos planejado passar o fim de semana à beira-mar na costa belga antes de atravessar de carro a Bélgica e a Alemanha rumo a Bayreuth, onde em 8 de agosto íamos encontrar Stephen para a apresentação do *Ring Cycle* – mas só uma noite na costa, onde as ardentes tempestades de areia sopravam ao longo da praia sob um céu de chumbo, foi suficiente para nos levar ao interior e procurar acampamentos em Ardennes, a área florestal acidentada da Bélgica, perto da fronteira alemã. Não só a chuva torrencial começou a atacar nosso para-brisa antes de chegarmos a Bruxelas, mas também uma coceira estranha começou a rastejar por nossa nuca e pescoço, e achamos carrapichos irritantes em nossas blusas e casacos. A verdade foi que estávamos levando para passear os piolhos que haviam infestado a escola de Tim pouco antes do fim do trimestre. Todos havíamos cuidadosamente lavado os cabelos com o xampu prescrito, e Stephen, como uma boa medida, havia insistido para que também passássemos em seus cabelos uma loção de odor fétido, que ele usou por um dia inteiro no Departamento. Naquela noite, ele observou que, além de seu fiel aluno/assistente, ninguém havia chegado perto dele o dia todo.

Nessas férias de verão na Bélgica estávamos pouco melhor que os mendigos, molhados até os ossos e tomados de piolhos até que eu consegui encontrar o xampu apropriado. Ainda seguimos na chuva da Bélgica a Luxemburgo, onde paramos para fazer um piquenique em Echternach, uma cidade arborizada, na fronteira alemã. Depois de ficar preso dentro do carro a manhã toda, Tim correu com alegria para cima e para baixo por um longo corredor de árvores de um parque. Inevitavelmente, ele escorregou e caiu de cara no chão em uma poça de lama. A aparição saindo da terra era um menininho irreconhecível, anteriormente louro, coberto de lama da cabeça aos pés, das pontas dos cílios aos cordões dos tênis. De cada peça de roupa, incluindo seu casaco, escorria lama marrom. Jonathan me guiou para o banco da frente do carro e, a seguir, pegou depressa a bacia de lavar louça e montou o fogão de acampamento na calçada. Aqueceu um pouco de água e lavou a criatura e as roupas da melhor maneira possível, à vista de todos os transeuntes – para intenso constrangimento de Lucy. A etapa final dessa jornada nos levou até alguns amigos de Jonathan, de Mannheim até Rothenburg, uma atração turística medieval de fácil alcance ao wagneriano santo dos santos. Montamos nossas barracas no início da noite e nos demoramos, sonolentos, sobre a comida e o vinho em um restaurante de atmosfera agradável. No caminho de volta para o acampamento parei em uma cabine telefônica para ligar para Genebra e checar os arranjos para encontrar Stephen em Bayreuth no dia seguinte. O telefone foi atendido por Laura Ward, que havia substituído Judy Fella quando esta fora fazer uma longa viagem pela África do Sul com o marido. A voz de Laura estava tensa, com uma urgência inesperada.

– Ah, Jane, graças a Deus você ligou! – ela quase gritou ao telefone. – Você precisa vir depressa, Stephen está em coma no hospital, em Genebra, e não sabemos quanto tempo ele vai viver!

A notícia foi devastadora. Fez-me mergulhar em um buraco negro de miséria. Totalmente irracional, esquecendo todas as viagens para lugares distantes a que ele já havia sobrevivido muito bem sem mim, eu me perguntava como podia ter deixado Stephen sozinho com sua comitiva, privado da proteção de meu conhecimento íntimo de sua doença, de suas necessidades, seus remédios, seus gostos, seus desgostos, suas alergias, seus medos? Como eu podia tê-lo visto partir, sem nem um pingo de ansiedade e, depois ter saído de férias – com Jonathan?

Enquanto ainda estávamos em Cambridge, Stephen havia ligado, como sempre fazia quando chegava, para dizer que estava tudo bem. Ele estava morando em uma bela casa em Ferney-Voltaire, bem situada, pouco distante do laboratório. E nos desejou boa viagem, disse estar ansioso para nos encontrar dali a uma semana em Bayreuth. Depois disso, na confusão de todas as minhas outras preocupações, em especial minha ansiedade em relação à viagem de canoa de Robert pelo litoral norte da Islândia, eu mal havia pensado em Stephen, sabendo que ele estava seguro e em boas mãos. Afora a tosse incômoda que ele trouxera da China, estava bem quando saíra de casa. Era inacreditável que ele pudesse ter entrado em coma em Genebra. Entramos no carro entorpecidos, discutindo a notícia. Decidimos levantar acampamento e partir para Genebra imediatamente, mas, na volta, encontramos tudo fechado: o portão principal estava fechado e a única entrada ou saída era por um postigo para pedestres. Não havia jeito de sair dali antes do início da manhã. Fiquei acordada em meu saco de dormir, ouvindo lobos uivarem e animais de fazenda cacarejando em algum lugar na noite negra distante. "Por favor, Deus, deixe Stephen viver!", sussurrei, impaciente, até o amanhecer.

Assim que o camping abriu, carregamos o carro e partimos feito loucos por toda a Europa rumo a Genebra. Centenas de quilômetros de pasto alemão passaram sem que percebêssemos que havíamos atravessado a fronteira com a Suíça. A única vantagem de estar na Alemanha era que não havia restrições de velocidade. Fizemos uma pausa na fronteira para dar algo de comer às crianças, mas eu não tinha estômago para comer, e logo retomamos nosso caminho frenético ao longo das margens desalmadas e tranquilas dos lagos azuis, lago Neuchâtel e, a seguir, o lago Genebra. Conversamos pouco, cada um absorto em um tumulto infeliz de reflexões confusas. Até as crianças estavam quietas no banco de trás do carro. Genebra brilhava sob o sol de fim de tarde quando nos aproximamos, mas tínhamos apenas um objetivo: o Hôpital Cantonal, onde a terrível verdade de vida ou morte nos aguardava. A combinação dos conhecimentos de Jonathan de leitura de mapas e minha capacidade de pedir indicações em francês nos levou a ele: um limpo, clínico complexo de edifícios brancos e brilhantes por fora, altamente polido e brilhante de aço inoxidável por dentro. Fomos levados diretamente à UTI, e Stephen estava deitado ali, quieto e imóvel, com os olhos fechados em um sono comatoso. Uma máscara cobria sua boca e seu nariz, e havia tubos e fios ligados a várias partes de seu corpo, arrastando-se em todas as direções; os monitores e a dança interminável de linhas onduladas luminosas verdes e brancas traçavam os padrões rítmicos de sua força de vida lutando para manter a superioridade sobre o velho inimigo, a morte. Ele estava vivo.

A equipe médica da enfermaria me ofereceu uma recepção rude.

– Quantos anos faz que você viu seu marido pela última vez? – perguntaram-me friamente.

Era óbvio que achavam que Stephen e eu vivíamos vidas separadas e que sua doença piorara desde nosso último encontro. Eles ficaram confusos quando eu respondi que o havia visto semana passada.

– Bem, então por que ele está viajando nesse estado de saúde? – perguntaram com a chocada incompreensão da inata cautela médica.

Eu não poderia responder a essa pergunta mais do que eles próprios, mas tentei contar a história usual de coragem indomável de Stephen combinada com sua genialidade científica, etc. etc. Uma história muitas vezes repetida que era muito longa e muito complicada para contar em meu drenado estado emocional, e ninguém acreditaria, de qualquer maneira. Em vez disso, eles me deram uma versão deturpada do que havia acontecido.

Aparentemente, a tosse de Stephen piorara depois de sua chegada a Genebra. Talvez, como eles não viviam com ele todos os dias e todas as noites, seus acompanhantes não tenham percebido que era razoavelmente normal. Muito contra sua vontade, eles insistiram em chamar um médico. Depois de horas de discussão, o médico, por sua vez, insistiu em interná-lo. Foi diagnosticada uma pneumonia, e depois de mais discussão, Stephen foi ligado a um aparelho de suporte de vida. Ele não estava em coma, como sua secretária havia dito, apenas havia sido drogado para permitir que uma potente mistura de antibióticos e alimentos fosse administrada a seu sistema por meio de vários tubos, enquanto a ventilação respirava por ele. Ele não estava em perigo, uma vez que todas as suas funções eram governadas por máquinas. Eu podia facilmente imaginar que isso era a realização do pior e mais aterrorizante pesadelo de Stephen: seu destino, que jazia no controle que ele próprio exercia de seus cuidados médicos, havia sido retirado de suas mãos por estranhos que não sabiam nada sobre ele, sequer quem ele era.

Na casa alugada em Ferney-Voltaire, nossa chegada foi recebida com alívio por estudantes, enfermeiros e secretária – um desperdício, tendo em vista que, com a remoção do jogador principal, sua presença era supérflua. Também estavam em estado de choque, em silêncio, questionando o que mais poderiam ter feito. Enquanto Stephen jazia drogado no hospital, não havia nada a fazer. No entanto, nos dias seguintes, quando me encontrei sugada para um vórtice de problemas administrativos, emocionais e éticos, eles inventaram novos papéis para si mesmos, que cumpriram com eficiência e tranquilidade. Os alunos faziam as compras e cozinhavam, os enfermeiros cuidavam das crianças e as levavam para passear – afinal, supostamente, aquelas eram suas férias de verão –, e Laura, a secretária, mantinha contato permanente com Cambridge e o CERN para tentar resolver nossos problemas financeiros e de seguros. A notícia foi um duro golpe para a família de Stephen, em especial para a mãe. Seu marido estava inválido, e agora a vida de seu filho estava criticamente ameaçada também. Mantínhamos contato diário por telefone, e ela foi sempre solidária e fleumática. Com seu jeito não emotivo, ela já parecia estar resignada com a morte de Stephen. Era cruel que três gerações de homens da família Hawking estivessem em risco ao mesmo tempo, ainda que tão distantes: Frank estava velho e doente na casinha de Bedfordshire para a qual ele e Isobel haviam se mudado recentemente; Stephen estava muito doente em Genebra; e só Deus sabia o que estava acontecendo com Robert. Eu não sabia se sua canoa havia virado no mar da costa norte da Islândia.

Não havia nenhuma ansiedade em relação ao bem-estar do quarto e mais jovem Hawking, Tim. Seu futuro imediato era um problema, porém, uma vez que ele tinha de voltar para a Inglaterra e para meus pais de um jeito ou de outro; eu estava preocupada demais em Genebra para cuidar dele, e os enfermeiros logo iriam embora. Ainda que Lucy tivesse seu próprio passaporte, Tim estava registrado no meu, de modo que fui ao consulado britânico para que nos ajudasse a levá-lo para casa. Ninguém poderia nos culpar por pensar que os funcionários consulares estavam sendo deliberadamente obstrutivos. A mulher de cabelos escuros e cara amarrada no balcão dispensou-me sumariamente depois de eu passar horas à espera de uma entrevista, apesar de eu ter explicado as circunstâncias extraordinárias. Não havia chance de Tim voltar para a Inglaterra sem passaporte, disse ela. Para isso, eu precisaria apresentar sua certidão de nascimento. Suspirei. A certidão de nascimento de Tim estava na sala de estar de casa, na mesa que pertencera à avó de Stephen. Com vã esperança, telefonei para nossa casa, sem esperar ser atendida. Para minha surpresa, a voz de Eva surgiu do outro lado da linha. Providencialmente, ela estava em casa fazendo a limpeza da primavera. Ela foi até a mesa, encontrou a certidão de nascimento e a enviou para Genebra por entrega expressa. Triunfante, balancei o documento na cara da mesma funcionária dois dias depois, porém ela não pareceu impressionada.

– Isso não resolve – ela disse, mordaz, como sempre. – Isso é só uma declaração de nascimento, e precisamos da certidão inteira, da Somerset House.

Olhei para ela, incrédula.

– De qualquer maneira – ela prosseguiu –, há papéis para preencher e seu marido terá de assinar.

– Eu já lhe disse – respondi com os dentes apertados – que meu marido está inconsciente e paralisado, preso a um ventilador artificial na UTI do Hôpital Cantonal. Ele não pode assinar nada.

– Bem – ela prosseguiu, obtusa –, se seu marido não sabe que você vai levar a criança para fora do país, certamente não pode fazer um passaporte para ele.

Em uma última tentativa, à beira das lágrimas, exasperada, eu implorei.

– Eu só estou tentando mandar o menino para casa.

Ela parou por um segundo, durante o qual seu humor se acalmou um pouco, como se só naquele momento minhas palavras houvessem sido registradas por seu cérebro.

– Se você arranjar outra pessoa, um britânico com algumas qualificações, um professor, talvez, para assinar os papéis e me fornecer uma foto, posso pensar – ela respondeu.

Para nossa diversão privada, Jonathan preencheu e assinou os formulários, visto que cumpria todas as exigências oficiais. Levamos Tim a uma cabine fotográfica e o fizemos treinar sua assinatura. Por fim, no dia 13 de agosto, foi emitido um passaporte britânico em nome de senhor T. S. Hawking; ostentava a atraente fotografia inocente e a assinatura garranchada e inexperiente de uma criança de seis anos. Assim equipado, o senhor T. S. Hawking voltou para casa – classe business, por falta de assento na econômica –, para a Inglaterra com Lucy e os enfermeiros, e ficou com meus pais.

Em sua ausência, Robert era a única fonte de boas notícias do verão. Bernard Carr, sempre um aliado leal *in extremis*, foi para Genebra para assumir o lugar dos alunos quando a situação começou a mudar. Ele levou os resultados do exame de nível avançado de Robert, que foram excelentes, o único vislumbre de luz entre as mais negras nuvens. Esses resultados garantiam a Robert uma vaga na Universidade de Cambridge, no Corpus Christi College, faculdade de meu pai, para cursar ciências naturais.

— 2 —

A LINHA TÊNUE

SE O COMPARATIVAMENTE TRIVIAL PROBLEMA DO PASSAPORTE DE TIM TOMOU UMA quantidade excessiva de tempo para ser resolvido – na natureza às avessas das coisas durante esse período –, um assunto muito mais sério foi resolvido em questão de segundos. Dois dias depois de nossa chegada a Genebra, o médico responsável pelo caso de Stephen pediu para falar comigo sobre um assunto de certa urgência. Ele me levou para uma sala lateral nua e cinza. No começo, achei que ele só queria checar os fatos da existência excepcional de Stephen. A equipe de enfermagem havia começado a aceitar que Stephen não era um paciente comum, nem vítima de negligência por parte de sua família. Depois de ter verificado vários detalhes de sua fenomenal longevidade e de sua autogestão, o médico foi abruptamente ao ponto. A questão era se sua equipe devia desligar o ventilador enquanto Stephen estivesse dopado, ou se devia tentar trazê-lo de volta da anestesia. Fiquei chocada. Desligar o suprimento de vida era impensável. Que ignominioso fim para uma luta tão heroica pela vida! Que negação de tudo pelo qual eu também havia lutado! Minha resposta foi pronta e rápida. Eu não precisava nem pensar nisso ou discutir o assunto com outras pessoas, visto que só havia uma resposta possível.

– Stephen tem de viver. Você deve trazê-lo de volta da anestesia – respondi.

O médico passou a explicar as complicações dos procedimentos que se seguiriam. Stephen não conseguiria respirar sem ajuda, e quando estivesse mais forte teria de passar por uma traqueostomia. Essa seria a única forma de livrá-lo do respirador, pois contornaria a área hipersensível de sua garganta que vinha lhe causando tantos problemas. Falou das tecnicidades da traqueostomia, um furo na traqueia abaixo das cordas vocais que precisaria de cuidados profissionais permanentes. Não dei muita atenção a esse prognóstico sombrio, embora realista. Eu tinha tomado a decisão que era necessária. A verdade importante era que Stephen estava vivo e que permaneceria vivo enquanto eu tivesse qualquer poder de influenciar os acontecimentos.

Saí da sala para uma visão notável. Ali, parado no corredor, estava um membro do Gonville e Caius College, embora nenhum de nós dois o conhecesse muito bem.

James Fitzsimons e sua esposa francesa, Aude, estavam de férias com a família de Aude, em Genebra, quando a notícia de que Stephen estava doente no hospital os alcançou, e eles estavam ali para oferecer ajuda. Eles não poderiam ter chegado em um momento mais propício. Eu estava profundamente abalada pelos acontecimentos da semana passada e ficara perturbada, embora insolente, com a entrevista. Percebi que as crises não haviam acabado, e, de fato, outra pior poderia ser iminente, pois não era de todo certo que Stephen sobreviveria à reanimação de seu sono induzido por drogas.

James e Aude trouxeram nova energia e dinamismo, embora com sensibilidade, resolvidos a reforçar nossos recursos. Conforme Stephen ia lentamente voltando para nós, James se juntou a nossas longas vigílias, participando do rodízio, que fazíamos Bernard, Jonathan, os demais alunos e eu. Não estávamos ali para atuar como enfermeiros – havia muitos deles no hospital –, e sim para fortalecer a frágil esperança de Stephen na vida e despertar seu interesse e sua curiosidade de seu estado de inércia sem precedentes. James falava francês fluentemente e conseguiu me aliviar de algumas pressões para comunicar cada pedido indistinto de Stephen à equipe de enfermagem. Suas tentativas de fazer os pedidos eram impedidas por tubos e máscaras que cobriam seu rosto. Quem estivesse perto dele tinha de tentar antecipar suas necessidades e fazer as perguntas certas; ele responderia negando ou afirmando com seus olhos dolorosamente expressivos, agora abertos de novo, e levantando as sobrancelhas ou franzindo a testa.

Para aliviar o tédio, nós líamos em voz alta qualquer material que tivéssemos conosco. Com meu aluno Gonzalo Vargas Llosa eu havia começado a explorar as obras do polímata argentino, cego e multilíngue Jorge Luis Borges, cujas ideias me deixaram animada: fiquei particularmente fascinada com sua preocupação com o paradoxo e a ambiguidade, o tempo e a eternidade e a natureza cíclica dos acontecimentos históricos. Sua escrita parecia espelhar-se na forma literária, poética até, da maior parte da substância das descobertas científicas do século XX, e podia ser concebida como versões literárias dos espacialmente irreconciliáveis desenhos de Escher, as próprias representações artísticas de um conceito matemático, a fita de Möbius. Eu tinha a intenção de ler *O livro de areia,* de Borges, durante as férias de verão, por isso, na esperança de que suas charadas e seus enigmas pudessem atrair Stephen, encomendei a Bernard que trouxesse de Genebra uma tradução para o inglês. Se Stephen apreciou os jogos bastante complexos e cerebrais da escrita de Borges, não descobri. Eu apreciava as histórias porque elas me proporcionavam uma fuga intelectual da tensão estressante e da monotonia da UTI. Contudo, meu fascínio se tornou ainda mais forte quando descobri que eu estava sendo absorvida pelo quebra-cabeça da literatura, em especial pela primeira história, "O outro", um conto aparentemente autobiográfico que se passa em Genebra. Borges está sentado em um banco em Cambridge, Massachusetts, em 1969, com vista para o rio Charles. Um jovem vai se sentar ao lado dele e os dois conversam. O jovem, no entanto, afirma que estão sentados em um banco com vista para o Rhône, em Genebra, em 1914. Ele é, naturalmente, o Borges jovem, e conta detalhes de sua vida em casa, no número 17 da Route de Malagnou, em Genebra. As ideias contidas na história – de identidade, viagens no tempo, sonhos, previsão, de a história se repetir e de saber o futuro, eram estimulantes em si mesmas. Contudo, a coincidência de eu ter, sem saber, escolhido ler esse conto para Stephen em Genebra deu-me a impressão de que, surpreendentemente, eu havia entrado e me tornado parte dela, acrescentando-lhe outra dimensão. Bernard, ainda envolvido na pesquisa parapsicológica como um antídoto para a Física, gostou da coincidência. Uma tarde, quando Jonathan e eu estávamos saindo do hospital, sugeri que saíssemos da cidade para um breve vislumbre dos Alpes. Nossa rota nos levou ao longo do caminho de Malagnou. No caminho para fora da cidade e de volta, percorremos a rua para achar o número 17, a casa da história de Borges. Encontramos 15 e 19, 14 e 16, mas do número 17 não havia nenhum vestígio.

Uma vez que Stephen recuperou a consciência, o ritmo se acelerou. Assim que possível, uma ambulância aérea, paga pela Caius, foi contratada para nos levar de volta a Cambridge. Com uma enorme quantidade de bagagem, Jonathan foi para casa de carro no mesmo dia em que Stephen e eu – acompanhados por um médico, paramédicos, ventiladores portáteis e outros equipamentos – embarcamos com cuidado em uma ambulância rumo ao aeroporto, e depois em um jatinho vermelho e fomos arremessados para o céu assim que a escotilha se fechou. Não fossem as circunstâncias de nosso voo, eu poderia ter curtido – até Stephen se levantou o suficiente para espreitar pela janela quando subimos acima das nuvens. Foi assim que andei de avião de novo. Nosso avião particular tinha prioridade sobre todos os outros aviões que faziam fila no espaço para pousar; não houve tempo para ansiedade, nenhum dos problemas usuais e atrasos. No aeroporto de Cambridge, John Farman, chefe da UTI do Addenbrooke, esperava-nos na pista com uma ambulância.

Embora Stephen houvesse inegavelmente recebido excelente tratamento em Genebra, houve um sentimento irreprimível de alívio por estar de volta à casa, onde nós e nossa situação éramos bem conhecidos. Muitas pessoas familiares apareceram na UTI naquele dia, incluindo Judy Fella, ex-secretária de Stephen. Ela já havia lutado por ele e estava pronta para prestar toda a ajuda necessária. Não houve surpresa com a ambiciosa programação de viagens de Stephen, ou incredulidade quanto ao domínio sobre a ELA por parte da equipe do Addenbrooke. Foi necessário um mínimo de explicação geral. No entanto, foram necessárias explicações detalhadas da gestão de seu caso, das rotinas que ele havia desenvolvido, das quantidades precisas e das frequências dos medicamentos que ele tomava, das posições que gostava de adotar quando deitado na cama, de sua insistência por uma dieta sem glúten, mesmo quando alimentado por sonda. Todos e cada um desses assuntos, e muitos mais, tornaram-se objeto de longas discussões e investigações.

Três dias após o voo, quando a condição de Stephen estava estabilizada nos cuidados intensivos, John Farman achou que seria possível aliviar sua dependência do respirador; ele fez questão de incentivá-lo a respirar sem ajuda, na esperança de evitar a traqueostomia. Na terça-feira, 20 de agosto, Stephen parecia estar fazendo progresso suficiente para tentar. Ele estava confortável e ganhando forças, e nós – ou seja, o maior número de amigos e parentes que puderam se reunir – havíamos desenvolvido um sistema rotativo de guarda dia e noite. Normalmente, os estudantes – sofridos de longa data – ou nossa equipe de enfermeiros ou fisioterapeutas, incluindo Sue Smith e Caroline Chamberlain, ficavam com Stephen à noite, e a família e outros amigos se revezavam durante o dia. Os enfermeiros prometeram ligar se Stephen precisasse de mim naquela noite, enquanto davam início ao delicado processo de desligá-lo do respirador.

O telefone tocou em meu quarto às primeiras horas da manhã. A enfermeira da ala falou pouco, mas achava que eu devia ir para o hospital imediatamente. Ela não me deu nenhuma explicação. Como meus pais estavam cuidando de Tim, eu só precisava me vestir e deixar um bilhete antes de sair à primeira luz da manhã. Stephen estava muito mal: uma palidez cinzenta e manchada dominava sua pele esbranquiçada, e seus olhos esbugalhados haviam perdido toda a cor. Seus membros estavam rigidamente congelados em espasmo, enquanto uma tosse brutal voltava a atormentar sua garganta, como um gato brincando com um rato, soltando-o e em seguida atacando-o com as garras afiadas. Entre cada ataque, ele tentava desesperadamente respirar. O medo estava estampado por todo o seu rosto.

A expressão no rosto das enfermeiras deu-me a entender que achavam que muito pouco poderia ser feito por ele, e que o fim estava próximo. Eu pensava diferente. Que o velho demônio estava de volta e que tinha vantagem era óbvio, mas detectei um elemento familiar na sufocação. Esse elemento era a própria tendência de Stephen, compreensível, entrar em pânico. Contudo, ela havia sido controlada antes, e havia uma chance de eu conseguir fazê-lo obedecer utilizando as simples técnicas de relaxamento que eu havia aprendido nas aulas de ioga e que praticara com sucesso com ele em casa, em crises passadas. Sentei-me à cabeceira da cama e coloquei um braço em sua nuca. Enquanto acariciava seu rosto, seu ombro e seu braço com a outra mão, eu lentamente sussurrei palavras suaves em seu ouvido, como se faz para acalmar um bebê inquieto. Escolhi as palavras com cuidado e tentei criar um ritmo suave para aliviar o pânico. Sugeri cenários tranquilos, lagos azuis e amenos, céu claro, colinas verdes e douradas areias quentes. Gradualmente, durante as horas seguintes, conforme a tensão diminuiu e seu corpo relaxou, os paroxismos cederam a um padrão de respiração regular mais tranquilo. Por fim, ele cochilou. Eu estava exausta, mas exultante: minha tentativa caseira de hipnose havia funcionado! No entanto, não havia como escapar do fato de que Stephen ainda estava gravemente doente.

Saí um pouco para descansar, deixando o número de telefone de nossos bons amigos, John e Mary Taylor, que moravam perto do hospital. Além de serem visitas regulares de Stephen, os Taylor haviam me oferecido sua casa. Naquela manhã aceitei, às sete da manhã, a cama que Mary me ofereceu, mas preferi sentar um pouco no jardim para respirar o ar fresco matutino, tão bem-vindo depois da atmosfera estéril e seca do hospital, e deixar o sol acariciar meu corpo cansado. Mary me serviu café da manhã e nos sentamos para conversar. Eu estava muito cansada, mas sentia um desejo irresistível de falar com Robert. Fazia tanto tempo desde que eu o vira pela última vez, e tanta coisa acontecera nesse ínterim... Eu tive de concluir que ele estava bem e que não ter notícias era uma boa notícia. De acordo com a programação, ele devia voltar à base do acampamento antes de partir para a expedição final, e, portanto, ficar incomunicável. Senti que havia chegado o momento de lhe avisar que seu pai estava muito doente, mas eu não tinha a intenção de lhe pedir que voltasse para casa.

– Telefone daqui – sugeriu Mary com sua habitual generosidade.

Eu não tinha vontade de protestar. Fiz o que ela disse, e liguei para a Islândia com hesitação. Quando ouvi a voz de Robert, minha resolução desmoronou e eu desabei. Quaisquer que fossem minhas intenções, foram substituídas por um grito que escapou do coração antes que eu o pudesse suprimir.

– Por favor, venha para casa! – eu me ouvi implorando ao telefone.

– Tudo bem! – disse ele sem a menor hesitação.

Ele voltou para casa no dia seguinte e chegou à casa dos Taylor em Heathrow. Eu não sabia que se ele houvesse completado a expedição, teria se classificado para Queen's Scout Award. Quando, mais tarde, ele falou do episódio do naufrágio da canoa, riu como se fosse uma trivialidade.

Meu retorno ao hospital revelou o tipo de variações sobre o tema da doença que havia se tornado familiar ao longo das últimas duas semanas intermináveis. A vida de Stephen ainda estava por um fio, novas cepas de bactérias foram encontradas em seus pulmões e a medicação havia sido trocada. Ele estava respirando pelo ventilador de novo, mas se animou consideravelmente com a notícia do retorno de Robert. Discuti com John Farman a possibilidade de chamar um hipnotizador profissional para incentivá-lo a aliviar os ataques de pânico e relaxar os músculos que sofriam espasmos quando ele tentava respirar. John prontamente concordou, e chamou uma médica conhecida sua que também era hipnotizadora treinada. Ela teve sucesso moderado, usando as mesmas técnicas que eu havia usado, mas não o suficiente para justificar o desligamento de Stephen do ventilador por um período prolongado. Ao que parecia, não havia alternativas para a traqueostomia, a cirurgia que lhe permitiria respirar por um buraco na traqueia, contornando as membranas e os músculos problemáticos de sua garganta.

Agosto virou setembro, e os médicos começaram a falar seriamente sobre a realização da cirurgia. A infecção pulmonar por fim respondeu ao tratamento e Stephen foi ficando mais forte. O que quer que eles sentissem quanto aos riscos daquele passo, eu estava começando a me sentir confiante de que Stephen ia sobreviver.

Como poderia não sobreviver com tantas pessoas contribuindo de todas as formas imagináveis para sua recuperação? Alguns ofereceram inestimável ajuda prática à cabeceira de sua cama, atuando na enfermagem e na comunicação; alguns ajudaram com os problemas administrativos do dia a dia ou com o funcionamento de nossa casa; outros, mais distantes, ofereceram apoio moral; outros oraram. Muitos, como Jonathan, que havia voltado de Genebra, e os pais dele e os meus fizeram isso tudo.

A cirurgia foi um sucesso, e Stephen se recuperou tão depressa que após quatro semanas de tratamento intensivo já era possível levantá-lo da cama e pô-lo na cadeira de rodas; mas ele ainda estava fraco demais para operá-la sozinho. O prognóstico melhorou dia a dia, até que consideraram seguro tirá-lo da UTI e levá-lo para uma das alas neurológicas. Houve um preço a pagar por sua recuperação, no entanto. A cirurgia o privou inteiramente do poder da fala.

— 3 —

O PESO DA RESPONSABILIDADE

Em Genebra nós estávamos protegidos da agitação do resto do mundo. Pudemos nos concentrar em Stephen e em sua doença, todos os nossos movimentos se restringiam à rota entre o hospital e Ferney-Voltaire. Daquela cidadezinha fronteiriça eu vi só a estátua de Voltaire, seu mais famoso morador, que foi instalada ali em 1759, colocando uma distância confortável entre ele e o governo francês, pronto para fugir para o exílio na Suíça num piscar de olhos. Afora as várias chegadas e partidas, o mundo exterior que existia do outro lado da linha telefônica era irreal, distante da intensidade da tragédia da qual fazíamos parte. Em Genebra cada dia era nossa medida de tempo. Não olhávamos para frente, não planejávamos nada para semanas ou meses depois.

De volta a Cambridge, a proteção ruiu. Por um lado, havia todos os assuntos habituais associados a nosso modo de vida em casa, que tinham de ser observados; as crianças tinham de ser alimentadas e cuidadas, as contas pagas, Tim tinha de ser levado à escola todas as manhãs e trazido de volta na parte da tarde, as apresentações da escola contavam com nossa participação e eu tinha de cumprir meus compromissos letivos. Por outro, a preocupação com as flutuações do estado de Stephen continuavam tão angustiantes quanto em Genebra, e as visitas ao hospital consumiam muito tempo. Minhas horas de aula tiveram de ser espremidas no meio do dia – depois de sair do hospital pela manhã e antes de voltar, à tarde. Foi só porque meus pais e Jonathan funcionaram como um sistema completo de apoio, e porque muitos amigos, em especial as madrinhas de Tim, Joy e Caroline, generosamente ofereceram ajuda de alguma forma produtiva ou de reforço, que sobrevivemos como família a esse período exaustivo e mais demandante.

Manter a casa funcionando e cuidar de Stephen no hospital não era, de jeito nenhum, toda a extensão de minhas responsabilidades. Havia muitos assuntos a ser resolvidos, como o não menos importante futuro do livro de Stephen. Ele existia como um primeiro rascunho manuscrito, que havia sido aceito por uma editora. Assim que o contrato foi assinado, no verão de 1985, uma editora de Nova York começou a trabalhar no manuscrito, e sua carta com as críticas preliminares esperava por Stephen quando voltamos à Inglaterra. Contudo, Stephen não estava em condições de lê-la. Não foi nenhuma surpresa o fato de que o manuscrito não era publicável nessa forma inicial, visto que vários dos conceitos que continha eram muito obscuros para o consumo popular. Eu mesma o havia lido e marcado em vermelho as passagens em que a ciência era incompreensível, e os editores destacaram que isso reduziria as vendas pela metade. Em suas circunstâncias atuais, era improvável que Stephen conseguisse fazer as mudanças fundamentais necessárias. A menos que o manuscrito pudesse ser alterado por um *ghost writer*, talvez tivéssemos de devolver o adiantamento, pago pouco antes do início das férias de verão. Procurei um dos ex-alunos de Stephen, Brian Whitt, para pedir ajuda com a reescrita, mas todas as outras considerações a esse respeito coloquei temporariamente no fundo de minha mente, pois havia outros assuntos muito mais prementes na frente.

Quando Stephen começou a fazer progressos e foi transferido para a ala neurológica, seu eventual retorno à casa foi debatido como uma nítida possibilidade. Não estava totalmente claro como isso seria feito, tendo em vista que, sem dúvida, Stephen precisaria de enfermagem especializada vinte e quatro horas por dia. Nosso sistema anterior, descontraído, de apoio de enfermeiros psiquiátricos em horários específicos e por períodos limitados não seria mais suficiente, nem a formação psiquiátrica deles era adequada para lidar com o que era, essencialmente, uma situação médica crítica. A traqueostomia que salvou a vida de Stephen também trouxe seus próprios riscos concomitantes, porque o tubo inserido em sua garganta tinha de ser higienizado com regularidade com uma espécie de miniaspirador para eliminar as secreções que sempre se acumulavam em seus pulmões, e o próprio dispositivo era potencialmente uma fonte de infecção e danos perigosos. Ele estava assustadoramente frágil e vulnerável. Era impossível imaginar uma deficiência física mais extrema.

O serviço de enfermagem vinte e quatro horas por dia, todos os dias do ano, custaria uma quantia fenomenal; previsivelmente, só pequena parte dessa despesa seria subvencionada pelo Serviço Nacional de Saúde. Teríamos de encontrar financiamento privado, e enfermeiros privados também. As fundações filantrópicas que haviam financiado o serviço de enfermagem por algumas horas por dia provavelmente não pagariam por cuidados de vinte e quatro horas, de custo mínimo entre trinta e quarenta mil libras por ano por tempo indeterminado. Então, nesse momento mais crítico, chegou uma mensagem da Califórnia, de Kip Thorne. A notícia da doença de Stephen havia se espalhado, e depressa, graças à intervenção de Judy Fella, e em resposta, Kip me aconselhou, como uma questão urgente, a apresentar uma petição à Fundação John D. e Catherine T. MacArthur, uma organização filantrópica norte-americana com sede em Chicago. Na opinião de Kip, havia uma chance de a Fundação MacArthur ser levada a fazer uma grande doação, na escala necessária para o serviço de enfermagem permanente de Stephen, se o caso fosse bem apresentado. Murray Gell-Mann, físico de partículas da Caltech, fazia parte do conselho da Fundação, e Kip tinha certeza de que ele encorajaria os outros diretores a dar ao nosso caso um julgamento justo, apesar de haver certa dúvida quanto ao fato de a Fundação sancionar uma subvenção fora dos Estados Unidos. Rapidez era essencial, uma vez que a próxima reunião deles estava a poucas semanas de distância.

Eu não tinha prática em escrever cartas para pedir doação, mas qualquer que fosse a relutância que eu pudesse sentir quanto a esse exercício desapareceu em face da necessidade avassaladora. Coloquei todas as informações adequadas que pudessem influenciar a comissão, não deixando de mencionar que Stephen havia sido um visitante frequente nos Estados Unidos e recebera muitos títulos honoríficos lá. Também incluí fotografias, tiradas em tempos mais felizes, da família sorridente. Era essencial garantir à Fundação que qualquer subvenção seria administrada por uma equipe de contabilistas profissionais, por isso, minha próxima tarefa era negociar com as autoridades da Universidade e persuadi-las a administrar o fundo em nosso nome. As negociações foram complexas e demoradas, mas a boa vontade demonstrada foi encorajadora.

A necessidade de criar um regime de enfermagem privada era o mais urgente, uma vez que certos aspectos do tratamento que Stephen estava recebendo no hospital eram menos que satisfatório. Na UTI ele havia recebido toda a atenção dos enfermeiros especializados, mas a situação mudou quando ele foi para a ala neurológica. A enfermagem de lá era em geral alegre e competente, mas alguns membros de sua equipe pareciam não ser tanto. Eram muito menos em proporção ao número de pacientes que na UTI, mas a falta de dedicação, compreensão e continuidade era muitas vezes alarmante, principalmente porque muitos dos pacientes estavam em estado vegetativo, incapazes de reclamar, pensar ou até mesmo falar por si mesmos. Uma enfermeira, em particular, apareceu para tirar proveito desse estado para infligir um tratamento quase desumano. Ela estava de serviço quando eu cheguei para uma visita à tarde. Stephen, já sentado em sua cadeira de rodas, começou a fazer caretas e se contorcer de desconforto enquanto a jovem enfermeira, de expressão impassível, andava pelo quarto, deliberadamente – ou assim parecia – ignorando a necessidade urgente de ele urinar. Eu ajudei Stephen e mandei a enfermeira sair do quarto. Essa era sua atitude habitual, explicou Stephen tremendo de raiva. Ela sempre ignorava suas necessidades quando estava de plantão. Ele não confiava nela e tinha medo do que pudesse fazer ou deixar de fazer. Eu entendia o que ele queria dizer. Em sua expressão impenetrável e em seus olhos azuis vazios havia um toque frio de sadismo que a mim também pareceu muito alarmante. Não havia alternativa, eu teria de mover céus e terra para levar Stephen para casa, e isso significava resolver todos os problemas associados à enfermagem vinte e quatro horas o mais depressa possível.

Se Stephen foi capaz de reclamar do comportamento da enfermeira foi graças a um equipamento milagroso que havia chegado inesperadamente para seu uso. Nós, familiares, alunos e amigos, havíamos feito tudo que pudemos para deixá-lo confortável: mandamos manter o rodízio de atendimento constante com um intervalo de não mais que alguns minutos, e eu comprara uma televisão para seu quarto. Contudo, nada poderia compensar a terrível perda do poder de expressão, e quando essa perda parecia deprimentemente irremediável, os novos recursos de comunicação chegaram de forma imprevista e sem prévio aviso. Na verdade, foi o resultado dos incansáveis esforços de Judy nos bastidores. Ela se lembrou de ter visto uma reportagem sobre comunicação para pessoas com deficiência grave no programa de ciência da BBC, *Tomorrow's World*, e depois de uma pesquisa abrangente em busca de informações, conseguiu localizar o inventor britânico do equipamento. Ela levou a ele e a sua invenção – um conjunto de eletrodos que, quando conectados à cabeça, mediam o movimento rápido dos olhos – ao hospital e convenceu uma empresa de computadores de Cambridge a ceder gratuitamente o computador necessário. Stephen recusou o desconforto intrusivo dos eletrodos ligados a suas têmporas, mas quando um dos seus alunos adaptou o mecanismo a uma caixa de controle manual, ficou mais disposto a experimentar o dispositivo.

O computador recebeu um programa que combinava dicionários e manuais de conversação. Usando o controle, o operador poderia fazer a varredura da tela procurando as palavras que queria usar. Quando clicava em cada uma, elas tomavam seu lugar na frase que estava se formando na parte inferior da tela, onde o observador podia ler o que o operador estava querendo comunicar. Frases usadas com frequência podiam ser incorporadas inteiras, e terminações verbais podiam ser adicionadas aos infinitivos, conforme necessário. Inicialmente, era uma forma lenta, laboriosa e silenciosa de se comunicar, o que requeria paciência e concentração, tanto do operador como do observador. Descobri que, dadas uma ou duas palavras para me levar na direção certa, eu podia muitas vezes interpretar os pensamentos de Stephen telepaticamente e salvá-lo do incômodo de digitar todas elas; mas muitas vezes ele insistia em escrever toda a sentença para pegar prática. Quando seus músculos da mão e dos dedos recuperaram algum movimento, o novo dispositivo absorveu grande parte do tédio desse período final no hospital. Ainda que cuidadosamente, ele começou a dominar a nova técnica que lhe permitia, mais uma vez, ir além do ambiente monótono de seu quarto de hospital e fazer contato com o mundo exterior. Ele poderia conversar com seus alunos sobre Física de novo e poderia começar a experimentar com a escrita, bem como administrar o próprio tratamento médico.

Depois de tudo acionado para levantar o dinheiro, Laura Ward e eu embarcamos na busca por enfermeiros. Nenhuma de nós tinha a menor experiência com entrevistas ou contratação de pessoal, menos ainda de enfermeiros, mas eu esperava que os vários departamentos de serviços sociais do hospital e da comunidade nos dessem apoio e aconselhamento nesse processo. Muitos assistentes sociais e enfermeiros foram chamados, e ficamos conversando e tomando café enquanto eles falavam sobre seus animais de estimação e afins. A quantidade de informação útil que eu consegui com eles caberia na parte de trás de um selo postal. Laura e eu ficamos responsáveis por anunciar e contratar enfermeiros, e a seguir, criar uma escala de trabalho de três turnos de oito horas, da melhor forma que pudéssemos.

Laura colocou anúncios no jornal local e cuidou das respostas inicialmente, pedindo referências, que depois ela checava. Como o tempo era curto, decidimos entrevistar todos os candidatos que pareciam adequados antes de receber as referências. Todos pareciam plausíveis, simpáticos até, e eu estava com pressa para definir o esquema com o maior número possível de enfermeiros, de modo que Stephen pudesse voltar para casa. Presumi que os enfermeiros eram, por natureza, dedicados e idealistas, e que poderia confiar neles. Expliquei a situação da melhor maneira possível e deixei claro que embora quiséssemos que Stephen pudesse viver em casa, era importante que a casa, também o lar de três filhos, não se transformasse em um hospital. Eu esperava tratar os enfermeiros como convidados em minha casa, e, em troca, acreditava que respeitariam nosso direito à privacidade. Que vã esperança!

Mesmo entre as pessoas que eu havia entrevistado e gostado, minhas ideias preconcebidas acerca do idealismo e devoção não foram sempre bem baseadas. Quando as referências começaram a surgir, tivemos de descartar muitos dos candidatos que pensávamos contratar. Alguns eram desleixados, outros pouco confiáveis, alguns até criminosos. Nós nos perguntávamos como é que não havia regulação dos movimentos desse último grupo, uma vez que os empregos em casas de repouso aos quais estariam se candidatando ocorreriam, quase todos, por definição, em situações delicadas e de vulnerabilidade. Ainda ficamos com alguns bons candidatos, mesmo depois de eliminar os indesejáveis, mas, infelizmente, quando Laura escreveu aos candidatos promissores oferecendo-lhes o emprego, um número deprimente ou se recusou a responder, ou respondeu dizendo que havia arranjado outro emprego, ou que não considerava a situação adequada. Para nosso próprio profundo desânimo, houve algumas pessoas extremamente adequadas a quem tive de descartar, a conselho dos médicos de Stephen, por causa de sua falta de formação técnica em traqueostomia.

A alternativa era contratar uma agência de enfermeiros. A desvantagem da agência era que o elemento essencial de continuidade estaria perdido: uma enfermeira diferente a cada troca de turno só poderia aumentar as frustrações consideráveis que

Stephen e o resto de nós éramos obrigados a viver. Igualmente proibitivo era o aspecto financeiro: pagar as taxas das agências, além da remuneração dos enfermeiros, seria desperdiçar a concessão da MacArthur. A verba havia sido aprovada, apesar de certa desconfiança compreensível por parte dos curadores acerca do papel do tão alardeado Serviço Nacional de Saúde da Grã-Bretanha. Eles queriam saber como o atendimento a Stephen não era coberto pelo SNS. Eu tive de escolher cuidadosamente as palavras para explicar como as políticas monetárias do governo Thatcher – que estava no poder desde o nascimento de Tim –, de inspiração norte-americana, estavam destruindo nossos já sobrecarregados SNSs livres. A verdade é que a fim de incentivar um novo materialismo egoísta, essas políticas estavam destruindo não apenas o serviço de saúde e nosso sistema educacional, mas a própria estrutura da sociedade. De fato, a senhora Thatcher havia negado a existência da sociedade. Para ela, consistia em nada mais que um conjunto de indivíduos sem nenhum senso de propósito comum. Era um momento infeliz para estar doente, desempregado, ser muito jovem ou idoso, ou socialmente desfavorecido.

Dois meses depois, Laura Ward ficou doente e teve de se afastar. Por grande sorte, Judy Fella, que já havia nos ofertado tanta incansável ajuda, estava disposta a retomar seu antigo cargo de secretária de Stephen até que encontrássemos uma substituta em período integral. Judy era mais prudente que eu na seleção de enfermeiros, pedindo cautela em face de minha impaciência para trazer Stephen para casa. Ela se preocupava inclusive com alguns enfermeiros cujas referências pareciam ser impecáveis. De fato, de forma independente, chegaram aos meus ouvidos informações sobre uma enfermeira particular que havia sido contratada por um período de experiência; fui avisada de que, apesar de ter apresentado boas referências, tinha reputação de causadora de problemas, e que havia enfermeiros que se recusavam a trabalhar com ela por causa de suas obsessões, aparentemente nada saudáveis, por alguns pacientes. Nessas circunstâncias, eu me recusei a dar ouvido às fofocas, que, de qualquer maneira, poderiam ter inspiração maliciosa. Eu conhecia de vista a enfermeira em questão; ela era mãe e eu a havia visto na porta da escola. Ela me parecia confiável e eficiente, e como frequentava regularmente a igreja, eu sentia que podia confiar nela.

Durante o mês de outubro levei Stephen – com uma enfermeira – do hospital para casa aos domingos à tarde. Era uma aventura preocupantemente delicada. Às vezes, a mudança de atmosfera o assustava e se precipitava uma crise de asfixia. Ele ainda estava muito fraco e tossia bastante. O miniaspirador era constantemente usado, limpando o muco de seu peito. Às vezes tínhamos de voltar para o hospital antes do fim da tarde, porque a pressão era grande demais para ele; de vez em quando ele relaxava e curtia estar em casa, mas eu sentia que ele achava o mundo exterior intimidante após uma prisão de três meses. Nesses três meses de crise, seu instinto indomável de sobrevivência teimosamente se manteve apegado à vida. Agora tudo parecia estranho e desconhecido para ele, como se não pudesse acreditar no que estava vendo. Parte dele queria voltar à agitação da normalidade imprevisível, e parte queria a segurança previsível do hospital. No entanto, foi marcada uma data, segunda-feira, 4 de novembro, para sua alta.

Nesses três meses desde o início de agosto eu havia escapado só uma noite da rotina angustiante, a fim de assistir à estreia em Londres da Cambridge Barroque Camerata, em 1º de outubro. A noite estava agradável depois de um dia quente e ensolarado, dando a Londres uma atmosfera de carnaval no meio da qual eu me senti estranha e desconfortável. O concerto, executado para um público considerável, correu bem, mas a atmosfera carecia do zumbido de excitação com que as casas cheias de Cambridge haviam recebido a orquestra. Era um mistério como Jonathan conseguira arranjar tudo, dado que cada momento livre que tinha ele passava no hospital cuidando de Stephen ou em West Road cuidando da família. Imperturbável, ele calmamente prosseguia com suas atividades – organização, administração, treino e ensaios – até tarde da noite, escondido em sua casa. Quando ele se apresentou e dirigiu a orquestra sob as luzes no palco do Queen Elizabeth Hall, sempre com uma simplicidade despretensiosa e um estilo elegante, ninguém poderia imaginar as pressões das semanas anteriores. Eu estava feliz por estar ali para testemunhar seu sucesso, mas afetada pela culpa de ter deixado Stephen abandonado no hospital, sentado ao ar livre no sol do outono em um pedaço de terra nua que eufemisticamente se considerava um jardim.

No final de outubro a situação era diferente. Stephen estava muito mais forte, mas eu completamente exausta. Eu havia desenvolvido asma crônica e dormia mal, cada vez mais dependente de comprimidos para dormir e também sujeita a equimoses que iam e vinham, provocando formigamentos doloridos nas palmas das minhas mãos e na boca. Tudo isso era, claro, nada mais que sintomas de estresse grave. Os médicos recomendaram uma pausa, mesmo que só um fim de semana, antes da volta de Stephen a casa. Em setembro, Robert havia deixado Cambridge para passar um ano sabático na Escócia. Ele foi morar temporariamente com os Donovan fora de Edimburgo e começou a trabalhar em uma fábrica em Ferranti, onde aprendeu as técnicas básicas de engenharia, sob o olhar de um capataz exigente. Mais tarde, foi fazer escavações em Edimburgo. Não era uma vida fácil para um jovem de dezoito anos, e eu temia que ele não estivesse se cuidando adequadamente. O último fim de semana antes da volta de Stephen para casa – que também foi o primeiro fim de semana do recesso escolar – era um momento oportuno para fugir. Eu poderia me beneficiar de uma mudança de ares e de rotina, acalmar meus nervos e ver pessoalmente como Robert estava.

Foi um consolo encontrá-lo em boa forma – e Edimburgo estava em seu mais glorioso e melhor outono. Contudo, três dias, por mais ensolarados e brilhantes, claros e nítidos, estimulantes, com novas imagens e sons, não eram o suficiente para apagar a incessante, intensa e traumática tensão dos últimos três meses.

Nem três dias, nem três meses e nem mesmo três anos poderiam ter me preparado, ou a qualquer outra pessoa, para o que ainda estava por vir.

— 4 —

MOTIM

STEPHEN VOLTOU PARA CASA NO INÍCIO DA TARDE DE 4 DE NOVEMBRO. ERA COMO SE estivéssemos levando um bebê recém-nascido para casa. Reinava uma emoção tingida de nervosismo, um medo de que o indefeso e frágil ser de repente parasse de respirar no momento em que entrasse na casa. Stephen também estava tenso e nervoso, desconfiado da competência dos enfermeiros contratados para cuidar dele e ansioso por causa de cada grão de poeira na atmosfera que pudesse perturbar sua respiração. No melhor dos tempos, ele tinha pouco respeito pela inteligência dos outros. E agora, no pior dos tempos, estava inclinado a considerar todos idiotas. Seus temores tinham fundamento, mas não totalmente pelas razões que se poderia supor.

A enfermeira que apareceu naquela primeira tarde ficou mal; ela era pouco mais que uma criança grande abandonada, e embora tenha cumprido seus deveres de forma admirável, ligou depois para dizer que não conseguiria voltar, pois a tensão era grande demais para ela. Foi um duro golpe, porque essa enfermeira em particular havia sido escalada para vários dos 21 turnos semanais. Houve outros como ela, pessoas agradáveis e bem-intencionadas que não conseguiram lidar com o estresse. A agência era o único recurso, qualquer que fosse o custo. Nas semanas seguintes, enquanto Judy e eu tentávamos salvar a escala em vias do colapso com uma rodada frenética de anúncios, entrevistas e treinamento de possíveis candidatos, a agência forneceu enfermeiros de diversos graus de competência. Para ser justa, esses enfermeiros provavelmente não sabiam o que se esperava deles. As piores preocupações de Stephen – e as minhas – nunca foram tão plenamente justificadas. A agência mandava um enfermeiro diferente a cada ocasião. Embora em geral fossem bem-intencionados e bem qualificados, nenhum deles entendia com facilidade o que era necessário. Jonathan ou eu passávamos o turno todo repetindo as mesmas instruções, sem parar.

Alguns enfermeiros nunca dominaram o ângulo do copo para evitar que o chá escorresse pelo tubo ou nas roupas de Stephen. Alguns não cortavam sua comida em pedaços suficientemente pequenos, outros a esmagavam até formar um purê inaceitável. Alguns tentaram lhe dar os comprimidos na ordem errada. Alguns batiam a mão no controle da cadeira de rodas, fazendo-a girar. Outros fizeram uma total confusão na rotina do banheiro. Apesar de sua experiência médica, todos eles tinham medo do tubo da traqueostomia na garganta e ficavam nervosos para utilizar o aspirador. Era raro o mesmo enfermeiro voltar duas vezes. Quando, ocasionalmente, um deles tinha a coragem de cruzar o limiar e repetir a experiência, eu o cumprimentava, a ele ou a ela, como um amigo há muito perdido, só pelo alívio de não ter de repetir todo o procedimento até enjoar do som de minha própria voz. Tentei muito ser paciente e reconfortante, mas meus nervos estavam no limite, e eu irritadiça de exaustão, preocupação e tristeza. A frustração de Stephen era compreensível, claro, e ele não fazia nenhuma tentativa de disfarçar.

Se a rotina diurna beirava o impossível, à noite os problemas eram de outra ordem. Uma vez na cama, Stephen não tinha mais o uso de seus recursos informáticos de comunicação e era de novo privado da fala. Havia apenas dois dispositivos para ajudá-lo. Um deles, um quadro com o alfabeto, que devia ter sido o máximo em tecnologia na terapia ocupacional da Idade das Trevas. O alfabeto, em grupos de letras grandes, era exibido em um quadro transparente. Stephen devia fixar os olhos primeiro em um grupo de letras, a seguir em um caractere individual dentro desse grupo para soletrar suas necessidades letra por letra. O atendente deveria seguir seus movimentos oculares e descobrir o significado. O dispositivo exigia uma paciência extraordinária e notáveis poderes de dedução de todos os interessados. Eu tentei simplificar o procedimento desenvolvendo um código de taquigrafia para que Stephen tivesse apenas de se concentrar em uma letra para que seu significado se tornasse evidente. Meu código se perdeu na confusão de seu quarto, ou os enfermeiros acharam que podiam fazer melhor; de qualquer maneira, minha invenção não durou muito tempo.

O outro dispositivo, que acabou substituindo o quadro de alfabeto e determinou um avanço tecnológico considerável sobre ele, foi o sinal sonoro. Durante a noite toda Stephen segurava o controle na mão, da mesma forma que segurava o de seu computador durante o dia, e exerceria pressão sobre ele para iluminar um pequeno quadro onde um número limitado de comandos apareceria em sequência em um painel para indicar suas necessidades. Por um longo tempo, mesmo quando ele estava bem de saúde, havia sido difícil acomodar de modo confortável seus membros rígidos na cama, e agora que ele estava gravemente doente, o processo tomava a maior parte da noite. Nesses primeiros meses eu ficava com ele até que tinha certeza de que estava bem acomodado, pois sabia que ele tinha medo de ficar com um enfermeiro estranho. A seguir, às duas ou três da manhã, eu caía na cama, muitas vezes para ser acordada logo depois pela enfermeira da noite, que constatava que não poderia cuidar dele sozinha.

Além dos problemas do dia a dia e da noite a noite, os meses após o retorno de Stephen foram marcados por muitos outros dramas com risco de morte. Geralmente ocorriam tarde da noite, quando o tubo da traqueostomia ficava obstruído ou se descolava. Enquanto o enfermeiro tentava limpá-lo ou ajustá-lo, eu ligava para a UTI em busca de algum médico versado na técnica de trocá-lo. Uma corrida ao hospital e intermináveis horas de espera no pronto socorro se seguiam, até que um novo tubo era inserido e Stephen podia respirar de novo. Desde que nosso último aluno ajudante, Nick Warner, um alegre australiano, havia ido embora no verão e não havia sido substituído, Jonathan dormia no quarto de cima para poder cuidar de Tim e levá-lo para a escola logo cedo quando eu ainda estava me recuperando dos distúrbios da noite.

Como Robert havia saído de casa, seu quarto, amplo e arejado na frente da casa, foi logo convertido em um dormitório para Stephen. Era particularmente apropriado, porque tinha um lavatório e armários adequados para os equipamentos médicos – dos quais recebíamos entregas regulares e abundantes. Havia também muito espaço para uma cama ortopédica, caixas, computadores, mesas, poltronas, todos os tipos de outros apetrechos e, é claro, a cadeira de rodas. Este último item foi se tornando cada vez mais volumoso e pesado. O equipamento informático que Judy havia adquirido para Stephen quando ele estava no hospital havia sido substituído por uma versão mais sofisticada, enviado da Califórnia. O novo computador tinha a vantagem adicional de um sintetizador de voz para que Stephen pudesse ser ouvido, ao falar as frases que ele digitava na tela. Não importava que a voz sintetizada parecesse irritantemente a de um robô: Stephen mais uma vez era dotado do poder da fala. O marido de uma das enfermeiras, David Mason, era engenheiro de computação, e começou a trabalhar para adaptar o computador e adicionar suas várias partes à cadeira de rodas, de modo que Stephen já não ficaria preso a uma mesa, e poderia levar sua voz consigo aonde quer que fosse. O pesado computador e a caixa de voz foram presos na parte de trás da cadeira, e a tela foi anexada à estrutura, onde Stephen pudesse vê-la. Algum tempo depois, quando encontramos uma balança de pesagem industrial, colocamos Stephen e todas as suas engenhocas nela. O peso da cadeira, baterias, computador, tela, várias almofadas e o ocupante totalizaram cento e trinta quilos.

Houve crises recorrentes quando o recém-inventado mecanismo apresentou problemas iniciais, assim como houve crises recorrentes por causa do próprio estado de saúde de Stephen. Se David Mason não era chamado com urgência a qualquer hora do dia, então nosso fiel amigo, John Stark, o médico torácico, ou o paciente doutor Swan ou outro médico de plantão no centro cirúrgico era convocado a qualquer hora da noite. Fisioterapeutas eram chamados nos fins de semana e nossa farmácia era acordada após o horário de expediente. Em suma, afundamos em um estado infinito de crise por novembro e dezembro inteiros, com sua habitual ronda de apresentações do coral escolar e outros preparativos para o Natal. Estávamos de novo pilotando nosso barco em águas turbulentas. Essas águas desconhecidas estavam envoltas em trevas, e tínhamos a bordo uma tripulação potencialmente amotinada.

A maior parte das minhas energias e de meu tempo era dedicada a Stephen. Eu bebia cada gole de água com ele, comia cada colherada de comida e respirava cada sopro de ar. Quando minha força falhava, Jonathan dividia o fardo comigo, em silêncio e sempre disponível, em segundo plano. O pouco tempo e a energia que me restavam eu dava aos meus filhos e aos meus alunos. Lecionar era minha única oportunidade de me concentrar por algumas horas por dia em outros assuntos – o momento em que língua e a literatura preenchiam e animavam o vácuo criado pelo desânimo e pelo cansaço esmagadores. Os alunos desse ano tornaram-se muito especiais para mim. Em geral, eles demonstraram uma compreensão extremamente madura para adolescentes, e com eles eu recebia a copiosa valorização que fortalecia minha decisão de continuar a lecionar, não importava o que acontecesse, desde que eu fosse capaz de fazer o trabalho corretamente. Era essencial para minha saúde mental instável.

Stephen não via minhas modestas tentativas de atender a meus interesses intelectuais com a mesma luz. Ele havia sofrido, e ainda estava sofrendo terrivelmente, e ainda estava muito assustado; como o rei Lear, ele havia se transformado em criança – uma criança possuída por ego maciço e fracionado. Por um lado, seu patético estado físico expressava muito claramente sua necessidade de segurança amorosa constante; por outro, tornava-o inacessível, entrincheirado atrás da atitude desafiadora e do ressentimento. De impositivo no passado, ele se tornou autoritário, até mesmo – ou talvez especialmente – conosco, nós que havíamos passado por tanta coisa com ele. Stephen ficou indignado com algumas das decisões que eu havia sido forçada a tomar em termos de família durante o período que ele passou no hospital, e insistia em seus direitos como uma questão de princípio. Era natural que ele quisesse se reafirmar, mas ninguém estava disputando com Stephen o direito de ser rei do universo e dono da casa. Foi difícil, portanto, entender por que ele parecia querer tornar a rotina diária ainda mais preocupante que o habitual por meio de diversas manobras grosseiras, que em geral envolviam deliberadamente estacionar sua cadeira de rodas na posição mais obstrutiva que se possa imaginar, ou contestando o direito dos outros à privacidade, particularmente de Lucy. Ela e eu éramos muito próximas. Seu caráter aberto, cheio de entusiasmo, e seu espírito independente eram infinitas fontes de força e encorajamento, mesmo nas profundezas do desespero. Ela e eu conversávamos longamente, discutíamos todos os tipos de assuntos, sem restrição. Era óbvio que em nossa situação extraordinária ela precisasse de espaço para si mesma. Seu quarto tinha de ser respeitado como seu santuário, longe da agitação constante causada por enfermeiros e cadeiras de rodas. Ela era tão intensamente leal a seu pai quanto a mim, mas ansiava pela privacidade, longe dos olhares curiosos, ouvidos atentos e línguas soltas da equipe de enfermagem. E essa privacidade lhe era constantemente negada.

Contei minha consternação com as atitudes aparentemente irracionais de Stephen a um amigo médico, que respondeu:

– Basta pensar, Jane, no que ele passou! Ele quase morreu, foi mantido vivo por máquinas e drogas. Dá para dizer que tudo isso não teve nenhum efeito em seu cérebro? Deve ter havido momentos em que seu cérebro foi privado de oxigênio, e é mais que provável que a escassez tenha causado diminutas lesões indetectáveis que agora estão afetando seu comportamento e suas reações emocionais. Contudo, felizmente para ele, seu intelecto está intacto.

Outra amiga, uma enfermeira sênior de um hospital para vítimas de doenças degenerativas incuráveis, estava convencida de que as famílias dos pacientes de ELA atingidos no auge da vida, e não na velhice, eram os que mais sofriam angústia. Em certo sentido, essas opiniões e esses conselhos eram reconfortantes. Mostravam que Stephen não era completamente responsável por suas ações e que não era só seu excesso de energia egoísta inata que determinava sua falta de consideração, mas os efeitos combinados da ELA e do trauma recente. Essas opiniões, no entanto, tinham pouco peso em outros lugares, mesmo no círculo médico, uma vez que ficou claro para todos que, intelectualmente, Stephen havia voltado do inferno ileso.

No entanto, essa não era a história completa. Judy, Lucy e eu estávamos bem cientes de que o egoísmo de Stephen estava sendo alimentado e exortado por seus enfermeiros. Eu poderia muito bem ter manifestado minhas preocupações – acerca de manter a casa como um lugar feliz para toda a família e não permitir que se transformasse em um hospital – para uma parede de concreto, visto o impacto que elas haviam exercido sobre a equipe de enfermagem. Eles eram indiferentes ao fato de que a casa também era o lar de um menino tímido e sensível de seis anos e de uma adolescente espirituosa, inteligente, imersa em estudos de nível básico. Uma das primeiras enfermeiras virou a casa de ponta-cabeça logo que entrou pela porta da frente. Preocupada com a falta de esterilidade, esfregava tudo à vista, tentando deixar nossa casa nos padrões de uma UTI, enquanto Eve, que continuava a prestar seus valiosos serviços de lavar, limpar e aspirar diariamente, olhava, incrédula. "É uma idiota!", era o comentário de Eve. Por fim, a nova vassoura decidiu que era muito estressante trabalhar em uma atmosfera tão anti-higiênica e foi embora.

No entanto, verdade seja dita, havia os enfermeiros dedicados e perspicazes, e o mais exemplar era o Mr. Jo, como o chamávamos, que não só cumpria todos os seus deveres de enfermagem, como também de vez em quando nos trazia a mais perfumada comida indiana nas noites de domingo. Geralmente os mais dedicados eram as mulheres mais velhas – ou os homens – treinadas em uma idade mais disciplinada, ou pessoas que haviam atingido um nível de educação mais elevado que o normal; ou pessoas a quem os problemas não lhes eram estranhos. Havia outros de laia semelhante que prometiam ser tão confiáveis quanto, mas que acharam o esforço físico demasiado para eles. Para a maioria, as palavras "disciplina profissional" e "compreensão" não faziam sentido, e os próprios interesses eram o mais importante. Nossas histórias dos meses angustiantes antes de sua chegada não significavam nada para eles, nem dedicavam um momento de reflexão ao estresse sob o qual vivíamos o tempo todo. Um turno de sete ou oito horas pode ser estressante, mas o enfermeiro que cumpria essas horas podia se afastar para se recuperar em sua casa. Isso não era uma opção para os membros da família.

Um problema comum era que os enfermeiros, como os assistentes sociais antes deles, eram facilmente enganados pela aparência de nosso entorno. Porque vivíamos em uma grande casa eles supunham que devíamos ser super-ricos. As tentativas discretas de explicar que alugávamos nosso apartamento da Faculdade caíam em ouvidos moucos. Nenhum era mais mouco que o da enfermeira que mal interpretou nossas circunstâncias externas e o cargo de professor de Stephen como prova de riqueza e poder. Tarde da noite, ela foi até mim na cozinha enquanto eu estava preparando as coisas do café da manhã e descaradamente exigiu que eu lhe arranjasse uma hipoteca na Universidade. Sem ter certeza de que eu havia ouvido corretamente, pedi a ela que repetisse seu pedido na frente de Stephen, que já estava na cama. Fomos para o quarto de Stephen, onde, parada ao lado da cama, ela repetiu o que havia dito. Expliquei-lhe que devia ter havido algum mal-entendido, visto que eu não tinha nenhuma influência perante a Universidade e não estava em condições de obter uma hipoteca em seu nome. E então, à meia-noite ela começou a gritar e a se contorcer, batendo no peito, antes girando em uma dança de guerra frenética ao redor da cama de Stephen. Eu corri para o telefone e liguei para Judy, que chegou imediatamente. Ela, de forma inteligente, mas com muito tato, retirou a mulher, que gemia com voz esganiçada, que gritava seus protestos e ameaçava com processos judiciais no meio da rua, enquanto eu ligava para a agência para pedir um substituto.

Outra enfermeira, uma mulher solitária e triste com quem fiz amizade, acabou sendo alcoólatra. Ela não só se servia de pequenas quantidades de licor de nossa modesta variedade de bebidas depositadas no fundo do armário da cozinha, como também aproveitava qualquer oportunidade para mentir. Quando de repente ela saiu, o motorista de táxi que a levou a Heathrow por acaso era conhecido de Judy. Ele informou que a enfermeira não só havia pago a corrida – cerca de 45 libras – em moedas de 25 centavos, como passara toda a viagem presenteando-o com os detalhes íntimos da vida em nossa casa. Essa enfermeira podia muito bem participar de tudo o que acontecia sob nosso teto, porque a privacidade era inexistente.

Era praticamente impossível ter uma conversa privada, muito menos íntima, com Stephen – ou com qualquer outra pessoa – sem primeiro marcar hora e pedir ao enfermeiro de plantão a gentileza de sair da sala por cinco minutos.

Graças à escassez de tempo e à lentidão da comunicação, eu tinha o hábito de preparar o que queria dizer a Stephen com antecedência. Eu esperava que lhe apresentando um argumento sucinto e lógico, pudesse simplificar a questão em discussão, financeira ou familiar. Stephen se opunha a isso, pois implicava mais uma vez que eu estava lhe negando seus direitos. Ele insistia em voltar ao início e discutir meu raciocínio em todas as fases, na certeza da superioridade de seus argumentos. Assim, questões menores se tornavam importantes, e o estado de espírito alegre e otimista com que eu havia entrado em seu quarto rapidamente se desintegrava em derrota e desilusão. Quando Stephen recuperou sua capacidade de falar, eu fiquei nervosa, fechada de novo, insegura de mim mesma e tão incerta de minhas opiniões que deixei de expressá-las, tão vítima da pressão psicológica quanto Stephen era vítima de sua doença. Eu notei o processo quando aconteceu, mas não havia nada que eu pudesse fazer para detê-lo, porque era parte integrante da situação. Caí em uma armadilha e comecei a ter pesadelos duas ou três vezes por semana. O pesadelo era sempre o mesmo: eu era enterrada viva, presa no subsolo, sem meios de fuga.

Em uma última tentativa de conter a onda de insurreição do pessoal da enfermagem, Judy e eu decidimos fornecer uniformes aos enfermeiros, em resposta aos pedidos de alguns deles, que se queixaram de que suas roupas estavam ficando estragadas pelos salpicos e derramamentos de líquidos. Um dos veteranos tinha acesso a uma empresa que fornecia macacões brancos de segunda mão e nos arranjou mais ou menos uma dúzia. Um macacão branco usado com um cinto e uma fivela pareceria elegante e oficial; os enfermeiros da agência sempre usavam uniforme, de modo que pareceu apropriado que os nossos usassem também. Um uniforme também traçaria claramente uma linha entre os enfermeiros e a família, e esperávamos incutir-lhes algum senso de disciplina profissional. Stephen, porém, recusou-se a permitir que seus enfermeiros usassem o uniforme: ele queria manter a ilusão de que seus assistentes eram apenas amigos. Posteriormente, os enfermeiros tiveram carta branca para vestir o que quisessem. Às vezes, sua roupa e sua maquiagem teriam sido mais apropriadas para uma esquina do Soho que para a casa de um professor de Cambridge com deficiência grave e sua família.

Lucy logo se acostumou a ter o jornal do enfermeiro de plantão batendo em seu nariz quando se sentava para tomar seu café da manhã antes da escola. A seguir, o jornal era cerimoniosamente depositado no lugar de Stephen para aguardar sua chegada, uns dez minutos depois. Logo o resto da família se tornou cidadãos de segunda classe, como se fôssemos os mais baixos dos baixos, agachados no primeiro degrau de uma escada em cujo topo os "Florence Nightingale" cuidavam do mestre do universo. No meio havia os vários escalões de estudantes, cientistas e engenheiros da computação, que, obviamente, eram mais importantes que nós. Quando uma das enfermeiras, Elaine Mason, perguntou por que eu não desistia de lecionar e fazia treinamento em enfermagem, aprendendo a usar a máquina de sucção para poder cuidar de Stephen, foi a indicação mais clara de que o resto de nós, que não tinha nenhuma qualificação médica, estava sendo relegado ao desprezo e à obscuridade. A facilidade com que Elaine Mason usava sua segurança evangélica para maquiar questões profundas como se fossem a vontade de Deus era desconcertante. Quando, diante de Stephen, ela alegremente anunciou que cuidar dele era muito mais fácil que de seus dois filhos, eu quis muito salientar que ela cuidava dele apenas duas vezes por semana. Essas observações lembravam muito a atitude petulante dos Hawking que eu encontrara no passado. Como era uma enfermeira eficiente, eu tentava encarar seus pronunciamentos insensíveis com a indiferença que mereciam.

Em face dessa pseudofilosofia santimonial, encontrei ainda maior consolo em minha ligação com a St Mark. Eu ouvia os sermões de Bill Loveless atentamente e também os de seu colega pregador, um cientista e ex-missionário, Cecil Gibbons, que com sua idade avançada cumpria seu dever de se manter a par dos desenvolvimentos científicos e interpretá-los em um contexto religioso. Ambos sempre tinham algo pertinente a dizer, e sob medida para mim, pessoalmente, quer sobre o sofrimento, sobre o lugar do homem na criação, quer sobre o bem e o mal, e sob sua orientação comecei a formular minha própria simples filosofia sobre alguns dos obstáculos para a fé, em especial entendendo que o livre-arbítrio é um pré-requisito da condição humana. Se a crença em Deus fosse automaticamente decretada pelo Criador, a raça humana seria apenas um bando de autômatos sem nenhuma evolução de pensamento, nem motivação para a descoberta. O mal, raciocinei, muitas vezes se convertia, mesmo que distante e vagamente, em ganância e egoísmo humanos – instintos de animais predadores ditados pela natureza para a sobrevivência em um distante passado evolutivo, muito antes do desenvolvimento da inteligência mais refinada e da aurora da consciência. O egoísmo, reação instintiva, a raiz do mal, está fora do alcance de Deus, precisamente porque o livre-arbítrio impede Sua intervenção. Deus não poderia evitar o sofrimento, mas poderia aliviar seus efeitos, restaurando a esperança, a paz e a harmonia. Havia ainda a doença degenerativa, incurável, paralisante e devastadora que não se encaixava nesse sistema – a menos que a doença também fosse o resultado, ainda que remotamente, da falibilidade humana, um erro na pesquisa ou no tratamento, na forma de vida escolhida ou no ambiente. Se a causa da doença de Stephen era realmente uma vacina não estéril contra varíola aplicada nos anos 1960, podia ser explicada assim. Quanto ao presente caos, eu só poderia esperar que mantendo a fé, tentando dar o melhor de mim, dias mais calmos e brilhantes amanhecessem no futuro.

No front administrativo, Judy era assediada. Ela elaborava e aprovava a escala da enfermagem com um mês de antecedência, só para descobrir que sua organização cuidadosa havia sido misteriosamente alterada e que a escala final de trabalho tinha pouca semelhança com a que ela havia elaborado e distribuído. Nem ela nem eu tínhamos a menor ideia de quem esperar e em que momento; o sistema era inexplicavelmente adulterado e os enfermeiros da agência tinham de ser chamados. Arrasadas e desmoralizadas por causa de todos os imprevistos e das, muitas vezes desnecessárias, complicações que acompanhavam nossos melhores esforços para permitir que Stephen voltasse para sua família e sua comunidade, Judy e eu agendamos uma série de reuniões para tentar resolver várias diferenças de uma vez por todas. Chegara aos ouvidos dela, indiretamente, que além da interferência na organização da escala, problemas estavam sendo provocados entre os funcionários por questões que não tinham relevância para nosso esquema de enfermagem privada.

Os fundos da Fundação MacArthur chegavam em seis parcelas mensais. A cada sexto mês os contabilistas da Universidade elaboravam um balanço para apresentar aos curadores da Fundação como o dinheiro foi gasto, e eu apresentava um relatório sobre a saúde e os cuidados a Stephen, junto com outro pedido para implorar uma nova subvenção para o próximo semestre. Em minha segunda carta à Fundação, de março de 1986, expliquei como havia tentado formar nossa própria equipe de enfermeiros colocando regularmente anúncios no jornal local. Falei dos "problemas" indescritíveis que esse método havia ocasionado, e que como resultado havíamos tido de recorrer muitas vezes à agência – daí as contas de volume considerável da agência de enfermagem. A verba, embora generosa, era suficiente apenas para pagar as contas.

E certamente não era suficiente para atender às demandas que uma enfermeira encrenqueira já estava concebendo, às quais Judy pensou em responder convocando a primeira reunião. Depois de agradecer aos presentes por toda a ajuda, expliquei como o dinheiro era obtido e organizado na esperança de que eles tivessem uma ideia melhor das dificuldades por que passávamos. Ressaltei que a conta com a enfermagem chegava a pelo menos 36 mil libras por ano e que era financiada pelos Estados Unidos. Também enfatizei que nunca havia nenhuma certeza de que o financiamento seria renovado. Portanto, era impossível fornecer aos enfermeiros nada mais que o emprego ocasional em regime de meio período, que era estritamente o esquema anunciado. Por consequência, não havia nenhuma possibilidade de fornecer auxílio saúde, férias remuneradas ou qualquer outra regalia que eles estavam começando a reivindicar.

Daí em diante, o pessoal mais moderado concentrou sua atenção nos pedidos práticos, como cestos de roupa suja, toalheiros, iluminação adequada, prateleiras e afins, e reparos nos buracos da calçada. Judy e eu aproveitamos a oportunidade para distribuir o código de conduta de enfermagem do UK Council, e pedimos a todos que prestassem atenção a suas quatorze cláusulas. Essas recomendações tiveram tanto impacto quanto a preocupação que eu já havia expressado sobre como manter na casa, nosso lar, um ambiente feliz e bem equilibrado para Stephen e as crianças.

— 5 —

RENASCENDO DAS CINZAS

Apesar do caos doméstico forjado por intervenção externa, Stephen se ergueu como uma fênix, e no início de dezembro de 1985 ele estava suficientemente bem para tentar saídas curtas até o Departamento. No começo eu o levava de carro até lá, mas, a menos que o tempo estivesse ruim, ele logo foi empurrando sua cadeira por sua rota habitual. A única diferença era que ele ia acompanhado por uma enfermeira em vez de um dos fiéis estudantes. Todas as expedições levavam mais tempo que antes, e envolviam muita preparação cuidadosa do paciente antes de sair. Muitos apetrechos essenciais tinham de ser acomodados na parte de trás da cadeira de rodas, dando a todo o equipamento uma aparência extremamente desajeitada. Pesada e adornada com aparelhos excêntricos, como se fosse toda remendada, a cadeira ofuscava seu ocupante, que, pequeno e ali largado, dirigia sem medo na batalha para reafirmar sua soberania sobre seu domínio intelectual.

Não era prudente deixar-se obcecar pela vulnerabilidade de Stephen, embora fosse difícil não cair na cilada da superproteção sentimental. Muitos haviam caído nessa armadilha. Alguns de nós se esforçavam para encontrar um equilíbrio entre a preocupação profunda com a mínima e evanescente presença física, e certa irritante reverência perante seu imenso poder psicológico e intelectual. Esse equilíbrio delicado, tão essencial para uma vida familiar saudável, no qual um não deve pretender ser mais importante que qualquer outro, tornara-se impossível de manter. Na melhor das hipóteses, implicava uma atenção estressante a cada detalhe do atendimento a Stephen, e um ceticismo saudável em relação a alguns dos seus pronunciamentos mais bizarros e extravagantes. Um domingo à noite, por exemplo, Jonathan levou a comida indiana habitual. Embora fosse neurótico e desconfiado em relação aos ingredientes da minha comida caseira cuidadosamente elaborada, com a garantia de não conter glúten, aos domingos Stephen comia com gosto um prato enorme de comida indiana, sem nunca se preocupar com os ingredientes. As crianças e eu considerávamos essa flagrante incoerência como uma pequena provocação.

Também eram ocasiões para amplas discussões. Conversas privadas tornaram--se impossíveis, mas na atmosfera descontraída dessas noites de domingo – às vezes também no almoço de domingo, quando Robert, que voltara a estudar em Cambridge em 1987, levava seus amigos da faculdade para uma boa refeição –, questões da ciência e da fé formavam a base das longas e bem-humoradas discussões. Cecil Gibbons apontara em um dos seus sermões que a pesquisa científica exigia um amplo salto de fé na escolha de uma hipótese sobre a qual trabalhar, assim como a crença religiosa. Stephen geralmente sorria à menção da fé religiosa e da crença, mas, em uma ocasião histórica, ele fez a surpreendente concessão e declarou que, como a religião, sua própria ciência do universo exigia esse salto. Em seu ramo da ciência, o salto de fé – ou suposição inspirada – centrava-se em qual modelo do universo, qual teoria, qual equação escolher como objeto mais adequado de pesquisa. E então, na fase experimental, o objeto tinha de ser testado em contraste com a observação. Com sorte, a suposição – ou o salto de fé – poderia, nas palavras de Richard Feynman, provar "temporariamente não ser errada". O cientista tinha de contar com o senso intuitivo de que sua escolha foi acertada, ou poderia desperdiçar anos com pesquisa inútil, com um resultado final definitivamente errado. Quaisquer outras tentativas de discutir as questões profundas da ciência e da religião com Stephen eram recebidas com um sorriso enigmático.

Insensível às sutilezas da nossa relação e incapazes de distinguir a mente do corpo, os enfermeiros, em contrapartida, tendiam a sufocar Stephen com um cobertor de sentimentalismo. Isso contradizia sua força de espírito e minava minhas tentativas de manter o equilíbrio correto. Para eles, Stephen era um ídolo, imune a críticas ou até mesmo ao ceticismo saudável que os enfermeiros psiquiátricos haviam gerado. Eles se concentravam na calamidade da doença, em vez de na vitória sobre ela, faziam todos os caprichos do paciente e interpretavam qualquer gracejo inocente como um insulto a seu ídolo.

O mesmo erro sentimental havia sido cometido anteriormente, em 1985, por um artista contratado conjuntamente pelo College e a National Portrait Gallery para pintar o retrato de Stephen. A pintura, revelada naquele verão, mostrava muito claramente o *páthos* do corpo, caído desconjuntado na cadeira, mas não conseguiu mostrar a força de vontade e a genialidade transmitidas com tanta convicção na expressão de seu rosto e na luz de seus olhos. Considerei o retrato uma caricatura, e disse isso – para o desespero das entidades que os haviam encomendado. No entanto, nos primeiros meses de 1986, a luz da determinação voltou aos seus olhos quando Stephen recuperou a mobilidade, e com ela, sua posição inexpugnável no Departamento. O efeito do período de doença não foi diferente para Stephen que o do exílio de Cambridge para Newton, quando a Universidade foi fechada por causa da praga em 1665. No isolamento da mansão de Woolsthorpe, perto de Grantham,

Newton havia encontrado tempo para a contemplação e os cálculos necessários para desenvolver sua teoria da gravidade. Nos meses em que esteve fraco demais para sair de casa, Stephen aprendeu a utilizar o novo computador com a mesma motivação obsessiva que havia demonstrado para memorizar longas equações quando, no final dos anos 1960, ele perdera a capacidade de escrever.

Com a perda da voz, ele descobriu que havia ganhado um método melhorado de comunicação. Ele podia conversar com qualquer um, não só com o pequeno grupo de familiares e alunos, como no passado, e não dependia mais de ter um estudante à mão para interpretar suas palestras para ele. Aumentando o volume do alto-falante ele poderia falar em público de forma tão eficaz, se não mais, quanto qualquer outra pessoa. Sua voz sintetizada era lenta, uma vez que tinha tempo para escolher o vocabulário, mas não havia nada de incomum nisso, visto que seu discurso sempre foi comedido. Stephen sempre se permitira tempo para pensar antes de falar, para evitar os clichês ou a inanidade, e para garantir que a última palavra sobre qualquer assunto fosse dele e só dele.

Ele não só estava habilitado a expressar os próprios pensamentos diretamente, dar as próprias palestras e escrever as próprias cartas; também era capaz de trabalhar de novo em seu livro. Seu ex-aluno, Brian Whitt, nos últimos meses havia começado a ajudá-lo com a organização metódica do material, e continuou a ajudar, em especial com diagramas e buscando material de pesquisa; mas o projeto estava agora firmemente de volta às mãos de Stephen. O livro lhe deu motivação para explorar todo o potencial do computador, e este lhe deu os meios de escrever uma versão revisada do manuscrito, incorporando as sugestões da editora norte-americana. Começava a parecer que o livro podia se tornar uma realidade. Não só não teríamos de reembolsar o adiantamento, como também, por fim, tínhamos a perspectiva de segurança financeira. O livro podia não fazer fortuna, mas poderia fornecer uma renda complementar regular, anunciando o fim de quase um quarto de século de economia.

Em casa, procurei conciliar meus interesses – o ensino, a música e as crianças – com as cansativas demandas de enfermeiros rebeldes. Com a ajuda da fiel Judy, tentei evitar o caos iminente fazendo entrevistas semanais com novos candidatos e atendendo às solicitações de melhorias dos que já estavam na escala. Sentíamos que nós éramos os bodes expiatórios para as frustrações que os enfermeiros não podiam desabafar com Stephen. Discuti nossa situação com uma velha amiga de escola que dava aula de enfermagem. Ela reconheceu a síndrome. "Enfermeiros, como soldados, são treinados para agir, não para pensar", ela disse. "Se houver um paciente que necessita de tratamento, seu dever é para com o paciente, excluindo todo o resto. Eles agem em um nível intensamente físico, que não envolve o intelecto. Imaginação não é uma qualidade valorizada em enfermagem." Essas informações certamente esclareceram o problema, mas representaram pouco consolo, pois significavam que os enfermeiros operavam no extremo oposto do espectro filosófico do resto de nós, e por mais que tentássemos transigir, eles, por definição, não seriam capazes de fazê-lo.

Nesse meio-tempo, Stephen comemorou seu retorno à normalidade. No imediato curto prazo, isso assumiu a forma de uma saída para uma representação teatral de pantomima em seu aniversário, e para a College Ladies' Night, dois dias depois. No longo prazo, ele já estava planejando suas viagens para o próximo ano, precipitadamente, sem se intimidar com a experiência de Genebra. Paris e Roma estavam em seu itinerário para o outono, viagem precedida por outra experimental ao exterior em junho – a uma ilha na costa sueca, para uma conferência sobre Física de partículas. Como tudo isso se realizaria era outro assunto, em especial porque as datas da conferência sueca coincidiam com os primeiros exames de nível básico de Lucy, e eu estava relutante em deixá-la em um momento tão crítico.

Na verdade, as atenções se voltaram drasticamente de Stephen para Lucy na primavera de 1986, em março, quando ela partiu com a escola para Moscou – mas não, como todos nós havíamos esperado, sob os auspícios exuberantes de sua professora de russo. Todos os anos, era costume de Vera Petrovna vestir suas alunas como o boneco Michelin, com camadas e mais camadas de roupas adquiridas em brechós e saldões. Em Moscou, as garotas faziam um tour pela cidade, visitando todos os amigos e parentes da professora, descascando caritativamente uma camada de roupa em cada parada. No entanto, em 1986, recusaram-lhe o visto pela primeira vez, de modo que outros professores que não falavam russo tiveram de acompanhar a turma a Moscou e Leningrado. Portanto, foi uma potencial catástrofe quando Lucy adoeceu em Moscou, só com o próprio conhecimento de russo para ajudá-la. Aterrorizada só de pensar em ser abandonada em um hospital russo, ela não disse a ninguém que estava se sentindo mal; não comeu nada e ficou se contorcendo de dor de estômago por dez dias. Quando chegou à casa, estava muito doente, com febre alta e dor abdominal insuportável, e não podia ir a lugar nenhum exceto direto para a cama. O médico chegou e diagnosticou apendicite aguda. Então, lá estávamos nós de novo, andando pelos corredores no meio de outros familiares no Hospital Addenbrooke, sentados nas mesmas cadeiras de plástico, desta vez por um apêndice perigosamente inflamado, em vez de um aparelho respiratório perigosamente obstruído. Fomos informados no dia seguinte, quando Lucy já estava se recuperando, que ela havia tido muita sorte de não ter tido a apendicite em Moscou.

No entanto, a chegada do calor aliviou algumas das tensões associadas à susceptibilidade de inverno, e a vida começou a apresentar pelo menos uma fina camada de sua antiga normalidade conquistada a duras penas. Desafiadoramente determinada a que a casa ainda fosse digna desse nome, tentei dar menos importância às complexidades do serviço de enfermagem em tempo integral, fingindo, como tantas vezes no passado, que era só mais um pequeno inconveniente. Mais uma vez, oferecemos jantares e coquetéis para cientistas visitantes e participamos de atividades locais nas escolas e na igreja. Tim convidou dezessete colegas de escola para sua festa de aniversário, na qual o bom e velho show de marionetes Punch and Judy manteve os convidados encantados por parte do tempo, enquanto, pelo resto da tarde, meu pai, seguindo a honorável tradição ao piano, divertiu-os com brincadeiras musicais.

Conforme a saúde de Stephen melhorava gradualmente, eu me aventurei a retomar algumas das minhas antigas atividades, como cantar no coro da igreja e na sociedade de coral na qual eu havia entrado no início dos anos 1980. Como os ensaios semanais desta última ocorriam na capela de Caius College, por gentil permissão do decano, John Sturdy, essa atividade era bastante compatível com os movimentos de Stephen. Ele, acompanhado por uma enfermeira, jantava na Faculdade enquanto eu cantava – ou tentava cantar, em meio a uma interminável sucessão de resfriados – na capela. Muitas vezes ele ia à capela depois do jantar para ouvir as etapas finais do ensaio, e então, íamos para casa juntos. Lucy estava adotando um estilo de vida cada vez mais independente, que girava mais e mais em torno do teatro e a mantinha fora de casa.

Três enfermeiros e um médico foram contratados para a viagem de Stephen à Suécia, esticando a verba da MacArthur até o limite. No entanto, foi um investimento rentável, uma vez que Murray Gell-Mann, um dos curadores da Fundação MacArthur, também foi um dos participantes da conferência. Ele pôde ver com os próprios olhos como eram terríveis as circunstâncias de Stephen e quão necessário era o caro cuidado profissional para dar suporte a sua vida e a sua contribuição para a Física. Em meu pedido seguinte à Fundação, em setembro de 1986, eu pude falar de nosso encontro com Murray Gell-Mann e informar que a saúde de Stephen, embora muito mais estável, continuava a exigir o mesmo grau de serviço profissional de enfermagem. E eu previa que seria necessário indefinidamente. Depois disso, a Fundação MacArthur concordou em arcar com as despesas de enfermagem de Stephen por tempo indeterminado e aceitou minha explicação de que o Serviço Nacional de Saúde fornecia apenas uma fugaz visita matinal da enfermeira do distrito para checar os suprimentos, uma visita semanal do médico de família, um turno de oito horas além dos vinte e um, e ajuda adicional com o banho duas vezes por semana.

A pequena ilha de Marstrand, sem trânsito, ao largo da costa oeste da Suécia provou ser o lugar mais agradável e adequado para um físico convalescente exercitar seus músculos intelectuais. Enquanto Stephen e seus acompanhantes exploravam o universo por meio das trajetórias das partículas elementares, eu relaxava, valorizando a paz e a solidão nas enseadas rochosas e caminhando pelas trilhas da floresta onde narcisos ainda floresciam em junho e o sol brilhava até tarde da noite. A liberdade daqueles poucos dias na Suécia foi um luxo raro, que só ocasionalmente surgia em meu caminho graças à inesperada e útil intervenção da mãe de Stephen após a morte do marido, em março de 1986. O pai de Stephen não foi um paciente fácil durante sua última doença; a frustração da imobilidade foi pesada demais para quem na juventude não pensara duas vezes para atravessar sozinho, de carro, toda a África para se alistar no início da Segunda Guerra Mundial, e que habitualmente, aos oitenta anos, passava semanas inteiras acampando e caminhando nas montanhas galesas. Seu funeral marcou um triste fim para uma distinta, mas inadequadamente reconhecida carreira de Medicina tropical. Acho que eu não era a única pessoa cujos sentimentos em relação a ele eram decididamente ambivalentes. Eu o admirava e respeitava por ter sido sensível e atencioso, grato até, mas ele também podia ser frio, duro e distante.

Depois de sua morte, Isobel, que antes era rigorosa e inflexível, parecia ter se suavizado, dando mostras de grande compaixão. Ela parecia ansiosa para compartilhar as tensões de nossa vida familiar de uma nova maneira, e se tornou popular com as crianças por causa de seu senso de humor sarcástico e frio, e por sua aparentemente natureza descontraída, que exigia pouco delas. Ela também demonstrava uma tolerância surpreendente e benevolente em relação a meu relacionamento com Jonathan, como se por fim houvesse percebido que ele não tinha a intenção de destruir a família e que era genuinamente solidário a todos nós, incluindo Stephen. Fiquei grata pela ajuda e por sua compreensão, em especial quando se ofereceu para cuidar da casa para que pudéssemos retomar nosso acampamento de férias. Se pudesse ansiar com confiança por duas semanas de férias de verão longe da tensão de uma meia-vida em uma casa onde eu estava de plantão sete dias por semana, durante um mínimo de quarenta e nove semanas por ano, tentando equilibrar todos os meus papéis, tentando ser tudo para todos, achava que eu poderia reunir forças para continuar, por mais onerosas que essas obrigações pudessem ser. No final do tempo estipulado, voltei para Stephen sem nenhuma dúvida.

Depois de abrir suas asas de fênix na Suécia sem contratempos, Stephen estava ansioso para usá-las de novo e de novo. Em setembro, o circo itinerante – que agora incluía um jovem formado em Física como assistente pessoal de Stephen – partiu para Paris para uma conferência no Observatório de Meudon, onde Brandon Carter trabalhava. Fiquei muito feliz por passar um tempo com Lucette, atualizando-a sobre os acontecimentos do ano anterior, e lá eu também descobri um novo papel para mim mesma: motorista e intérprete do grupo. Pelo menos os enfermeiros puderam ouvir, se não ver, que eu servia para alguma coisa.

Apenas um mês depois estávamos de novo em Roma, onde Stephen seria recebido pelo papa na Pontifícia Academia de Ciências, apesar das heresias que ele ainda andava pregando sobre o universo não ter começo nem fim. Tim foi também, assim como a comitiva de enfermeiros e o jovem assistente pessoal, cuja responsabilidade era cuidar do funcionamento do computador e da mecânica de palestras de Stephen. Tentamos escolher os enfermeiros que sabíamos ser católicos e que apreciassem a importância da ocasião. Tivemos sorte porque duas das enfermeiras mais confiáveis e agradáveis da escala, Pam e Theresa, eram católicas e ficaram muito felizes ao ser convidadas. Precisávamos de três enfermeiros, no entanto, mas nem todos ficaram tão entusiasmados como as duas. Foi só no último minuto que Elaine Mason concordou em ir conosco: e isso só depois que ficou claro que ela não teria de apertar a mão do papa, visto que esse gesto seria contra seus princípios.

A segunda visita a Roma foi mais formal que a primeira de 1981. O tempo estava melhor, e também nossas acomodações. Ficamos em um hotel muito mais confortável, mais perto do Vaticano, e visitas especiais aos tesouros da arte do Vaticano foram organizadas para as mulheres e as crianças enquanto os cientistas conferenciavam na sede renascentista da Academia. O clímax da visita foi uma audiência com o papa João Paulo II, na qual todos os membros do grupo de Stephen foram recebidos. Com a mão descansando suavemente sobre a cabeça de Tim, o papa falou baixinho com Stephen e comigo, apertando nossas mãos e dando-nos sua bênção. Depois, apertou as mãos dos outros, e nenhum deles resistiu. Fiquei comovida com a cordialidade de sua personalidade, a suavidade de suas grandes mãos e a santidade da luz de seus brilhantes olhos azuis. Eu não tinha preconceitos religiosos, e havia ido a Roma com o coração e a mente abertos. O papa tocou meu coração e minha mente, porque – política e dogmas à parte – senti que ele sinceramente se preocupava com as pessoas que conhecia e as incluía em suas orações.

Encorajado pelo sucesso dessas viagens experimentais ao exterior, mas dentro da Europa, as aspirações de Stephen não viam limites. Em dezembro daquele ano, ele foi para a habitual conferência de Chicago, que acontecia antes do Natal, para recuperar seu lugar no circuito internacional. Nesse tempo ele viajava com todo o cerimonial de um xeque árabe, cercado por hordas de asseclas, enfermeiros, estudantes, o assistente pessoal e o colega ocasional. Ele levava tanta bagagem que as limusines que o transportavam para o aeroporto muitas vezes tinham dificuldade de rodar quando saíam da frente da garagem. As companhias aéreas haviam aprendido a tratar Stephen com respeito, como um cliente valioso, e não como uma inconveniência, e concediam a ele toda a deferência e a assistência que se houvesse chegado vinte anos antes, quando eu lutava para cuidar de Stephen e de um bebê, poderia ter me poupado um grande estresse. Nesses dias, ironicamente, minha presença era quase supérflua nas viagens internacionais. Sozinha entre tantas pessoas, eu muitas vezes levava Tim para me fazer companhia, assim como Robert havia sido meu pequeno acompanhante em épocas passadas. Tim cumpria esse papel de forma admirável. Ele adorava as viagens aéreas, e enquanto o avião ganhava velocidade para a decolagem – meu pior momento –, ele suspirava: "Mais rápido! Mais rápido!". Meus temores persistentes se dissipavam com seu entusiasmo contagiante. Havia muita coisa que eu poderia lhe ensinar e fazer despertar seu interesse nessas viagens, como noções de línguas românicas. Na Espanha, com paciência e uma total falta de competitividade, ele me ensinou a jogar xadrez, algo que seu pai nunca conseguiu fazer.

— 6 —

MATEMÁTICA E MÚSICA

Apesar de dezoito meses antes as chances de Stephen de sobrevivência terem sido consideradas insignificantes, ele havia confundido os pessimistas mais uma vez: sobrevivera e estava de volta à vanguarda da investigação científica, teorizando com suas suposições obscuras sobre partículas imaginárias que viajam no tempo imaginário em um vítreo universo que não existe fora da mente dos teóricos. Sua ressurreição fenomenal e a consequente transformação de suas perspectivas estimularam-no à atividade ainda mais intensa. Ele estava viajando de novo, terrena e universalmente, sempre e aonde quer que escolhesse. Acima de tudo, pouco mais de um ano depois de suas primeiras tentativas de dominar o funcionamento do computador e seu retorno cauteloso ao Departamento, ele havia completado o segundo rascunho de seu livro e estava à procura de um título. Seu estado de saúde continuava extremamente precário – tema da ansiedade perpétua –, mas com toda a ajuda da Medicina moderna e as vinte e quatro horas de cuidados de enfermagem à sua disposição, ele praticamente carregava o próprio mini-hospital consigo aonde quer que fosse. Os enfermeiros haviam aprendido técnicas de emergência para trocar o tubo de traqueostomia, e o próprio Stephen tomava conta de sua medicação, pois achava, e com razão, que sabia mais sobre o caso que qualquer médico.

Outra enfermeira – alta, aristocrática –, Amarjit Chohan, do Punjab, entrou na escala. À noite, ela trabalhava no centro cirúrgico do Addenbrooke, e durante o dia (seu tempo livre) ia cuidar de Stephen. No exílio solitário de sua casa, vítima de racismo velado, ela nos adotou com uma intensidade apaixonada, o que logo começou a incomodar os outros enfermeiros. Stephen ficava lisonjeado por ser o prêmio disputado nas batalhas que os mais voláteis e menos estáveis assistentes seus travavam por seus favores, e admirava suas disputas com cumplicidade e perplexidade. Na Espanha, Tim e eu ficamos pasmos quando vimos uma das enfermeiras flertar descaradamente com um aluno, e a seguir, saiu aos socos com outra enfermeira por causa de pequena discussão. Como um trovão distante, a rivalidade entre personalidades assertivas, cada uma insistindo na superioridade do próprio método de cuidados, roncava ameaçadoramente. E ainda era um cansativo problema adicional em casa e uma fonte de constrangimento em público fora dela.

O grande evento de 1987, que, entre as trajetórias imaginárias e universos ilusórios, estava exercitando Stephen e todos aqueles atraídos para sua órbita, foi a comemoração do tricentenário da publicação de *Principia Mathematica*, de Newton, com uma conferência internacional que seria realizada em Cambridge. Stephen foi firmemente posicionado no centro do evento, uma vez que a tradição newtoniana de liderar a pesquisa cosmológica de Cambridge foi entregue aos seus cuidados como professor lucasiano, e seu trabalho era a lógica extensão da Física newtoniana modificada pela influência da Teoria da Relatividade de Einstein, do século XX.

Isaac Newton nasceu em 1642, ano da morte de Galileu e trezentos anos antes do nascimento de Stephen. Apesar de estudar em Grantham e ser *sizar*, ou funcionário-aluno do Trinity College, era conservador, e sua principal obra, *Principia Mathematica,* foi diretamente influenciada pelos princípios mecânicos e matemáticos formulados por René Descartes, grande filósofo francês do século XVII. Em Cambridge, na década de 1660, as teorias de Descartes provocaram "tanto rebuliço, queixas contra ele e a proibição da leitura de suas obras, como se houvesse refutado o próprio Evangelho. No entanto, havia uma tendência geral, especialmente da parte animada da Universidade, de utilizá-lo". Newton levou os princípios de Descartes para casa, em Woolsthorpe Manor, logo após sua formatura, na época do surto de peste. Foi durante esse período de extraordinária criatividade em Woolsthorpe Manor que Newton, aos vinte e três anos, desenvolveu suas três grandes descobertas: o cálculo, a teoria da gravitação universal e a teoria da natureza da luz.

Newton pode ter sido "animado" na adoção de teorias de Descartes, mas não foi nada disso em relação à publicação dos resultados a que elas o levaram. *Principia Mathematica* foi, por fim, publicado em 1687 por insistência de Samuel Pepys, presidente da Royal Society, e Edmond Halley, o jovem astrônomo. Em seu *Opus Magnum*, Newton não só propôs a lei da gravitação universal, prevendo o movimento elíptico dos planetas ao redor do Sol, como também desenvolveu os complicados cálculos desses movimentos. Diz em *Principia Mathematica* que a Matemática é aproveitada a serviço da Física e é rigorosamente aplicada ao universo visível. *Óptica*, outra grande obra de Newton, também foi desenvolvida nos anos da peste, mas só publicada em 1704, descreveu a luz como um espectro de cores que, em combinação, formam a luz branca, mas que poderia ser dividida em sete faixas que a compõem. Newton colocou um prisma no trajeto de um raio de sol e viu que a luz branca que o atravessava se dividia nas cores do arco-íris, produzindo não a imagem arredondada do sol na parede oposta, e sim uma oblonga, na qual as sete cores, do azul ao vermelho, separavam-se e espalhavam-se "de acordo com seus graus de refrangibilidade". Se *Principia Mathematica* foi inspirado pela queda de uma maçã no jardim da Woolsthorpe Manor, a inspiração para *Óptica* foi comercial – a melhora da lente do telescópio, o instrumento que Galileu havia voltado para os céus pela primeira vez no inverno de 1609. Embora Newton se descrevesse como filósofo natural, pode ser considerado o primeiro grande matemático e físico moderno.

Produto de uma infância infeliz, Newton podia ser ditatorial, mas nem um pouco desonesto. Ele ganhou a reputação de vingativo na relação com Leibniz Gottfried, filósofo alemão, que afirmou ter descoberto o cálculo primeiro. A descoberta de Newton do cálculo, ou fluxão, como ele o chamava, foi motivada pela necessidade, em meados da década de 1660, de um método geral de cálculo matemático, essencial para trabalhar com a dinâmica do movimento planetário. Foi imediatamente utilizado em sua teoria da gravitação, mas, como era típico, não conseguiu publicar seus resultados, e ficou indignado quando Leibniz publicou suas descobertas independentes em 1676. Havia, contudo, um aspecto mais humilde desse gênio amargurado que me atraía. Ao escrever sobre seu papel na ciência, ele especulou sobre sua própria importância, sem saber o significado de suas descobertas: "Eu não sei o que posso parecer para o mundo; mas, para mim, pareço só um garoto brincando na praia e me desviando de vez em quando para encontrar uma pedrinha mais lisa, ou uma concha mais bonita do que o normal, enquanto o grande oceano da verdade jaz ainda por descobrir diante de mim". "Pegar pedrinhas na praia" foi a imagem que Stephen usou em 1965 em desprezo aos estudos medievais.

Newton não deixou pedra sobre pedra em sua praia particular. Embora na opinião dos contemporâneos ele fosse surdo, em 1667 ele produziu uma teoria da música. *On Musick* era um tratado bastante banal que não continha nada novo; nele, Newton considerou as questões de afinação da escala e comparou, em termos logarítmicos, os temperamentos justos e igualitários. Ele também usou a música para fazer analogias sinestésicas entre as sete notas da escala diatônica e as sete faixas de cor no espectro, baseando essas analogias na largura das faixas de cores e das sete cordas necessárias para produzir uma escala.

A ligação entre os gostos pessoais de Newton e a música era bastante tênue, mas, analisado com todas as outras considerações, seu interesse teórico foi forte o suficiente para justificar que se colocasse em um concerto música de sua época para comemorar seu tricentenário. Outra das considerações centrava-se no fato de que a genialidade de Newton foi inicialmente impulsionada pela nova abordagem da ciência proveniente da França, ao passo que com a restauração da monarquia, em 1660, uma onda de entusiasmo pelo inovador estilo francês na música chegou à Inglaterra com Charles II, inspirando outro grande gênio inglês do período, Henry Purcell. Uma vez que, juntamente com a música de Bach e Handel, a música de Henry Purcell formaria a base do repertório da Cambridge Barroque Camerata, não poderia ter sido mais adequado entreter os delegados da conferência do tricentenário de Newton com um concerto de música desse período. Por mais que Stephen preferisse, a apresentação de *Ring Cycle* não era viável. A grande vantagem de uma ocasião tão prestigiada ser realizada no Trinity College foi que por fim atraiu patrocínio comercial para a orquestra, não só permitindo a Jonathan dar uma base segura a sua empresa musical, mas também gravar o programa, intitulado *Principia Musica*.

Mais uma vez, Stephen, Jonathan e eu parecíamos ter recuperado uma síntese de nossos variados talentos e interesses. Embora a moderna teoria da Física quântica fosse algo muito distante para mim, eu conseguia pesquisar sobre Física newtoniana com certa compreensão dos conceitos, se não da Matemática, e podia fazer conexões úteis entre a Matemática e os aspectos musicais desse grande empreendimento do verão. Eu gostava da organização dos concertos. Era um trabalho duro, como lecionar, fazia bem para minha autoestima. Assim como na prática da promoção dos concertos, organização do local, publicidade, venda de ingressos, e assim por diante, havia o estímulo intelectual de pesquisar a fundo a música para as informações que constariam do programa. Em busca de informações sobre o cenário musical do final do século XVII, eu me vi de volta à biblioteca da universidade, onde o ritmo frenético da vida diária desacelerava até uma cadência reverente, sem pressa. Minhas pesquisas mostraram uma conexão bem-vinda entre Newton e Purcell nos escritos de um eminente musicólogo do século XVII e contemporâneo de graduação de Newton, Roger North, que concluiu que os grandes "desvios práticos" de sua vida se "reduziam a duas cabeças: uma, matemática, e a outra, música". Seu prazer com a Matemática culminou na "nova e mais requintada teoria da luz de Newton, como uma mistura de todas as cores". Quanto à música, não pode haver dúvida de que "o divino Purcell" lhe proporcionou o maior prazer quando ele entrou "a todo vapor na superioridade da faculdade musical".

Como em dias passados, as horas que eu podia permanecer na biblioteca da universidade eram escassas, lamentavelmente. Eu tinha tempo só para checar rapidamente algumas referências antes de sair correndo com uma pilha de livros debaixo do braço. Antes das celebrações de Newton, em julho, houve uma enxurrada de outras atividades a serem previstas no calendário. Eu nunca descansava, impulsionada por uma tensão interna que permeava todos os aspectos do meu ser – físico, mental, intelectual, criativo e espiritual. Mais uma vez, eu tinha de provar a mim mesma que eu era uma companheira digna da genialidade de Stephen, e para o mundo em geral eu tinha de provar que ainda éramos uma família normal. Além das nossas atividades acadêmicas, houve mais festas e jantares, mais trabalho para instituições de caridade, mais concertos e conferências, mais cursos e mais títulos honorários. Embora outras famílias tivessem vidas ocupadas, em comparação com a delas a nossa não era normal: era insana. Para minha sobrevivência, eu dependia de todo o apoio e reforço que minhas inúmeras atividades e minha família, amigos e Jonathan pudessem me dar. Os enfermeiros de Stephen, dotados de nenhum discernimento ou imaginação, viam tudo isso como contrário aos interesses de Stephen, em vez de um apoio a eles. Logo, eu e o resto da família sentíamos como se tivéssemos de pedir desculpas por nossa presença, por nossa existência, por respirar o mesmo ar que o gênio. Muito frequentemente era Lucy quem me ajudava a manter a perspectiva e Jonathan que me encorajava a manter um pouco de respeito próprio. A presença frequente e reconfortante de Jonathan, no entanto, havia se tornado causa de muitos comentários à boca pequena com gente fora de casa, que, em sua superficialidade, procurava governar os outros segundo normas que – como os acontecimentos provaram – eles mesmos não puderam manter.

Como Lucy continuava estudando russo e estava no primeiro ano do nível avançado, ela foi a Moscou de novo em maio de 1987, comigo e com Stephen, para mais uma conferência na Academia de Ciências. A Academia, como tantas outras instituições russas, foi discretamente abandonando sua antiga nomenclatura "soviética" em reconhecimento à mudança dramática que estava ocorrendo na sociedade russa. A *Perestroika* e a *Glasnost* eram as palavras que dançavam na boca de todos com um entusiasmo contagiante, beirando a euforia.

– O que você acha da mudança das coisas neste país? – perguntaram os jornalistas a Lucy e a mim após a palestra de Stephen.

– O fato de você poder fazer essa pergunta é prova suficiente da mudança extraordinária – respondemos.

A liberdade de expressão, o fim da opressão, liberdade de viajar – eram todas liberdades imensamente preciosas para as pessoas que haviam sido restritas aos limites frios e cinza de um sombrio estado de partido único.

Nós também ficamos muito mais livres que em visitas anteriores a Moscou. Podíamos ir aonde quiséssemos sem ser acompanhadas ou seguidas, e o entretenimento para nós não foi apenas a obrigatória visita ao Bolshoi, mas também um concerto em uma igreja nos arredores de Moscou. O fervor religioso tomava conta de Moscou. Na igreja do convento de Novodevichy, por exemplo, o ar estava cheio de fumaça das centenas de velas acesas, em torno das quais os fiéis cantavam e se ajoelhavam, como se quisessem compensar o tempo perdido. Por coincidência, eu havia passado os meses de inverno ensaiando as *Vésperas* de Rachmaninov com o coro – em russo –, para uma apresentação na capela do Jesus College em março. Para minha deliciosa surpresa, o concerto a que nos levaram foi executado por um grupo similar de cantores amadores e consistia em arranjos litúrgicos russos não acompanhados, parecendo muito com as *Vésperas*, em uma atmosfera tensa com a novidade e a promessa do despertar da tradição. Diante de um cenário ricamente dourado de ícones, as majestosas vozes *Basso Profondo* reuniam as misteriosas vogais russas, rolavam-nas sobre a língua e as emitiam no ressonante espaço da antiga igreja, onde sua sonoridade profunda deixava a audiência extasiada.

Por estar em Moscou, eu perdi uma ocasião em Cambridge que foi de profundo significado, não só para as crianças, Jonathan e eu, mas para todos os fiéis da St Mark. Nosso vigário, Bill Loveless, estava se aposentando. Tão devastada ficou a congregação por perder seu amado incumbente que a paróquia entrou em um estado parecido ao luto coletivo por um longo período após sua partida. Na primavera, Lucy havia tido a oportunidade de participar da última série de aulas de Bill, terminando com sua confirmação. Por volta dessa época, em homenagem a sua próxima aposentadoria, o coro fez uma apresentação na qual eu cantava dois de seus *Lieder* favoritos de Schubert, incluindo *Die Forelle*, e depois fizemos um grande jantar de despedida na West Road. Mesmo assim, eu fiquei triste por não estar presente em seu último culto de domingo. Ele tinha uma sabedoria profunda, da qual eu havia apenas arranhado a superfície; de fato, um dos seus últimos sermões, sobre o tema da busca de uma mente quieta, impressionou-me profundamente. Nele, expôs todos os aspectos da minha falta de paz: minhas preocupações, meus medos – por Stephen, por meus filhos e por mim –, minha incapacidade de descanso, as tensões e os cuidados, as frustrações e as incertezas. Ele também abordou outro grupo de distúrbios emocionais associados a uma mente inquieta: os evocados pela culpa, que não eram estranhos para mim. Minha autocensura me seguia como uma sombra ameaçadora. Eu escutava na esperança de qualquer migalha de conforto que ele pudesse jogar em minha direção. Viver no presente, disse ele, e confiar em Deus na escuridão, na dor e no medo. Então, quando ele citou a passagem bíblica dos Coríntios: "... Fiel é Deus, que não vos deixará tentar acima do que podeis", senti que suas palavras tinham a mim como alvo. A culpa, disse ele, é o risco que se corre esforçando-se sempre para o mais e o melhor; o amor é a única resposta para a culpa. Somente no amor podemos sustentar uns aos outros. Suas palavras ofereciam uma nova solução para o torturante dilema da culpa. O amor era com certeza a força que sustentava nossa casa. De acordo com isso, eu estava sendo fiel a minha promessa: eu tinha amor para todos, abundante amor materno para cada um dos meus filhos; o amor por Stephen, bem como amor por Jonathan. O amor tem muitas facetas, tanto Ágape quanto Eros, e eu queria continuar a provar meu amor por Stephen fazendo meu melhor por ele; mas, às vezes, o amor se tornava tão emaranhado por causa da legião de preocupações geradas pela responsabilidade de cuidar dele que era difícil saber onde terminava a ansiedade e onde começava o amor. O próprio Stephen se sentia insultado por qualquer menção a compaixão. Ele a equiparava à piedade e ao sentimentalismo religioso. Recusava-se a entendê-la e a rejeitava de imediato.

— 7 —

EXTREMOS

Com uma pequena ajuda de Shakespeare, Stephen encontrou um título para seu livro; o manuscrito havia sido moldado em uma forma aceitável para a editora e uma data, junho de 1988, foi estabelecida para a publicação. A edição norte-americana devia ser publicada na primavera, antes da edição britânica. Essa primeira edição norte-americana teve de ser recolhida de última hora por causa do medo de um processo judicial em decorrência de certas calúnias expressas no texto sobre a integridade de um casal de cientistas norte-americanos. Esse infortúnio permitiu a correção de uma omissão menor: Stephen dedicou *Uma breve história do tempo* a mim, um gesto de reconhecimento público muito apreciado, mas a dedicatória havia sido deixada de fora da edição norte-americana. As prensas foram colocadas em marcha acelerada para produzir dez mil exemplares da edição modificada dentro de dias, o potencial libelo foi apagado, meu nome apareceu na dedicatória e o livro foi lançado nos Estados Unidos.

Enquanto Stephen estava na América para o lançamento, Tim e eu fomos ficar com o melhor amigo dele, Arthur, e seus pais, que agora viviam na Alemanha. Os dois meninos se viam raramente nessa época, mas nenhum deles havia feito outros amigos íntimos; quando se encontraram, com alegria estabeleceram sua rotina familiar, como irmãos havia muito tempo separados. Como houve uma nevada tardia na Floresta Negra, o pai de Arthur, Kevin, nos surpreendeu perguntando se gostaríamos de ir esquiar. Eu nunca havia esquiado na vida e nunca esperava fazê-lo, apesar dos rumores que diziam que Stephen havia sido um esquiador competente e que Lucy regularmente esquiava com seus amigos. De fato, naquele momento ela estava nos Alpes recuperando-se de uma árdua rodada de ensaios para uma peça de teatro que ela e seus colegas do Cambridge Youth Theatre iam montar em Cambridge em abril, antes de se apresentar no Festival de Edimburgo no verão. Tim e eu aproveitamos a chance de aprender a esquiar. Ele aprendeu depressa, lançando-se pista abaixo em alta velocidade, ameaçando ultrapassar o estacionamento na parte inferior. Eu observava, impotente, enquanto a mãe de Arthur, Belinda, desesperadamente gritava instruções para que ele desse um *snowplough* – isto é, desacelerasse virando os esquis para dentro. A lembrança dos braços quebrados quando aprendi a patinar no gelo me deixou muito mais cautelosa e nervosa, até que percebi que a neve era uma cama macia, embora fria e úmida, para cair nela. Durante esse fim de semana na Floresta Negra recuperei um pouco da minha fanfarrice perdida. No alto da colina, com o vento em meu rosto e o sol brilhando sobre a neve branca cintilante, eu me alegrei com a liberação dos cuidados e da responsabilidade, e das brigas tediosas e separatistas de enfermeiros petulantes que haviam transformado nossa vida em casa em uma luta infinitamente deprimente. Esquiar exigia 100% de concentração, tanto física quanto mental: o objetivo imediato era a parte inferior da encosta, e a única pergunta que o cérebro podia acomodar era como chegar lá inteira.

Stephen ficou nos Estados Unidos por mais de três semanas. Logo após seu retorno, fomos juntos para Jerusalém, onde ele foi receber o prestigioso Prêmio Wolf, outorgado conjuntamente a ele e a Roger Penrose por sua distinção na Física.

Minhas dúvidas em relação à viagem a Israel não foram causadas exclusivamente por minha relutância em deixar a família ou suspender minhas aulas. Embora eu estivesse ansiosa para encontrar Hanna Scolnicov, minha amiga dos tempos de Lucy Cavendish, não estava muito ansiosa para visitar a mais santa e antiga cidade do mundo na companhia de um grupo de físicos. Eu teria preferido uma peregrinação com pessoas mais afins, mas não tinha escolha. Havia uma tensão perceptível no ar quando Stephen disse que se eu não quisesse ir, ele tinha certeza de que Elaine Mason, a enfermeira que o acompanhara à América, ficaria feliz em ir em meu lugar.

Ele estava ressentido por minha recusa a ir à América com ele em março, quando Tim e eu havíamos ido esquiar, e desde seu retorno a comunicação entre nós se tornara frágil e tensa. Minha sugestão de que ele deveria demitir alguns dos enfermeiros encrenqueiros encontrou a resposta inexpressiva e incontestável: "eu preciso de bons enfermeiros". Quando me ofereci para colaborar com ele em uma proposta de autobiografia, um projeto que eu esperava que nos aproximasse mais, sua reação foi de desprezo:

– Eu deveria estar contente por sua opinião.

Só então comecei a perceber a verdade que outros enfermeiros estavam tentando me dizer havia algum tempo, ou seja, que um deles estava exercendo uma influência indevida sobre Stephen, deliberadamente provocando e explorando, em uma cada vez mais extravagante rede de astúcia e engano que ele foi tecendo, e nesse sentido, havia pouco que eu pudesse dizer em minha defesa, uma vez que claramente aos olhos do mundo nosso relacionamento era culpado.

Antes de nossa partida para o Oriente Médio, só houve tempo para ver Lucy atuando no animado espetáculo *The Heart of a Dog*, uma adaptação ao teatro da sátira política escrita em 1920 pelo escritor russo Mikhail Bulgakov. O romance, no qual Bulgakov expressou suas preocupações na apropriação da sociedade russa pelo proletariado, foi considerado abrasivo demais para ser publicado na época, e não foi lançado na União Soviética até 1987, ano de nossa visita mais recente. No domingo seguinte, deixando meus pais no comando da casa, partimos para Israel.

Embora tenha havido atrasos no aeroporto de Heathrow, o principal trecho do voo transcorreu sem incidentes. Jonathan, que estava em turnê com Cambridge Barroque Camerata, deu-me um walkman e fitas da *Missa de Bach em si menor* de aniversário, e com isso eu passei o tempo, ocasionalmente olhando pela janela para baixo, para as profundezas azuis distantes do Mediterrâneo. Quando a noite caiu e o céu e o mar escureceram, uma faixa de luzes de néon surgiu lá embaixo marcando claramente o litoral, e nos mandaram apertar os cintos de segurança para o pouso em Tel Aviv. O avião começou a descer, e vi como deslizávamos sobre edifícios e estradas iluminadas. Ouvi o barulho do trem de pouso sendo baixado e esperei o choque na pista. Não aconteceu. Em vez disso, o avião pegou o caminho de volta para o céu da noite. Para minha surpresa, fiquei fascinada, não assustada. Não houve comunicados. Um silêncio caiu sobre a cabine e eu sentia que as mesmas perguntas estavam passando pela cabeça de todos os passageiros: havíamos sido sequestrados e estávamos indo para o Líbano?

Dez minutos depois, a voz do capitão surgiu no sistema de som. Nós não havíamos podido pousar em Tel Aviv por causa da súbita neblina, explicou ele, e havíamos sido desviados para a única outra pista disponível, uma pista de pouso em uma base aérea militar no deserto de Negev, o pescoço do território israelense que se estreitava até o Mar Vermelho entre o Egito e a Jordânia. O avião zumbiu na noite rumo ao deserto, onde fez um pouso abrupto e acidentado em uma pista curta, não construída para acomodar um 747 – e lá ficamos. Quando o nevoeiro desapareceu em Tel Aviv, o horário de trabalho para nossa equipe havia expirado, de modo que nós – e eles – tivemos de esperar por outra equipe de Tel Aviv que fosse nos buscar. Eu fechei a persiana, enrolei-me e dormi. O assistente de Stephen, Nick Phillips, cutucou-me na manhã seguinte, assim que os motores foram acionados. Abri a persiana e olhei para fora, para uma perfeita introdução à Terra Santa. Lá fora a cena era de paz e beleza atemporal: areias douradas, dunas de seda e montanhas roxas e áridas, tudo tingido pelo suave tom rosado do amanhecer.

O foco da visita oficial foi a cerimônia do Prêmio Wolf no Knesset, diante de uma imensa tapeçaria de Chagall sobre a história do povo de Israel. A cerimônia aconteceu na presença do altamente respeitado e liberal presidente de Israel, Chaim Herzog, e o notório linha-dura de direita, o primeiro-ministro Yitzhak Shamir. Eles sintetizavam as duas extremidades do espectro político em um país onde o bom senso e o fanatismo coexistiam em medidas iguais. Após a conclusão dos cerimoniais,

Stephen e Roger Penrose ficaram bastante ocupados com reuniões científicas, palestras e seminários com seus colegas israelenses, e eu muitas vezes pude passear por Jerusalém e explorar à vontade. "Vá ao bairro judeu na Cidade Velha de qualquer jeito", aconselharam-me, "mas não vá ao bairro árabe: é muito perigoso por causa da Intifada". Em minha impaciência para ser independente do partido oficial, ouvi o alerta com indiferença, feliz ao descobrir que o hotel, um edifício moderno, ficava a pouca distância a pé do portão de Jaffa da Cidade Velha. Como um ímã, as paredes cinzentas na colina oposta, tão austeras e ameaçadoras quanto as de Alhambra, em Granada, atraíram-me para elas. Despreparada para a agitada e barulhenta massa de colorida humanidade que subia e descia para dentro e para fora do portão sob a Torre de Davi, fiz uma pausa, olhando em volta tentando saber que caminho seguir, para a direita ou para a esquerda. Eu estava tentada a me deixar levar pela multidão e ser sugada pela rua estreita à minha esquerda, mas levando em conta o conselho de ficar longe do bairro árabe, parti para a direita, passando pela catedral anglicana de pedra cinza em uma rua que corria ao longo do interior das muralhas da cidade. Era decepcionantemente monótona e tranquila. Marteladas se ouviam de uma oficina ocasional, algumas pessoas que cuidavam de seus assuntos diários corriam pela rua, o som de um piano flutuava saindo de uma janela superior. Afora isso, havia pouco a despertar meu interesse. Era agradável, mas não impressionante. Continuei andando e encontrei uma nova área habitacional que foi ainda mais decepcionante. No entanto, um beco entre as casas à esquerda dava para uma íngreme escadaria que descia para uma pequena praça arborizada, onde eu parei para tomar uma bebida antes de prosseguir e descer o próximo longo lance. No fundo havia uma vasta área aberta, do outro lado fechada por um muro alto de pedra queimada de sol. Homens vestidos de preto oravam e beijavam o muro e noivas eram fotografadas contra ele. Eu havia chegado ao Muro das Lamentações. Caminhei pelo espaço aberto, vendo a multidão, alguns sérios e devotos, outros rindo e conversando.

De um lado da área havia um pequeno túnel vigiado por soldados, sob uma massa de edifícios. As pessoas iam e vinham por ele bem livremente, de modo que me juntei a elas. Ao passar por esse túnel, descobri – sem o auxílio de equações matemáticas complexas – que a viagem no tempo é uma possibilidade real. Em termos práticos e políticos, o túnel dividia a parte judaica e os bairros árabes da cidade velha. Em termos históricos, dividia a modernidade secular do passado antigo, que vibrava de sons, cores e tradições dos tempos bíblicos. Como visitantes de outro planeta, peregrinos e turistas se misturavam com os habitantes locais, que com seus filhos e burros, cuidavam de sua vida diária como se o século XX não houvesse acontecido. Andei sozinha, parando de vez em quando perto de um grupo de peregrinos. Ouvi a explicação do guia de cada parte e me juntei a suas orações e hinos em duas das Estações da Via Sacra, na Via Dolorosa.

Foi uma experiência estranha de repente estar sozinha, livre para fazer minhas descobertas e formar meus próprios julgamentos. Estremeci com a melancólica e repulsiva sensação de intriga que invadiu a Igreja do Santo Sepulcro com suas disputas entre seitas rivais e suas filas de turistas que esperavam para passar pelo santuário. Eu mal podia esperar para sair dessa atmosfera mórbida para a luz do dia. A vista da torre era sua única característica redentora. O panorama de telhados planos e brancos era tão impressionante quanto a vista dos telhados vermelhos de Veneza do topo do Campanile. Muito abaixo, galinhas cacarejavam, galos cantavam e um burro zurrava.

Foi com relutância que me afastei da Igreja de St Anne, perto das escavações do Tanque de Betesda, a apenas cem metros do Lion Gate, com vista para o Monte das Oliveiras. A Igreja de St Anne, imensa e abobadada, clara e arejada, estava deserta quando entrei. Estalei os dedos – um truque que Jonathan havia me ensinado para testar a acústica de um edifício – e fiquei surpresa ao descobrir que a igreja era até mais ressonante que a capela do King's College. Entusiasmada com o silêncio da igreja vazia, cantarolei algumas notas de *Evening Hymn*, de Purcell – "*now, now that the sun has veiled his light and bid the world goodnight...*"* –, e escutei com espanto o som de minha voz ser captado pelos pilares e atirado para a cúpula. A música ganhou vida própria e se tornou êxtase antes de correr de volta para a terra em um sussurro. O amigável guardião árabe da igreja surgiu de uma porta lateral. Disse que gostava de ouvir os peregrinos que iam cantar em sua Igreja. Aparentemente, eu tive a sorte de tê-la só para mim, tendo em vista que normalmente coros faziam na fila para esperar sua vez. Ele me convidou a voltar sempre que quisesse.

O bairro árabe da cidade não representou nenhum terror para mim; de modo que no outro dia, fui ao Domo da Rocha, o espetacular lugar sagrado para o Islã e o lugar da pedra onde Abraão preparou o sacrifício de Isaac. A entrada estava fechada e guardada por soldados israelenses. Estaria fechada, exceto para os adoradores, pelo futuro próximo. Decepcionada, voltei à rua pelo bazar árabe, com sua variedade heterogênea de produtos turísticos – vidro azul, cerâmica e couro de Belém. Naveguei entre suas barracas de antiguidades, que exibiam pedaços de vidro romano, cobre e moedas, e as de comida transbordavam de todas as delícias do Mediterrâneo Oriental, nozes e azeitonas, deleites turcos e *halva*, bem como uma infinidade de frutas e legumes. Como os feirantes que eu havia conhecido em Tânger vinte e cinco anos antes, os árabes ali eram educados e simpáticos. Após discutir o preço de uma linda conta de vidro romano em uma das barracas de antiguidades, um colar de malaquita e prata de preço ridiculamente baixo em outra logo chamou minha atenção. O proprietário foi falar comigo sem tentar me

* "Agora, agora que o sol velou sua luz e deu boa noite ao mundo..." (N. T.)

pressionar a comprar. Ele falava bem inglês e estava me contando sobre seu primo, em Middlesex, quando olhou para a rua e rapidamente me empurrou para sua loja. Então, postou-se na porta com as mãos nos quadris. Seu alarme era compreensível. Uma tropa de soldados israelenses armados forçava passagem ruidosamente rumo ao beco. Não pareciam preocupados em respeitar nenhuma propriedade, carrinhos de mão ou barracas no caminho, e pela postura adotada por meu lojista e outros nas proximidades, parecia que eles tinham a reputação de ter coceira no dedo do gatilho. Quando o barulho de sua passagem, das botas sobre o calçamento e seus gritos haviam morrido na distância, o lojista voltou para dentro suspirando. Pediu desculpas por me empurrar pela porta e simplesmente disse:

– Veja só, temos de ter muito cuidado.

Eu comprei o colar e uma placa pintada à mão ricamente decorada e me despedi, prometendo voltar. Voltei no último dia e descobri todas as lojas fechadas. Estavam fechadas com tábuas, e além dos gatos, as ruas estavam desertas. O velho espetáculo de luz, vida, ruído e cor havia desaparecido. Em todos os lugares, em cada rua, cada esquina, cada praça, havia a escuridão lúgubre e intimidante – uma cidade fantasma que fechara suas portas para os viajantes do tempo.

Assim como simpatia pelos árabes, eu sentia uma afinidade natural com o povo judeu: muitos dos nossos amigos eram judeus, altamente inteligentes, articulados e sensíveis, cujas famílias haviam sido devastadas pelo Holocausto. Contudo, eu não poderia, simpatizar com as táticas desumanas do exército israelense que eu havia testemunhado no bairro árabe de Jerusalém, ainda menos do que poderia simpatizar com o repugnante motorista que nos havia sido atribuído. Era um judeu norte-americano de origem centro-europeia que expressava suas opiniões em voz alta e de forma grosseira aonde quer que fôssemos. Enquanto dirigia pela estrada sinuosa até o Mar Morto, ele apontou para uma fileira de casas brancas nas colinas.

– Veja – disse ele com orgulho –, é um dos nossos assentamentos, estamos construindo todas essas casas. Os árabes têm essa terra há dois mil anos e não fazem nada com ela. Eles tiveram sua chance, mas, agora, é nossa vez, e eles querem nos empurrar para o mar.

Eu havia exaustivamente ouvido esses argumentos antes, pronunciados no mesmo tom norte-americanizado monótono por outros imigrantes. Mais abaixo na estrada, deparamo-nos com um simples acampamento beduíno.

– O que se pode fazer com pessoas assim? Basta olhar para eles! – resmungou o motorista. – Eles não avançaram em dois mil anos!

Não pude conter minha indignação:

– Talvez eles gostem do estilo de vida tradicional – retorqui.

Fiquei triste por a paz ser tão difícil entre dois povos de mesma origem racial que tinham muito a oferecer um ao outro. Os melhores judeus e os melhores árabes tinham muito em comum. Ambos podiam ser inteligentes, generosos, simpáticos e divertidos. Talvez os judeus tivessem vantagem sobre os árabes em argumentos racionais, em Ciência, Tecnologia e Matemática, mas os árabes tinham habilidades poéticas e artísticas intuitivas superiores. Os dois juntos tinham a chave para a mais bem-sucedida e talentosa cultura que o mundo já viu.

Houve, inevitavelmente, muitos eventos oficiais. Câmeras de televisão e repórteres seguiam Stephen a todos os seus compromissos, ansiosos por suas reações a uma ampla gama de questões. Incessantemente uma pergunta retornava a cada entrevista. Eu observava e ouvia do lado de fora e meu coração se apertava quando a ouvia repetida várias vez, de uma forma ou de outra. "Professor Hawking, o que suas pesquisas lhe dizem sobre a existência de Deus?" Ou "Há espaço para Deus no universo que o senhor descreve?". Ou, mais diretamente, "O senhor acredita em Deus?" A resposta era sempre a mesma. Não, Stephen não acreditava em Deus e não havia lugar para Deus em seu universo. Roger Penrose era mais diplomático. Quando lhe faziam as mesmas perguntas, ele admitia que havia maneiras diferentes de se aproximar de Deus: algumas pessoas podiam encontrar Deus na crença religiosa, outros na música, outros concebê-lo na beleza de uma equação matemática. As respostas de Roger não conseguiram, porém, dissipar minha tristeza. Minha vida com Stephen havia sido construída sobre a fé – fé em sua coragem e genialidade, fé em nossos esforços conjuntos, e fé, em última instância, religiosa –, e, ainda assim, ali estávamos no próprio berço das três grandes religiões do mundo, pregando algum tipo de ateísmo mal definido, fundamentado em valores científicos impessoais, com pouca referência à experiência humana. A vazia negação de tudo em que eu acreditava era amarga, de fato.

Sentei-me em um silêncio triste na parte de trás da van enquanto o motorista nos levava a todos os locais sagrados do Antigo e do Novo Testamento – a pequena caverna escura em Belém, as pedras branqueadas de Jericó, as montanhas secas de Wilderness, o fluxo verde ondulante do rio Jordão e do mar da Galileia. Muda em meu canto na van, pensei que essa terra trágica parecia fazer brotar conflito. Com a paisagem impenetrável de fundo, a sensação de conflito era onipresente e insidiosa. Até Stephen e eu corríamos o risco de sucumbir a ele, uma vez que nós raramente parecíamos concordar.

Contudo, enquanto Stephen terminava seu almoço em um restaurante perto de um lago em Tiberíades, eu nadava sozinha nas águas azul-turquesa do mar da Galileia, e por alguns preciosos minutos eu me senti em paz e em harmonia com a paisagem e sua história. A ameaça de guerra sobre as colinas de Golã havia preservado a Galileia dos estragos da indústria do turismo, e como resultado, pouco havia mudado em dois mil anos. Tiberíades era, possivelmente, menos em 1988 do que havia sido nos tempos romanos, e o lago estava tão calmo e preservado quanto uma lagoa escocesa.

Não fosse pelo calor, a Galileia vista da capela do Sermão da Montanha poderia muito bem ser o lago Lomond. No final do dia, todos nos banhávamos no Mar Morto. Encorajado por mim e apoiado por sua comitiva e a flutuação natural proporcionada pelo sal, Stephen se deitou, boiando na água morna, brevemente restabelecendo o contato com a realidade da natureza por tanto tempo negado a ele, em vez de com sua teoria, com a qual ele estava em comunhão incessante. Houve um silêncio em torno de nós. As únicas testemunhas do pacífico banho de Stephen eram as nebulosas montanhas roxas de Jordão na distância, o céu azul e uma ave de rapina solitária. Era impossível se afogar ou até mesmo nadar. Minha tentativa de nadar de peito acabou em água espirrando e eu me debatendo, e encheu meu nariz de sal. Meus treinos de natação teriam de ser reservados para a piscina do hotel, no terraço, onde eu nadava algumas voltas todas as noites depois da quente e empoeirada excursão de cada dia. A novidade de nadar com toda a Jerusalém espalhada abaixo teria sido muito agradável, não fosse a presença de uma criança suspeitosamente empipocada na água. Eu reconheci a catapora, mas confiava que estava bem protegida pelos anticorpos contra o vírus como resultado de minha experiência na Espanha quando estudante.

— 8 —

A RAINHA VERMELHA

A VIAGEM AO ORIENTE MÉDIO FOI UM PRELÚDIO PARA AS DEMANDAS DAQUELE VERÃO, que provou ser ainda mais intenso que o habitual. Embora não houvesse nenhuma possibilidade de fuga das brigas intermináveis dos enfermeiros, o epicentro do descontentamento surdo se mudara para o Departamento, pois era ali que Stephen passava a maior parte do dia. O jovem assistente, Nick Phillips, escreveu-me para se desculpar por pedir demissão, coisa a que foi forçado, pois era muito frequentemente alvo do mau humor e da crítica de uma das enfermeiras. "Maldade" foi o termo que ele usou em sua carta. Eu simpatizava com ele, mas havia pouco que pudesse fazer para ajudar. Os enfermeiros tinham uma lei própria, e nem Judy Fella nem eu tínhamos a menor influência. O que quer que tenha acontecido no Departamento estava completamente fora do meu alcance. Minha preocupação tinha de ser focada na manutenção de um ambiente civilizado em casa.

Com o início dos exames de nível avançado e o final dos compromissos de aulas particulares daquele ano, voltei minha atenção aos planos para a vigésima primeira festa de aniversário de Robert. Comemoramos o dia real com um grande jantar em família em casa, e planejamos outra festa à noite, uma semana depois, no gramado, com uma banda; uma repetição de sua festa de dezoito anos – mas desta vez seria uma banda de jazz, e Robert enviou convites para uma festa cujo tema seria O Chapeleiro Maluco. Os preparativos para a festa estavam em pleno andamento, mas, três semanas depois de voltar de Jerusalém, eu acordei uma manhã com dor de cabeça e manchas que coçavam ao redor da cintura. A única dor de cabeça comparável de que eu conseguia me lembrar era a que havia precedido a catapora na Espanha, quando eu era estudante. Lucy levou seu irmão mais novo para a escola e eu caí de volta na cama. Não vi ninguém até que Eve chegou, como de costume, às dez horas. Seu reconfortante sotaque *brummie* era claramente audível do lado de fora de meu quarto.

– Onde está Jane? – ela perguntou.

A voz lânguida de Elaine Mason soou na pronta resposta:

– Ela está deitada... fingindo.

Eve a ignorou, mas foi direto para meu quarto. Uma olhada em mim bastou:

– Você precisa de um médico! – pronunciou ela com firmeza e em voz alta para que todos ouvissem.

O médico diagnosticou herpes-zóster, a reativação do vírus da catapora exacerbado pelo estresse. Ele prescreveu repouso e um novo medicamento para aliviar a coceira. Tristemente eu me lembrei da criança empipocada na piscina no terraço de Jerusalém e me perguntei como eu faria para encaixar repouso na longa lista de coisas a ser feitas.

Graças a Eve – mesmo sofrendo depois de ter quebrado o braço –, Lucy e Jonathan, consegui descansar um pouco. Jonathan fazia compras e levava Tim de e para a escola e o acampamento, entre a organização e o ensaio de seu próximo concerto, enquanto Lucy interrompia seu giro habitual de atividades sociais para me levar xícaras de chá, cozinhar e repelir invasões indesejadas. Felizmente Jonathan não dependia mais de minhas habilidades administrativas na gestão de sua orquestra barroca, uma vez que a empresa já estava estabelecida em uma base financeira suficientemente firme para que ele pudesse contratar um administrador que cuidasse de todos os detalhes de cada concerto. Agora que a Camerata era uma preocupação constante e dava concertos com regularidade, até nos lugares mais remotos da Terra, Jonathan estava frequentemente longe de Cambridge. Ele trabalhava duro, ensaiando e atuando, e muitas vezes voltava dos concertos distantes nas primeiras horas da manhã. Sua agenda irregular, típica da vida de um músico itinerante, era incompreensível para os enfermeiros. Sem ter presenciado ou apreciado seu talento na prática, o menos imaginativo deles supunha que sua presença na casa durante o dia sugeria que ele era um preguiçoso, um vagabundo, que sugava a generosidade de Stephen. Sua presença dava origem a muita fofoca.

Lucy, enquanto isso, fazia malabarismos entre sua vida social, os ensaios para o Festival de Edimburgo e os exames de verão. Como meu herpes-zóster melhorava muito lentamente, ela se viu obrigada a espremer mais um compromisso imprevisto em sua já agitada rotina. Eu pretendia acompanhar Stephen a Leningrado para uma conferência na terceira semana de junho, mas era óbvio para todos, exceto para ele e seus asseclas subversivos, que eu não estaria suficientemente bem para viajar. Como ele fazia um esforço sobre-humano para superar todos os obstáculos, era difícil para Stephen ver por que os outros, sobretudo sua mulher, não eram capazes do mesmo emprenho e força de vontade, em especial porque todas as outras doenças eram insignificantes em comparação com a ELA. Era claro que eu não podia mais viver de acordo com suas expectativas. Eu me via tendo de começar cada frase com desculpas estranhas, e cada tentativa de pedir desculpas por ser eu mesma me deixava ainda mais ciente de minha inadequação. Quanto mais minha sensação de deficiência crescia, mais intenso o herpes-zóster se tornava. A nevralgia e as tonturas se intensificavam até proporções ofuscantes, enquanto meus nervos vibravam como se sofressem mil picadas de abelha nas pontas dos dedos sempre que eu tentava comunicar meus sentimentos ou minhas ideias sobre qualquer assunto de família, mesmo que trivial.

Havia um compromisso que eu não podia perder, por pior que me sentisse. Era o lançamento de *Uma breve história do tempo*, programado para ocorrer em um almoço para a família e amigos na Royal Society, em 16 de junho, uma semana depois de o herpes-zóster me atacar. *Uma breve história do tempo* era a expressão tangível da vitória de Stephen sobre as forças da natureza, as forças da doença, da paralisia e da morte. Era uma vitória e uma conquista que nos envolvia os dois de uma forma que lembrava as lutas passionais e os triunfos emocionantes dos primeiros anos de nosso casamento. Essa vitória, porém, não era um assunto privado, e sim um evento muito público, que contara com intensa publicidade. Minha aparência nesse evento era quase espectral: faltava-me o vigor até para manter uma conversa coerente, e ainda mais para enfrentar o subsequente ataque violento da mídia com uma mínima demonstração de confiança.

No dia seguinte ao lançamento levantei-me da cama de novo, vesti minha túnica vermelha e uma coroa de papel vermelho, apliquei fortes manchas de ruge em meu rosto e apareci na festa de Robert como a Rainha Vermelha. Fiz uma piada triste com o fato de que, como a Rainha Vermelha, eu estava sempre correndo no mesmo lugar. Eternamente cansada e apática, eu lutava até o fim do trimestre com uma longa série de compromissos e as últimas aulas do ano letivo. Eu não tinha nem a energia nem a inclinação para intervir de novo nas rivalidades febrilmente explosivas entre os enfermeiros, que se tornavam cada vez mais venenosas com a ascensão meteórica de *Uma breve história do tempo* ao topo da lista dos mais vendidos. Enquanto as disputas dos enfermeiros não ameaçassem mais o equilíbrio da vida em casa, eu tentava tratá-las com o desprezo que mereciam. A quantidade mínima de tempo que eu estava – em tese – disposta a lhes conceder era esticada até a eternidade quando eles expressavam longamente suas queixas por telefone, alheios ao fato de que eu poderia ter coisas melhores para fazer, mas prontos para se sentir mortalmente ofendidos se eu desligasse o telefone sem ouvi-los. Por fim fui obrigada a pedir a uma das enfermeiras, Elaine Mason, cujo comportamento parecia estar na raiz dos problemas, que viesse para uma reunião, na qual eu pretendia lhe dizer que não poderia ficar de lado e ver a escala de enfermagem, minha casa e minha família dilaceradas. Eu bem que poderia ter poupado meu fôlego. Com complacência e condescendência, ela negou todas as intenções maliciosas, chamando o marido para atestar seu caráter imaculado antes de sair da casa, de cabeça erguida, enquanto eu afundava em um buraco de desespero envolvente.

Em comparação, os intrusos que ligavam – geralmente da América – no meio da noite, sem levar em consideração a diferença de fuso, pareciam um alívio. A qualquer hora eles exigiam falar imediatamente com "o professor". Como certo senhor Justin Case, todos eles haviam resolvido o enigma do universo e estavam impacientes para dizer ao professor que seus cálculos estavam errados. O senhor Justin Case teve de disputar a linha telefônica às três da manhã com o senhor Isaac Newton, que era um interlocutor regular do Japão. Lucy atendeu a um telefonema de um homem que a pediu em casamento.

– Loura Lucy – suplicou ele –, quer se casar comigo? Mas leia minha tese a seu pai primeiro!

Outra pessoa desesperada, da Flórida, insistia em falar com Stephen porque tinha certeza de que o mundo ia explodir em meia hora.

– Desculpe – dissemos –, ele está longe.

– Bem, então – veio a resposta desesperada –, é o fim do mundo, e não há nada que eu possa fazer para salvá-lo!

Alguns até apareciam na porta da frente e ficavam ali esperando Stephen, nem sempre com vantagem para eles, no entanto. Um, vestindo apenas uma regata de redinha, não estava preparado para a abertura da porta da frente, que abria para fora. Quando a porta se abriu e Stephen surgiu em sua cadeira de rodas, o pobre homem foi jogado em cima de uma roseira. A camiseta de redinha ficou presa nos espinhos, e Stephen já estava bem longe quando o homem conseguiu se libertar. Houve também a estrela de cinema de Hollywood que queria testar sua teoria mística, meio crua, do universo; os jornalistas fraudulentos, que prometiam fazer doações para a caridade em pagamento pelas entrevistas que Stephen lhes concedia, mas nunca fizeram; e os pretensos biógrafos não autorizados, que queriam fazer um dinheirinho rápido à nossa custa. Era com impaciência que eu ansiava pelas férias de verão, quando enterraríamos o fantasma do episódio de Genebra com um retorno a essa cidade. Qualquer lugar tinha de ser melhor que Cambridge.

Estrelas de Hollywood e dificuldades domésticas à parte, quando conseguíamos nos comunicar, Stephen e eu falávamos um pouco sobre o assunto mundano de como gastar o dinheiro do Prêmio Wolf. Isso e os rendimentos previstos de *Uma breve história...*, juntamente com as modestas economias que eu havia feito ao longo dos anos, somavam o suficiente para nos permitir pensar em comprar uma segunda casa. Stephen estava interessado em comprar um apartamento em Cambridge para investimento, mas eu acalentava o sonho de uma casa de campo em algum lugar longe de toda a agitação, as tensões e as invasões persistentes de nossa privacidade. Uma casa de campo na costa norte de Norfolk teria sido meu ideal, mas estava além de nossos recursos. Uma casa de campo poderia nos dar a tão ansiada paz e o anonimato, o tempo e a quietude para Stephen pensar e para as crianças se prepararem para os exames, enquanto eu seria dona de minha própria casa e meu próprio jardim.

Só quando nos deparamos com um inglês excêntrico – quando Jonathan, Tim e eu atravessávamos o norte da França em direção ao sul para encontrar Stephen, em Genebra, em agosto daquele ano – foi que o pensamento de comprar um imóvel na França começou a atravessar minha mente como uma ideia viável. Esse cavalheiro, que tinha uma pequena propriedade em Franglais, com animação entrou no mundo dos negócios comprando e reformando propriedades rurais francesas e vendendo-as aos britânicos, a preços que eram extraordinariamente baratos em comparação com os de Cambridge. Quando ele abriu as plantas para um extasiado público de espectadores franceses desconcertados e observadores ingleses fascinados em um restaurante de beira de estrada, a emocionante verdade começou a nascer: que essa era uma possível saída para nossos recursos. Aproveitaríamos todas as vantagens de uma casa de campo, no exterior, mas menos distante que o País de Gales, e nós e nossos filhos seríamos verdadeiros europeus, com uma base na Europa, e, ainda por cima, quem sabe, bilíngues.

Com todo o tumulto do início do novo ano letivo assim que voltamos à Inglaterra, eu abandonei a ideia, que passou à categoria de um sonho. Nossas férias com Stephen em Genebra haviam sido um sucesso animador a partir do momento em que nos encontramos com ele no aeroporto, e depois desse feitiço harmoniosamente restaurador, Jonathan, Tim e eu havíamos passado dez dias acampando no sul da França. Voltamos para Cambridge revigorados e prontos para tomar as rédeas, completamente inconscientes do novo caos que nos aguardava. Em primeiro lugar, a requisição de vaga de Lucy na Universidade de Oxford – que seu pai e seu avô paterno haviam frequentado – teve de ser retirada e refeita às pressas. O inesperado sucesso do Cambridge Youth Theatre no Festival de Edimburgo a impossibilitou de prestar os exames de admissão, de modo que ela teria de contar com uma entrevista e suas notas do nível avançado. Em segundo lugar, o inquilino da casa pertencente a Robert e sua avó estava ameaçando tomar medidas legais, porque durante minha permanência na França Stephen, para resolver um problema que havia surgido, mandara-o sair. Em terceiro lugar, o administrador da Cambridge Barroque Camerata achou a carga de trabalho muito grande e queria se demitir. Em quarto lugar, e mais atípico para o mundo discretamente privado de uma instituição científica, o Departamento havia se transformado em tal caldeirão de intrigas que Judy, incapaz de realizar seu trabalho corretamente por causa da indisciplina entre os enfermeiros, foi levada ao ponto de pedir demissão. Essa foi uma triste sucessão de eventos para nós que havíamos testemunhado e apreciado sua devoção a Stephen por um longo período de quase quinze anos.

Eu tinha medo de que as erupções vulcânicas no Departamento pudessem transbordar e engolir a casa no pior momento possível – quando Lucy estava sob a maior pressão. Ela agora estava estudando para entrar em Oxford, ao mesmo tempo em que ensaiava para outra temporada de *The Heart of a Dog*, porque o desempenho do Youth Theatre no Festival de Edimburgo havia recebido um dos principais prêmios, o prêmio independente para a melhor performance no Festival, que lhes dava direito a duas semanas de apresentação em palcos de Londres. Infelizmente, essas apresentações foram programadas para pouco antes das cruciais entrevistas de admissão a Oxford, de modo que Lucy teria de ir a Londres para atuar todos os dias depois da aula, e em seguida, voltar à escola, como de costume, na manhã seguinte. Como sua resiliência seria testada até o limite, era essencial para ela contar com um ambiente estável e tranquilo em casa. Contudo, essa simples questão de bom senso não deu frutos na maioria das pessoas que regularmente entravam e saíam de casa.

A ação de retaguarda para manter as batalhas dos enfermeiros sob controle simplesmente não era suficiente para manter a calma em casa. De um cientista bem conhecido na Grã-Bretanha e nos Estados Unidos, Stephen de repente alcançou a fama no mundo todo. Ele se tornou uma figura cultuada com o sucesso do livro. Sentimos o primeiro gostinho disso em outubro de 1988, quando Tim e eu o acompanhamos a Barcelona para a publicação da edição em espanhol de *Uma breve história do tempo*. Ele foi reconhecido em todos os lugares, atraiu multidões, que paravam para aplaudi-lo na rua. Eu fui chamada para traduzi-lo aos jornalistas nas coletivas de imprensa e entrevistas de televisão, e fui convidada a dar entrevistas para revistas femininas. Era uma satisfação trabalhar junto com Stephen de novo como sua parceira intelectual. No entanto, a demanda por entrevistas estava atingindo seu auge, não só na Espanha, mas em todos os lugares, em casa e no exterior. Era mais fácil lidar com a publicidade no exterior, porque estávamos lá expressamente para vender o livro, e esse pacto mefistofélico nos obrigava a ficar disponíveis para a mídia. Em casa, onde tínhamos nossa rotina diária para seguir em tranquilo anonimato, as intromissões da imprensa representavam uma mudança penosa na vida familiar. O equipamento de televisão tornou-se uma característica regular no escritório de Stephen, onde os enfermeiros competiam entre si para posar para as câmeras, e não era um problema. O problema surgiu quando os jornalistas pediram para fazer uma entrevista ou fotos em casa também. Isso eu estava extremamente relutante a conceder, e as crianças se opuseram com veemência. Já era ruim o bastante com enfermeiros na casa o tempo todo: com câmeras de televisão e repórteres, não haveria nenhuma privacidade para ninguém em nenhum lugar. Contudo, meus argumentos não intimidaram. Foram tomados como mais uma prova de minha deslealdade para com o homem genial. Era óbvio que com minha dependência de Jonathan e minha recusa a me capacitar como enfermeira eu já estava condenada. Minha relutância em regalar a imprensa com histórias de vida com esse gênio dentro das paredes de minha casa era apenas mais uma admissão de minha perfídia.

No dia 7 de novembro, a turnê de duas semanas de Lucy em Londres começou no Half Moon Theatre, na Mile End. Ela saiu da escola às dezesseis horas com apenas meia hora de sobra antes de pegar o ônibus. A peça exigia enormes reservas de energia e concentração de seu jovem elenco, que trocava de papéis a cada cena, às vezes aparecendo em cenas individuais, às vezes em conjunto. Ela chegava à casa depois da meia-noite, e na manhã seguinte, em torno das nove horas, tinha de estar de volta à escola pelo dia inteiro. Sua agenda era cruel, mas o estresse melhorou um pouco com a decisão de Stephen de ir para a Califórnia com sua comitiva por um mês inteiro no dia seguinte à primeira apresentação. Posteriormente, a qualidade de vida melhorou muito em casa, e todos demos um longo suspiro de alívio quando nos vimos em paz e isolamento, comparativamente. Em uma nada costumeira atitude de autoindulgência, eu estava sentada de braços cruzados folheando o jornal de domingo quando um artigo sobre a disponibilidade de imóveis na França chamou minha atenção. Embaixo havia um anúncio modesto de uma agência inglesa que se oferecia para procurar casas adequadas no interior da França para seus clientes. Eu liguei para o número de telefone, e em poucos dias fotocópias começaram a chegar do norte da França. As fotografias pareciam ter sido tiradas em momentos de densa neblina ou de uma tempestade de neve, e a terminologia usada frequentemente me fazia pegar o dicionário, mas os preços eram extremamente baixos. Nenhum era maior que cerca da metade do preço de uma casa com terraço vitoriano de dois quartos no sul da Inglaterra, e, embora fosse impossível dizer em que estado estavam as propriedades, eram obviamente muito mais substanciais em termos de área de terreno. Claro que mais investigação seria necessária, e foi assim que Tim, Jonathan e eu navegamos para a França, em um sábado, em meados de novembro.

— 9 —

PROSPECTANDO NO PARAÍSO

A França em novembro era sombria e triste, na verdade, e muito fria e escura. Contudo, às sete horas da noite, Arras, nosso destino, ainda estava cheia de vida e atividade, as lojas dispensavam seus últimos clientes nas ruas iluminadas. Estavam cheias de sedutoras vitrines com iguarias e brinquedos de Natal, que prontamente fez um buraco em nossos bolsos. Além disso, para nossa surpresa, placas em todos os lugares anunciavam que o *Beaujolais Nouveau* havia chegado! O fim de semana começou a assumir uma perspectiva diferente, em especial depois de uma excelente refeição no bar de nossa pensão, onde o recém-chegado *Beaujolais Nouveau,* vermelho rubi, encontrou a aclamação da crítica em geral. Se tudo o mais falhasse, o fim de semana teria cumprido a promessa de resolver a maioria das compras de Natal e de certo prazer líquido também.

No dia seguinte, o granizo caía pesado, firme e inflexível, e embora eu pudesse dizer que não tinha o menor interesse em casinhas pitorescas espalhadas pela paisagem, um agradável e solícito corretor e seu assistente nos esperavam, preparados para abrir mão da melhor parte de seu domingo para nos escoltar por aquelas que eles consideravam as propriedades mais adequadas de seu cadastro. Que domingo, e que pontos turísticos vimos amontoados na parte de trás do carro do corretor! A chuva caía, e de vez em quando dava lugar à neve. Quando por fim o granizo e a neve acabaram, uma escura névoa penetrante se instalou enquanto nós olhávamos as casas em ruínas, de teto com goteiras, bangalôs de papelão, e uma casa onde a passagem entre a cozinha e a sala de jantar era, de fato, o banheiro. Estávamos à procura de uma casa velha com caráter, mas, basicamente, em bom estado, com algumas possibilidades de reforma, e com abundância de cômodos no térreo para os membros idosos e doentes da família, em especial para Stephen. Vista agradável era desejável, e a distância da estrada principal era uma consideração importante. Nada do que havíamos visto no primeiro dia sequer se aproximava de nossas necessidades.

O dia seguinte amanheceu claro e brilhante e a paisagem cintilava sob uma fina camada de neve crocante, fresca. Na volta para Bolonha, paramos em um pequeno mercado para encontrar só mais uma corretora, madame Maillet. Ela nos guiou para fora da cidade em direção à costa. A estrada saía do buraco onde a cidade se situava e subia até um extenso planalto varrido pelo vento – na verdade, um pico amplo entre dois vales fluviais. Passamos por uma pequena pista de corrida à direita e atravessamos correndo uma pequena aldeia. Havia poucos sinais de habitação, apenas uma ocasional torre de igreja, uma caixa d'água ou um moinho em ruínas. Então, de repente, madame Maillet virou à direita. Nós a seguimos, e lá estava ela, a um quilômetro ou mais de distância da estrada principal, longa e baixa, caiada, com telhas vermelhas. "Essa é nossa casa, mãe", disse Tim, então com nove anos. E assim foi, inequivocamente acenando para nós no campo, uma velha amiga de uma existência passada, instantaneamente reconhecível, imediatamente atraente. *Un vrai coup de foudre*, diriam os franceses. Amor à primeira vista. Nem ficamos desapontados quando pegamos a calçada do moinho – isso é o que era, uma antiga casa de moinho de vento, este há muito destruído. A baixa fachada sorridente que havíamos visto da estrada provou ser apenas um dos três lados da casa, que abraçavam um pátio, meio ao estilo de uma vila romana, o tipo de casa com que Stephen e eu havíamos sonhado nos dias de ouro do nosso noivado. O aspecto dentro do pátio era tão agradável e acolhedor quanto o exterior havia sido olhando da estrada. As salas de estar, a cozinha, tudo dava para o pátio ou para o jardim e o pasto nos fundos; eram selvagens e despenteados, à mercê de um bando de gansos hostis, com exceção de um canto com uma horta tradicional.

Os dormitórios, do lado mais comprido da construção, que primeiro captaram nossos olhos e nossa imaginação na estrada, eram ideais para as necessidades de Stephen, no térreo, e os cômodos poderiam ser consideravelmente expandidos reformando o grande, claro e arejado sótão, que corria por todo o comprimento dessa ala da casa. Era quase bom demais para ser verdade. Pelo que dava para dizer, a casa cumpria todos os requisitos; ficava a uma hora de carro da costa, não mais longe de Cambridge que as partes ocidentais do país, e certamente mais perto que o País de Gales. Gozava de uma linda vista de campos de madeira e ficava bem longe da estrada principal, embora com acesso fácil. Era antiga e cheia de personalidade, mas, aparentava estar em boas condições. Havia evidente potencial para melhorias, e, mais significativamente, o preço deixava uma margem suficiente para qualquer reforma.

Durante todo o caminho para casa minha mente estava fixa no moinho, processando nas impressões, a emoção, as ideias. Uma vez de volta à Inglaterra, apressei-me a escrever tudo, e com papel, caneta e régua, a fazer esboços da propriedade e plantas para a adaptação às nossas necessidades, e mandei tudo por fax para Stephen no sul da Califórnia. Stephen respondeu positivamente. Era muito menos complicado comunicar-se com ele por fax atravessando o Atlântico que cara a cara, e eu interpretei seu sucinto comentário "Parece bom" como aprovação. Em seguida, as rodas para a compra do moinho foram postas em movimento a uma velocidade notável. Também rapidamente tive de aprender a língua e os procedimentos para adquirir um imóvel na França, pois, desde o início, ficou claro que era muito diferente em cada etapa dos equivalentes em inglês. Tive de me familiarizar com o Direito francês e a terminologia jurídica, o sistema bancário francês, as normas de construção francesas, os estilos de seguro francês, os impostos locais e as excentricidades dos serviços públicos. A libra esterlina era flutuante em relação ao franco na época, de modo que eu tive o consolo de me beneficiar de uma taxa de câmbio favorável. O pensamento reconfortante era que a mesma quantidade de dinheiro não podia comprar qualquer coisa que valesse a pena ter na Inglaterra. No fundo, dentro de mim eu sentia uma segurança e uma certeza que não conhecia havia anos. Esse projeto, baseado em meu empenho e meu conhecimento da língua francesa, seria minha contribuição para a vida da família – mas, claro, seria financiado conjuntamente. Muitas das nossas viagens no passado haviam tido um único objetivo: a busca da ciência. Esse projeto combinaria todos os nossos interesses e talentos – línguas, o amor à França e ao modo de vida francês, descontração, jardinagem e música, também, com sua busca científica. Quanto mais eu olhava para minhas plantas e meus desenhos, mais percebia que o moinho tinha um potencial ainda maior do que eu havia julgado possível previamente. Tinha um velho celeiro, anexo à casa, que estava no ponto para se transformar em acomodações no andar de cima, com potencial para uma sala de conferências no andar de baixo, permitindo a Stephen ter sua própria escola de verão, para a qual ele poderia convidar seus colegas cientistas e suas famílias. Eu tinha visões de nossa versão da escola de verão Les Houches na ondulante região rural do norte da França, e era minha esperança que encontraríamos mais uma vez a unidade e a harmonia que tínhamos antes dos acontecimentos de 1985, e que desde então fugiam de nós na Inglaterra.

— 10 —

A VOLTA PARA CASA

Meus planos para o moinho foram suspensos no início de 1989 porque eu estava ocupada revisando a edição francesa de *Uma breve história do tempo*. Não era só uma questão de checar a linguagem, mas de cavoucar muito mais profundamente. A edição inglesa abria com uma introdução do cientista norte-americano Carl Sagan. Fiquei perplexa ao descobrir que ela não havia sido traduzida para o francês, e que, sem o conhecimento de Stephen, a Flammarion, a editora francesa, havia encomendado uma introdução a um físico francês para substituir a de Sagan. Achei inacreditável o tom depreciativo de certas observações na introdução francesa, e as excluí. O lançamento de *Une Brève Histoire du Temps* foi marcado para o início de março, em Paris, e coincidiria perfeitamente com a conclusão da compra da casa. As semanas antes do lançamento levaram uma procissão de jornalistas e câmaras de televisão franceses para Cambridge, enquanto a conclusão do processo de transferência da propriedade focava minha atenção cada vez mais no outro lado do Canal da Mancha. Meus horizontes foram se expandindo, não mais limitados pelas quatro paredes da casa da Inglaterra.

Os meandros do sistema jurídico francês, os mecanismos para a criação de uma conta bancária, os detalhes do contrato de seguro, tudo isso eu ataquei com entusiasmo, ajudada pelos personagens deliciosamente idiossincráticos com quem eu fazia contato na região rural e tranquila de Ternois, no norte da França. Os projetos para a reforma já estavam esperando aprovação quando, a caminho de Paris, eu assinei o contrato de compra da casa em uma cerimônia formal em 1º de março, em si um feito considerável, uma vez que todas as partes no acordo tinham de estar presentes e Stephen havia decidido que não poderia arranjar tempo para participar. Ele havia acabado de voltar de uma viagem a Nova York de Concorde. Quando a notícia da casa na França começou a vazar por meio de amigos e parentes na Inglaterra, fiquei perplexa com algumas das reações. "Stephen não gosta do campo", anunciou sua mãe, inflexível, diante dele, como se a intenção fosse predispô-lo contra o moinho. Ela havia esquecido Llandogo? Certamente a desconfiança de Stephen em relação ao campo podia ser justificada depois dessa experiência, mas condenar o moinho, que havia sido escolhido com tanto cuidado e estava sendo preparado meticulosamente para seu gozo, parecia muito injusto. A imagem que suas relações e alguns dos seus enfermeiros cultivavam de Stephen era de um playboy que vivia para as luzes brilhantes da cidade e que achava chata a vida rural. Essa imagem, em conflito com minhas percepções dele, e as calúnias sobre meu empreendimento foram minando seu interesse pela casa.

Os poucos dias em Paris após a compra da casa certamente intensificaram o amor de Stephen pelas luzes brilhantes. Ele foi homenageado e perseguido aonde quer que fosse, o queridinho da mídia e o bem mais valioso da editora. Como eu amei Paris, não foi difícil apreciar as luzes brilhantes também. Jantamos no La Coupole; comemos no restaurante da Torre Eiffel, onde Stephen foi convidado para adicionar seu nome às assinaturas dos ricos e famosos no livro de visitas; visitamos o recém-inaugurado Museu d'Orsay e entretivemos amigos e parentes franceses de Stephen, incluindo sua prima Mimi, em um jantar em celebração pelo lançamento. Fotógrafos nos seguiam por toda parte e os jornalistas clamavam por entrevistas, nas quais eu ou um colega francês de Stephen fazíamos a interpretação. Fiquei lisonjeada ao ser convidada para uma entrevista por um famoso radiojornalista, Jean-Pierre Elkabbach, na rádio Europe 1. Quando cheguei, meu entrevistador estava em uma longa e acalorada discussão com Jean Le Pen, o líder nacionalista. Jean-Pierre Elkabbach rapidamente recuperou a compostura e me tratou com charme e deferência. A entrevista foi transmitida por toda a França, e, como resultado, nós e as nossas circunstâncias foram apresentadas para nossos novos vizinhos em nossa aldeia no norte do país antes que nos instalássemos.

Dentro de três semanas eu iria para a França de novo, dessa vez com Tim e Lucy em um carro carregado até o teto com embalagens de armário e estantes desmontados, roupas, louças, talheres, utensílios e alimentos. Como se fosse uma homenagem a nós, descobrimos que uma nova autoestrada havia acabado de ser inaugurada, diminuindo vinte minutos ou mais da viagem de Calais, por isso, quando chegamos ao moinho mais cedo que o esperado, encontramos a casa cheia de trabalhadores dando os últimos retoques no esforço hercúleo de fazer arranjos apropriados para Stephen – e de transformar o sótão em dormitórios, coisa que concluíram em dezessete dias. O prazer radiante deles por nosso deleite ficou óbvio quando visitamos a casa que eles haviam tão depressa reformado.

Stephen havia comprado recentemente uma van Volkswagen, que fora equipada com uma rampa e peças para fixar a cadeira de rodas com firmeza no lugar. A van também provou ser inestimável no transporte de grandes peças de mobiliário. Já tarde da noite, Jonathan chegou ao volante da van, que estava lotada com ainda mais móveis e bagagem. No dia seguinte ele foi até o aeroporto de Le Touquet –

tão em voga para os britânicos em seu auge – para encontrar Stephen, Robert e a comitiva de dois enfermeiros seguros e confiáveis. Os adiantamentos e direitos autorais provenientes das várias edições de *Uma breve história do tempo* permitiram a Stephen o luxo raro de fretar um pequeno avião no aeroporto de Cambridge para levá-lo para a França pelo mais simples e confortável meio possível. O gentil piloto australiano abriu espaço na asa para guardar malas e partes da cadeira de rodas, e convidou um dos passageiros, nessa ocasião Robert, a se sentar ao lado dele na cabine de seu aviãozinho de seis lugares.

O tempo estava tão bom durante o feriado da Páscoa que o norte da França adquiriu um aspecto mediterrâneo. As longas paredes brancas e os baixos telhados vermelhos da casa e dos anexos brilhavam sob o sol contra um céu azul, enquanto nuvens de flores brancas tremulavam sobre a terra como flocos de neve de seda no prado e nos arbustos. Até Stephen ficou impressionado, mas reclamou que o campo era tão plano quanto Cambridgeshire. Isso não era verdade, como Robert descobriria quando fosse dar uma volta de bicicleta. A casa ficava no alto de um planalto, dividido por muitos vales de um rio sinuoso, com aldeias, moinhos de água, castelos em ruínas, abadias, choupos e riachos com trutas. Stephen parecia gostar, embora, é claro, ele nunca se permitisse admitir. Independentemente de sua opinião sobre a vida no campo e pitorescas casas antigas, ele com certeza gostava do cenário social. Ele e as crianças saíram para comprar champanhe rosé para a festa de inauguração da casa que demos para todos os nossos vizinhos e todas as pessoas que me ajudaram com a compra ou que trabalharam na casa. Stephen era, de boa vontade, a atração: mostrou seu computador e sua capacidade de falar em uma versão deturpada e norte-americanizada da língua francesa, para a diversão de todos, e graciosamente agradeceu as abundantes felicitações pelo sucesso de seu livro. As crianças logo fizeram novos amigos, e até Tim estava se comunicando de forma eficaz em francês, com algumas palavras bem escolhidas e gestos, como "futebol?" ou "*jouer?*". No entanto, recusava-se a ser beijado em ambas as faces a cada encontro, até que Robert comentou que dentro de alguns anos ele ficaria muito feliz por ser beijado nas duas faces pelas garotas. Quanto a mim, na França eu podia ser francesa, espontânea, natural e fiel a mim mesma, sem ter de justificar minhas ações nem me desculpar por existir.

— 11 —

O PREÇO DA FAMA

Os brotos da minha germinante autoestima, cultivada no solo da sociedade francesa, seriam rapidamente esmagados na Inglaterra. Otimista como sempre, eu não esperava que a chegada, no final de abril, de um produtor de cinema de Hollywood fosse um dos primeiros tiros de um ataque violento a nossa vida doméstica. Ele parecia amigável, inspirando minha confiança com histórias de sua jovem família, e transmitindo um genuíno senso de propósito em seu plano de fazer um filme de *Uma breve história do tempo*. Seria um filme sério e informativo baseado no livro, e ele gostou de minha ideia de que devia assumir a forma de uma viagem no tempo e pelo universo através dos olhos de uma criança. A ideia era atraente. Enquanto o filme permanecesse estritamente científico e pudesse ser feito com imaginação, utilizando a inovadora tecnologia gráfica, seus planos teriam um bom augúrio.

Em seu encalço chegou uma equipe norte-americana de filmagem, dirigida por uma mulher animada que também conquistou minha confiança com sua abordagem simpática. Aceitamos a rotina de que as equipes de filmagem primeiro causariam estragos no Departamento antes de voltar sua atenção para nossa casa, para dar um reconfortante toque de aconchego ao retrato enigmático do gênio incapacitado. Em um primeiro momento, todos os diretores pareciam ser agradáveis, atenciosos, pessoas comuns, efusivamente prometendo que qualquer perturbação seria mantida a um mínimo absoluto. Sua observação discreta não tomaria tempo e exigiria apenas algumas fotos, não causando interrupção de nossas atividades normais. Câmeras, cabos, lâmpadas de arco voltaico e microfones permaneceriam todos a uma distância discreta; os móveis não seriam afastados; podíamos nos vestir informalmente e levar nossa vida diária como de costume.

A realidade não teve relação nenhuma com essas promessas. Sem exceção, no curto intervalo entre a descontração inicial e as filmagens, o produtor – diante dos nossos olhos estarrecidos – tornou-se devastadoramente intrusivo. Ignorando as garantias que tinha dado, todos os produtores e diretores alegaram falta de tempo ou escassez de recursos para justificar sua súbita mudança de abordagem assim que as câmeras começaram a rodar. Os móveis foram empurrados, muitas vezes danificados, e jamais devolvidos a suas posições originais. Lâmpadas cegantes de arco voltaico e irritantes telas reflexivas em suportes de metal frio substituíram a corriqueira desordem familiar, obscurecendo os móveis, os livros e os jornais. Longos cabos serpeavam de forma perigosa pelo chão dentro e fora de cada aposento; microfones foram pendurados em qualquer gancho ou prateleira disponível. Nós, estranhos na paisagem desagradavelmente transformada de nossa irreconhecível casa de aço tubular, tivemos nossos papéis estereotipados: o ator principal (embora não treinado) deveria reagir com graça natural e aprumo diante das câmeras – objeto sagrado de adoração do século XX. Enquanto eu observava impotente e participava com relutância, uma voz desesperada dentro de mim protestava. Com certeza tinha de haver um meio-termo entre essa bisbilhotice insaciável e a abordagem nitidamente impessoal do filme *Horizon* alguns anos antes. Contudo, um criativo meio-termo exigiria muito mais tempo e dinheiro do que qualquer um dos diretores tinha a sua disposição enquanto corriam freneticamente de um projeto para o próximo.

Por falta de saída, minha rebelião silenciosa diante desse fardo extra retumbou só abaixo da superfície. Apesar das queixas das crianças, em especial de Lucy, para quem o brilho da publicidade e a intrusão das câmeras eram mais perturbadores, por causa da aproximação dos exames, eu não tinha condições de barrar a entrada das câmeras em casa por medo do antagonismo de Stephen, que apreciava a publicidade. Ele havia acabado de voltar de mais uma viagem à América, mas a pausa não me armou de força suficiente para combater as depredações da equipe de filmagem naquela que sempre foi para mim a pior época do ano, quando o pólen das árvores entrava feito pimenta em meus seios paranasais. A diretora norte-americana, que à primeira vista parecera tão amigável e simpática, rapidamente se tornou assertiva, constrangedora até, quando suas câmeras nos seguiram até a cidade para filmar minha rotina habitual de compras aos sábados de manhã. Era incomum eu ter a companhia de Stephen e sua comitiva nessa tarefa semanal, ainda mais com uma equipe de filmagem para cada um de nós seguindo nossos passos. Não houve possibilidade de tomar medidas evasivas. Não teria sido tão ruim se eles pelo menos houvessem me dado uma mão com as compras, em vez de nos seguir como sombras, enfiando suas câmeras e microfones em meu rosto enquanto eu empurrava o carrinho de compras até o meio-fio e arrastava seu peso até a casa.

A função principal desse filme era ser um retrato de Stephen para um canal de notícias da televisão norte-americana; subsequentemente, servir para a dupla finalidade de fornecer um fundo biográfico a outro documentário científico baseado em *Uma breve história do tempo*. Contudo, pensar que essa avalanche de filmagens serviria a ambos os propósitos foi o que fez que esse horrível fim de semana fosse suportável. Quando um refinado jornalista/entrevistador e sua esposa chegaram para tomar uns drinques conosco no sábado à noite, eu não estava com disposição para acolher mais nenhuma personalidade de cinema ou televisão, nem técnicos. Mal me apresentei a eles e a esposa do jornalista perguntou casualmente, quando eu estava lhe entregando uma bebida:

– Você tem religião?

A pergunta foi feita com tal frieza e ousadia que congelou meus nervos esfrangalhados. Dei as costas a minha insípida interrogadora, mais ou menos dizendo que fosse cuidar da própria vida, mas então, superando de imediato e já arrependida, ouvi minha voz ridiculamente convidando toda a equipe para jantar para compensar minha grosseria.

Sozinha, tarde da noite, eu estava deitada na cama ciente de que uma armadilha estava se fechando sobre mim. O estresse da publicidade foi me forçando a me comportar de maneiras nada características e infiéis a mim mesma, e não havia como escapar. Era óbvio que, aos olhos da mídia, eu havia me tornado um apêndice, um objeto, relevante para a sobrevivência de Stephen e seu sucesso só porque no passado distante eu havia me casado com ele, construído um lar e gerado seus três filhos. Nos dias atuais eu estava lá para apaziguar o anseio da mídia por detalhes pessoais reconfortantes, enquanto internamente meu espírito se revoltava tanto por minha indignação como por meu desamparo.

Dez dias após a luta das filmagens ter chegado ao fim, Stephen deu uma palestra sobre Schrödinger em um quente e abafado auditório, lotado, no Imperial College, em Londres. A equação de Schrödinger, fundamental para a ciência da mecânica quântica, que ele desenvolveu em 1926 está para a mecânica do átomo tanto quanto as leis de movimento Newton estão para o movimento dos planetas. A palestra de Stephen sobre o tempo imaginário foi tão lúcida quanto poderia ser, e em seguida ele foi homenageado e perseguido por representantes da IBM – empresa que patrocinara a palestra –, que desejava uma fotografia com ele, presumivelmente como uma das vantagens de seu trabalho. Fiquei timidamente de lado, pensando que era a única presente não cientista, até que fui apresentada à filha de Schrödinger, a quem eu havia encontrado uma vez antes em uma ocasião semelhante, em Dublin, 1983.

Ela foi discreta e despretensiosa, informando-me pela segunda vez que era filha de Schrödinger com outra mulher, mas que depois havia sido adotada pela senhora Schrödinger. Fiquei triste por ela; de uma forma desconfortável, ela era perseguida pelo legado de seu pai – talvez tão envergonhada por sua fama de mulherengo quanto assombrada por sua fama científica –, e caminhava em sua sombra. Eu temia por meus filhos; não queria para eles um destino como o dela.

No sábado seguinte, antes de ir para a cidade vender bandeiras para a Fundação Nacional de Esquizofrenia, eu abri a correspondência de Stephen para ele, como de costume. Continha uma carta da primeira-ministra Margaret Thatcher recomendando seu nome à rainha como Companion of Honour na lista do próximo aniversário. A proposta nos fez correr para a enciclopédia. Descobrimos que essa honra singular era uma das mais altas do mundo, ficando acima da distinção de cavaleiro e sendo discretamente expressa, sem título, apenas pelas letras colocadas depois do nome. Como Stephen estava prestes a partir para a América, coube a mim aceitar em seu nome.

Como Stephen já havia sido indicado para um doutorado honorário em ciência na Universidade de Cambridge, o verão prometia marcar o apogeu de sua carreira. Contudo, com a inevitável enxurrada de interesse da mídia, como isso se conciliaria com a preparação de Lucy e de Robert para os exames, e ainda mais com a estabilidade e a harmonia, não era nada óbvio. Nossas prioridades foram divergindo drasticamente. A minha era preservar a sacralidade do lar e a privacidade de nossa vida familiar – ou os farrapos que sobraram disso depois de os enfermeiros terem se empenhado em arrasá-la e depois de a mídia ter pilhado cada canto da casa. Apesar de toda sua fama, Stephen era apenas mais um membro de uma família na qual uma pessoa não tinha o direito de ser mais importante que qualquer outra. Apesar de sua doença exigir mais atenção para si que para qualquer outra pessoa, a casa ainda tinha de atender de forma justa às necessidades de todos os seus ocupantes, adultos e crianças. As crianças nunca deveriam ter motivos para se ressentir das circunstâncias em que haviam nascido.

Stephen, por sua vez, deliciava-se com a publicidade. Ele festejava seu relacionamento com a mídia, que fez de seu nome uma palavra familiar no mundo todo. Sua fama, em face de uma sociedade cética e por vezes hostil, representava a vitória não só de sua mente sobre os segredos do universo, mas também de seu corpo sobre a morte e a incapacidade. Para ele, qualquer publicidade era boa e ele podia sempre justificá-la alegando que aumentaria as vendas do livro. Uma caixa de champanhe chegou da Bantam Press no fim do verão, em comemoração à 52ª semana de *Uma breve história...* na lista dos mais vendidos. Na 53ª semana ele disparou de volta à sua posição de comando no número um. Parecia que Stephen havia conseguido conciliar dois extremos na tarefa que ele mesmo havia estabelecido para si: na descrição de seu ramo da ciência, a mais fundamental e mais indescritível de todas as ciências, ele conseguiu aplacar a intelectualidade científica e atrair o leitor popular.

Embora não houvesse como negar que o livro era um sucesso fenomenal, eu tentava manter na confidencialidade a correspondência relativa aos generosos direitos autorais. Se nossa súbita onda de riqueza se tornasse pública, eu sabia que corria o risco de perder muitos dos meus amigos de verdade com quem no passado havia ralado e economizado para fazer face às despesas, e também estava ciente de que qualquer publicidade dada a nossa situação financeira melhorada atrairia exatamente o tipo de pessoas com as quais eu não queria ter nada a ver. No passado, enquanto a mente de Stephen estava focada em assuntos mais importantes, eu cuidara dos nossos assuntos financeiros, sempre com um olho ansioso no futuro incerto, quando ele pudesse ficar doente demais para trabalhar e o dinheiro desaparecesse. Eu cuidava do orçamento familiar com prudência e acumulara uma poupança suficiente para pagar os estudos superiores de Lucy e proporcionar uma proteção contra um dia chuvoso, o que para nós poderia representar meses e anos. Desde a assinatura do contrato de *Uma breve história*... em 1985, eu também cuidava da correspondência sobre o assunto com o agente em Nova York. Inexplicavelmente, o acordo que eu havia feito sobre os direitos autorais de repente foi modificado pelas minhas costas. Foi pelo agente em Nova York que eu soube da mudança: ele me disse que havia sido instruído a enviar toda a correspondência relacionada ao livro de Stephen ao Departamento, e não mais para casa. Eu não tinha ideia do que havia provocado essa mudança, e Stephen não me deu nenhuma explicação. Era como se, depois de muitos anos de confiança mútua, minha capacidade de lidar com assuntos financeiros de forma eficiente e com discrição estivesse sendo questionada. Na confusão resultante, até os auxiliares mais casuais eram autorizados a abrir e ler correspondência privada; ficava espalhada em escrivaninhas e mesas, deixadas ali para que qualquer um visse, como uma confirmação da indiscutível supremacia do gênio.

A segunda viagem de Stephen à América naquela primavera permitiu a todos um tempo para respirar longe das tensões e retomar os outros elementos de um estilo de vida mais regular: o ensino, o estudo, a literatura e a música, e criar hábitos mais simples e mais descontraídos, sem as distrações vãs e cansativas da fama, da publicidade e dos enfermeiros contenciosos. Tim realizou uma de suas paixões quando fomos passar um prometido fim de semana na Legolândia na Dinamarca, e em maio voltamos à França para passar o recesso escolar.

O moinho, acolhendo-nos em trajes de verão pela primeira vez, abriu sua caixa de delícias com uma nova roupagem. A reforma adicional havia sido concluída, um banheiro para uso exclusivo de Stephen havia sido adicionado, o trabalho em cima do celeiro havia sido iniciado e o jardim estava começando a tomar forma. Meu sonho de um jardim inglês estava sendo realizado na França, tão satisfatoriamente que até Claude, meu valente faz-tudo, confessou que havia começado a plantar flores em seu jardim, onde antes só cresciam vegetais. Ainda mais significativamente, o moinho abriu a porta para outro mundo, uma época passada, onde o turbilhão impossível de nossa vida em Cambridge desacelerava para um ritmo influenciado pela terra e o céu, e onde o único som era o canto da cotovia, que voava alto no azul acima do milharal verde no sol da manhã. O local já estava gravado em meu coração. Seu ar limpo e o vasto mosaico de campos desvaneciam em um horizonte cinza distante; suas persianas sonolentas e seu aroma de lenha recém-cortada e madeira velha, seu cenário de altas coníferas e arbustos que brilhavam ao sol, tudo cantava nessa rara paz, solidão e salvação. Ali eu podia estar sozinha, sem ser perturbada por enfermeiros, pela imprensa, por câmeras, pelo clamor das demandas incessantes. Eu podia mexer em meu jardim; podia mergulhar nos livros, sem medo de ser interrompida e podia aprender e ouvir música sem medo de críticas e dessa minha inútil autoindulgência. Podia encontrar meu verdadeiro centro, em estreito contato com a natureza, à moda antiga, talvez, certamente contemplativa, uma sonhadora cuja ocupação preferida era admirar a vasta extensão do céu ocidental, todas as noites, encantada com a magnificência mutável do sol poente caindo atrás da linha de silhuetas das árvores do campo.

Nesses momentos de reflexão, enquanto eu mexia no jardim, plantava sementes e roseiras, eu me identificava com o herói de um dos textos que eu usara para ensinar no programa francês do ano anterior. Cândido, jovem herói de Voltaire, cujo otimismo no "melhor dos mundos" – como ensina o filósofo doutor Pangloss – é tristemente traído pela experiência, e por fim ele dá as costas ao mundo e se refugia em seu jardim. "*Il faut cultiver notre jardin...*" é sua final e pessimista solução pessoal para o mau funcionamento da sociedade. O confronto da lógica inexorável, mas muitas vezes simplória, com os lancinantes problemas emocionais não resolvidos jazia como um material corrosivo na raiz de nossa existência em Cambridge, e essa raiz estava sucumbindo ao efeito insidioso do veneno invasivo da fama e da fortuna. Na França, o solo era fresco e fértil, e o jardim cheio de promessa de futuro, um futuro previsível, cíclico, decretado pelas leis imutáveis da natureza.

— 12 —

HONORIS CAUSA

No Verão de 1989, toda a atenção estava concentrada nas várias vitórias de Stephen e na avalanche de interesse da mídia nelas. A data para a concessão do Doutorado Honorário pelo chanceler, o duque de Edimburgo, foi marcada para quinta-feira 15 de junho, ao passo que a homenagem real no Palácio de Buckingham, conhecida só por nós mesmos, seria confirmada no dia seguinte e publicada na mídia dia 17, sábado. Por uma feliz coincidência, essa foi também a data de um concerto em homenagem a Stephen realizado por Jonathan e a Camerata, dois dias depois da cerimônia do Doutorado Honorário, também no Senado. Embora em 1987 as celebrações de Newton e o concerto houvessem fornecido uma isca atraente para patrocinadores apoiarem a Camerata, eles se tornaram extremamente vulneráveis às cruéis vicissitudes da vida na Grã-Bretanha de Thatcher. A tinta mal havia secado nas assinaturas de um generoso acordo de patrocínio quando a empresa patrocinadora, uma firma britânica muito cavalheiresca, foi devorada por uma empresa de computação norte-americana que não teve pudores em declarar que estava no negócio para ganhar dinheiro, não para apoiar artes, música ou qualquer outra instituição de caridade. Prontamente cancelaram o contrato de patrocínio. Isso deixou Jonathan, cuja agenda de shows contratados por dois anos se baseava nos cálculos do acordo de patrocínio, com uma potencial dívida enorme, uma vez que ele mesmo, no melhor dos tempos, ganhava pouco mais que uma renda de subsistência com a música. Naquele momento mais auspicioso para Jonathan e a Camerata, a fama e o sucesso de Stephen ofereciam uma esperança de salvação. Um concerto em homenagem a Stephen poderia atrair um grande público de pessoas que aplaudiriam o cientista, bem como ouviriam a música. Também poderia atrair novos patrocinadores para os quais a fama científica seria atraente. Stephen seria homenageado com suas peças favoritas da música barroca e a coleta de doações poderia ser dividida entre as instituições de caridade que todos nós apoiávamos. Esse plano era de bom augúrio para todos, e Stephen deu sua aprovação – juntamente com sua aprovação à carta ao primeiro-ministro – antes de partir para a América, em maio.

O desafio de planejar o concerto, sempre correndo em face do sólido senso econômico, já havia adicionado certo tempero e bravura às minhas outras ocupações diletantes. Esse concerto teria sido uma exceção, não fossem as eternas incursões da mídia. Os jornalistas que iam me entrevistar formavam um grupo heterogêneo: alguns eram razoavelmente agradáveis, alguns clínicos, outros exigentes. Era impossível dizer com antecedência que tipo de comentários eles fariam em uma entrevista. Jornalistas franceses, espanhóis, representantes de todas as nações chegavam em um fluxo interminável, todos querendo um ponto de vista diferente da ciência e de nosso contexto. Levavam suas técnicas de entrevista superficiais para a situação; de minha parte, eu desenvolvi minhas técnicas para lidar com eles, decidindo antecipadamente quanta informação estava preparada para compartilhar com eles. Eu não via nenhuma razão para confiar todas as complexidades íntimas de minha vida a um jornalista, um estranho cujo interesse em mim era regido pela necessidade de vender mais jornais. Se eu quisesse confessar, procuraria um padre; se precisasse de tratamento psiquiátrico, recorreria a um médico, e se tivesse uma história para contar, poderia um dia escrevê-la. Apesar de que o respeito à privacidade – minha e a dos outros – poderia muito bem superar o desejo de contar a história. Portanto, se as questões colocadas pelos jornalistas ultrapassavam meus limites, eu transformava a entrevista em uma conversa, pedindo sua opinião e perguntando por suas reações, em vez de lhes dizer as minhas. Inevitavelmente me tornei alvo de comentários depreciativos. Por exemplo, um jornalista informou que eu havia "cuidado de Stephen por apenas dois anos depois do nosso casamento". Minha antiga diretora e apoiadora leal, senhora Gent, escreveu ao editor desse jornal, o *Times*, pedindo que corrigisse o erro. Ela ficou chocada com a resposta arrogante: longe de oferecer uma reparação ou um pedido de desculpas, ele afirmou que sabia mais que ela e que estava confiante de que os fatos do artigo estavam corretos. Nosso leal amigo George Hill, marido de minha amiga de escola Caroline, sempre ansioso para nos proteger dos olhares curiosos da imprensa sensacionalista, disse que sabia das deturpações do *Times* porque ele havia olhado por cima do ombro do jornalista enquanto este escrevia a matéria. No entanto, George havia ficado tão aliviado por não encontrar nenhuma menção a Jonathan que achou melhor deixar o artigo como estava, em vez de revelar a estreita associação de Jonathan conosco.

No entanto – como uma vez fiz quando estava sendo entrevistada para o *The Guardian* –, se eu me permitisse demonstrar alguma insatisfação com os velhos clichês banais sobre as recompensas da vida com um gênio – essas banalidades muitas vezes repetidas que habitavam a fama e a fortuna, como se a doença e a deficiência não fossem fatores fundamentais em nossa vida –, eu seria acusada de deslealdade para com Stephen. Contudo, pelo que via, se eu continuasse a perpetuar o mito da alegre autossuficiência, sem sequer mencionar as dificuldades, eu estaria enganando muitas pessoas com necessidades especiais e suas famílias, que provavelmente estariam sofrendo todas as dores de cabeça, as ansiedades, as privações, as tensões e os esforços que nós mesmos havíamos sofrido nos anos anteriores. Seria muito fácil para uma sociedade indiferente apontar um dedo acusador a outras pessoas com necessidades especiais e declarar: "Se o professor Hawking pode, por que você não?". Os cuidadores em dificuldades poderiam ser pressionados a executar até as tarefas mais impossíveis por causa da imagem irreal de nosso modo de vida apresentado pela mídia. Eu não podia mais oferecer com sinceridade a fachada sorridente e despreocupada, dando a impressão errônea de que nossa vida era satisfatória e fácil, marcada só por um pequeno inconveniente pontual. Para essa entrevista ao *The Guardian* minha avaliação foi sincera e verdadeira: apontei as vitórias, mas não ignorei as dificuldades. Divulguei nossas críticas ao Serviço Nacional de Saúde e destaquei o fato de que o sucesso de Stephen e a obtenção de fundos para pagar a enfermagem deviam-se inteiramente aos nossos próprios esforços. Descrevi como oscilávamos entre os picos brilhantes de sucesso e os negros lamaçais do estado de saúde crítica e do desespero, com muito pouco terreno plano entre os dois.

Essas verdades simples e bastante óbvias foram as mais intragáveis para as pessoas que acreditavam na imortalidade e na infalibilidade de Stephen, e convenientemente destacaram a realidade de sua condição, ou seja, de sua família e de alguns dos seus enfermeiros. Meus comentários foram interpretados como traição; nenhum indício de crítica jamais poderia ser tolerado. Essas reações só serviram para aumentar minha sensação de isolamento. As pessoas que me cercavam eram cegas ou loucas, ou eu é que estava perdendo a cabeça? Aquelas pessoas viviam em um universo paralelo, onde os papéis haviam sido invertidos e, como pareciam sugerir, era eu que estava doente? Outras acusações de deslealdade foram lançadas de forma obtusa e rápida na exibição de um filme que a BBC fez naquele verão. Nele eu repetia as dúvidas manifestadas nas duas entrevistas a jornais, em uma vã tentativa de restaurar um equilíbrio sensato, tanto para a representação de nosso modo de vida quanto para a apresentação das teorias científicas de Stephen como se fossem a base para uma nova religião. Meu desempenho diante das câmeras, que rodaram durante todo o período das homenagens e comemorações e depois, foi ruim por causa de uma gripe e uma furiosa dor de garganta – apenas duas das várias infecções e doenças recorrentes que se seguiram umas às outras em rápida sucessão do começo ao fim da década. A gripe forte emprestou à minha entrevista e narração uma coloração ictérica, amortecendo qualquer humor e traindo um toque involuntário de amargura.

Com certeza havia tristeza em minha voz: era a lamentável manifestação externa de um sentimento interior profundo de desolação e mau pressentimento. Nem Cassandra poderia prever de forma mais precisa, ou com maior temor, a catástrofe que eu sabia que pairava sobre todos nós. Até Nikki Stockley, a jovem produtora de televisão, havia comentado que Elaine Mason interrompera a filmagem quando tentavam filmar no Departamento. Em público e em casa, ela estava ocupada usurpando meu lugar em todas as oportunidades, às vezes me imitando, às vezes me prejudicando, sempre ostentando sua influência sobre Stephen. Ela havia arquitetado um inatacável controle sobre a equipe de enfermagem, e se congraçava com tanto sucesso que qualquer protesto era inútil: todos os comentários eram comunicados a Stephen, e eu era castigada por minha interferência. Meus apelos ao secretário da Royal College of Nursing para fazer cumprir o código de conduta de enfermagem encontraram uma categórica recusa a se envolver, a não ser que eu pudesse produzir provas fotográficas de negligência. Esse era o cenário do caos físico e do tormento emocional onde a tapeçaria da tradicional cerimônia de Doutorado Honorário se desenrolava, brevemente transportando-nos a um reino fantástico de teatro, grandeza, champanhe e celebrações, no qual toda a frivolidade das roupas novas, ritos arcaicos, sorrisos fixos, conversas educadas e apertos de mão intermináveis se espalhava como uma camada branca e insubstancial sobre a abrasadora realidade abaixo.

Em uma modesta tentativa de garantir um pouco de privacidade, Lucy, otimista, havia marcado no calendário a partir de 8 de junho: *Lucy começa o nível avançado e se torna uma reclusa completa (!)*. O dia do Doutorado Honorário de Stephen, 15 de junho, ela anotou como, *L faz 2 níveis avançados*. Embora Lucy tenha perdido as festividades por causa dos exames, havia pouca esperança de conseguir suas intenções de reclusão, de modo que não foi de surpreender que em 22 de junho aparecesse entre parênteses um apelo fervoroso: *(Dê-me a solidariedade que eu mereço!)*. Naquelas circunstâncias, seria uma grande coisa se ela conseguisse fazer seus exames, e ainda fosse bem.

O dia 15 de junho, dia de dois exames mais intensivos de nível avançado, estava brilhante, quente e ensolarado – o que não foi de muita ajuda para Lucy. Para a cerimônia de Doutorado Honorário de Stephen, no entanto, o tempo estava ideal. Nunca as discrepâncias entre o melhor para os diferentes membros da família foram mais acentuadas. Lucy foi mais cedo para a escola, bem nervosa, enquanto o resto de nós estava ansioso por um dia de pompa e alegria, um verdadeiro feriado do estresse e das vozes dissidentes. Saímos de casa às dez horas e caminhamos pela rua até o Backs. Os gramados e prados junto ao rio não poderiam parecer mais pastorais e pacíficos: cada folha de grama cor de esmeralda, cada folha – verde, ouro ou bronze – ondulava ao sol luminoso da manhã, enquanto o rio resplandecia como um espelho prateado, refletindo o brilho infinito do céu na correnteza e as folhas que pendiam do salgueiro à beira da água, fazendo sombra.

Chegamos a Caius e encontramos um burburinho de excitação inusitado: toda a Faculdade estava reunida para aplaudir Stephen no Caius Court, o tribunal renascentista perto do Senado. Foram alguns minutos para vestir a beca de formando honorário na antecapela, e um pouco de tempo para deixá-lo confortável na cadeira com a pesada roupa vermelha, que teria sido boa para o meio do inverno, mas que era insuportavelmente quente no verão. Ele se recusou a usar o gorro de veludo preto com aro dourado, de modo que Tim usou-o em seu lugar. Quando saímos da capela, os membros, todos de beca, precederam-nos posicionando-se ao longo do caminho até o portão da Honra. De outro portão, o da Virtude, surgiu uma banda de sopro, e a seguir, o coro começou a cantar o hino *Laudate Domino*. Outra banda ressoou ao redor do tribunal, perseguindo Stephen enquanto ele corria a toda velocidade pelo portão da Honra em direção ao Senado e ao pátio do Senado.

Robert havia arregimentado a ajuda de uns amigos estudantes musculosos para levantar a cadeira de rodas e seu ocupante pela longa escada caracol até o salão comunal no antigo edifício escolar, onde os outros formandos honorários, incluindo Javier Pérez de Cuéllar, secretário-geral das Nações Unidas, se reuniam. Stephen só teve tempo de tomar um gole de suco de maçã antes de o príncipe Philip, o chanceler, chegar. Bem-humorado, ele foi falar conosco e relembrou sua visita a West Road em 1981. Brincou com Tim sobre o chapéu e assistiu à demonstração de Stephen do computador antes de ser levado até os outros dignitários. Passamos pelo personagem real quando seguimos para nos preparar para a procissão antes do resto da festa.

– Autopropulsão, não é? – perguntou ele.

– Sim – respondi. – Cuidado com os dedos!

A procissão, que já havia se formado no momento em que nos juntamos a ela, começou a se mover de imediato. Nós quatro – Stephen, Robert, Tim e eu – caminhamos lentamente em volta do gramado do Senado no fim da fila, observados por uma multidão do lado de fora das grades e pelas câmeras do lado de dentro. As nuvens de tensão, atritos e confusão evaporaram sob o sol feroz, e por um momento fugaz foi difícil acreditar que haviam existido. No Senado tudo era fresco, escuro e solene. Os mestres de vestes vermelhas das Faculdades e os professores e o chanceler de vestes negras trançadas de ouro tomaram suas posições, e a audiência de familiares e amigos, vestidos com a formalidade condizente com uma ocasião de tamanha pompa, sentou-se em silenciosa expectativa. Quando as grandes portas de carvalho se fecharam para o brilho do meio-dia e para a multidão informal de turistas de camiseta reunida lá fora, os coros do St John e do King's College abriram a cerimônia com um hino de Byrd, seguido de uma peça do século XX, e a seguir, as apresentações começaram. Um teólogo alemão, o lorde chanceler Mackay, Pérez de Cuéllar e Stephen foram introduzidos pelo orador público, e em um latim espirituoso pronunciado com tamanha petulância e floreio que quando concluiu seu discurso em homenagem a Stephen, Tim – não conhecido por sua erudição em latim – explodiu em aplausos espontâneos. Pérez de Cuéllar foi descrito como alguém que "trouxe a paz aos persas e aos mesopotâmicos", enquanto a substância do elogio de Stephen foi adaptada da primeira teoria atômica, como descrita por Lucrécio em *De Rerum Natura*.

Em meio a muitas reverências, apertos de mão e retiradas de chapéus, o duque de Edimburgo outorgou os diplomas, um por um. Cada entrega terminava com uma salva de palmas, que na vez de Stephen atingiu proporções arrebatadoras. Alguns formandos, como a diminuta e frágil Sue Ryder, pareciam nervosos como jovens universitários; outros, como a cantora de ópera Jessye Norman e o próprio Stephen, eram velhos nesse jogo e receberam suas ovações com confiança e estilo.

A cerimônia chegou ao fim com mais hinos e dois versos do hino nacional. Deixando Tim com seus avós, Robert e eu saímos com Stephen, caminhando calmamente ao redor do verde de novo, antes de ir ver a Parada do King's sob o sol escaldante. A multidão vibrava, sorrindo e acenando, e as câmeras clicavam.

Quando chegamos ao Corpus Christi College – que, por coincidência, era a faculdade de Robert e o local do almoço –, vimo-nos cercados pela nata do país, todos visivelmente desfalecendo de calor dentro da tenda, onde o champanhe estava sendo servido, seguido de um almoço em outra tenda também sufocante. Para aumentar o desconforto de Stephen, afora o salmão, a comida não era adequada para ele. Ele se entreteve com seu vizinho à mesa, mas eu tive um momento bastante difícil com o meu, uma conhecida autoridade em história francesa que parecia não ter nada a dizer até que eu mencionei nossa casa na França. Então, ele ressuscitou. Sua esposa havia acabado de comprar uma propriedade na Normandia, disse ele, mas ele era um homem da cidade e não muito interessado no campo. Diante disso, foi hilário quando ele compartilhou seus pontos de vista com Stephen e este sorriu, concordando.

Nas temperaturas em elevação os discursos foram misericordiosamente curtos. Começando com Stephen, "porque tudo começa com ele", o duque de Edimburgo expressou sua admiração pelos formandos, que "refletiam o melhor de nossa civilização". Lorde Mackay respondeu brevemente, e depois tudo acabou. O resto do dia foi uma perturbadora mistura de frivolidade e violação da normalidade, como se a dura realidade da tempestade iminente não pudesse se prorrogar por muito mais tempo.

Em casa, um seleto grupo de parentes e amigos se reuniu, e a Faculdade havia preparado um chá com sanduíches de salmão defumado, morangos e creme no gramado, tudo para ser consumido com champanhe. Robert não estava na festa, pois tinha outro compromisso. À noite ele foi remar no segundo barco do Corpus, na corrida de Bumps. Consegui me livrar dos convidados remanescentes bem a tempo de vê-lo remar. Entretanto o dia, longo e cansativo, ainda não havia terminado. Lucy voltou para casa muito aflita, pois não havia ido bem em nenhum dos exames, e a seguir, no final da tarde, quando todos os convidados haviam ido embora e eu estava limpando tudo, o telefone tocou. Era Robert. Conversamos um pouco e, em seguida, ele deixou escapar que os resultados de seus exames haviam saído e que não foram tão bons quanto ele esperava. Ele estava compreensivelmente muito chateado, e eu também senti profundamente sua humilhação e a ironia da situação. Robert, leal e tranquilo, como sempre, havia obedientemente ajudado seu pai no Senado, acompanhara-o na procissão formal e fornecera uma equipe de ajudantes, seus amigos, para levantá-lo nos degraus e demais obstáculos no Corpus Christi College. Com amável reticência, ele havia testemunhado a boa sina de seu pai sem presunção, sempre ofuscado por ela. Durante toda a cerimônia em homenagem a seu pai, todos os excessos de exposição da mídia, todas as loas, os aplausos e os prêmios, Robert havia guardado para si a irritante notícia de que seus resultados finais, publicados naquele mesmo dia, foram decepcionantes. A verdade subjacente da situação era que seu profundo senso de individualidade havia se rebelado contra a sombra avassaladora da genialidade de seu pai, silenciosamente recusando-se a competir com ele. Eu não podia deixar de sentir uma dor muito mais profunda pelo desânimo de meu filho que alegria por meu marido em toda a glória de seu multifacetado sucesso. Eu me identificava com Robert. Eu só podia ficar à margem do sucesso de Stephen.

Se Robert não havia obtido o sucesso acadêmico que ele esperava, compensou a decepção no rio. Perseguida pela equipe de filmagem da BBC, levei Stephen para as corridas da tarde seguinte. Apesar de pegarmos um caminho errado – as corridas aconteciam em um trecho do rio em Fen Ditton, a mais de oito quilômetros fora da cidade –, chegamos a tempo de ver o barco do Corpus passando agitado, habilidoso na cola do barco do Lady Margaret. Na esteira do barco do Corpus a notícia de que ele havia colidido com sua presa subiu o rio. Meu pai, que em sua época também havia remado pelo Corpus, ficou emocionado com o talento de Robert no rio. Ele sempre lamentou que, sob constante pressão para sonhar alto, não pudera relaxar e desfrutar seus anos na Universidade de Cambridge, em 1930. E por isso, em sua opinião, era importante que Robert passasse a maior parte de seu tempo na Faculdade.

— 13 —

HONORÁVEL COMPANHEIRISMO

Mais tarde, naquela mesma noite de 16 de junho, sentamo-nos para assistir ao anúncio, à meia-noite, das Honras de aniversário. Inexplicavelmente, Elaine Mason, a enfermeira de plantão, foi depreciativa e de desaprovadora, mas meu pai pulava de empolgação com a elevação de seu genro aos escalões mais altos da criação como Companion of Honour. Como o pai de Stephen, ele sentia um prazer vicário por sua proximidade com o tipo de sucesso público que as circunstâncias lhe haviam negado. Na manhã seguinte, acordei com a preocupação mais prática de como começar o dia de uma forma adequadamente festiva. Eu não havia pensado no início do dia e na mais importante refeição de Stephen, seu café da manhã. Então, lembrei-me de que devia haver algum caviar que sobrara de uma viagem a Moscou, e champanhe das celebrações de quinta-feira na geladeira. A consequência desse café extravagante foi que nenhum de nós conseguiu fazer muita coisa naquela manhã, só ir cambaleando pelo brejo até o Centro Universitário, onde eu havia reservado uma mesa para o almoço. No início da tarde, no entanto, pedalei até a cidade para verificar a organização do concerto da noite no Senado, e encontrei a família de Jonathan ocupada organizando os assentos e o layout geral, enquanto ele ensaiava a orquestra. Fui embora e corri de volta para casa para pegar meu pai e fazer um passeio-relâmpago até o rio. Chegamos a tempo de ver o segundo barco a remo do Corpus descendo com um galho de salgueiro, sinal de que havia feito outra colisão triunfante.

Essa noite quente e sem nuvens de junho nos viu de volta ao Senado, espantados com a visão da longa fila de amigos e admiradores que esperavam com paciência para entrar ao concerto, apropriadamente intitulado *Honoris Causa*. Desviei o caminho para evitar que Stephen fizesse um comentário sem tato sobre os resultados dos exames, as listas de classe, que estavam fixados do lado de fora do Senado, e o deixei sentado no mesmo gramado em torno do qual havíamos saído em procissão dois dias antes. Lá, foi fotografado em companhia de vários convidados ilustres

– da empresa patrocinadora do concerto, de sua Faculdade e de sua Universidade –, enquanto fui investigar por que a fila estava andando tão lentamente. O comprimento da fila foi parcialmente explicado pelo fato de que Tim, de dez anos, era o único vendedor de programas dentro do edifício. Contudo, Lucy e meu pai trabalharam duro indicando à multidão seus lugares. Depois de arranjar ajuda para Tim, voltei para Stephen. O gerente da casa do Senado insistiu, para meu embaraço, que Stephen e eu devíamos fazer uma entrada formal, e nos deteve fora até que o resto do público se sentou. Fomos recebidos por uma ovação em pé. Enquanto Stephen sorria para o público e fazia uma pirueta com a cadeira, eu me sentia muito tímida e desajeitada, e fiquei feliz por poder me sentar de costas para a plateia.

Dois minutos depois, os sons do trompete barroco da sonata de Purcell para esse instrumento gloriosamente abriu o concerto, subindo acima da cabeça do público para se misturar com o forro ornamentado do teto do século XVIII. Como eu esperava, o público ficou tão satisfeito no final do entretenimento da noite que contribuiu generosamente com a coleta de doações, e, como resultado, pudemos enviar generosos cheques às três instituições de caridade – a Motor Neuron Disease Association, Leukaemia Research e a Fundação Leonard Cheshire –, bem como cobrir os custos do concerto com a venda de ingressos. A noite havia sido um tremendo sucesso. As instituições de caridade haviam se beneficiado; a Cambridge Barroque Camerata havia conseguido um novo acordo de patrocínio e fizera uma apresentação espetacular para o Senado lotado; e, o mais importante, Stephen havia sido profusamente festejado e aplaudido por centenas de simpatizantes. Ele, no entanto, estava nervoso e descontente. Suas percepções do evento foram coloridas pela visão rancorosa de que Jonathan e a orquestra o haviam obscurecido como centro das atenções. Isso foi tão injusto quanto diferente do caráter normal de Stephen. Ele havia entrado no projeto com animação, e quando não estava nos Estados Unidos, participara do planejamento com entusiasmo. Jonathan, com sua reserva natural, havia cuidadosamente se afastado para permitir que Stephen se deleitasse com a adulação do público no final do espetáculo, e, de fato, não houve nenhuma dúvida de que o show era de Stephen. Era ainda menos típico de Stephen me fazer lembrar que, uma vez que a homenagem não implicava um título, eu não tinha participação nela. A conclusão foi tão inevitável quanto desagradável: ele havia caído vítima da lisonja. As fontes bajuladoras dessa lisonja não eram desinteressadas, e pareciam estar alimentando-o com ideias que estavam em desacordo com sua anteriormente generosa, embora teimosa, natureza.

As luzes da ribalta cegamente focaram Stephen pelo resto do verão, e mais ainda quando fizemos nossa segunda visita ao Palácio de Buckingham, algumas semanas depois. No entanto, em comparação com a primeira visita, sete anos antes, essa foi surpreendentemente íntima. Seguimos uma rotina semelhante – mais uma vez ficamos na Royal Society na noite anterior –, mas com a diferença de que, dessa vez, Tim e Amarjit Chohan, a enfermeira indiana de Stephen, foram conosco, e Lucy se lembrara de colocar na mala os sapatos elegantes para usar com o vestido marrom-escuro que combinava bem com seu cabelo louro. Assim como antes, o trânsito estava parado, mas, dessa vez, foi por causa da troca da guarda. Para evitar o congestionamento ao redor da entrada principal, fomos encaminhados à entrada privada da rainha, e, de repente, transportados para um tranquilo e colorido jardim campestre longe do tumulto abafado e quente de Londres e seu trânsito. Um escudeiro, lacaios e uma dama de companhia nos cumprimentaram com sorrisos graciosamente imperturbáveis e nos introduziram no Palácio, passando pelo reluzente carro de brinquedo do príncipe Charles quando era criança e duas bicicletas, até o grande salão de pilares de mármore, iluminado em toda a sua extensão e decorado com damasco vermelho e rosa. Enormes vitrines de lírios postavam-se como sentinelas decorativas, guardando os tesouros.

Viramos uma esquina e retornamos pela galeria de imagens, rapidamente voltando nossos passos pelo salão de mármore, sem quase tempo de olhar os retratos de Charles I e sua família, olhando em mudo distanciamento um para o outro pelo salão. Um par de Canalettos, um gênero holandês de pintura, e muitos retratos da princesa Augusta chamaram minha atenção. Entramos em uma passagem tão estreita que provavelmente levava aos aposentos dos criados, e saímos em uma pequena sala cheia de quadros e móveis, o Salão Imperial. Depois de uma rápida apresentação do escudeiro, Stephen e eu fomos rapidamente afastados da família para atender à rainha, que nos esperava em uma sala no final do corredor. Como manda o figurino, Stephen disparou à frente em direção à porta aberta do outro lado da passagem. Ali, perto do console da lareira, estava a rainha, com um vestido azul royal de listras brancas. Ela olhou em nossa direção com um sorriso amigável, mas apreensivo. E logo mudou para um olhar de horror absoluto quando Stephen, irrompendo apressado em sua sala de recepção como uma locomotiva norte-americana, enroscou o tapete nas rodas. A cadeira engoliu a borda do tapete cor de café forte, enroscando-o, fazendo Stephen parar de maneira abrupta e bloquear o caminho para a sala. Por trás da cadeira eu não podia ver bem o que estava acontecendo, e não havia nada que eu pudesse fazer para liberar o emaranhado real. A rainha era a única pessoa dentro da sala. Ela hesitou, e depois, por um momento fez um gesto, como se ela mesma estivesse prestes a dar um passo a frente e liberar o mecanismo pesado e seu ocupante do enrosco. Para alívio de todos, o escudeiro que nos havia anunciado se espremeu na lateral da cadeira, levantou as rodas dianteiras e resolveu a bagunça.

Naturalmente, Sua Majestade estava um pouco nervosa – como eu –, por isso, não conseguimos trocar um aperto de mão e eu me esqueci da reverência quando ela proferiu um breve discurso formal de boas-vindas. Depois de um silêncio constrangedor, ela deve ter decidido que o melhor a fazer era seguir em frente com a apresentação, sem demora, e assim, começou a anunciar que tinha o prazer de conferir a Stephen a insígnia de Companion of Honour. Recebi a medalha em nome de Stephen e a mostrei a ele, lendo em voz alta a inscrição enquanto a estendia para que ele a visse. "In Action Faithful, in Honour Clear" [significando fiel nas ações, limpo na honra], dizia. A rainha comentou que achava que essa era uma frase particularmente bonita, e Stephen digitou: "Obrigado, minha senhora". Nós, então, presenteamos a rainha com um exemplar autografado (com a digital de Stephen) de *Uma breve história do tempo*. Ela, um tanto perplexa, perguntou:

– É um relato em linguagem popular de seu trabalho, assim como um advogado pode fazer do seu?

Foi minha vez de ficar perplexa, visto que eu não poderia imaginar algo que se aproximasse remotamente um relato em linguagem popular sobre lei. Recuperei minha compostura o suficiente para dizer que achava que *Uma breve história* era mais legível que isso, em especial nos primeiros capítulos, e que fornecia um relato fascinante do desenvolvimento do estudo do universo – antes de a Física se tornar muito complicada por causa das partículas elementares, da teoria das cordas, do tempo imaginário e esse tipo de coisa. A conversa prosseguiu pausadamente por mais ou menos dez minutos, indo de uma explicação básica da ciência e dos interesses de Stephen até uma demonstração do funcionamento do computador e sua voz norte-americana. A rainha dirigia suas perguntas a mim com seus penetrantes olhos azuis, tão brilhantes quanto o grande broche de safira e diamante que usava no ombro. Embora houvesse cordialidade e consideração, bem como entusiasmo naquele olhar, ele me paralisou. Eu estava apavorada demais até para mexer os olhos, e teria gostado tanto de olhar em volta da bela sala de recepção turquesa, com suas pinturas e lembranças... mas fiquei sem jeito, pregada no chão, mal ousando virar a cabeça para a esquerda ou para a direita.

Durante o almoço no último andar do Hilton, nós contamos os detalhes da audiência para a família, cujos movimentos eram restritos ao Salão Imperial, não omitindo o episódio do tapete, que despertou um senso de humor irreverente. Descrevemos a conversa subsequente como algo entre uma prova oral e uma entrevista com um intenso, mas bem-intencionado, diretor ambos igualmente aterrorizantes. Eu tinha poucas dúvidas de que para a rainha havia sido muito difícil também. Será que demos as respostas certas?, perguntamo-nos olhando para o horizonte de Londres. Lá, diretamente abaixo de nós estava o Palácio, cercado pelos Campos Elíseos, onde, após a audiência, havíamos acabado de ir. Stephen reclamou que ele não conseguira conversar tanto quanto gostaria por causa de um problema com a configuração do controle de mão do computador, decorrente dos contratempos com o tapete. Seja como for, a impressão geral era de que a ocasião havia sido legal, e Stephen tinha outro medalhão impressionante para adicionar a sua já extensa coleção.

Quando estávamos saindo do restaurante, fiquei surpresa ao me deparar com um enorme buquê de lírios cor de laranja e amarelos presente da administração. Embora proviesse de uma instituição comercial, um hotel da cadeia Hilton, o gesto foi muito comovente. Lembrei-me da pérola que Ruth Hughes havia me dado na Califórnia, quando Stephen foi condecorado com a Medalha do Papa em 1975, e o gesto me disse que alguém havia me notado.

— 14 —

DIES IRAE

UMA SEMANA DEPOIS, TIM E EU ESTÁVAMOS NA FRANÇA DE NOVO. O MOINHO PESTANEJAVA sonolento no sol da noite quando nos dirigíamos a ele pela trilha e quando abri os portões. O frio ar fresco penetrou em meus pulmões asmáticos, revigorando meu ânimo, pois eu estava fisicamente cansada depois da longa viagem e emocionalmente tensa após os altos e baixos recentes. O pátio interno estava tranquilo e imóvel, envolvendo-nos como um cobertor macio e protegendo-nos da tirania do mundo exterior. O silêncio era quebrado apenas pelo pio dos pardais que ecoavam nas paredes brancas. Então, Tim juntou sua voz sibilante às deles, pedindo-me impacientemente que abrisse a porta para poder entrar e subir até seu sótão e verificar o estado dos seus aeromodelos, que se precipitavam vertiginosamente sobre a escada, suspensos dos corrimões por uma intrincada teia de fios e fita adesiva. Dentro, fomos de sala em sala inspecionando todos os cantos e renovando nossa familiaridade com cada velho raio de luz. Para nosso espanto, o celeiro preto e empoeirado havia sofrido uma transformação Cinderela e estava pronto para acomodar a comitiva de enfermeiros de Stephen. O entulho, as teias de aranha e as vigas podres haviam desaparecido, e em seu lugar, ao descermos as escadas, encontramos uma grande sala com um piso frio e uma cozinha; e no andar de cima, dois quartos e um banheiro. Uma mistura de novas vigas sólidas e umas velhas ainda aproveitáveis sustentava a estrutura, tão confiantes em sua antiga tradição que se não fosse o brilho de novidade em todos os acessórios, eles poderiam ter estado ali desde tempos imemoriais. Em seguida, corremos para o jardim, antecipando mais descobertas. Algum estranho feitiço foi feito em nossa ausência. Tim suspirou:

– É como o Palácio de Buckingham!

E, de fato, ele estava certo. As plantas e sementes na borda herbácea haviam pulado para a maturidade, e onde em maio havia pequenos aglomerados isolados e mudas pequenininhas, agora uma densa insurgência de flores balançantes e cores dançantes gritavam saudações em êxtase. Ainda havia coisas a ser feitas, paredes a ser pintadas e piso a ser coberto, mas o trabalho essencial estava concluído. O moinho estava pronto para receber não só a nós, mas também a toda a multidão de visitantes de verão. Meu irmão levaria sua família de quatro filhos mais ou menos na mesma época em que o amigo de Tim, Arthur, e seus pais estariam chegando para passar um fim de semana. Jonathan levaria meus pais e Stephen chegaria por via aérea de Le Touquet, acompanhado por Pam Benson, uma enfermeira mais confiável, e por Elaine e David Mason e sua família.

Apesar das dúvidas da minha mãe, em meu otimismo eu havia convidado a família Mason, na esperança de que a experiência de viver conosco na mesma casa, mas em circunstâncias mais descontraídas que em Cambridge, incentivasse mais respeito pela autodisciplina que era básica para nossa rotina. Eu não tinha nenhuma intenção de interferir em nenhum apego apaixonado que pudesse ter se desenvolvido entre Elaine e Stephen, mas pensei que, como uma enfermeira profissional, ela poderia ser persuadida a ver que o sucesso do nosso trabalho dependia de um trabalho em equipe bem equilibrado. Não havia espaço para encrenqueiros nessa situação. Ingenuamente, eu acreditava também que ela perceberia que Jonathan e eu naturalmente não dormíamos juntos no mesmo quarto, aprenderia a respeitar o *modus vivendi* que nos permitia continuar a cuidar de Stephen e das crianças por tempo indeterminado, não importava o que acontecesse. Só os fundamentalistas mais fanáticos poderiam ser cegos para o que estávamos tentando alcançar e o esforço e contenção que colocávamos nesse empenho. Era irônico que em dias passados Stephen teria sido contundente em sua intolerância ao fundamentalismo e teria zombado de qualquer um que tentasse pregá-lo.

Nós – ou seja, eu, Tim, meu faz-tudo Claude e uma garota muito útil da aldeia – estávamos ainda aplicando energicamente tinta branca nas paredes da nova parte da casa, no andar de baixo, quando meu irmão distraído e sua família de quatro filhos chegaram uma semana mais cedo. Contudo, Chris mais que compensou sua chegada inesperada assumindo a cozinha. Em sua opinião, as melhores atrações turísticas da França eram os supermercados, onde ele ficava feliz passando os dias vagando pelas prateleiras em busca de cada vez mais ingredientes extravagantes para adicionar à sua panela, cujo aroma emanava da nova cozinha deixando-nos com água na boca todas as noites com a promessa de delícias gastronômicas.

No momento em que Stephen e seu grupo heterogêneo foram para Le Touquet, em meados de agosto, a nova ala da casa havia sido bem testada por sucessivas ondas de visitantes, incluindo meus pais, que a haviam considerado inteiramente satisfatória tanto pelo charme como pela conveniência. Contudo, uma tensão perceptível reinava entre os recém-chegados. Minha alegria ao ver Stephen encontrou uma resposta fria, despertando minhas suspeitas de que os murmúrios desleais sobre sua antipatia pelo campo francês haviam achado solo fértil, convencendo-o de que ele realmente não queria passar férias na França, muito menos no campo. Todos os esforços para fazê-lo se interessar pela gloriosa vista da casa, dos campos encharcados de sol à distante linha azul de colinas e florestas encontraram a mesma expressão de tédio e desdém. Dia após dia, a verdade forçava impiedosamente passagem para dentro de mim: que seus sorrisos e seu interesse eram reservados para Elaine, e eu não tinha dúvidas de que ele estava sendo incentivado a me desprezar porque eu era falha e não me encaixava na imagem de perfeição com a qual ele era constantemente atormentado. Stephen estava sendo convencido de que eu não tinha mais nenhuma utilidade para ele, que eu não servia para nada. Elaine estava em uma posição de poder: suas responsabilidades eram mínimas e ela conseguia satisfazer Stephen fazendo qualquer coisa que ele pedisse; ela podia lisonjear e persuadir, e sua formação especializada lhe permitia atender a todos os seus caprichos. Uma vez que para Stephen seu trabalho e sua condição física eram suas duas preocupações principais, meu papel foi, é claro, muito diminuído, e o dela aparentemente muito estendido. Os laços familiares e intelectuais que eu havia valorizado e por meio dos quais mantínhamos uma aparência de normalidade, ao que parecia tornaram-se insignificantes. Provavelmente nela ele havia encontrado alguém mais forte que eu, com quem ele poderia de alguma forma voltar a ter um relacionamento físico, independentemente das outras dimensões do seu caso. Eu não podia lhe negar isso, e fui preparada para aceitá-lo em nosso esquema das coisas – da mesma forma que ele generosamente aceitara minha relação com Jonathan –, desde que fosse discreto e não representasse nenhuma ameaça para nossa família, para nossos filhos, para nosso lar ou para o funcionamento da escala de enfermagem conseguida a tão alto custo. Era também essencial que isso não negasse minha relação com Stephen, porque eu tinha certeza de que sem mim ele seria como uma criança perdida; uma criança assertiva e indisciplinada, mas indefesa e ingênua. Meu destino estivera ligado ao seu tão de perto e por tanto tempo que eu nunca poderia ser indiferente a ele, por mais difícil que seu peculiar conjunto de circunstâncias – de um gênio incapacitado – o tenha feito ficar. Cuidar de seu bem-estar tornara-se uma segunda natureza para mim. Se houvesse o menor sinal de sofrimento, desconforto ou desaprovação à traição de seus recursos móveis, eu não poderia ignorar. A verdade é que eu ainda o amava com uma profunda compaixão afetuosa. Naquele corpo emaciado, apesar do poder da mente, seu sofrimento era dolorosamente aparente, e era por meio desse sofrimento que meus sentimentos por ele eram constantemente avivados. Esses sentimentos nunca quiseram ser paternalistas; na verdade, muitas vezes eles podiam me levar a uma corda bamba emocional, na qual o desespero e a frustração com sua teimosia e as exigências descabidas tinham sempre de ser conciliados com a deferência por sua dignidade e o respeito por seus direitos como uma pessoa extremamente incapacitada.

Nosso casamento, e a grande e complexa estrutura em que se transformou, era a definição de minha vida adulta, resumindo minhas conquistas mais importantes: a sobrevivência de Stephen, os filhos, a família e o lar. Era a longa história de nossas lutas conjuntas contra sua doença e a história de seu sucesso contra todas as probabilidades. Eu havia dedicado a maior parte de mim a ele – mesmo tendo aceitado ajuda que me permitiu perseverar sem me tornar suicida. É verdade, às vezes eu ansiava por mais liberdade de movimento e me ressentia das estritas limitações impostas, mas nunca pensei em fugir, exceto – quando levada ao total desespero – afogando-me. Talvez a estrutura tivesse se tornado perigosamente desequilibrada e instável, mas não dava para acreditar que tudo que o casamento representava pudesse ser arrastado por uma onda de paixão. O fato de Elaine ter um marido saudável e uma família própria estava além do alcance de minha compreensão. Era um assunto para sua consciência, do qual eu não poderia participar.

A situação talvez se resolvesse pacificamente se as pessoas envolvidas fossem diferentes, se fossem mais atenciosas, menos determinadas, menos egocêntricas, menos voltadas ao cumprimento dos próprios desejos com a exclusão de todo o resto. Talvez, se eu houvesse sido mais forte e menos confusa, pudesse ter lidado com a situação de forma diferente e com mais segurança. Do jeito que foi, as férias foram um desastre. Vários percalços se combinaram para intensificar o desgosto de Stephen pelo campo, até mesmo pelo moinho, tão diferente de seu entusiasmo na primavera, e ele se tornou cada vez mais hostil tanto com a família como com Pam, a outra enfermeira. Quando por fim eu resolvi comentar com Stephen que com o comportamento dele e Elaine corríamos o risco de perder Pam, inadvertidamente detonei a conflagração que nos consumiria a todos, que envolveu a velha casa naquele dia e na noite seguinte, devastando o silêncio tão prezado e balançando as velhas vigas ao se alastrar em volta de mim. Chamas de vitupérios, ódio, desejo de vingança saltaram sobre mim por todos os lados, rapidamente me queimando com acusações – a esposa infiel, a parceira indiferente, a profissional egoísta, preguiçosa e frívola, mais interessada em cantar que em cuidar de seu frágil e indefeso marido. Eu havia feito as coisas do meu jeito por tempo demais, eles disseram. Eu deveria "pôr Stephen em primeiro lugar".

Enfrentei os ataques sozinha. Eu não faria Jonathan se rebaixar, levando-o para essa briga incivilizada; mas não pude apagar as chamas. Foi inútil tentar salientar que, ao longo de todas as distrações alienantes da Física e da rotina pesada, das exigências incessantes da doença, eu honestamente havia tentado ser uma boa esposa para Stephen; que no meio da parafernália de medicamentos, equipamentos médicos e turnos de enfermagem, no meio da multiplicidade de trabalhos científicos, equações e reuniões, eu havia honestamente tentado fazer meu melhor, por mais distorcida que minha vida se houvesse tornado. O fato de que o amor e a ajuda de

Jonathan nos preservaram e me salvaram do total desespero nunca seria tolerado como uma defesa válida. Meu melhor não foi bom o suficiente, e agora eu estava sendo deixada de lado em favor de alguém que enganara o homem doente com as frágeis palhetas de promessas extravagantes e expectativas irrealistas. Foi o início da morte do nosso casamento.

Sozinha em meu quarto depois que a primeira onda de ataque por fim diminuiu, o desamparo me reduziu a quentes lágrimas de raiva. Meu espírito se rebelou contra a superficialidade de muitas das pessoas que haviam chegado recentemente a nossa vida. Elas nunca tiveram de ficar cara a cara com múltiplas sucessões de crises, nunca tiveram de enfrentar o imenso trauma de viver em face da morte, dia a dia por mais de um quarto de século. Elas nunca haviam sondado as profundezas da emoção ou sido dilaceradas por dilemas morais. Nunca se haviam esticado para além dos limites de suas capacidades físicas e mentais. Sua experiência com essas questões havia sido fácil, só roçando a superfície da realidade, motivada pela autogratificação, ditando aos outros valores absolutos que elas mesmas não podiam seguir. Na verdade, a seus olhos eu era um mero autômato sem a justificável pretensão de qualquer reação humana. Minha necessidade de ser amada pelo que eu era foi repudiada como absurda.

Depois desse fiasco, Stephen e os Mason voltaram para a Inglaterra, e Tim e eu ficamos no moinho. A bela casa antiga e o jardim recolheram meu corpo desgastado e minha mente carbonizada no conforto de seu abraço quando a calma da zona rural da França se instalou mais uma vez. Se Stephen realmente não me queria, raciocinei, eu poderia construir uma vida boa para mim na França. Poderia me sustentar lecionando inglês e espanhol, e Tim poderia se tornar totalmente bilíngue. No início de setembro, ele começou a ir à escola da aldeia, onde logo fez amizades, não perturbadas pelas demandas da língua. Ele descia a estrada para a aldeia de bicicleta todas as manhãs, enquanto eu acenava e o via subir a colina em frente e desaparecer sob as árvores. Em casa, muitas vezes nós falávamos francês. O inglês e a Inglaterra tornaram-se estranhos para mim, um país e uma língua que abrigaram e expressaram tormento pessoal extremo – para não falar das injustiças políticas generalizadas dos anos de Margaret Thatcher –, ao passo que a França oferecia um novo estilo de vida, novos amigos e um senso de igualdade. Além disso, a França, um país predominantemente católico, era devoto da Mãe de Jesus, a intermediária feminina para as figuras masculinas da Trindade. Ali uma mulher tinha um lugar reconhecido na divina ordem das coisas. Maria teve uma presença humana que foi trágica, amorosa e reconfortante. Muitas vezes, nas igrejas e catedrais francesas, eu me sentia atraída pela imagem da Virgem Maria – talvez uma santa de gesso pintado grosseiramente – que oferecia o consolo do sofrimento compartilhado.

Tim e eu rapidamente entramos em uma rotina que eu estava confiante de ser capaz de sustentar. Poderíamos viver na França permanentemente, se necessário, ou, eventualmente, voltar para a Inglaterra quando Stephen houvesse resolvido seus problemas. Jonathan, que havia voltado a Cambridge para uma série de recitais de órgão, mantinha contato regularmente, incitando-nos a permanecer na França se era onde nos sentíamos à vontade.

Stephen também telefonou quase todos os dias, urgindo-nos a voltar para a Inglaterra. Sentia nossa falta, disse, precisava de nós. Ele era tão convincente que acreditei que de fato tinha a intenção de restaurar certa harmonia em nossa vida e manter seus enfermeiros sob controle. Mais tarde, naquele mesmo mês de setembro, acreditando que minha criança perdida realmente precisava de mim, partimos para a Inglaterra atravessando os mares tempestuosos, determinados a evitar o confronto. A família, que eram meus pais e Robert, ficaram felizes ao nos ver quando chegamos à casa, tarde da noite, depois de longos atrasos nas autoestradas. A recepção que eu, mas não Tim, recebi de Stephen foi gelada. Não era o filho perdido que foi nos receber, e sim o déspota. Imediatamente eu soube que havia cometido um grave erro ao voltar para a Inglaterra.

— 15 —

REALIDADE DEMAIS

Na segunda-feira seguinte Tim voltou para sua escola e eu retomei minhas aulas, comprometendo-me pelo menos para o trimestre, se não para todo o ano letivo. Então, exatamente uma semana depois de nossa volta, Stephen me entregou uma carta anunciando sua intenção de ir morar com Elaine Mason. Naquela noite, por uma infeliz coincidência, Robert teve a mandíbula quebrada por assaltantes que o atacaram a caminho de casa.

A execução da decisão de Stephen foi consideravelmente retardada pela razão extraordinária e eminentemente prática de que ele e Elaine Mason não tinham para onde ir. Enquanto isso, nós vivíamos em um turbilhão de caos e confusão; eu me agarrava como uma rocha à crença de que a tempestade um dia passaria, e que, apesar de seu atual lamentável descontrole emocional, Stephen escolheria ficar com sua família. Como uma folha seca em um vendaval, ele veio e se foi muitas vezes, sem nenhum aviso prévio. A extrema pressão de fora caía sobre ele, e cada episódio explosivo era sucedido por um período de calma, como se nada houvesse acontecido. Esses períodos, porém, eram apenas o olho da tempestade, só pressagiando outros elementos imprevistos que soprariam com a força de um furacão. Ouvi dizer que a enfermeira já estava anunciando seu casamento com Stephen. Eu vivia com o medo constante de que poderia haver uma batalha pela custódia de Tim, e Jonathan foi banido de West Road sob a ameaça de um mandado de segurança; por isso, ele não tinha escolha a não ser manter a própria casa. Uma discussão aberta era impossível, porque uma barreira intransponível havia surgido entre Stephen e mim, e quanto mais ele parecia perder o controle de sua situação, mais eu sentia que tentava me controlar, como se eu fosse simplesmente um objeto. Os enfermeiros jogavam cartas desagradáveis pela janela de meu carro quando eu saía para o trabalho todos os dias, e exigências impossíveis me eram feitas todas as noites. Observações desagradáveis e falsas motivações me foram atribuídas. Disseram-me para desistir de Jonathan e "colocar Stephen em primeiro lugar". Eu mesma me vi sendo relutantemente arrastada para conflitos sobre dinheiro, e não apenas com Stephen, mas com Elaine Mason também. Por meio da concentração exigida pelo magistério – em especial para lecionar sobre os absorventes e intelectualmente provocantes romances e contos de Gabriel García Márquez –, eu consegui preservar um pouco de sanidade, ao passo que entre meus colegas na sala dos professores encontrei uma simpatia tranquila e o apoio que emprestava uma sensação de estabilidade às poucas horas de cada dia que eu passava longe de casa. Em outros momentos, a música acalmava e consolava minhas emoções agredidas, mas muitas vezes sua intensidade fazia minha voz falhar e desaparecer. Em contrapartida, a confusão reinava e nossa casa se tornou o cenário de uma violência sem precedentes; a loucura de outras pessoas forçaram a entrada em nossa casa e deixaram a Tim e a mim apavorados, sem o menor gesto de apoio dos dois corpos de enfermeiros profissionais, o Royal College of Nursing e o UK Nursing Council, que se recusaram a se envolver.

Mais tarde, naquele mesmo mês, quando me despedi dos dois filhos mais velhos em dias consecutivos – Robert foi para Glasgow fazer pós-graduação em Tecnologia da Informação, e Lucy foi para Oxford –, parecia que toda minha existência e a estrutura sobre a qual ela repousava estavam se esfarelando. Minha identidade pessoal, que eu havia desesperadamente tentado construir ao longo dos anos com todos os fragmentos díspares – as peças do quebra-cabeça da vida cotidiana –, havia sido partida. Eu estava sozinha e sem abrigo no meio de uma guerra particular. Para onde quer que olhasse eu via os escombros e as ruínas do edifício corajoso, ousado, embora frágil, que Stephen e eu havíamos construído. Um abismo escuro se abrira no chão, engolindo esse edifício, e com ele, mais de vinte e cinco anos de minha vida – todos os anos de minha juventude e início da vida adulta, todas as esperanças e todo o otimismo. Em seu lugar restava pouco mais que uma mortalha vaga, insubstancial, fantasmagórica e fechada, objeto de tortura mental diária. A única certeza de futuro era que meu filho mais novo e mais vulnerável, Tim, tinha de ser protegido, por isso, por mais esmagada e arrasada que eu pudesse estar, tinha de reunir a força e a coragem de lutar por ele.

Jonathan e eu nunca havíamos contemplado a possibilidade de um futuro juntos sem Stephen. Não tínhamos fantasias nem sonhos. A ideia da mudança era estranha para nosso pensamento. Eu havia fechado minha mente para ela e não a procurava. No passado, eu achava que nós havíamos alcançado um equilíbrio no qual todos podiam florescer, mesmo que exigisse considerável contorcionismo, contenção e autodisciplina em nível pessoal. Isso provou ser nada mais que ilusão complacente, pois eu estava agora forçosamente entendendo que Stephen havia estado insatisfeito por algum tempo com nosso modo de vida. Essa revelação foi surpreendente para mim. Se Stephen fervera de ressentimento por tanto tempo, por que não me falara nada? Como ele conseguia ser tão bem-sucedido, criativo e dinâmico se estava de fato infeliz? Aparentemente, ele não havia gostado de ser tratado como apenas um membro da família, visto que considerava seu lugar de direito um pedestal no centro de tudo. E alguém aparecera e fora preparada para adorá-lo e fazer dele o ponto focal de sua vida. Esse alguém lhe prometera que ele nunca teria de contratar outros enfermeiros, tendo em vista que ela sozinha cuidaria dele vinte e quatro horas por dia, sete dias por semana e viajaria com ele para qualquer lugar que quisesse. Era evidente que eu não combinava com aquela devoção obsessiva, e, como resultado, eu estava sendo forçada à mudança do tipo mais cruel. Fui ameaçada de ser expulsa da casa da família, e meu papel na vida de Stephen estava sendo sistematicamente negado, como se toda referência a mim, toda a memória de mim tivesse de ser apagada de todos os registros.

Quando começou o trimestre e Tim e eu nos entrincheiramos na rotina de Cambridge, não houve como voltar para a França, mas eu precisava muito de um lugar para onde fugir. A casa de Jonathan estava fora de questão, uma vez que um movimento significaria que eu estava terminando o casamento, coisa que não era e nunca havia sido minha intenção. O lugar para aonde fugir tinha de ser um território neutro, onde Tim e eu pudéssemos escapar das tensões, das batalhas, do veneno e das recriminações que estavam criando o amargo caos na West Road. Havia apenas uma opção. Embora a faculdade tivesse a posse de nossa casa na Little St Mary's Lane havia anos – como parte do pagamento de nossa casa ali –, a propriedade tecnicamente ainda nos pertencia. Como eu sabia que a casa estava desocupada, escrevi ao mestre suplicando que permitisse que Tim e eu a usássemos temporariamente até que as batalhas houvessem terminado e a crise se resolvido para melhor ou para pior. O mestre era novo na Faculdade – eu mal o conhecia, nem ele a mim. Sua resposta foi inequívoca: embora ele lamentasse, existia um acordo formal entre Stephen e a Faculdade para a troca das duas propriedades, e enquanto ele não revogasse esse acordo, eu não poderia ter acesso à casa.

Durante o dia a asma reprimia minha respiração e confundia minha mente, enquanto minhas mãos formigavam de medo até as pontas dos dedos cada vez que Stephen anunciava que queria falar comigo. Todas as noites terríveis pesadelos voltavam, eu acordava em pânico, apavorada. Meu coração batia acelerado quando edifícios desabavam sobre mim, enterravam-me em um túmulo subterrâneo e escuro. Tim também tinha pesadelos; sonhava que estava sendo perseguido por bandidos por corredores e ruas. Durante o dia ele ficava excessivamente introvertido e ansioso. O médico receitou betabloqueadores para mim e me mandou consultar um psicólogo. O único remédio para Tim era distanciá-lo dos problemas, mas, como a casa da Little St Mary's Lane nos fora negada, não era fácil. Eu pedi a seu diretor que alertasse sua equipe acerca da intolerável tensão a que Tim estava sendo submetido em casa. Demasiado tarde eu descobri que ele havia deixado de transmitir minha ansiedade a sua equipe, e muitas vezes o pobre Tim voltava da escola em lágrimas.

As batalhas continuaram se enfurecendo pelo resto do trimestre, com apenas uma pequena trégua durante a visita à Espanha para a entrega de um prestigiado prêmio pelas mãos do herdeiro do trono espanhol, o príncipe das Astúrias, em Oviedo. Estar na Espanha elevou meu espírito e fez essa visita suportável. Apesar de a trégua ter trazido as próprias tensões menores e superficiais na forma de aparições públicas repetidas, coletivas de imprensa e entrevistas, pelo menos isso me deu a oportunidade de provar de novo a mim mesma minha capacidade profissional e reafirmar minhas qualificações como linguista e como companheira de Stephen. A tensão subjacente que resultou de sua decisão recentemente anunciada de comprar um apartamento para sua enfermeira favorita era muito mais grave. A mente que havia dominado os segredos matemáticos do universo não era páreo para o abalo emocional que agora o oprimia. Como seu herói wagneriano, Siegfried, Stephen se envolvera em um manto de proteção, a capa dura da determinação – inspirado pela razão implacável, protegendo-o contra a fragilidade sentimental na crença de que ele era invencível. Contudo, como Siegfried, ele esteve frágil e impotente quando sua vulnerabilidade foi exposta ao ataque. O ponto fraco físico de Stephen era sua garganta, mas ele também tinha um segundo ponto fraco, psicológico, que era uma total falta de resistência à manipuladora pressão emocional. Ele nunca havia sido submetido a isso antes, e não tinha armadura contra ela. Esse era o tipo de pressão que estava sendo exercida sobre Stephen: tornou-se uma panela de pressão, assobiando com energia incansável, até que entrou em erupção em uma série de surtos emocionais de força vulcânica, que arrasou todos os obstáculos com seu fluxo quente e vermelho de raiva e paixão. Então, muito milagrosamente, cada nova erupção diminuía tão depressa quanto havia explodido, e a paz descia mais uma vez sobre nossa vida em casa. Ele ficava mais gentil, mais dócil e arrependido, genuinamente preocupado em deixar a turbulência para trás e retomar a vida familiar na qual havia prosperado no passado. Então, ele admitia que estava sendo vítima de emoções conflitantes e que precisava de apoio, compreensão e da possibilidade de uma reconciliação. Isso eu estava muito disposta a dar, queria compartilhar a tragédia de sua situação e ajudá-lo a passar por ela. Contudo, a calmaria durava só até o terrível momento em que outra carta, outro ultimato, outra intimação atingia seu alvo. Aprendi a temer o resultado quando Stephen saía correndo, abandonando as refeições e os compromissos sociais para apaziguar e ficar ainda mais enfeitiçado. E assim foi até o Natal. Os planos dos meus pais de celebrar suas bodas de ouro foram uma catástrofe no fluxo e refluxo da força dessa maré. Com uma aleatoriedade que havia se tornado perversamente previsível, Stephen passou o dia de Natal no seio de sua família, mas, em seguida, à noite, sua van apareceu lá fora e ele desapareceu na escuridão, saiu de casa com Elaine para ficar em um hotel antes de partir para uma conferência em Israel no dia seguinte.

Não o vimos nem tivemos notícias dele até o início de janeiro, quando as crianças, Jonathan e eu chegamos à casa depois de uma pausa alegre e despreocupada na França. Encontramos Stephen esperando por nós como se nada houvesse acontecido. Nenhuma explicação foi proferida, e eu sabia que não devia pedi-la. Naquela noite nos reunimos em volta da mesa à luz de velas, banqueteando-nos com pato assado ao molho de laranja para comemorar o aniversário de Stephen. A carta alegre que eu escrevi para a mãe de Stephen na manhã seguinte genuinamente expressando minha alegria porque as perturbações pareciam estar acabando e nós poderíamos retomar nossas tentativas de levar uma vida familiar criativa, recebeu uma resposta totalmente negativa. Pela carta, ficou claro que Isobel desconsiderava, até duvidava de meu esforço durante tanto tempo para cuidar de Stephen, e, pelo contrário, via-me como beneficiária hedonista de sua fama e seu sucesso, cuja intenção agora era negar-lhe sua chance de felicidade com alguém que ela realmente aprovava e de quem gostava.

A estabilidade durou pouco: muito em breve a situação começou a se deteriorar. Depois de várias semanas nas quais as ameaças, as recriminações e os abusos mais uma vez ganharam força, as crianças e eu partimos para encontrar Arthur e seus pais e esquiar alguns dias na Áustria durante o recesso escolar. Em nosso retorno a Cambridge não havia nenhum sinal de Stephen. Ele havia ido embora. Ele havia por fim saído, auxiliado aparentemente pelo marido de Elaine, no dia em que nós partimos para a Áustria, 17 de fevereiro de 1990. O fim havia chegado. Eu não senti tristeza nem alívio. Eu estava entorpecida.

Não foi o fim, no entanto. No dia seguinte, Stephen telefonou dos Elstree Studios, onde a versão cinematográfica de *Uma breve história do tempo* estava sendo filmada, e me pediu que me juntasse a ele em um retrato de família, um pano de fundo biográfico para o filme. Foi um pedido surpreendente. Era inacreditável que depois de ter acabado de deixar sua família, ele pudesse esperar que continuássemos a atuar como marionetes para as câmeras, ainda transmitir a já vencida fachada feliz e unida. Não havia mais a menor hesitação tímida em minha voz. Ao tomar a decisão de nos deixar, Stephen involuntariamente abandonara seu poder sobre mim, deixando-me livre para tomar minhas decisões, não mais com medo de suas reações imperiosas. Recusei-me a ir aos Elstree. Recuperei o controle de minha vida.

Depois disso, a tragédia se transformou em farsa. O telefone tocava incessantemente. Um após outro, os produtores e diretores norte-americanos tentaram me adular, bajular, persuadir para participar do filme. Quando foram para Cambridge para criar uma réplica exata do escritório de Stephen em uma igreja abandonada, bateram em minha porta trazendo consigo seus argumentos patéticos. Milhões de dólares estavam em jogo, lamentavam retorcendo as mãos; minha ausência estragaria todos os seus planos; sem um elemento biográfico substancial, o filme ficaria desequilibrado. Dei de ombros e citei a garantia que eles haviam dado, consagrada no contrato, sobre a natureza do filme: um documentário puramente científico com apenas uma breve referência biográfica. Quanto mais eles revelavam sua falta de integridade, negando todas essas promessas, mais fácil para mim era me manter firme – e quanto mais fácil era manter-me firme, mais forte eu me tornava.

— 16 —

NULO E SEM EFEITO

Fosse qual fosse o pequeno conforto que pudesse ter derivado de meu espírito independente recém-descoberto, o cataclismo, na verdade, deixou-me despedaçada. Na escuridão da derrota, eu me senti desacreditada e rejeitada, errando a esmo para encontrar uma identidade, como se os anteriores vinte e cinco anos houvessem sido apagados sem deixar vestígios. Na verdade, essa impressão não era simplesmente subjetiva: ganhou substância com as duas instituições de caridade pelas quais eu havia trabalhado tão duro. Eles não podiam arriscar sua credibilidade pública, segundo disseram, continuando a ter associados a seus esforços os dois parceiros de uma separação ou divórcio, de modo que ambas dispensaram meus serviços. Naturalmente o nome de Stephen era mais útil que o meu. Foi um duro golpe. Como eu suspeitava, fora do casamento e longe de Stephen, eu não era nada.

Foi, no entanto, nesse labirinto cego de desorientação que comecei a sentir o despertar de uma força sem precedentes, quase palpável no ar em torno de mim, uma força espiritual sem relação com meu minado estado físico. Ela se revelou em expressões espontâneas de preocupação e amor, estendendo-se telepaticamente até mim dos nossos muitos amigos por todo o mundo. Eram os verdadeiros amigos, pessoas que nos conheciam havia muitos anos, amigos que testemunharam as lutas e muitas vezes ajudaram em tempos de crise, que haviam generosamente se encantado com o sucesso sem ser cegos para a dura realidade subjacente. Eram amigos, também, que sabiam de minhas tentativas de chegar a um acordo com a situação, amigos que haviam conhecido e admirado Jonathan por sua dedicação à família, tanto quanto por seu talento musical. Muitos disseram que choraram quando ouviram a notícia. Eles me provocaram uma sensação de paz que me permitiu ver meus recursos. Em vez de afundar no ressentimento, eu colocaria em um novo projeto a energia que anteriormente havia dedicado ao bem-estar de Stephen; um projeto meu. Seria um livro, mas não o livro de memórias que várias editoras já pediam, uma vez que era um assunto muito doloroso e ainda lhe faltava uma perspectiva clara. Meu livro descreveria nossas experiências de instalação da casa da França, e seria composto por histórias divertidas e informações práticas, voltadas para o considerável mercado de compradores britânicos para casas na França. Como muitos desses francófilos não pareciam ter grande domínio da língua francesa, eu compilaria um léxico fonético de termos úteis relativos a todas as áreas de habitação e de residência na França: aspectos legais, de seguro, reforma, serviços de utilidade pública, sistema de telefonia, governo local e sistema de saúde.

A maior parte do tempo que eu costumava gastar cuidando da casa, atendendo às necessidades de Stephen, acomodando seus enfermeiros, organizando escalas, atendendo aos telefonemas de cuidadores descontentes e dando festas, eu dediquei a esse livro. Ao escrevê-lo e compilar o léxico, eu aprendi – como Stephen, no período crítico após sua doença – a usar o computador. Como eu queria ter tido um nos anos em que estava trabalhando em minha tese! O computador e a impressora foram um magnânimo presente de despedida de Stephen. Por que ele os comprou eu nunca descobri, mas suspeito que o gesto foi típico do estado de confusão em que se encontrava, e que, como sempre, ele era orgulhoso e autossuficiente demais para admitir. No entanto, fiquei devidamente sensibilizada, visto que eu não poderia ter compilado o glossário de termos úteis sem ele. Embora o aspecto francês do projeto fosse infinitamente divertido e estimulante na pesquisa e na escrita, a publicação foi repleta de dificuldades, porque, em minha ingenuidade, caí nas mãos erradas. Um agente literário aparentemente simpático pegou o livro, mas, na verdade, como tantos outros, ele estava interessado apenas no livro de memórias.

Agentes literários desonestos à parte, a notícia da separação, felizmente, permaneceu escondida da imprensa durante vários meses. Como não havia atingido as manchetes dos tabloides, tivemos um período de descanso benéfico. Esse limbo habilitou a Stephen e a mim a tentar definir novas bases para nossa relação, sem a dificuldade da atenção da mídia. Pudemos nos encontrar como velhos amigos, sem o estresse do atrito do dia a dia que havia azedado o relacionamento. Ele podia ir a West Road para ver Tim na hora das refeições, e podíamos discutir assuntos de interesse da família com calma e bom senso. A única diferença era que ele morava em outro lugar com outra pessoa.

A imprensa por fim soube de nossa separação, literalmente em resultado de um acidente. Uma noite, quando Stephen estava voltando para seu apartamento, ele e a enfermeira de plantão (não Elaine) foram atropelados por um táxi em alta velocidade. A cadeira de rodas virou e ele ficou caído na rua escura. Foi um milagre ele não sofrer nada pior que um ombro quebrado e ter passado apenas dois dias no hospital. Inevitavelmente, a imprensa soube do acidente, e, é claro, queriam saber por que sua casa não era mais em West Road. Repórteres e cinegrafistas, em especial dos tabloides, agruparam-se em volta do portão como uma matilha de cães, latindo, farejando escândalo e aterrorizando a Tim e a mim. Estávamos sendo caçados. Foi graças ao bom senso do recepcionista de Harvey Court que eles foram despistados, e Jonathan, de cuja existência eles não tinham conhecimento, conseguiu escapar pela porta dos fundos.

Uma vez que a separação caiu em domínio público, a Faculdade não perdeu tempo e mandou o tesoureiro perguntar quando íamos nos mudar. Ele foi bastante explícito: a Faculdade se sentia desobrigada a abrigar a família tendo em vista que Stephen, com quem haviam fechado o acordo, não vivia mais ali. Ele estava efetivamente notificando-me para sair. Eu não tive nem a presença de espírito para protestar nem a vontade de lutar. No dia anterior, teria sido – tecnicamente, era – nosso aniversário de vinte e cinco de anos casamento. Naquela manhã de segunda-feira de julho ficou muito claro para mim que tudo o que havia acontecido naqueles vinte e cinco anos não tinham nenhuma importância para ninguém. Os registros haviam sido eliminados. Aqueles anos podiam muito bem nunca ter acontecido. Stephen era a única pessoa que importava. Eu não tinha nenhuma importância, nem as crianças. Eu havia recebido uma notificação para partir; havíamos sido efetivamente jogados na rua. Era hora de despertar para uma nova realidade.

A única concessão que nos foi dada foi a graça de um ano para nos adaptarmos. Isso foi particularmente importante, pois Tim havia entrado no King's College, do outro lado da rua, e teria sido o cúmulo da ironia se houvéssemos sido forçados a nos mudar exatamente quando ele entrou em uma escola a menos de cinco minutos de casa. Outra vantagem do King's para Tim era que seu amigo Arthur frequentava também a escola como interno, assim, quaisquer que fossem as reviravoltas em casa, ele podia contar com ver seu melhor amigo todos os dias na escola. Na verdade, Tim não via Arthur só na escola, mas em casa também, porque pelos dois anos seguintes Arthur foi morar conosco. Foi um acordo muito feliz para todos os envolvidos. Arthur se tornou parte da família e deu a Tim inestimável apoio moral diante de suas circunstâncias.

Foi uma sorte infinita eu não estar sozinha. Jonathan havia ficado discreta e firmemente ao meu lado, apesar de ser alvo de hostilidade considerável. Igualmente de forma discreta e com firmeza, e com paciência infinita, ele começou a remontar os cacos do que havia sido minha personalidade, ao mesmo tempo tentando lidar com o que havia acontecido. Desde o início, ele não tinha nenhuma ilusão. Sabia que nossa relação dependia de um bom equilíbrio e da aceitação de Stephen, que era dedicado à sobrevivência, e não à destruição da família. Jonathan temia a possibilidade de repercussões freudianas, mas havia subestimado os estragos que a intervenção de uma terceira parte poderia causar pela fofoca e a deturpação. Não havia nenhuma alternativa viável, uma vez que ele se importava profundamente comigo e com a família, incluindo Stephen. De minha parte, não só não poderia suportar: eu não poderia sobreviver sem ele. Ele arcava com a sobrecarga física, e em seus braços eu encontrei a almejada segurança emocional. A nova realidade nos aproximou, embora sem nenhuma alegria ou euforia, só com tristeza pela traição de nossas melhores intenções, juntamente com o silencioso alívio de que o longo calvário havia acabado. Embora Jonathan e eu começássemos a viver juntos e a procurar uma casa adequada para comprar, não tínhamos intenção de casar depressa. Estávamos comprometidos um com o outro, mas eu não estava em condições físicas ou emocionais para me casar com ninguém, muito menos com alguém que merecia muito mais do que eu poderia oferecer. De certa forma, uma vez que não havia menção de divórcio, eu ainda estava tecnicamente casada com Stephen.

Certo consolo foi que, apesar do caos em que *Uma breve história do tempo* havia nos feito mergulhar, pelo menos não me deixou na miséria. Conseguimos comprar e ampliar uma casa isolada em uma área moderna do mesmo lado de Cambridge. À primeira vista, achei a casa e o jardim desanimadores ao ponto do desgosto. A casa era apertada, inexpressiva e sem inspiração; uma caixa moderna de tijolo e concreto, paredes internas cobertas de juta rasgada e desbotada; o jardim era lamentavelmente nu e ensombrado pela cerca viva de ciprestes dos vizinhos que precisava de poda. Mais uma vez eu teria de começar do zero e tentar recriar um lar naquela casa sem personalidade e um jardim de flores na obstinada argila cinzenta que contaminara o solo. O atrativo da casa era sua posição: estava à mesma distância de bicicleta do centro da cidade e da escola de Tim. Também ficava bastante próxima do apartamento luxuoso de Stephen, o que devia ser considerado como uma vantagem, visto que ele insistia em ver Tim duas vezes por semana. Com uma lealdade resignada, Arthur acompanhava Tim nessas visitas regulares, cujo resultado nunca era previsível e sempre perturbador. Fiquei aliviada por Stephen não mostrar urgência pelo divórcio, porque eu temia que Tim se tornasse vítima de uma batalha ainda mais amarga. De vez em quando, chegava uma carta com exigências, mas como isso era claramente a resposta de Stephen a uma pressão interna, elas podiam ser tomadas de ânimo leve, qualquer que fosse seu conteúdo. Geralmente nossas discussões eram civilizadas e até mesmo carinhosas sempre que nos encontrávamos.

Enquanto não se abrisse um processo de divórcio, Tim estava a salvo de disputas judiciais sobre a custódia. Um dia esse problema em potencial deixaria de existir, por causa de sua idade. De minha parte, eu estava levando uma vida normal, um imenso luxo depois de mais de vinte e cinco anos de uma vida que nunca havia sido normal. Jonathan e eu gostávamos de nossa normalidade e privacidade, mas ainda vivíamos com medo de abuso por parte da imprensa marrom, que sabíamos que não hesitaria em explorar nossa situação para agradar os gostos picantes de seus leitores. Ocasionalmente esses temores se justificaram, mas nunca com efeitos duradouros.

Não era segredo que tanto a Universidade quanto a Faculdade tinham planos para o terreno da West Road. As duas instituições estavam envolvidas em negociações para reformar a parte do fim do jardim e fazer uma biblioteca para a Faculdade de Direito, ao passo que por muitos anos a Faculdade teve a intenção de construir dormitórios no terreno da casa. Nesse último ano de nossa ocupação, víamos de casa, em um silente estado de sítio, os topógrafos perseguindo o jardim, armados com instrumentos de medição, marcando distâncias com estacas e postes, enquanto por baixo da cerca viva um equipamento bate-estaca forçava passagem profundamente no leve solo aluvial. Com nossa mudança, o destino de toda a propriedade – a antiga casa, seu lindo jardim tranquilo e o majestoso cenário arborizado – seria selado. Em nome do progresso, a Universidade e a Faculdade tinham a intenção de destruir mais um ensombrado espaço verde. No caos da mudança, havia pouco que eu pudesse fazer para salvar a casa e o jardim, exceto garantir que as árvores, especialmente as duas magníficas sentinelas, a sequoia gigante da casa e o cedro vermelho ocidental, a *Thuja plicata*, no final do gramado, fossem protegidas por ordens de preservação. Os autodenominados oficiais arbóreos realizaram uma pesquisa e me garantiram que eu não tinha nenhuma necessidade de me preocupar: as árvores já estavam protegidas porque estavam em uma área de preservação. Eu me mudei de casa com a certeza de ter cumprido meu dever cívico e ambiental.

Durante o ano seguinte, visitei o jardim com frequência no caminho da cidade para casa para verificar se nada incomum havia acontecido. A ameaça parecia ter recuado. Tudo estava calmo, afora a ação constante do bate-estaca. O jardim, a grama, as árvores permaneciam intactas, do mesmo jeito que eu os havia deixado. Eu divagava de nostalgia nesse santuário, lembrando com tristeza as festas, as danças, os jogos de croquet e cricket, e olhando para as janelas vazias da casa, janelas que haviam contido tanta alegria e tanta angústia. A casa guardava intimamente seus segredos, revelando seu passado apenas em alguns remanescentes dispersos, como os espólios esquecidos de uma batalha – os restos do tanque de areia de Tim lavado de chuva, um balde de brinquedo surrado, uma bola de futebol murcha, um vaso rachado e o varal rotativo enferrujado, que prestara um bom serviço. Tudo isso falava de vidas e eventos dos quais os estudantes, ocupantes atuais da casa, eram pouco conscientes.

Embalada pela tranquilidade imutável da cena, minhas preocupações com o jardim foram substituídas por outros assuntos mais prementes. O agente literário estava tendo pouco sucesso em encontrar uma editora para *At Home in France*, meu manual sobre a compra de propriedades francesas. Depois de vários fracassos de sua parte, pensei que eu poderia tentar publicar o livro sozinha, e ele me enviou uma cópia do contrato apontando que eu estava vinculada a ele por quatro longos anos – a menos que eu quisesse assinar um novo contrato dando-lhe direitos eternos sobre qualquer biografia que eu viesse a escrever sobre Stephen. Fiquei furiosa, tanto comigo mesma por ser tão ingênua, quanto com esse cliente escorregadio do agente que havia de forma flagrante se aproveitado de minha inexperiência e meu desânimo. Sua desonestidade atiçou minha determinação de publicar meu livro francês custasse o que custasse e privá-lo eternamente de qualquer comissão sobre qualquer outro livro que eu viesse a escrever.

Mais ou menos na mesma época a Receita Federal voltou sua atenção para os lucros obtidos com *Uma breve história do tempo*. Como resultado da alta taxa de desemprego provocado pelas políticas de governo conservadoras, o Tesouro estava com pouco dinheiro e instruíra a Receita Federal para aumentar sua renda por meio de investigações de regularidade, particularmente focando situações em que o fim de casamento pudesse ter causado confusão fiscal. Embora eu já não estivesse envolvida na administração do livro de Stephen, o inspetor fiscal derramou toda a força de sua provocadora beligerância profissional sobre minha cabeça cansada. Ele me assediava com cartas e telefonemas, ligando até no Natal, quando minhas mãos estavam enfiadas na farinha e minha mente nas canções de Natal, nos pudins e nos presentes.

Essas e outras preocupações me distraíram da questão das árvores e do jardim da West Road. Só em uma segunda-feira, em julho de 1993, foi que eu me peguei pensando neles de novo; estranhamente, esses pensamentos cresceram em força, até que se tornaram uma vontade irresistível de ir até o jardim. Meu eu racional suprimiu essa sensação intrigante, tendo em vista que eu estava muito ocupada naquela segunda-feira com os preparativos para as férias de verão, bem como com outras atividades. Foi só no fim da semana que encontrei tempo de passar na West Road a caminho de casa depois de umas compras antes das festas. Quando dobrei a esquina da casa, deparei-me com um espetáculo horrível. Onde eu esperava encontrar o bem conhecido e muito amado paraíso de flores e folhagens, tudo que vi foi maciça destruição arbitrária. A ponta do jardim havia sido saqueada, destruída. Onde antes havia árvores e arbustos, rosas e papoulas, pássaros, ouriços e esquilos, agora não havia nada mais que um enorme buraco negro no chão, uma cratera enlameada onde a Mãe Terra havia sido desnudada, devastada e exposta. Um rápido cálculo mental sugeriu que cerca de quarenta árvores haviam sido derrubadas, sendo a mais espetacular o cedro vermelho ocidental, sob cuja sombra Cottontail, o coelhinho de Tim, tivera sua gaiola. Enquanto eu estava paralisada de choque e descrença diante de tamanha devastação, lembrei a sensação estranha que havia sentido no início da semana. Será que aquelas árvores realmente haviam me chamado para pedir socorro? O que teria acontecido com minhas tentativas de protegê-las por meio das ordens de preservação?

Em resposta às minhas perguntas, a Câmara Municipal não conseguiu encontrar nenhum registro dos meus pedidos anteriores de ordens de preservação para as árvores. Os projetos do novo edifício, quando apresentados ao comitê de planejamento, faziam só uma breve referência a alguns arbustos e mudas insignificantes, de modo que tinham dado o sinal verde sem mais investigações. A proteção oferecida às árvores por se tratar de área de preservação foi inútil. Houve, no entanto, um sentido de justiça poética na tragédia. O destino das árvores e do jardim espelhou o nosso. Não poderia ter sido uma metáfora mais poderosa ou pungente para o fim de nossa vida familiar que o buraco negro no chão.

POSFÁCIO

Fevereiro de 2007

Estou começando a escrever este novo posfácio enquanto decolo para Seattle para um voo de nove horas e meia pela frente. Heathrow logo desaparece abaixo, dando lugar a um Inglês patchwork de campos verdes quando saímos das nuvens. É uma viagem que eu tenho feito muitas vezes desde a primeira, em 1967, e ter um novo neto do outro lado do planeta é agora uma cura convincente para a fobia de voar. À medida que voamos sobre as montanhas escocesas polvilhadas de neve em direção ao noroeste, Islândia e Groenlândia, viajo de volta no tempo lembrando-me do voo de quando Robert era um bebê e Stephen, seu pai, apresentava os iniciais sintomas incapacitantes da ELA, e fico maravilhada mais uma vez com a coincidência de Robert ter resolvido se estabelecer em Seattle com sua esposa, Katrina, uma escultora de talento, e seu bebê. Também me maravilho com o fato de que Stephen, a quem haviam dado cerca de dois anos de vida em 1963, não só continua vivo 44 anos depois, como também recentemente recebeu a medalha de maior prestígio da Royal Society, a Copley.

Em 1995, enquanto visitava Robert, que assumira um cargo na Microsoft seis meses antes, eu senti que havia certa poesia na maneira como Seattle havia descrito um círculo em torno de quase todos os anos do nosso casamento. Agora eu sinto essa poesia da coincidência ainda mais forte, enquanto nos preparamos para celebrar naquela cidade o primeiro aniversário de nosso netinho, chamado George, como meu pai. Neste voo não estou sozinha: Robert está comigo, voltando para Seattle depois do funeral de minha mãe, ontem. Há apenas uma semana ela morreu muito pacificamente e em silêncio, enquanto dormia, após uma súbita doença. Eu estava em um ensaio no momento e senti sua passagem como um leve arrepio, a escovação das asas de um anjo. Mal precisei que me dissessem, quando voltei para casa, que havia uma mensagem para mim de sua clínica, porque eu já sabia o que havia acontecido.

Foi em Seattle, em 1995, logo após a finalização do divórcio e um ano após a publicação de *At Home in France*, que comecei a contemplar a possibilidade de escrever um livro de memórias sobre minha vida com Stephen. Fiquei surpresa, portanto, ao encontrar à minha espera o convite de uma editora para fazer exatamente isso quando voltei a Cambridge. Naquele mês de setembro as palavras fluíram de maneira rápida e apaixonada, como se me pedissem para me libertar de um passado que muitas vezes havia escalado os picos vertiginosos de façanhas impossíveis, e ainda havia sondado as profundezas da mágoa e do desespero. Eu precisava exorcizar esse passado e definir claramente o fim de uma longa era antes de embarcar em um novo futuro, e foi por isso que a equipe editorial me permitiu contar minha história de forma espontânea. Essa primeira edição representou um grande e catártico derramamento de otimismo, euforia, desânimo e tristeza.

Minha relutância inicial de enfrentar uma biografia – decorrente da desconfiança acerca da perda de privacidade que esse exercício poderia implicar – cedeu perante a conscientização gradual de que eu não tinha escolha. Minha privacidade estava comprometida de qualquer forma, porque minha vida era já propriedade pública como resultado da fama de Stephen, e seria apenas uma questão de tempo até que os biógrafos começassem a investigar a história pessoal por trás de sua genialidade e sobrevivência. Coisa que inevitavelmente me incluía. Eu não tinha nenhuma razão para supor que eles me tratariam com mais consideração que a imprensa no passado. Portanto, seria muito melhor eu contar minha história, do meu jeito. Eu revelaria verdades tão profunda e dolorosamente pessoais que não podia suportar a ideia de que a música pudesse ressoar apenas como *Fele chaudron*, a chaleira rachada de Flaubert. Embora meu papel na vida de Stephen houvesse diminuído drasticamente – o novo casamento de Stephen de fato fechou a porta para nossas linhas de comunicação –, eu não poderia fechar minha mente para um quarto de século de vida vivida no limite de um buraco negro, em especial quando a inegável prova viva dos extraordinários sucessos desses vinte e cinco anos eram nossos três lindos, bem ajustados e amorosos filhos, bem como a aclamação que Stephen pôde apreciar. Conforme as palavras fluíam, descobri que a voz e o registro estavam ali dentro de mim, prontos e esperando para surgir e expressar a massa de memórias acumuladas ao longo dos anos. Eram memórias que poderiam simplesmente ser vistas relacionadas à saga de uma família inglesa na última parte do século XX. Muito disso seria comum, bastante comum na vida da maioria das pessoas, não fosse por dois fatores: a ELA e a genialidade.

Na verdade, a ELA forneceu um motivo igualmente poderoso para colocar a caneta no papel, no desejo de despertar políticos e governantes para a realidade de cortar o coração enfrentada diariamente em uma sociedade indiferente às pessoas com necessidades especiais e seus familiares – as batalhas com a burocracia, as lutas solitárias para manter um senso de dignidade, o cansaço, a frustração e o grito angustiado de desespero. Eu esperava que o livro de memórias alcançasse também a classe médica com o objetivo de melhorar a consciência tão modesta no âmbito do Serviço Nacional de Saúde acerca dos estragos da ELA e seus efeitos sobre a personalidade, bem como sobre o corpo físico de suas vítimas.

Como resultado da publicação encadernada de agosto de 1999 de *Music to Move the Stars*, título original derivado da citação de Flaubert, recebi uma sacola cheia de cartas de apoio, em especial de mulheres que simpatizavam profundamente com minha situação, elogiavam minha decisão de escrever e contavam a história da própria vida, muitas vezes conturbada. Algumas haviam sido cuidadoras ou haviam lutado para manter a família em circunstâncias adversas; outras simplesmente encontraram ressonâncias com que podiam se identificar. Muitas admitiam que o livro as havia feito chorar. De dentro de Cambridge as manifestações de apoio foram muito grandes. Todos disseram que foram cativados pela história, incluindo uma senhora de noventa e quatro anos que se recusou a ir para a cama enquanto não acabasse de lê-lo! Muitas pessoas, levadas erroneamente a pensar, pelas aparições televisivas de Stephen, que nós desfrutávamos de toda a ajuda possível, ficaram horrorizadas ao descobrir quão pouca assistência nós de fato recebemos, confirmando, assim, minha suspeita de longa data de que a face pública e a realidade privada eram muito afastadas, se não contraditórias uma com a outra.

O passado foi amplamente depositado no computador, se não totalmente exorcizado, quando Jonathan e eu nos casamos, em julho de 1997. O dia do nosso casamento provou ser uma ilha de refúgio na paisagem tumultuada de doenças, acidentes e desastres que estavam afetando nossa família e alguns amigos mais próximos. Nós mesmos não estávamos em muito boa forma. Jonathan havia sido acometido por cálculos renais durante uma apresentação em Liverpool, e eu fiquei mancando, de muletas, por algum tempo, com os ligamentos de ambos os joelhos rompidos, após um acidente de esqui. A multiplicidade de problemas que nós e as pessoas próximas e queridas havíamos sofrido deixara pouco tempo para os aspectos práticos de planejamento, e muito menos para qualquer preparação mental, emocional ou espiritual.

Na verdade, nada poderia ter nos preparado para o poder emocional e espiritual desse dia. Um ou dois minutos antes de sair de casa, eu de repente me dei conta, para minha embaraçosa surpresa, que a menos de dois quilômetros descendo a rua havia uma igreja cheia de pessoas me esperando. A seguir, na chegada à St Mark na companhia de meus três filhos, nem a calma e a amigável saudação do nosso novo vigário pôde dissipar aquela sensação de espanto e admiração. Talvez suas vestes cerimoniais resplandecentes, brancas e douradas, só tenham contribuído para a poderosa qualidade onírica da ocasião – uma qualidade que se tornou avassaladora quando Robert, Lucy, Tim e eu assumimos nossas posições na varanda de onde vislumbramos meu futuro marido subindo os degraus da capela-mor. Uma onda de emoção tomou conta de nós quando o organista lançou os majestosos acordes de *A chegada da rainha de Sabá* e meus filhos me levaram, tremendo e incapaz de olhar para a direita ou para a esquerda, até o corredor, depositando-me ao lado de Jonathan. À minha esquerda, pálida e frágil, minha mãe se sentou na cadeira de rodas à qual acabou ficando confinada.

Seguiram-se os hinos, as orações, as leituras e as canções, suas palavras cuidadosamente escolhidas, estudadas, analisadas, traduzidas em francês e espanhol, digitadas e extraídas do computador muitas vezes. Todas essas palavras ganharam vida no discurso e na música, emprestando amplitude, profundidade, verdade, urgência e clareza às vozes do clero, aos leitores, à congregação e ao coro. Este último foi composto de velhos amigos, muitos deles músicos profissionais que fizeram uma interpretação comovente de *How lovely are thy dwellings fair*, do *German Requiem* de Brahms. Quanto ao pregador, só havia uma escolha possível. Só Bill Loveless, que nós dois conhecíamos havia muito tempo e que nos apoiara nos momentos de provação, poderia ter feito o discurso. Apesar dos problemas de saúde e da idade avançada, ele subiu ao púlpito e fez um discurso apaixonado com todas as características de seu vigor e compromisso habituais. Ele falou com sincera candura e honestidade dos dilemas e das angústias do passado, sem comentar sobre a realidade do nosso relacionamento. Ao recordar outros tempos, ocorreu-me que todos aqueles amigos de todo o mundo que nos deram tanto apoio valioso em tempos passados, e para quem eu regularmente fazia uma oração silenciosa em meu banco da igreja nas manhãs de domingo, estavam todos na igreja, conosco e ao nosso redor – todos menos Stephen, meu companheiro por tanto tempo e pai dos meus filhos.

A imagem da querida Lucy em pé no púlpito para recitar o soneto de Shakespeare sobre o casamento de mentes verdadeiras foi inesquecível. Ela se levantou, radiante em seda creme, com as mãos sob sua barriga de seis meses, como se precisasse ganhar a confiança de seu bebê enquanto Alex, seu noivo, sorria com orgulho na congregação. Houve momentos de distração ímpares – como a horrível caneta que arranhava, transformando minha assinatura nos registros em um rabisco desordenado, trazendo de volta lembranças humilhantes de uma péssima nota na prova de caligrafia no colégio St. Albans. Em seguida, muito brevemente a missa acabou, e Jonathan e eu deslizamos pelo corredor, levados pela melodia *St Anne Prelude,* de Bach, e pela alegria no rosto da congregação. Saímos para o sol – foi o primeiro dia bom nas últimas semanas – para beijar e abraçar todos os nossos convidados e outras pessoas bem-intencionadas, antes de sair à frente do longo e lento cortejo liderado por nossos amigos da França, até o Wimpole Hall para as fotografias, recepção, jantar e festa, que durou até a noite.

Jonathan e eu víamos à frente, com otimismo, uma vida comparativamente normal juntos depois do casamento. Desde então, tenho aprendido que não existe isso de vida normal. Nós levamos uma vida agitada, na qual a música desempenha um papel importante: eu ainda me deleito com o repertório do coral e também continuo a dar recitais solo ocasionais com o acompanhamento de Jonathan. Já não leciono; há muitas outras demandas para minha atenção, mas consegui arranjar tempo para a dança, que por tanto tempo no passado não foi uma atividade viável para mim, quer como praticante quer como espectadora. Jonathan e eu viajamos muito. Com a máxima frequência possível entramos na outra dimensão da França rural, onde eu trabalho no jardim que criei para marcar o milênio, enquanto Jonathan planeja novos empreendimentos musicais – tanto com a Cambridge Barroque Camerata quanto com o coro do Magdalene College, que ele vem regendo e administrando nos últimos cinco anos em sua qualidade de precentor e diretor de música da faculdade.

Raramente, porém, há um momento que não se caracterize por problemas e ansiedades. No verão de nosso casamento minha mãe havia se tornado muito incapacitada por causa da artrite, e pôde continuar vivendo em sua casa em St. Albans somente graças à devoção de papai ao seus cuidados. Embora eu os visitasse com regularidade, inevitavelmente chegou o dia em que meu pai, que já não ouvia bem, não podia mais cuidar dela sozinho. Mais uma vez, tivemos de contratar cuidadores privados de uma agência, de novo porque não tivemos nenhuma ajuda do SNS ou dos Serviços Sociais. Nossas expectativas de que os cuidadores pagos seriam profissionais foram frustradas. Com algumas ótimas exceções, muitos mostraram ter caráter duvidoso, honestidade duvidosa, qualificação incerta e treinamento inadequado, e muitas vezes meu pai teve de me chamar para ajudar em um feriado bancário, quando o cuidador substituto não aparecia. Com frequência ele ficou perplexo com as idiossincrasias dos cuidadores, como, por exemplo, quando um deles colocou molho de salada em uma torta de frutas, mas nunca perdeu seu senso de humor. Contudo, por fim, tomou a decisão de se mudar com mamãe para uma clínica fora de Cambridge.

Aliviado por tê-los instalado nas proximidades e em boas mãos, fiquei responsável por limpar e vender a casa deles, uma tarefa colossal e desgastante. Contudo, eu estava feliz por poder fazer isso enquanto eles ainda estavam vivos. Ainda em plena posse de sua notável inteligência, mas muito aflito com o contraste intrigante entre seu jovem eu interior e seu quadro de desintegração externa, papai sucumbiu a uma pneumonia, agravada pela doença de Parkinson, em junho de 2004. Ele se recusou a ir ao hospital de Addenbrooke porque estava muito decepcionado com o terrível tratamento que mamãe recebera ali semanas antes, quando ela teve uma infecção no peito. Contra todas as expectativas, mamãe sobreviveu a ele, e não só comemorou seu nonagésimo aniversário em março de 2006, como também conheceu o pequeno George, seu quarto bisneto e nosso segundo neto.

Como muitas das grandes experiências da vida, não há preparação para a fase em que nossos pais se tornam nossos filhos idosos e nós ficamos presos como recheio de um sanduíche de geração. Não há nenhum aviso sobre o trauma que sentimos com a morte dos pais, independentemente da idade que tenham. As duas pessoas com quem eu podia contar incondicionalmente, e de quem pude depender infalivelmente por toda a minha vida, já não estão comigo. É como se uma parte de mim estivesse faltando, e agora, apenas uma semana depois da morte de mamãe, eu me pego voando para o outro lado do mundo em um estado miserável de entorpecimento e choque. Em casa há muitas mensagens encorajadoras de simpatia com homenagens a seu caráter altruísta, sua genuína preocupação e seu interesse por outras pessoas, sua dedicação às boas causas, sua devoção a sua família e sua fé profunda e inspiradora, mas a tristeza da última semana está muito presente. Ela viaja comigo aonde quer que eu vá. Antigamente, eu podia imaginar quão terrível devia ser perder um filho ou um cônjuge, mas eu não tinha noção de como é fundamentalmente chocante perder os pais.

Nos últimos dez anos, desafios diferentes de cuidar dos meus pais idosos têm surgido na família. Não vou me estender sobre eles, mas exigiram recursos especiais que eu encontrei na rocha da fé que tem me sustentado desde os primeiros dias de meu casamento com Stephen. É nesses dias que a fé é mais ampla, mais crítica e cética, mas não deixa de ser enraizada na ética cristã e encontra sua expressão espiritual na música. O velho otimismo se foi, e uma determinação para superar a adversidade, provavelmente aprendida com Stephen, prevalece em seu lugar.

No que diz respeito à família, embora Robert pareça estar permanentemente sediado nos Estados Unidos, temos a sorte de ter dois dos nossos filhos que ainda vivem na Grã-Bretanha, e os vemos com frequência. Lucy é escritora em tempo integral, bem como mãe solteira de seu lindo filho, William. Um bebê bonito, mas difícil; foi diagnosticado com autismo em 2001.

Tim teve de se livrar da insegurança que caracterizou sua infância e se tornou perspicaz e perceptivo. Embora ele tenha orgulho de seu pai, é particularmente sensível aos problemas dos que vivem à sombra da fama e prefere ser considerado pelos próprios talentos e trabalho duro, e não por causa de seu passado. É linguista, como eu, fez línguas modernas e depois decidiu fazer mestrado em marketing.

E Stephen... notavelmente, desde seu segundo divórcio ele reafirmou seu controle sobre sua vida, e apesar dos surtos de doenças, ele vem mantendo sua posição no cenário mundial. Conseguimos nos reunir livremente de novo e aproveitar muitas ocasiões de família. Tem sido bastante como nos velhos tempos, com muita brincadeira e sagacidade circulando em volta da mesa de jantar enquanto esperamos a última palavra de Stephen. Fiquei encantada por ser convidada à Royal Society para testemunhar a entrega da medalha Copley, a mais antiga da Sociedade. Como em tantas ocasiões anteriores, eu me senti orgulhosa de sua conquista, embora eu não saiba dizer do que sua ciência é formada hoje em dia, afora sua retratação muito divulgada de algumas de suas ex-teorias. Devo admitir que não fiquei feliz com sua vontade expressa, anunciada no rádio no dia da premiação, de ir para o espaço. De forma menos ambiciosa, mas talvez mais produtiva, ele partiu para Israel duas semanas depois, uma viagem que empreendeu com a condição de ser autorizado a visitar Ramallah e conversar com os palestinos. Vimos com admiração a página dupla central do *The Guardian* que mostrou Stephen dirigindo sua cadeira de rodas por entre hordas de espectadores palestinos reunidos. Antes de ir para o espaço ele tem a intenção de exercer de seu jeito muito especial o papel de embaixador no Irã, mas se as circunstâncias políticas vão permitir que isso aconteça, ainda não se sabe. Em seu retorno de Israel, ele passou o Natal conosco e comemoramos o Ano-Novo juntos. Muitas vezes ele almoça conosco aos domingos e frequentemente vamos ao teatro juntos. Ele e sua mãe estiveram presentes no funeral de minha mãe, e eu fiquei muito feliz por vê-los lá. Isobel parece frágil, mas muito em forma, e é bastante irrepreensível, apesar de sua memória ser pouco confiável. Com seu bom humor jovial e sua sagacidade na ponta da língua, Isobel me lembra do modelo positivo que um dia achei que ela era. Dois anos atrás, ela me mandou uma carta agradecendo por tudo o que eu havia feito por Stephen. Foi um gesto nobre, que ajudou a aliviar algumas das memórias mais dolorosas, restaurando nosso relacionamento com uma base civilizada.

Um enorme dormitório estudantil fica no local da West Road 5, onde uma vez vivemos naquela casa esplêndida e relaxamos em um lindo jardim. Algumas das árvores mais significativas, no entanto, ainda estão em pé, resultado da campanha que realizei na década de 1990, quando descobri o estrago que havia sido feito no jardim após nossa partida. Eu vejo o avião a caminho de Seattle lançando sua sombra sobre o norte do Canadá e liberando seus vapores sobre o recuado esgoto gelado do Ártico, e me pergunto se a destruição de nosso jardim em nome do progresso não foi só mais um pequeno sintoma da louca corrida para explorar todos os recursos disponíveis que está levando inexoravelmente ao declínio do planeta. A casa e o jardim de nossa vida foram demolidos, mas o espírito essencial da família – realmente a afirmação de todos os meus anos de juventude – ainda existe e se reafirma nas ocasiões em que todos nós podemos nos encontrar e desfrutar da companhia uns dos outros. Se o espírito da terra pode, eventualmente, recuperar-se e se reafirmar é a maior questão que a humanidade enfrenta, não diferente daquela questão ameaçadora dos anos 1960, quando Stephen e eu nos conhecemos, de que a Terra e todas as formas de vida nela estavam destinadas a ser destruídas pela guerra nuclear.

Post Script* – *maio de 2007

Desde que terminei de escrever o posfácio, Stephen completou seu voo de gravidade zero e voltou para a Terra intacto, dando origem a imagens triunfantes na mídia. O sorriso em seu rosto quando ele flutuou livre do peso teria movido as estrelas. Ele me comoveu profundamente e me fez refletir sobre o privilégio que era viajar até mesmo a uma curta distância com ele no caminho para o infinito.

Última palavra* – *agosto de 2014

A série de aventuras científicas criativas para crianças de Lucy, que começa com *George e o segredo do universo,* recebeu aclamação mundial. Ela lutou incansavelmente para obter o tratamento adequado para William, que cresceu e se tornou um jovem encantador, carinhoso e prestativo.

Tim é agora um gerente de marketing de sucesso e viaja muito a trabalho.

Robert, ainda em Seattle, trabalha em algum lugar na nuvem da Microsoft. Ele tem uma família maravilhosa, muito animada, que nos mantém interessados, entretidos e divertidos em suas visitas a Cambridge. Stephen, o cientista mais famoso do mundo, permanece no centro da família, bem como no centro da Física. Na verdade, estamos todos prestes a sair de férias juntos!

AGRADECIMENTOS

Em *Music to Move the Stars*, a primeira edição do meu livro de memórias, expresso minha profunda gratidão a todas as pessoas retratadas nele, amigos, membros da família, colegas e alunos, cuja ajuda e encorajamento ao longo dos anos teve uma influência positiva em nossa vida familiar. Também agradeci aos meus amigos cientistas Kip Thorne, Jim Härtle, Jim Bardeen, Brandon Carter e Bernard Carr por sua ajuda para esclarecer algumas das questões científicas mais obscuras e intratáveis que tive de enfrentar no decorrer da escrita, assim como reconheci com gratidão o conselho de Peter Dronke para elucidar alguns dos pontos mais delicados da bolsa para estudos medievais.

Para *A Teoria de Tudo*, a versão resumida do livro de memórias original, eu mais uma vez gostaria de expressar meus agradecimentos a todos os acima citados e adicionar os nomes daqueles que tornaram possível a nova edição. Anthony McCarten tem sido uma fonte constante de encorajamento, e em seu entusiasmo por *Music to Move the Stars*, ele me apresentou a Alessandro Gallenzi e Elisabetta Minervini, da Alma Books, que assumiram o novo projeto com entusiasmo, vivacidade e eficiência. Estou extremamente grata a eles por permitirem que meu livro de memórias visse a luz do dia novamente. Estou em dívida para com Mike Stocks, que tirou tempo da própria carreira bem-sucedida de escritor para ajudar a corrigir os excessos de minha prosa. Sua crítica diplomática e solidária tem sido inestimável e muito apreciada.

Finalmente, minha gratidão à minha família por mais uma vez me permitir mergulhar em suas histórias de vida e por mostrar paciência e humor durante o processo.

Este livro foi impresso pela gráfica Assahi em papel luxcream 70 g.